STATIONEN

STATIONEN
Ein Kursbuch für die Mittelstufe

Prisca Augustyn
Florida Atlantic University

Nikolaus Euba
University of California, Berkeley

THOMSON

HEINLE

Australia • Brazil • Canada • Mexico • Singapore • Spain • United Kingdom • United States

Stationen: Ein Kursbuch für die Mittelstufe
Prisca Augustyn / Nikolaus Euba

Editor-in-Chief: *PJ Boardman*
Executive Editor: *Lara Semones*
Development Editor: *Peggy Potter*
Assistant Editor: *Morgen Murphy*
Editorial Assistant: *Catharine Thomson*
Technology Project Manager: *Wendy Constantine, Rachel Bairstow*
Senior Marketing Manager: *Lindsey Richardson*
Marketing Communications Manager: *Stacey Purviance*
Senior Content Project Manager: *Karen Stocz*

Senior Art Director: *Cate Rickard Barr*
Senior Print Buyer: *Elizabeth Donaghey*
Permissions Editor: *Timothy Sisler*
Production Service: *Stacey C. Sawyer, Sawyer & Williams, Inc.*
Text and Cover Designer: *Lisa Garbutt, Rara Avis Graphic Design*
Photo Manager: *Sheri Blaney*
Photo Researcher: *Jill Engebretson*
Compositor: *Pre-Press PMG*
Printer: *R.R. Donnelley-Willard*

Cover Image: © *Soeren Stache/dpa/Corbis*

Printed in the United States of America
1 2 3 4 5 6 7 11 10 09 08 07

Library of Congress Control Number: 2007925776

10-Digit ISBN 1–4130–0880–1
13-Digit ISBN 978–1–4130–0880–7

Thomson Higher Education
25 Thomson Place
Boston, MA 02210–1202
USA

For more information about our products, contact us at:
Thomson Learning Academic Resource Center
1-800-423-0563

For permission to use material from this text or product, submit a request online at **http://www.thomsonrights.com** Any additional questions about permissions can be submitted by e-mail to **thomsonrights @thomson.com**

Brief Contents

Scope and Sequence

Scope and Sequence

Scope and Sequence

Scope and Sequence

Preface

TO THE INSTRUCTOR

Stationen is an innovative intermediate German program that combines engaging cultural topics with authentic readings and contextualized grammar in a unifying context. Each chapter of *Stationen* focuses on a city or region in the German-speaking world. This overarching concept unifies the program and is at the same time an invitation to explore.

A unifying context   The overarching concept of *Stationen* invites students and instructors to make connections and comparisons among chapters, topics, and cultural issues. *Stationen* also refers to the "stations" between the first beginnings of a journey into German life and language and more advanced study and exploration on the intermediate level. *Stationen* is meant to lead students to the "breakthrough" level, away from the elementary format toward a more mature course atmosphere that allows them to practice their skills by discussing cultural issues and authentic readings.

Engaging culture topics   The course focuses on aspects of culture that unquestionably intrigue students and lend themselves to contrastive analysis and critical discussion. The stimulating cultural themes in *Stationen* are conducive to a student-centered classroom because they promote critical discussion, informed analysis, and comparison. In our own classrooms, we have found that topics that really "speak to" students facilitate meaningful conversation and writing practice.

Authentic readings   We believe that authentic texts—literary texts, magazine and news articles, interviews, and radio reports—give the intermediate student the "breakthrough" feeling they need to progress to the advanced level. Both culture topics and readings have been carefully selected to suit the needs and interests of the second-year student. The readings were chosen to complement the culture topics, but ultimately it was their accessibility and relevance to the German curriculum that guided our choice of texts.

Contextualized grammar   Grammar is integrated and contextualized throughout each chapter, and grammar topics specifically target the needs of the intermediate student. Most basic concepts from the introductory language sequence are reviewed; however, the specific focus is on the particular needs of the second-year student. The activities guide students toward the practice of more complex structures, such as the uses of the subjunctive, while sensitizing them to aspects of genre and style.

Vocabulary building and dictionary practice   *Stationen* offers various strategies for building vocabulary. While glosses make the readings more accessible, active vocabulary and activities help the students to broaden their vocabulary. Specific dictionary activities help students to become more competent dictionary users. The student preface includes a section called *Vocabulary Building and Working with a Dictionary*.

Appealing video material The video on DVD consists of videoblogs from eleven cities in Germany, Austria, and Switzerland. This audiovisual material directly complements the chapters and effectively addresses the culture topics in *Stationen*. As a window onto contemporary German culture, the video captures everyday life through authentic situational interviews and images of public spaces that help students understand a variety of interesting aspects of German life.

Openness and Flexibility Intermediate courses in German are often characterized by a range of proficiency levels, as students may enter the second year from a variety of backgrounds. *Stationen* is conducive to expansion in all its components through more open and advanced activities that allow the instructor to accommodate different skill levels. The twelve chapters can be used in a 6/6 two-semester format or a 4/4/4 quarter-system division, corresponding to one year of intermediate study. The program can also be adapted to a one-semester/15-week course or a two-quarter/20-week course. Although it is possible to cover the chapters in *Stationen* out-of-sequence, the chapters progress from more accessible cultural topics and texts to more complex issues of contemporary culture and more sophisticated readings.

Connections and Comparisons The unifying concept in *Stationen* inherently encourages students to make connections among chapters, places, and culture issues covered in the different chapters of the book. Moreover, as all topics and readings in *Stationen* are anchored in culture, students are constantly urged to compare their own culture to the issues and aspects they are exposed to in *Stationen* and ultimately learn not only about the foreign culture but also about their own.

An Invitation to Explore Internet activities in *Stationen* give students an opportunity to do their own independent research in a medium that is easily accessible. While the activities in *Stationen* give some direction, they are not meant to be *closed* activities. Our directions and questions are meant to give students (and instructors) an idea of what to expect from a given topic, issue, or specific site and should be viewed as a catalyst for further exploration.

Support to the Instructor Instructors can rely on the textbook's organized content, the teaching strategies in instructor's annotations, and a unifying concept that promotes connections and further exploration of topics. Clear directions in the *Stationen* student edition promote a student-centered atmosphere, while the instructor's edition gives ample additional information and strategies for augmenting the *Stationen* program with further readings, films, art, music, recipes, and so on. Instructors also have access to the *Stationen* Testing Program/Instructor Resource CD-ROM which includes flexible test banks for each chapter with accompanying audio.

CHAPTER OVERVIEW

Each of the twelve *Stationen* (chapters) begins with a chapter-opening page listing the cultural and linguistic topics, as well as the readings in the chapter. There are two major parts to each chapter — *Kulturelle Perspektiven* and *Lektüre*. Grammar, vocabulary, and all activities are embedded throughout each chapter.

Kulturelle Perspectiven   The first part of each chapter, *Kulturelle Perspektiven*, introduces the *Station* in a short information section. It begins with an introductory text characterizing the city, a few pertinent statistics, a timeline of important events in the history of the city or region, a text portrait of a famous person associated with the city (sometimes with an accompanying piece of writing or art), and Internet activities using some important local websites and links to local press websites.

The chapter's main cultural topic is introduced under the heading *Kulturnotiz*. This module introduces a cultural theme in connection with a particular event, person, or issue. For example, German environmentalism and youth culture are presented in the context of a report about the *Techno scene* in Berlin, and a portrait of Viennese high society culture appears in the context of the demonstrations against the *Wiener Opernball*. More serious topics pertaining to the impact of German history are dealt with in relation to contemporary issues; for example, a series of interviews with young students facilitates a discussion of patriotism and national pride in Germany, and an article about the Jewish conductor Daniel Barenboim's controversial performance of Wagner in Israel talks about the public's diverse reactions. The authors' objective is to make difficult issues, such as the implications of the Holocaust for contemporary German society, more accessible by linking them to current issues or events. The *Kulturelle Perspektiven* also references the video.

After the *Kulturnotiz*, students progress from literal comprehension activities (*Fragen zum Text*) to reflective activities (*Fragen zum Nachdenken*), which can be addressed in classroom discussions as well as through writing exercises. The *Redemittel zum Diskutieren* prepare students to practice idiomatic expressions in conversation activities called *Fragen zum Diskutieren*.

Lektüre   The second part of each chapter, *Lektüre*, presents an authentic reading with a full apparatus of pre- and post-reading activities. Literary readings are by well-known authors such as Hermann Hesse and Thomas Bernhard as well as contemporary authors such as Herbert Rosendorfer and Judith Herrmann. The *Lektüre* also includes essays and articles from news media such as *Der Spiegel* and *Die Zeit*, as well as broadcast media. Readings have been modified by the authors only in order to bring them to the appropriate length and occasionally to reflect more accessible vocabulary and usage. The *Lektüre* part of the chapter culminates in a capstone activity called *Zum Schluss*, which connects the themes of the reading with topics presented in the opening *Kulturelle Perspektiven*.

Grammar Grammar presentations and activities are embedded at several points throughout the *Kulturelle Perspektiven* part of each chapter. Most basic concepts from the introductory language sequence are reviewed; however, the specific focus is on the particular needs of the intermediate student. Activities guide students toward the practice of more complex structures, such as the uses of the subjunctive, while sensitizing them to aspects of genre and style. In addition, many chapters have special features focusing on contextualized language use. *Wo sagt man was?* looks at regional differences and peculiarities, whereas *Wann sagt man was?* highlights the contrastive usage of seemingly similar expressions or of so-called false friends.

Vocabulary Activated vocabulary is presented in *Wortschatz* lists after the *Kulturnotiz* and again after the *Lektüre*. *Wortschatzübungen*, the vocabulary activities that follow the *Wortschatz* lists, are designed to reactivate students' prior knowledge of vocabulary, as well as expand this knowledge to cover more advanced topics. Dictionary activities, called *Wörterbucharbeit*, are included once or twice per chapter in order to promote independent vocabulary expansion and establish and practice dictionary skills.

Practice All examples and activities are contextualized and relate to the chapter theme. They include many open-ended speaking, writing, and role-play activities based on the chapter readings. With its overarching theme of a journey from station to station, the text invites students and instructors to make connections across and beyond the chapters. This openness to cross-reference and expansion enables both students and instructors to augment the scope of each topic according to their needs and interests.

COMPONENTS

Other elements of the program include the following:

- the Annotated Instructor's Edition, with teaching tips, activity answers, and other instructor resources

- the Workbook/Lab Manual, for supplemental vocabulary, grammar, writing, and listening practice, including video-based activities

- the Lab Audio Program to accompany listening activities in the Workbook/Lab Manual

- the *Stationen* video, available on DVD

- the testing program with audio, offered on Instructor Resource CD-ROM for individual customization

- the text audio with listening activities available online at www.thomsonedu.com/germany/stationen

- the book companion website with grammar and vocabulary quizzes as well as weblinks to text Internet activites

Welcome to Intermediate German!

You've probably already guessed that *Stationen* means "stations." Each chapter of the book revolves around a city or region in the German-speaking world. As you study, you can imagine yourself on a trip to these places, traveling from city to city, exploring the variety and the similarities in the places you visit.

You can also think of *Stationen* as referring to the "stations" between the first beginnings of a journey into German life and language and more advanced study and exploration on the intermediate level. *Stationen* is significantly different from the elementary format, because it allows you to practice German by discussing cultural issues and authentic German readings.

Engaging culture topics We believe that the best way you can practice German is if you "have something to say" about the topics that come up in the classroom. Through our own teaching experience, we've learned which cultural issues tend to intrigue students, promote lively discussions, and make meaningful writing exercises both possible and fun. So in *Stationen* we have focused on themes that we think you'll particularly enjoy speaking and writing about.

Authentic readings It's our belief that working with authentic texts—literary texts, magazine and news articles, interviews, and radio reports—will empower you to progress to a more advanced level of German fluency. Therefore, *Stationen* contains authentic readings written for German speakers. We've chosen them because they complement the cultural topics, because they will be relevant to you, and because they are written at a level appropriate for intermediate readers.

Contextualized grammar Even though the broad feeling of *Stationen* comes from its rich cultural contexts, you are still going to be able to strengthen your knowledge of grammar and vocabulary. The advantage of *Stationen*'s approach is that these are integrated throughout each chapter. You'll be reviewing and using basic grammar and vocabulary from your beginning German course, but you'll also be guided toward the practice of more complex structures and more advanced vocabulary. As you progress and work with different types of texts, you will learn to better distinguish different styles and uses of spoken and written German.

Vocabulary building and dictionary practice *Stationen* helps you to build your vocabulary in several ways. Glosses in the margin allow you to focus on reading. Vocabulary lists and activities help you practice the vocabulary you need to discuss a given topic. Specific dictionary activities help you to become a more competent dictionary user. A section called *Vocabulary Building and Working with a Dictionary* is included in this preface.

Openness and Flexibility You can learn from your fellow students. If you are open and creative in the classroom and beyond, you can learn from your classmates through group and partner activities and other types of classroom interaction. And don't forget — just as you depend on others, they also depend on *your* active participation, openness, and creativity. *Stationen* accommodates different skill levels, so everybody can learn.

Connections and Comparisons The unifying concept in *Stationen* inherently encourages you to make connections between the places and cultural issues covered in the different chapters of the book. Moreover, since all topics and readings in *Stationen* are anchored in culture, you will find that you can't help comparing your own culture to the issues and cultural aspects you learn about in *Stationen*. Be prepared to learn not only about the foreign culture but also about your own.

An Invitation to Explore You probably have a wealth of experience using the Internet. *Stationen* gives you an opportunity to start doing your own exploration of German-language websites. The Internet activities give you some direction, but they are not meant to be *closed* activities. We've formulated the directions and questions so as to give you an idea of what to expect from a given topic, issue, or website. Think of these activities as a catalyst for further exploration.

Appealing video material Finally, *Stationen* has an accompanying video that consists of videoblogs from eleven cities in Germany, Austria, and Switzerland. This window onto contemporary German culture will enrich your classroom with engaging young video bloggers and images of public spaces, informal interviews with people on the street, and scenes of German life. The *Stationen* video may well be where your trip through German-speaking Europe will *really* come alive for you!

Gute Reise!

VOCABULARY BUILDING AND WORKING WITH A GERMAN-ENGLISH/ENGLISH-GERMAN DICTIONARY

Learning vocabulary Your second year of studying German is the time to significantly expand your vocabulary. Toward that goal, *Stationen* will help you refine your vocabulary-building skills.

If you are not already making use of them, the following strategies will help you more effectively and successfully study vocabulary. It is always helpful to

- create a vocabulary notebook or flashcards (see below for hints)
- put the vocabulary into sentences, phrases, or stories that are meaningful to you
- use mnemonics (ways of remembering), such as alliteration, rhyme, rhythm, music
- use associations, such as images, functions of words, parts of speech, classes or categories of words, antonyms, synonyms
- look at prefixes, suffixes, infixes, and word roots
- situate words in various contexts
- systematically review old vocabulary when encountering it in new contexts

In addition, it is extremely important to remember that even though most vocabulary lists suggest otherwise, one-to-one correspondence between words from different languages is rare and cultural connotations need to be taken into account.

Two very useful and time-tested methods for learning vocabulary are *vocabulary notebooks* and *flashcards*. Here are some hints about how to make the most of them.

- In a *vocabulary notebook*, you can list vocabulary in two columns, one for German words and the other for English translations. A notebook is a good way to keep a log of all the vocabulary that comes up in class, as well as items you look up in the dictionary in class or at home.

die Herausforderung	challenge; provocation
die Herausforderungen	
niesen, nieste, hat geniest	to sneeze

- When studying vocabulary in your notebook, you can use a sheet of paper to cover up one column in the notebook and test yourself, moving your sheet of paper down the list.

- *Flashcards* have the advantage that whatever items you feel confident about can be eliminated from the stack. This will give you a sense of accomplishment as you study. Make your cards with German on one side and English on the other. If you make them on small cards, you can even carry a packet of them in your pocket and study them on the bus or while standing in line somewhere. The best way to practice is to go from German to English once and then from English to German the next time. Look at one side and say what you think is on the other side. If you get it right, put a tally mark in the corner. Do this every day. When you get five tally marks, put the card aside for a week and come back to it later to be sure you still remember it. If you don't, start the process again. If you do, that's great!

  Another advantage of flashcards is that you can add additional information later. For instance, you may come across an idiomatic expression that contains a vocabulary item you already have a flashcard for; you can then just add the new information to the card.

For both vocabulary notebooks and flashcards, always remember to do the following:

- For nouns, include the definite article, the plural, and if necessary the genitive form.

- For verbs, include not only the infinitive but also the simple past, the past participle, and the appropriate auxiliary (**haben** or **sein**). Make sure you get all the information you need from dictionary entries.

Working with a German-English dictionary   If you don't already own a good German-English/
English-German dictionary, now is the time to get one. Whenever you look something up
in the German-English portion of the dictionary, make sure you take notes (either in your
notebook or on a flashcard). That way you keep track of all the items you looked up in the
dictionary during the course.

NOUNS

Nouns are easy to recognize in the German dictionary, because they begin with capital letters. The abbreviations *m* (masculine), *f* (feminine), and *n* or *nt* (neuter) tell you the gender of
the noun. In your log, you should replace it with the proper definite article. Plurals of nouns
are also abbreviated. Write out the plural forms in your log as well. In some dictionaries, the
plural forms for compound nouns are not given; they are found at the entry for the root noun.
Also, some dictionaries assume that the plural forms for certain common noun endings are
known; for example, nouns ending in **-ung** in the singular all have **-en** as the plural ending.
Be sure you check your own dictionary for which way it works.

Südwind *m* south wind.	*der Südwind, die Südwinde*
Herausforderung *f* challenge; (*Provokation*) provocation.	*die Herausforderung, die Herausforderungen*

Sometimes there is no plural for a noun.

Freiheit *f no pl* freedom.	*die Freiheit (no pl)*

The abbreviation *pl* means that a noun is already a plural and there is no singular.

Ferien *pl* holidays *pl* (Brit), vacation *sing* (US, Univ);	*die Ferien (pl)*

Dictionaries often give the genitive ending.

Bewusstsein *nt* -s, *no pl* (*Wissen*) awareness, consciousness.

das Bewusstsein, des
Bewusstseins

Doktorand *m* -en, -en, **Doktorandin** *f*
graduate student studying for a doctorate.

m. der Doktorand, die Doktoranden
f. die Doktorandin, die Doktorandinnen

Note that when two translations are separated by a semicolon they represent two somewhat different meanings; whereas two translations separated by a comma mean (near-)synonyms.

Herausforderung *f* challenge;
(*Provokation*) provocation.

Bewusstsein *nt* -s *no pl* (*Wissen*)
awareness, consciousness.

Sometimes it's a good idea to take note of idiomatic expressions that are given with a noun. The noun is then replaced by a ~ symbol. Try to record the most useful of these expressions in your vocabulary log.

Umkreis *m* (*Umgebung*) surroundings *pl*;
(*Gebiet*) area; (*Nähe*) vicinity; **im näheren**
~ in the vicinity; **im ~ von 20 Kilometern**
within a radius of 20 kilometers.

der Umkreis

im näheren Umkreis
im Umkreis von 20 Kilometern

If the word you are looking for is a compound noun, and the first constituent is a very common item, you can probably find it in a list of second constituents in which the first part is replaced with the ~ symbol. For instance, if you are looking for the word **Reisepass**, the dictionary entry may look as follows:

Reise-: ~**andenken** *nt* souvenir;
~**apotheke** *f* first aid kit; ~**begleiter** *m*
travel companion; ~**fieber** *nt* (*fig*) desire to
travel; ~**führer** *m* (*Buch*) guidebook;
|(*Person*) *siehe* ~**leiter**; ~**leiter** *m* travel
guide; ~**lustig** *adj* fond of traveling; ~**pass**
m passport; ~**pläne** *pl* travel plans; ~**route**
f route, itinerary; ~**scheck** *m* traveler's
check; ~**ziel** *nt* travel destination.

To find the plural of each of these compound nouns, you must look up the dictionary entry for the second constituent of the noun. For example, to find the plural form for **Reisepass**, you have to look up **Pass**, where you'll find that the plural of **der Pass** is **die Pässe**.

Pass *m* **Passes, Pässe (a)** passport **(b)** (mountain) pass **(c)** pass (ballgames, etc.)

Note in the examples above that when one word has two or more entirely different meanings (in different fields of use), they are often listed either by letters or by numbers — (a), (b), (c) or 1, 2, 3.

VERBS

Depending on how detailed the entries in your dictionary are, you will find information on whether the verb you have looked up is transitive (takes a direct object) or intransitive (takes no direct object) or has variants for both. Typically the abbreviation for transitive is *vt* or *v tr*, and the abbreviation for intransitive is *vi* or *v itr*. For your vocabulary log or flashcard, make up a phrase with an object for a transitive verb and give the perfect tense as well.

buchen *vt* to book, to reserve.

eine Reise buchen, buchte eine Reise, hat eine Reise gebucht

niesen *vi* to *sneeze*.

niesen, nieste, hat geniest

Strong verbs (irregular verbs) are usually listed with the simple past (preterite), abbreviated by *pr* or *pret*, and the past participle, often abbreviated with *ptp* or *pp*. The auxiliary in the perfect (either **haben** or **sein**) is sometimes abbreviated by *sn* and *hn*; sometimes dictionaries list only the auxiliary when the verb takes **sein**, for instance by *aux sein*, and if the verb takes **haben**, the auxiliary is simply not shown. Remember that transitive verbs usually take **haben** and intransitive verbs usually take **sein**.

nehmen *pret* **nahm,** *ptp* **genommen** *vt* **(a)** (*ergreifen*) to take . . .

etwas nehmen, nahm etwas, hat etwas genommen

kommen *pret* **kam,** *ptp* **gekommen** *aux sein vi* to come.

kommen, kam, ist gekommen

In some dictionaries, participles have separate entries. If you want to know the infinitive for a past participle you're looking up, these dictionaries will tell you where to look. If the dictionary doesn't list past participles separately, you may have to find the infinitive for the verb by making an educated guess as to what it is or by finding it in a chart of strong verbs and their past participles. Many dictionaries have such lists in an appendix.

| **geflogen** *ptp of* **fliegen** | *fliegen, flog, ist geflogen* |

Verbs with separable prefixes are indicated either by a separation between the prefix and the verb stem or by the abbreviation *sep*. You will most likely have to refer to the main verb to get the simple past (preterite) and past participle.

| **an·kommen** *irreg aux sein*
 vi to arrive | *ankommen, kommt an, kam an, ist angekommen* |
| **ankommen** *sep irreg aux sein*
 vi to arrive | *kommen, kam, ist gekommen* |

ADJECTIVES AND ADVERBS

German adjectives (abbr. *adj*) and adverbs (abbr. *adv*) usually have the same form. An item that can be used as both an adjective and an adverb may therefore just be listed as an adjective. In your log or on your flashcard, list your adjective/adverb with phrases that you have encountered it in or that you find in the dictionary entry.

| **zügig** *adj* swift, speedy; brisk; *Handschrift* smooth. | *zügig fahren; Sie hat eine zügige Handschrift.* |

Sometimes adjectives are used with certain prepositions for a particular meaning. If the preposition takes a particular case for the following noun, your dictionary may indicate that case.

| **eifersüchtig** *adj* jealous (*auf* +*acc* of). | *eifersüchtig; Er ist eifersüchtig auf seinen Bruder. (acc.)* |

PRONUNCIATION

Dictionaries rely on various conventions of representing pronunciation. Some dictionaries may give you a full or partial transcription in the IPA (*International Phonetic Alphabet*), usually in square brackets [ ] following the item. Some dictionaries only give IPA transcriptions for foreign words with unusual pronunciation.

> **Friseurin** [fri'zœ:rin] *f* (female) hairdress-
> er, hairstylist

Most dictionaries, however, rely on other ways to indicate stress patterns and vowel length. For instance, short vowels are often indicated by a dot underneath or a hacek above the vowel.

> **Pạss** *m* **Passes, Pässe (a)** passport **(b)**
> (mountain) pass **(c)** pass (ballgames, etc.)

or

> **Păss** *m* **Passes, Pässe (a)** passport **(b)**
> (mountain) pass **(c)** pass (ballgames, etc.)

Long vowels are often indicated by a line underneath or above the letter:

> **Fẹrien** *pl* holidays *pl* (Brit), vacation *sing*
> (US, Univ)

or

> **Fērien** *pl* holidays *pl* (Brit), vacation *sing*
> (US, Univ)

Instead of vowel length, some dictionaries indicate where the stress is by adding a quotation mark (') before the syllable that carries the main stress. This can also suggest to you whether a verb with a prefix is separable or inseparable.

> **'ankommen** *sep irreg aux*
> *sein vi* to arrive

ankommen, kommt an, kam
an, ist angekommen

vs.

> **wieder'holen** *insep vt* to
> repeat

wiederholen,
wiederholte, hat
wiederholt

These are only the most important conventions found in common dictionaries. Spend a little time looking at your own dictionary's introduction and explanation of how the dictionary is set up. Also look at the extra material, if any, that is provided in the front and the back. Knowing your own dictionary's conventions and content should help you organize your vocabulary and help you become more comfortable using any bilingual (or monolingual) dictionary.

Working with an English-German dictionary When looking up words in an English-German dictionary to find a German translation for an English word, make sure you are looking at the same word class. For instance, if you are trying to give someone a recipe that involves *boiling* something, be sure not to look at the <u>noun</u> *boil* in English, but rather at the <u>verb</u> *boil*. Remember that nouns usually have an *n* and verbs have a *v*.

Sometimes German will be more specific than English; in other words, when you look up a word in English, there may be several translations in German. Your dictionary will give you an idea of the context or register of each possible translation (usually in parentheses) and you will have to look at all the possibilities to decide which is the most suitable translation for your purpose. For example, let's imagine that you would like to say in German that *people often travel because they need a change*. You are looking for a good translation for the word *change*.

> **change 1** *n* **(a)** Veränderung *f*, (*modification also*) Änderung *f*. **a ~ in the weather** eine Wetterveränderung; **I need a ~ of scenery** ich brauche Tapetenwechsel; **to make ~ s** (Ver)änderungen vornehmen, etwas ändern
>
> **(b)** (*variety*) Abwechslung *f*; **just for a ~** zur Abwechslung
>
> **(c)** (*of one thing for another*) **Wechsel** *m*; **a ~ in the government** Regierungswechsel *m*, ein Wechsel in der Regierung; **a wheel ~** Reifenwechsel *m*
>
> **(d)** *no pl* (*money*) **Kleingeld** *nt*; **I don't have any ~ on me** ich habe kein Kleingeld dabei; . . .

You can immediately eliminate (d), because we are not talking about money. Option (c) doesn't seem too likely, because changing one thing for another is not exactly what you are looking for (i.e., government change and wheel change are a different sort of change).

But (a) and (b) both show interesting possibilities. The phrase *I need a change of scenery* under (a) is translated with "ich brauche Tapetenwechsel." It contains the noun *der Wechsel*, which is given under (c) as a change of one thing for another. If you look up the noun *die Tapete* ("wallpaper"), the phrase *ich brauche Tapetenwechsel* (literally "I need a wallpaper change") will come to life and will definitely present itself as a possibility for saying *people often travel because they need a change*. So you could actually translate your idea as "Viele Leute reisen, weil sie Tapetenwechsel brauchen." There is another possibility, however, under (b)—the noun *die Abwechslung*—for which this dictionary entry gives the context of "variety." You could also translate your idea as "Viele Leute reisen, weil sie Abwechslung brauchen."

As you can see, most of the time when looking something up in a dictionary, you have to consider several possible translations, because only very rarely is there a direct one-to-one equivalent of a word in another language.

ACKNOWLEDGMENTS

We thank the staff at Thomson Heinle, especially P. J. Boardman, Lara Semones, Morgen Murphy, and Karen Stocz, for guiding us through the completion of *Stationen*. We also wish to thank our Developmental Editor, Peggy Potter, our Supplements Developer, Harriet Dishman, Caterina Turroni, Video Producer, Tiffany Kayes, Pre-Press PMG Editor, Jill Engebretson, Image Consultant, and our Production Service Coordinator, Stacey C. Sawyer, for their assistance.

In addition, we thank these people for their valuable contributions to the ancillary program of *Stationen*: Joellyn Palomaki, *University of California, Berkeley*; Brigitte Rossbacher, *University of Georgia*; Jody Stewart-Strobell, *Eastern Washington University*. And we appreciate the editorial contributions of Ulli Rapp and Kristi Tompkins.

Reviewers

Zsuzsanna Abrams	*University of Texas at Austin*
Catherine Baumann	*University of Chicago*
Shana Bell	*Arizona State University*
Robert Bledsoe	*Augusta State University*
Joshua Bonzo	*Texas Tech University*
Stefanie Borst	*Texas Tech University*
Siegfried Christoph	*University of Wisconsin- Parkside*
Gudrun Clay	*Metropolitan College of Denver*
Nancy Decker	*Rollins College*
Glenn Ehrstine	*University of Iowa*
Merry Feyock	*College of William and Mary*
Catherine Clark Fraser	*Indiana University Bloomington*
Sonja Fritzsche	*Illinois Wesleyan University*
Andrea Golato	*University of Illinois at Urbana-Champaign*
Margit Grieb	*University of South Florida*
Claudia Grossman	*Indiana University Purdue*
Sara Hall	*University of Illinois at Chicago*
Jennifer Ham	*University of Wisconsin - Green Bay*
Robin Huff	*Georgia State University*
Lathrop Johnson	*Ball State University*
Elizabeth Kautz	*University of Minnesota*
Martin Klebes	*University of New Mexico*
Cynthia Klima	*State University of New York Geneseo*
Steve Konopacki	*Palm Beach Community College*
Hiram Maxim	*Georgetown University*
Laura McLary	*University of Portland*
Tom Neiles	*Covenant College*
Hartmut Rastalsky	*The University of Michigan*

Michael Richardson	*Ithaca College*
Nels Jeff Rogers	*University of Kentucky*
Brigitte Rossbacher	*University of Georgia*
Karin Schestokat	*Oklahoma State University*
Michael Shaughnessy	*Washington and Jefferson College*
Johannes Schmidt	*Clemson University*
Elfriede Smith	*Drew University*
Regina Smith	*Grand Valley State University*
Bruce Spencer	*University of Iowa*
Virginia Steinhagen	*University of Minnesota*
Jody Stewart-Strobelt	*Eastern Washington University*
John Sundquist	*Purdue University*
Johanna Watzinger-Tharp	*University of Utah*
Heide Witthoeft	*Virginia Tech*

Station

BERLIN

KULTURELLE PERSPEKTIVEN

Station Berlin: Informationen und Aktivitäten

EINE BERÜHMTE BERLINERIN
Marlene Dietrich

Kulturnotiz
Techno ist nicht Politik

VIDEO
Berlin

STRUKTUREN
Die Wortarten im Deutschen
Deklination
Konjugation

LEKTÜRE
*Hier spricht Berlin! Geschichten aus einer
    barbarischen Stadt*
Der Praktikant: Claudius Seidl
Öffne dein Herz: Georg Diez

Arbeitsbuch
pp. 1–10

Audioprogramm
www.thomsonedu.com/german/stationen

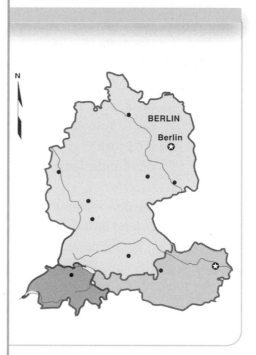

■ Dieses kleine
Häuschen, genannt
Checkpoint Charlie,
war bis zur
Wiedervereinigung
(*reunification*)
Deutschlands der
Grenzposten (*border
post*) zwischen
Ostberlin und West-
berlin. Wissen Sie,
wann das war? Was
wissen Sie über die
Wiedervereinigung?

KULTURELLE PERSPEKTIVEN

Station: Berlin

Wortschatz Stadtinformation

die **Altstadt, ⸚e** old city center
der **Außenbezirk, -e** suburb
bauen (hat gebaut) to build, construct
die **Bevölkerung** population
der **Bezirk, -e** district
die **Brücke, -n** bridge
das **Bundesland, ⸚er** federal state
die **Bundesrepublik Deutschland (BRD)** Federal Republic of Germany; West Germany
der **Einwohner, -** / die **Einwohnerin, -nen** resident
die **Fläche, -n** area
der **Fluss, ⸚e** river
das **Gebäude, -** building
die **Geschichte, -n** history; story
die **Grenze, -n** border
die **Gründung, -en** founding; foundation
die **Grünzone, -n** greenbelt
die **Haupstadt, ⸚e** capital city

die **Parkanlage, -n** public park
das **Schloss, ⸚er** castle
die **Sehenswürdigkeit, -en** sightseeing attraction
der **Staat, -en** state; country
die **Stadt, ⸚e** city, town
das **Stadtbild, -er** appearance of the city
der **Stadtplan, ⸚e** city map
der **Stadtteil, -e** part of a city, neighborhood
das **Umland** surrounding region
das **Viertel, -** neighborhood (in a city)
das **Wahrzeichen, -** symbol
die **Wiedervereinigung** reunification
der **Wohnort, -e** place of residence, hometown
zerstört destroyed
der **Zweite Weltkrieg** World War II

Berlin ist seit dem Fall der Mauer° 1989 wieder eine offene Stadt. Das Brandenburger Tor, das einmal das Symbol der deutschen Trennung° war, ist heute das Wahrzeichen der deutschen Hauptstadt. Als westliche Insel im Osten hatte Berlin geographisch und politisch lange Zeit eine Art Sonderstatus°. Erst durch die politischen Veränderungen Ende der

---

Mauer *wall*   Trennung *separation*   Sonderstatus *special status*

Geschichte

1244	1553	1871	1933	1945	1949
Berlin wird erstmals erwähnt (*mentioned*).	Einführung der Reformation in Berlin	Verfassung des Deutschen Reiches. Berlin wird Reichshauptstadt.	Die Bezirksversammlungen (*local governments*) werden von den Nationalsozialisten (Nazis) aufgelöst (*dissolved*).	Vier-Mächte-Verwaltung der alliierten Siegermächte (*Allied Forces*). Berlin Mitte gehört zum sowjetischen Sektor.	Gründung der Deutschen Demokratischen Republik (DDR). Ostberlin wird die Hauptstadt.

■ Das Brandenburger Tor ist seit 1989 das Symbol der deutschen Wiedervereinigung.

80er Jahre in Deutschland und in Europa ist Berlin wieder zum Mittelpunkt geworden.

Nachdem Berlin 1991 wieder Hauptstadt wurde, begann man in der Innenstadt viel zu bauen und zu renovieren. Das Stadtbild Berlins verändert sich seitdem ständig° auf dem Weg zu einer neuen Metropole. Glücklicherweise° gibt es in der Stadt Grünzonen wie den Tiergarten und viele weitere Parkanlagen und Gärten. In den Außenbezirken findet man großräumige Neubausiedlungen° und Villenviertel°, Seen, Flüsse und Wälder. Weiter außerhalb liegt das idyllische Umland des Landes Brandenburg.

Die Wiedervereinigung Deutschlands bedeutet aber nicht, dass Berlin eine einheitliche° Lebenswelt geworden ist. Hier leben Deutsche aus allen Regionen und mehr als 440.000 Ausländer. Wie in jeder Millionenstadt hat jeder Bezirk seinen eigenen Charakter. Durch günstige° Mieten in den östlichen Bezirken und das wachsende Arbeitsangebot° im Westen ist Berlin nach der Wiedervereinigung besonders für junge Leute ein attraktiver Wohnort geworden.

---

ständig *continuously*   glücklicherweise *luckily*   Neubausiedlungen *housing developments*   Villenviertel *old neighborhoods*   einheitliche *homogeneous* günstige *reasonable, low*   das . . . *growing labor market*

Statistik	
Einwohnerzahl:	3,4 Millionen
Fläche:	892 km²
Besucherzahl der Loveparade:	1,2 Millionen

**Filmtipp: *Der Himmel über Berlin*
(Wim Wenders, 1987)**

Zwei Engel, die für sterbliche (*mortal*) Menschen unsichtbar (*invisible*) sind, helfen den bedrückten Seelen, denen sie in Berlin begegnen. Als einer von ihnen eine Zirkusakrobatin kennen lernt, wird sie zum Objekt seiner Begierde (*desire*), und er möchte ein Sterblicher werden.

1961	**1989**	**1990**	**1991**	**2001**	**Mai 2006**
Beginn des Mauerbaus um Westberlin	**9. November:** Die Grenze zu Westberlin wird nach 28 Jahren geöffnet.	**3. Oktober:** Wiedervereinigung der Bundesrepublik Deutschland (BRD) im Westen und der DDR im Osten.	Berlin wird Bundeshauptstadt und Sitz der Bundesregierung.	Das neue Kanzleramt in Berlin entsteht nach Plänen des Berliner Architekten Axel Schultes.	Eröffnung des neuen Berliner Hauptbahnhofs

1 Fragen zur Station

1. Wann fiel die Berliner Mauer?
2. Was ist heute das Wahrzeichen Berlins?
3. Seit wann ist Berlin die Hauptstadt Deutschlands?
4. Was gibt es im Umland von Berlin?
5. Warum ist Berlin für viele junge Deutsche ein interessanter Wohnort geworden?
6. Wie viele Einwohner hat Berlin? Wie groß ist die Fläche?
7. Wann wurde die DDR gegründet (*founded*)? Wie hieß die Hauptstadt der DDR?
8. Was interessiert Sie an Berlin am meisten? Warum?

EINE BERÜHMTE BERLINERIN
Marlene Dietrich (1901–1992)

Marlene Dietrich wurde am 27. Dezember 1901 in Berlin Schöneberg geboren. Als sie 18 Jahre alt war, machte sie eine Ausbildung als Violinistin und studierte dann an der Berliner Hochschule für Musik. Im Alter von 23 Jahren bekam sie ihre erste Theaterrolle, und bald danach begann ihre Filmkarriere. In Josef von Sternbergs Film *Der Blaue Engel* wurde Marlene Dietrich weltberühmt°. Sie drehte noch sechs weitere Filme mit Sternberg und arbeitete später mit Billy Wilder, Alfred Hitchcock und Orson Welles. Während der Nazizeit lehnte sie viele deutsche Angebote° ab° und blieb in Amerika. 1939 wurde sie Amerikanerin. Für ihre Auftritte° vor amerikanischen Truppen in Frankreich, Italien und Nordafrika während des Zweiten Weltkrieges bekam sie die amerikanische *Medal of Freedom*. Sie kehrte erst in den 60er Jahren wieder nach Deutschland zurück, aber die Deutschen waren kein freundliches Publikum° für sie; viele nannten sie eine Verräterin°. Ab 1976 lebte sie in Paris. 1983 veröffentlichte° sie ihre Memoiren unter dem Titel *Ich bin, Gott sei Dank, Berlinerin*. Sie starb° 1992 in Paris und wurde in Berlin begraben°.

Marlene Dietrich in
***Blonde Venus* (1932)**

Ich hab' noch einen Koffer in Berlin
Ich hab' noch einen Koffer in Berlin,
deswegen muss ich nächstens wieder hin.
Die Seligkeiten° vergangener Zeiten
sind alle noch in meinem kleinen Koffer drin.

---

weltberühmt *world-famous*   Angebote *offers*   lehnte ... ab *rejected*
Auftritte *performances*   Publikum *audience*   Verräterin *traitor*
veröffentlichte *published*   starb *died*   begraben *buried*
Seligkeiten *blessings*

Ich hab noch einen Koffer in Berlin.
Der bleibt auch dort und das hat seinen Sinn°.
Auf diese Weise lohnt sich° die Reise,
denn, wenn ich Sehnsucht° hab, dann fahr ich wieder hin.

Wunderschön ist's in Paris auf der Rue Madeleine.
Schön ist es, im Mai in Rom durch die Stadt zu gehen,
oder eine Sommernacht still beim Wein in Wien.
Doch ich denk', wenn ihr auch lacht, heut' noch an Berlin.
Denn ich hab noch einen Koffer in Berlin.

---

hat . . . Sinn *makes sense*   lohnt sich *is worth*   Sehnsucht *yearning*

2 | Fragen zu Marlene Dietrich

1. Wo ist Marlene Dietrich geboren? Wo ist sie gestorben?
2. Was hat sie studiert?
3. Wie alt war sie, als sie ihre erste Theaterrolle bekam?
4. Warum ist Marlene Dietrich Amerikanerin geworden?
5. Können Sie sich vorstellen, eine andere Nationalität anzunehmen? Welche? Warum?

3 | Fragen zum Lied

1. Mit welchen Städten wird Berlin verglichen?
2. Kennen Sie andere Sänger oder andere Persönlichkeiten, die sich sehr stark mit einer Stadt identifizieren?
3. Was bedeutete es, noch einen Koffer in Berlin zu haben, wenn man Marlene Dietrichs Biographie kennt?

Filmtipp: *Marlene* (Maximilian Schell, 1984)

Dokumentarfilm über Marlene Dietrich. Maximilian Schell war der einzige, dem Marlene Dietrich erlaubt hat, einen Film über sie zu machen. Sie erzählt in dieser Collage aus ihrem Leben und kommentiert Bilder aus ihren Filmen.

4   Filmquiz

 Hier sind ein paar Filme, die Marlene Dietrich berühmt machten. Welcher Filmtitel passt zu welcher Beschreibung?

1. *Der Blaue Engel* (1930, Josef von Sternberg)
2. *Shanghai Express* (1932, Josef von Sternberg)
3. *Der große Bluff* (1939, George Marshall)
4. *Kismet* (1944, William Dieterle)
5. *Die Rote Lola* (1950, Alfred Hitchcock)

a. Im wilden Westen spielen reiche Männer gerne Poker. Der Salonbesitzer Kent hat eine Freundin namens Frenchy, die gut singen kann und sich auch mit dem Kartenspielen gut auskennt.

b. Im *Blauen Engel*, einem Nachtlokal im Rotlichtmilieu, verliebt sich ein älterer Lehrer in eine Sängerin und geht langsam zugrunde (*is slowly ruined*).

c. In diesem abenteuerlichen Film fährt eine Frau namens Shanghai Lily mit dem Zug von Peking nach Shanghai.

d. Der Mann einer Sängerin ist ermordet worden (*was murdered*). Eine Kollegin glaubt, die Sängerin war selbst die Mörderin. War sie es wirklich?

e. Jamilla, eine Haremstänzerin in Baghdad, hat goldene Beine.

Kennen Sie noch andere Filme mit Marlene Dietrich?

5   Andere berühmte Berliner

 Suchen Sie Informationen über die folgenden Personen. Wer sind sie? Was haben sie gemacht?

Bertolt Brecht	Max Reinhardt
Rudi Dutschke	Leni Riefenstahl
Judith Hermann	Kurt Tucholsky
Udo Lindenberg	Billy Wilder

Filmtipp: *Rosenstraße* (Margarethe von Trotta, 2002)

Die New Yorkerin Hannah reist nach Berlin, um die Geschichte ihrer Eltern während der Nazizeit zu erkunden.

Aufgaben im Internet

6 Suchbegriffe

Forschen Sie mit den folgenden Suchbegriffen im Internet. Links zu den Webseiten finden Sie unter www.thomsonedu.com/german/stationen.

Stadt Berlin

1. Welche Konzerte und andere Veranstaltungen (*events*) gibt es im Moment?
2. Klicken Sie auf Hauptstadt und suchen Sie Informationen über die Geschichte Berlins und die Berliner Mauer. Was scheint Ihnen am interessantesten?

Berliner Mauer

3. Wie entstand die Mauer? Welche Folgen hatte sie?
4. Klicken Sie auf die Fotogalerie. Wie sieht die Mauer aus?

Das Mauermuseum

5. Was gibt es im Mauermuseum?
6. Welche Rolle spielte der Checkpoint Charlie?

Loveparade

7. Welche Neuigkeiten gibt es auf der Loveparade-Webseite?
8. Wie lautet das Motto der Loveparade jetzt?
9. Suchen Sie den Link zur Geschichte der Loveparade. Wer hat die Loveparade erfunden? Wann? Warum?
10. In welchen anderen Städten und Ländern gibt es die Loveparade jetzt?

7 Die Berlinale

In Berlin gibt es jedes Jahr ein Filmfestival, die Berlinale. Organisieren Sie ein Filmfestival in Ihrem Kurs. Jeder Student nominiert einen deutschen Film, indem er eine kleine Präsentation über den Film, den Regisseur / die Regisseurin (*director*) oder einen Schauspieler / eine Schauspielerin gibt. Der beliebteste Film wird dann im Kurs gezeigt.

8 Richtig oder falsch?

Forschen Sie weiter in den Internet-Seiten aus Übung 6 und entscheiden Sie, ob die folgenden Aussagen (Sätze) korrekt sind. Wenn sie falsch sind, korrigieren Sie sie.

1. Checkpoint Charlie ist eine berühmte Wurstbude (*hot dog stand*) in Ostberlin.
2. John F. Kennedy sagte in seiner berühmten Rede: „Ich bin ein Berliner."
3. Die Gedächtniskirche ist die Ruine einer zerbombten Kirche.
4. Die Berliner Mauer ist 1961 gebaut worden.

5. Die Berliner Mauer war 155 km lang.

6. Die Straße des 17. Juni führt direkt zum Reichstag.

7. In Berlin gibt es nur eine Universität.

8. Der Tiergarten ist der älteste deutsche Zirkus.

9 Lokale Presse

Gehen Sie zu den folgenden Webseiten im Internet. Links finden Sie unter www.thomsonedu.com/german/stationen. Was sind die Schlagzeilen (*headlines*)? Wie wirken diese Zeitungen auf Sie? Wie sind Sprache und Präsentation – einfach oder komplex, plakativ (*striking*) oder seriös, modern oder altmodisch? Was ist besonders interessant?

■ Das Bundeskanzleramt in Berlin wurde am 30. April 2001 der neue Dienstsitz (*office location*) des Bundeskanzlers.

Berlin1.de

Berliner Kurier

Berliner Morgenpost

 Listen to this chapter's audio segments on www.thomsonedu.com/german/stationen.

10 Nachrichtenrunde *(news round)*

Arbeiten Sie in Gruppen oder Paaren. Berichten (*Report*) Sie über einen Aspekt, den Sie beim Surfen im Internet gefunden haben.

11 Fragen zum Nachdenken und Diskutieren

Bearbeiten Sie diese Fragen in Paaren oder kleinen Gruppen. Machen Sie Notizen und geben Sie im Kurs einen kleinen Bericht. Bringen Sie die Resultate Ihrer Internetsuche dabei ein.

1. Warum ist Berlin ein Symbol für die Wiedervereinigung Deutschlands?

2. Berlin ist Deutschlands größte Stadt, aber Berlin ist nicht das wichtigste Ziel für Touristen. Warum ist das wohl so?

3. Marlene Dietrich ist 1939 amerikanische Staatsbürgerin geworden. Sie wollte zu dieser Zeit keine deutschen Filme drehen. Warum?

STRUKTUREN

classes of words

Die Wortarten° im Deutschen

The total number of German words is estimated to be somewhere between 300,000 and 500,000. They can be grouped in several classes of words, which are basically the same as in English. Approximately 46% of German words are nouns. About 20% are verbs. About 30% are adjectives and adverbs. There are approximately only 200 prepositions and conjunctions and fewer than 100 pronouns.

The following introduction to the classes of German words is not meant to be exhaustive. Each section is meant simply to help you recall what you already know, to get you started. *Stationen* will go into more detail about each of these different word types in subsequent chapters. Later in this chapter, in fact, you will find more explanation of the declension of nouns and the conjugation of verbs.

- **Nomen** (*Nouns*): German nouns name a person, a place, a thing, or an idea. Unlike English nouns, they are always capitalized. Also unlike English, each noun has a specific gender (masculine, feminine, neuter), and nouns are often combined with an article that indicates their gender. Nouns are declined[1] to indicate both number and case[2] (nominative, accusative, dative, genitive).

  Ein **Student** und eine **Studentin** aus **Amerika** besuchen **Berlin**. Der **Reichstag** ist eine bekannte **Sehenswürdigkeit**, aber die **Stadtführerin** zeigt den **Studenten** noch viele andere **Sehenswürdigkeiten**.

- **Artikel** (*Articles*): Articles are used only in conjunction with nouns. There are two kinds—definite articles (**der, die, das**), which mean *the* in English, and indefinite articles (**ein, eine, ein**), which mean *a* or *an* in English. Like nouns, articles can be declined.

  Die bekannte Sängerin Marlene Dietrich machte **eine** Ausbildung als Violonistin.

- **Pronomen** (*Pronouns*): Pronouns help avoid repetition of nouns. Like nouns and articles, most pronouns have different forms depending on person, gender, and case.
  Personal pronouns are used as the subject or object of a verb in most sentences.

  Als Marlene Dietrich 23 Jahre alt war, bekam **sie** ihre erste Theaterrolle.

  John F. Kennedy hat „**Ich** bin ein Berliner" gesagt.

  Interrogative pronouns (**wer, wen, wem, welch-**), question words for *who, whom, what, which one(s)*, introduce a question.

  Wer war die bekannte Berliner Sängerin, die in die USA emigrierte?

  Welche bekannten Filme hat Marlene Dietrich gedreht?

---

[1] See a detailed explanation of noun declension on p. 15.
[2] Case indicates the function of the noun in the sentence.

Possessive pronouns (**mein, dein, sein, ihr, unser, euer, ihr, Ihr**) indicate ownership and other relationships.

> Gehört der Koffer Marlene Dietrich? — Ja, das ist **ihrer**.
>
> **Ihre** markante Stimme war auf der ganzen Welt bekannt.

Indefinite pronouns include **all-, einige, etwas, jed-, jemand, niemand, man, nichts**.

> Fast **alle** Berliner wissen, wer Marlene Dietrich ist.
>
> Es gibt aber auch **einige**, die sie nicht kennen.

Demonstrative pronouns (**der, die, das, dies-, jen-, derjenige, diejenige, dasjenige, derselbe, dieselbe, dasselbe, selbst, selber**) specifically point to a noun.

> Berlin: In **dieser** Stadt hat **jeder** Bezirk einen eigenen Charakter.
>
> Ich bin **selbst** schon viele Male in Berlin gewesen.

Relative pronouns introduce relative clauses and refer to a preceding noun in the main clause.

> In dem Film *Shanghai Express* spielt Marlene Dietrich eine Frau, **die** mit dem Zug von Peking nach Shanghai fährt.

- **Adjektive** (*Adjectives*): Adjectives describe nouns or pronouns. Predicate adjectives (connected to the noun or pronoun by a linking verb, such as *to be*) remain unchanged from the root, whereas attributive adjectives (preceding a noun) are declined with endings that indicate gender, number, and case.

  > Marlene Dietrich war sehr **berühmt**.
  >
  > Die **berühmte** Sängerin bekam die „Medal of Freedom".

- **Verben** (*Verbs*): Verbs describe actions, states of being, and so on. German verbs are conjugated[3] to agree with the subject of a sentence in both number (singular or plural) and person (first, second, third).

  > *Marlene Dietrich* **kommt** aus Berlin.
  >
  > *Viele Deutsche* **leben** in Berlin.

- **Adverbien** (*Adverbs*): Adverbs describe verbs, adjectives, or other adverbs. They do not change in form. Many (but not all) German adverbs have the same form as their corresponding adjectives.

  > Das Stadtbild Berlins verändert sich **ständig**.
  >
  > Die neue Hauptstadt Deutschlands wächst **immer schneller**.

- **Präpositionen** (*Prepositions*): Prepositions are usually combined with a noun or a pronoun to describe how, when, or where things take place or to give further information about people or things.

  > **In** den Außenbezirken Berlins gibt es Gebiete **mit** Seen und Wäldern.

---

[3] See a detailed explanation of the conjugation of verbs on p. 26.

- **Konjunktionen** (*Conjunctions*): Conjunctions link words, phrases, or sentences.

  Coordinating conjunctions (**und, aber, denn, oder, sondern**) connect main clauses or equivalent items in a sentence (as in lists).

  > Marlene Dietrich drehte noch sechs weitere Filme mit Sternberg **und** arbeitete später mit Billy Wilder, Alfred Hitchcock **und** Orson Welles.

  Subordinating conjunctions (**als, dass, nachdem, ob, seit, weil, wenn**) connect main clauses with subordinate clauses.

  > Die Wiedervereinigung Deutschlands bedeutet nicht, **dass** Berlin eine einheitliche Lebenswelt geworden ist.

- **Interjektionen** (*Interjections*): Interjections are used to express emotions or to imitate certain sounds. They do not change in form and are usually syntactically isolated. Curses are interjections.

  au, au, autsch (pain)

  uff, puh (relief)

  ih, bäh, pfui, igitt (disgust)

  ah, oh, ach, ui (neutral or positive surprise, depending on expression)

  oh je, au weia, au Backe (negative surprise)

  hallo, huhu (call for attention)

  pst, scht (call for silence)

  Achtung, Stop, Hilfe! (warnings)

  los, weg (commands to leave)

  haha, hihi (imitating laughter)

12 | Interjektionen

Wie klingen die folgenden Laute auf Deutsch?

1. Diesen Laut macht ein Mensch, wenn ihm etwas nicht schmeckt.
2. Diesen Laut machen Menschen, wenn sie erleichtert (*relieved*) sind.
3. Diesen Laut machen Menschen, wenn sie negativ überrascht werden.
4. Diesen Laut macht ein Mensch, wenn er lacht.
5. Diesen Laut machen Menschen, wenn sie Ruhe wollen.
6. Diesen Laut machen Menschen, wenn sie Schmerzen haben.

a. haha
b. pst
c. au
d. oh je
e. puh
f. igitt

13 | Berlin heute – Wortarten klassifizieren

Bearbeiten Sie gemeinsam mit einem Partner / einer Partnerin den folgenden Absatz (*paragraph*) und klassifizieren Sie die Wörter. Machen Sie möglichst genaue (*as exact as possible*) Angaben zu den einzelnen Wörtern.

Heute (Adv.) kann (V., 3. Pers., Sing., Präsens, Aktiv) man (Pron., 3. Pers., Sing., indef.) von (Präp. + Dat.) . . . usw.

Heute kann man von der Mauer nur noch Reste sehen, und das Brandenburger Tor ist ein Symbol für die Einheit und Freiheit Deutschlands. Aus allen Teilen der Welt kommen die Menschen gerne nach Berlin, weil sie hier Neues und Bewegung spüren können.

14 | Der Wortartenkasten

Ordnen Sie mit Ihrem Partner / Ihrer Partnerin möglichst viele Wörter (*as many words as possible*) aus einem Absatz in diesem Kapitel in den Wortartenkasten. Dann schreiben Sie mit den Wörtern neue Sätze zum Thema Berlin.

Verben	Nomen	Artikel	Pronomen	Adjektive

Adverbien	Präpositionen	Konjunktionen	Pronomen	Interjektionen

15 | Die Welt der Poesie

Schreiben Sie jetzt ein kleines Gedicht zum Thema Berlin und stellen Sie Ihr Gedicht dann den anderen Kursteilnehmern vor. Ihr Gedicht soll die folgende Form haben:

1. Zeile: Ein Nomen
2. Zeile: Zwei Adjektive
3. Zeile: Ein Verb im Infinitiv
4. Zeile: Eine Präposition, ein Artikel, ein Nomen
5. Zeile: Eine Interjektion
6. Zeile: Ein vollständiger Satz mit mindestens einem Nomen und einem konjugierten Verb

Kulturnotiz

16 | **Fragen zum Thema**

1. Was wissen Sie über die Loveparade?
2. Kennen Sie solche Veranstaltungen auch in Ihrer Stadt (in Ihrem Land)?
3. Was meinen Sie; warum ist Techno (*electronic music*) in Deutschland so beliebt?
4. Mögen Sie Techno? Warum (nicht)?
5. Sind große Veranstaltungen wie die Loveparade Ihrer Meinung nach ein Umweltproblem (*environmental problem*)?
6. Welche Art Musik mögen Sie gerne?

Techno ist nicht Politik

Im August 1989 versammelten sich etwa 150 Techno-Fans auf dem West-Berliner Kurfürstendamm zu einer House-Musik-Demonstration. Sie wollten für Frieden° und Toleranz in der Welt demonstrieren. Es gab keine politischen Reden°, Pamphlete oder Flugblätter, sondern Techno.

Die Musik kam 1989 von einem Schlepper°, auf dem ein DJ namens Dr. Motte die elektronische Musik spielte, zu der man nun seit Jahrzehnten in Deutschland gerne tanzt und feiert. Aus dieser Demonstration wurde die legendäre Loveparade, aus einem wurden 50 Wagen und aus den 150 Freunden von damals wurden hunderttausende von Techno-Fans.

Seit 1996 zieht die Loveparade immer am 14. Juli durch den Tiergarten, Berlins größten Stadtpark. 250 DJs und tausende von jungen Techno-Fans demonstrieren für Liebe, Respekt und Toleranz; und die Stadt Berlin verdient dabei jedes Jahr fast 130 Millionen Euro.

■ Auf der Loveparade heißt es „Sehen und gesehen werden".

2001 passierte etwas Unerwartetes°. Eine kleine Gruppe von Umweltschützern° demonstrierte gegen die Loveparade und die Zerstörung° des Tiergartens. Jedes Jahr gab es mehr Müll° und mehr Zerstörung im

---

Frieden *peace*   Reden *speeches*   Schlepper *truck*   Unerwartetes *unexpected*
Umweltschützern *environmentalists*   Zerstörung *destruction*   Müll *waste*

Park; und weil die Loveparade als politische Demonstration angesehen wurde, ging das Aufräumen auf Kosten der Stadt.

Sieben Wochen lang wurde diskutiert und am Ende entschied° der Berliner Senat, dass die Loveparade von nun an nicht mehr als politische Demonstration, sondern als kommerzielle Veranstaltung gelten soll. Nun mussten die Organisatoren der Loveparade das Aufräumen selbst bezahlen und standen so vor einigen finanziellen und organisatorischen Problemen. In den Jahren 2004 und 2005 fiel die Loveparade in Berlin deshalb sogar aus°, denn die Organisatoren konnten nicht genug Sponsoren finden.

Die Umweltschützer haben zumindest 2004 und 2005 ihr Ziel erreicht. Sie haben gezeigt, dass Techno nichts mit Politik zu tun hat, auch wenn die Organisatoren sagen, dass sie für Liebe, Respekt und Toleranz demonstrieren. 2006 fand die Loveparade wieder statt, aber die Loveparade-Organisatoren mussten neue Sponsoren finden und für das Aufräumen selbst bezahlen. Die Loveparade ist mittlerweile° auch ins Ausland (San Francisco, Acapulco, Tel Aviv, Santiago de Chile) exportiert worden. Ob dort wohl auch Umweltschützer gegen die Techno-Party demonstrieren?

---

entschied *decided*　fiel aus *was canceled*　mittlerweile *in the meantime*

17 | Fragen zum Text

1. Wie begann die Berliner Loveparade?
2. Wofür wollten die Techno-Fans 1989 demonstrieren?
3. Wo fand die Loveparade seit 1996 in Berlin statt?
4. Wie viele DJs machen bei der Loveparade mit?
5. Was passierte 2001? Was war 2004 und 2005?
6. Warum wollten die Umweltschützer gegen die Loveparade demonstrieren?
7. Wie löste der Berliner Senat das Problem?
8. Hat der Berliner Senat Ihrer Meinung nach das Richtige getan?

18 | Fragen zum Nachdenken und Diskutieren

1. Für wen ist die Loveparade interessant? Geht es nur um die Musik? Erklären Sie Ihre Antwort!
2. Ist die Loveparade politisch motiviert? Warum (nicht)?
3. Finden Sie es gut, dass Umweltschützer gegen die Loveparade demonstrieren?
4. Würden Sie auch gerne bei der Loveparade mitmachen? Warum (nicht)?
5. Was ist wohl bei den Loveparades in San Francisco, Tel Aviv, Acapulco und Santiago de Chile anders als in Berlin? Spekulieren Sie!

declension

Die Deklination°

German nouns are declined to indicate their gender, number, and case. The case of a noun indicates what function the noun has in a sentence. There are four cases in German.

- **Nominative: Subject**

  Der Berliner Senat schickte den Organisatoren der Loveparade einen Brief mit dem Inhalt, dass die Parade keine politische Veranstaltung mehr sein könne.

- **Accusative: Direct Object**

  Der Berliner Senat schickte den Organisatoren der Loveparade **einen Brief** . . .

- **Dative: Indirect Object**

  Der Berliner Senat schickte **den Organisatoren** der Loveparade einen Brief . . .

- **Genitive: Equivalent to an English *of* . . . phrase / Possessive**

  Der Berliner Senat schickte den Organisatoren **der Loveparade** einen Brief . . .

The complete declension for most nouns looks as follows. Note that the declension is also evident in the article.

	Singular (*m.*)	Singular (*n.*)	Singular (*f.*)	Plural
Nominativ	der Frieden ein Frieden	das Fest ein Fest	die Liebe eine Liebe	die Paraden keine Paraden
Akkusativ	den Frieden einen Frieden	das Fest ein Fest	die Liebe eine Liebe	die Paraden keine Paraden
Dativ	dem Frieden einem Frieden	dem Fest einem Fest	der Liebe einer Liebe	den Paraden keinen Paraden
Genitiv	des Friedens eines Friedens	des Fest(e)s eines Fest(e)s	der Liebe einer Liebe	der Paraden keiner Paraden

19 | Umzug nach Berlin

 Stellen Sie sich vor, Sie ziehen für ein Jahr nach Berlin. Machen Sie gemeinsam mit einem Partner / einer Partnerin eine Liste der Dinge (im Akkusativ!), die Sie mitbringen, und eine Liste der Dinge, die Sie in Berlin kaufen wollen. Diskutieren Sie dann im Kurs, welche die drei wichtigsten Dinge sind, die mitgebracht werden müssen und die gekauft werden müssen.

DAS BRINGE ICH MIT:	DAS KAUFE ICH IN BERLIN:
einen Pullover	*eine Kaffeetasse*

20 | Sehenswertes in Berlin

 Ergänzen Sie gemeinsam mit einem Partner / einer Partnerin die Sätze mit den passenden Elementen aus der Liste.

Subjekte (Nominativ)	Indirekte Objekte (Dativ)
die Weltzeituhr am Alexanderplatz der Berliner Dom	seinen Besuchern vielen Sehenswürdigkeiten

Direkte Objekte (Akkusativ)	Genitivobjekte
ein Denkmal den zoologischen Garten	der neuen Hauptstadt Berlin politischer und poetischer Wandgemälde

z.B. ▶ **Die East Side Gallery ist eine Sammlung _____.** →

Die East Side Gallery ist eine Sammlung politischer und poetischer Wandgemälde.

1. Zu DDR-Zeiten war _____ ein beliebter Treff für junge Leute.
2. Das jüdische Museum präsentiert _____ Bilder und Objekte, die das Alltagsleben der Juden in Deutschland dokumentieren.
3. Drei Millionen Tierfreunde besuchen jährlich _____.
4. Der Reichstag und das Brandenburger Tor sind die Symbole _____.
5. Der New Yorker Architekt Peter Eisenmann entwarf _____ für die ermordeten Juden Europas.
6. _____ auf der Spreeinsel ist die größte protestantische Kirche Deutschlands.
7. Die Berliner haben _____ respektlose Namen gegeben. Zum Beispiel, nennen sie die goldenen Statue der Victoria auf der Siegessäule „Goldelse".

21 | **Souvenirs aus Berlin**

 Entscheiden Sie gemeinsam mit Ihrem Partner / Ihrer Partnerin, wem Sie die folgenden Geschenke aus Berlin mitbringen wollen. Wenn Sie noch mehr Souvenirs brauchen, suchen Sie im Internet.

> **z.B.** Wir bringen unserer Professorin einen Porzellan-Teller aus Berlin mit.

1. Ein Miniatur-Fernsehturm
2. Ein Berliner Plüschteddybär
3. Ein Stück von der Berliner Mauer
4. Ein Gemälde vom Reichstag
5. Eine Photo-CD mit Stadtplan
6. Ein Berlinbuch auf Englisch

 22 | **Berliner Luft**

Stellen Sie sich vor, Sie arbeiten für das Fremdenverkehrsamt (*tourist information office*) der Stadt Berlin und sollen für eine neue Werbekampagne möglichst viele Beschreibungen für die Stadt finden, die für Touristen attraktiv sind. Kreieren Sie (*Create*) mindestens sechs solcher Beschreibungen nach folgendem Muster.

> **z.B.** Berlin ist die Stadt der interessanten Museen!

Wo sagt man was? – Dativ und Akkusativ

Eine grammatikalische Besonderheit im Berliner Dialekt ist, dass in vielen Fällen zwischen dem Dativ und Akkusativ kein Unterschied gemacht wird, sondern nur eine Form gebräuchlich ist, die man den **Akkudativ** nennt. Meistens stehen die Nomen im Akkusativ, während die Personalpronomen im Dativ stehen. Oft werden auch die Objekte von Präpositionen in den Akkudativ gesetzt. Hier sind ein paar Beispiele.

Wie würde man folgende Sätze auf Hochdeutsch sagen?

Ick liebe dir, ick liebe dich, wie's richtig heißt, det weeß ick nich.
Der Berliner sagt immer mir, ooch wenn's richtig ist.
Nach meine Beene is ja janz Berlin verrückt.
Wir seh'n uns nach die Feiertage!

VIDEOBLOG: BERLIN

Vor dem Sehen

A   Kulturelles Leben

Was wissen Sie über die Kulturszene (Musik, Theater, Kunst, Literatur, Esskultur . . .) in Ihrer Heimatstadt? Was wissen Sie über die Kulturszene in Berlin? Machen Sie eine Liste und vergleichen Sie.

MEINE HEIMATSTADT	BERLIN

● „Ich bin mit meiner Kamera im Café Adler, das ist in der Nähe des Checkpoint Charlie."

Beim Sehen

B   Themen und Aussagen

1. Connie spricht über verschiedene Themen. Bringen Sie die Themen in die richtige Reihenfolge.

_____   typische Berliner Gerichte

_____   die Musikszene

___1___   die Ost-West Problematik

_____   die Wendegeneneration

_____   die finanzielle Lage Berlins

_____   künstlerische Projekte

2. Welche Aussagen passen zu welchem Thema?

_____   Ich bin kein richtiger Ostberliner und auch kein richtiger Westberliner.

_____   Die typischen Dinge essen nur die Touristen.

_____   In Berlin werden viele Clubs geschlossen.

_____   Wie ihr wisst, ist Berlin früher geteilt gewesen.

_____   Der Berliner will seine Subkultur erhalten.

_____   Berlin ist bankrott.

_____   weil es schon noch einen kleinen Unterschied gibt

_____   Hier lebt was und hier entsteht was.

_____   Der Berliner isst alles.

_____   eine finanziellen Misere

_____   Döner ist zur Leibspeise geworden.

_____   Somit hab ich nur meine Kindheit im Osten erlebt.

C | Stimmt's?

Kreuzen Sie an, ob die folgenden Aussagen mit dem übereinstimmen, was Connie erzählt. Berichtigen Sie die falschen Aussagen.

	STIMMT	STIMMT NICHT
1. Das Café Adler ist in der Nähe des Checkpoint Charlie.	❑	❑
2. Es gibt keinen Unterschied zwischen Leuten aus dem Osten und aus dem Westen.	❑	❑
3. Connie hat ihre Kindheit im Westen erlebt.	❑	❑
4. Kleine Barracken werden zu Clubs gemacht.	❑	❑
5. Wo wenig Geld ist, entsteht oft große Kunst.	❑	❑
6. Typische Berliner Gerichte sind mit viel Gemüse.	❑	❑

D | Berliner Küche

Welche typischen Berliner Gerichte nennt Connie? Kennen Sie noch mehr? Welche typischen Gerichte gibt es in Ihrer Heimatstadt?

Redewendungen

Connie benützt einige idiomatische Ausdrücke. Versuchen Sie gemeinsam mit Ihrem Partner / Ihrer Partnerin, diese zu erklären und erfinden Sie ein Beispiel, in dem Sie den Ausdruck verwenden.

1. Ich bin eine kleine Berliner Pflanze.
2. abgeranzte Feierstätten
3. abgefahrene künstlerische Dinge
4. Die Leibspeise
5. man isst/spricht, wie einem der Schnabel gewachsen ist

Nach dem Sehen

E | Reflexionen

Was haben Sie von Connie gelernt? Worüber möchten Sie gerne noch mehr wissen? Welche Fragen haben Sie noch an sie?

F | Lokale Kulturszene

Machen Sie Ihr eigenes Vlog oder schreiben Sie eine E-Mail an Connie und erzählen Sie über die Kulturszene in Ihrem Heimatort und die Gemeinsamkeiten und Unterschiede zu Berlin.

Wortschatz

das **Arbeitsangebot, -e**   labor market, job offerings

das **Aufräumen**   cleanup

der **Ausländer, -** / die **Ausländerin, -nen**   foreigner

die **Aussage, -n**   statement

bedeuten (hat bedeutet)   to mean, signify

die **Bundeshauptstadt, ̈-e**   federal capital (city)

die **Bundesregierung**   federal government

die **Bürgerinitiative, -n**   interest group

die **DDR (Deutsche Demokratische Republik)**   (former) GDR (German Democratic Republic); East Germany

demonstrieren (hat demonstriert) to demonstrate

einheitlich   uniform; uniformly

entscheiden (entschied, hat entschieden)   to decide

der **Fall der Mauer**   fall of the Berlin Wall

feiern (hat gefeiert)   to celebrate

der **Frieden**   peace

die **Liebe**   love

die **Mauer, -n**   wall

die **Miete, -n**   rent

die **Nationalsozialisten** (*pl.*)   National Socialists (Nazis)

die **Nazizeit**   Nazi period

der **Organisator, -en** / die **Organisatorin, -nen**   organizer

östlich   eastern, in the east

passieren (ist passiert)   to happen

seit   since

die **Siegermächte** (*pl.*)   Allied Forces

ständig   continuous; continuously

die **Toleranz**   tolerance

die **Trennung, -en**   separation

die **Umwelt**   environment

der **Umweltschützer, -** / die **Umweltschützerin, -nen**   environmentalist

unerwartet   unexpected; unexpectedly

sich **verändern** (hat sich verändert)   to change (oneself)

die **Veränderung, -en**   change

die **Veranstaltung, -en**   event

verdienen (hat verdient)   to earn; to make a profit

die **Verfassung, -en**   constitution

(einen Termin) **verlegen** (hat verlegt)   to reschedule (a meeting)

die **Zerstörung**   destruction

→ Die Wende

Etwas **wenden** bedeutet **umdrehen** (*to turn*) oder **umkehren** (*to turn around*). Deshalb nennt man die Wiedervereinigung Deutschlands nach 1989 auch **Die Wende** (*The Turn*), denn danach hat sich vieles verändert.

Kennen Sie Wörter in Ihrer Sprache, die durch ein historisches Ereignis (*event*) eine besondere Bedeutung (*meaning*) haben?

WORTSCHATZÜBUNGEN

23 | Definitionen

Finden Sie die richtigen Begriffe rechts für die Definitionen links.

1. Park oder Garten in der Stadt.
2. Gruppe von Menschen, die ein gemeinsames Interesse haben und etwas verändern wollen.
3. Länder, die nach dem Zweiten Weltkrieg Berlin in vier Teile geteilt und verwaltet haben.
4. Ein wichtiges Symbol.
5. Person, die aus einem anderen Land kommt.
6. Ostdeutschland und Westdeutschland sind dadurch wieder ein Land geworden.
7. Menschen, die die Natur bewahren wollen.

a. Bürgerinitiative
b. Umweltschützer
c. Grünzone
d. Ausländer
e. Wiedervereinigung
f. Siegermächte
g. Wahrzeichen

24 | Berlin

 Ergänzen Sie die Sätze.

1. Berlin ist seit 1991 die deutsche _____.
2. Nach dem Fall der _____ ist Berlin wieder eine offene Stadt geworden.
3. Seit der _____ 1990 ist Berlin für viele junge Deutsche wieder ein attraktiver Wohnort geworden.
4. Im _____ von Berlin gibt es viele Seen, Flüsse und Wälder.
5. Das Brandenburger Tor ist jetzt das _____ der Wiedervereinigung.
6. Besonders für junge Leute ist Berlin ein attraktiver _____ geworden, denn die _____ sind nicht so hoch wie in anderen deutschen Großstädten.

25 | Wörterbucharbeit: Wortbildung

Arbeiten Sie mit dem Wörterbuch und ergänzen Sie die folgende Tabelle.

Verb	Nomen
1. _____	der Umweltschützer
2. _____	die Zerstörung
3. verändern	die _____
4. _____	die Trennung
5. _____	die Gründung
6. entscheiden	die _____
7. bedeuten	die _____
8. _____	die Veranstaltung

26 | Was bitte ist die Loveparade?

Ein älterer Tourist in Berlin möchte wissen, was die Loveparade ist. Erklären Sie es ihm. Arbeiten Sie in Gruppen oder Paaren und spielen Sie die Szene im Kurs vor. Verwenden Sie dabei einige der folgenden Wörter.

130 Millionen Euro – Aufräumen – Berlin – Demonstration – demonstrieren – DJ – entscheiden – feiern – Frieden – jedes Jahr im Juli – laute Musik – Liebe – Organisator/Organisatorin – Respekt– seit – Straße des 17. Juni – tanzen – tausende von Fans – Tiergarten – Toleranz – Tourismus – Umwelt – Umweltschützer/Umweltschützerin – (sich) verändern – Veränderung – Veranstaltung – Zerstörung

27 | Was passierte 2004?

Spielen Sie die Diskussion nach, die es 2004 zwischen den Umweltschützern, den Loveparade-Organisatoren und dem Berliner Senat gab.

Wann sagt man was? – *der Mensch, die Leute* (pl.), *die Person, die Bevölkerung*

Die Begriffe **Mensch(en), Leute, Person(en)** und **Bevölkerung** kommen im Deutschen in verschiedenen (*different*) Kontexten vor. Suchen Sie Definitionen und Beispiele für diese Begriffe in Ihrem Wörterbuch. Entscheiden Sie, welcher Begriff am besten in die folgenden Kontexte passt.

1. Berlin hat eine _____ von 3,4 Millionen. Im Jahr 2000 waren über eine Million _____ bei der Loveparade. Viele junge _____ in Deutschland finden Techno immer noch gut. Ältere _____ wundern sich oft über die Loveparade.

2. Im Hotel Goldener Adler in Berlin arbeiten 250 _____. Im Restaurant gibt es Platz für 150 _____. Das Abendessen kostet mindestens 30 Euro pro _____. Das können sich nur reiche _____ leisten (*afford*).

3. Ein großer Teil der _____ in Berlin sind Ausländer. Viele kommen aus der Türkei. Sie leben und arbeiten schon seit vielen Jahren in Deutschland. Ihre Kinder sind in Deutschland geboren und aufgewachsen und oft sprechen sie nicht Türkisch. Für diese _____ hat die Regierung (*government*) 2000 ein neues Gesetz erlassen (*passed a law*), damit sie einen deutschen Pass haben können.

Die Geschichte der Currywurst

Es gibt eine Berliner Spezialität, die man nicht in feinen Restaurants, sondern in den Imbissbuden° auf den Straßen findet: die Berliner Currywurst. Die Currywurst ist eine Bratwurst mit Soße. Die Imbissbudenköche mischen ihre Soßen aus Tomatenmark°, Gewürzen° und weiteren geheimen Zutaten° selbst.

■ Eine Berliner Spezialität: die Currywurst

Die Geschichte der Currywurstsoße begann nach dem Krieg, als die Amerikaner den westlichen Teil Berlins besetzten. Die Deutschen orientierten sich an der amerikanischen Kultur und so auch an den Essgewohnheiten°. Damals beobachtete der Berliner Kurt Heuwer, wie die Amerikaner Steak mit Ketchup aßen. Er erzählte seiner Frau Herta davon und sie kamen auf die Idee, nicht teures Steak, sondern eine Wurst mit Soße zu probieren.

Imbissbuden *hot dog stands*   Tomatenmark *tomato paste*
Gewürzen *spices*   geheimen . . . *secret ingredients*
Essgewohnheiten *eating habits*

Da man Ketchup nicht kaufen konnte, mischten sie Tomatenmark und Gewürze zu einer interessanten Soße zusammen. Kurt und Herta kauften einen Imbisswagen und verkauften ihre neue Erfindung ab 1949 an der Kaiser-Friedrich Straße in Berlin mit großem Erfolg. Herta meldete die Idee mit der Currysoße 1959 beim Patentamt° an. So ist Herta Heuwer als offizielle Erfinderin der Currywurst-Soße registriert. In den folgenden Jahren schossen° die Currywurst-Buden in Berlin wie Pilze aus dem Boden und die Currywurst wurde zur Berliner Spezialität.

Grundzutaten für die Soße

Tomatenmark	Curry	Paprika edelsüß
Worcester-Soße	Zucker	Salz
Chillipulver		

Kennen Sie andere amerikanische Essgewohnheiten, die in Deutschland populär sind?

Patentamt *patent office*   schossen *sprouted*

Redemittel zum Diskutieren

Nach Erklärungen fragen

Wenn man andere beim Diskutieren nach Erklärungen fragen möchte, helfen die folgenden Redewendungen.

Wie lässt es sich erklären, dass . . . ?	**Wie lässt es sich erklären, dass** die Currywurst so populär geworden ist?
Ich frage mich, ob . . . ?	**Ich frage mich, ob** Currywurst wirklich so gut schmeckt?
Mich interessiert, warum . . . ?	**Mich interessiert, warum** Herta Heuwer Tomatenmark mit Curry gemischt hat?
Wie kommt es, dass . . . ?	**Wie kommt es, dass** es in Berlin so viele Imbissbuden gibt?
Woran liegt es, dass . . . ?	**Woran liegt es, dass** amerikanische Essgewohnheiten in Deutschland so populär sind?

Erklärungen geben

Wenn man anderen etwas erklären oder Beispiele geben will, sind die folgenden Redewendungen hilfreich.

Zum Beispiel . . . / Beispielsweise . . .	**Zum Beispiel** war die Currysoße nach dem Krieg ein Ersatz (*substitute*) für Ketchup.
Ein Grund dafür ist, dass . . .	**Ein Grund für die Popularität der Currywurst ist, dass** man sie schnell unterwegs essen kann.
Es hat damit zu tun, dass . . .	**Es hat damit zu tun, dass** die Wurst in kleine Stücke geschnitten wird, die man mit einem Zahnstocher (*toothpick*) essen kann.
Das hängt damit zusammen, dass . . .	**Das hängt auch damit zusammen, dass** die Currywurst immer noch relativ billig ist.

28 | Erklärungen

 Welche Fragen passen zu den Antworten?

1. Wie lässt es sich erklären, dass Marlene Dietrich in so vielen amerikanischen Filmen auftritt?

2. Ich frage mich, warum die Loveparade 2004 und 2005 ausgefallen ist?

3. Wie kommt es, dass Berlin einen Senat hat?

4. Warum ist Berlin nach der Wiedervereinigung Hauptstadt geworden?

5. Woran liegt es, dass in Berlin so viel gebaut wird?

6. Mich interessiert, warum so viele junge Leute nach Berlin ziehen?

7. Kannst du uns erklären, warum in Berlin so viele Wohnungen leer stehen?

a. Zum Beispiel sind die Mieten nicht so hoch wie in anderen Städten.

b. Ein wichtiger Grund war, dass Berlin die geteilte Stadt war und durch die Wiedervereinigung wieder ganz geworden ist. Berlin ist deshalb ein Symbol für die Wiedervereinigung gewesen.

c. Es war so: Der Berliner Senat hat entschieden, dass die Veranstaltung keine politische Demonstration ist, und deshalb hat die Stadt ihre Unterstützung entzogen.

d. Das hängt damit zusammen, dass Berlin nicht nur Stadt, sondern auch Bundesland ist.

e. Das lässt sich dadurch erklären, dass sie 1939 Amerikanerin geworden ist.

f. Ein Grund dafür ist, dass die Häuser im Osten oft keine modernen Bäder mit fließend heißem Wasser haben. Nach der Wende sind viele Leute aus dem Osten in den Westen gezogen.

g. Es hat damit zu tun, dass Berlin noch nicht so lange Haupstadt ist, und viele Gebäude im Osten renoviert werden mussten.

29 | Fragen zur Diskussion

Diskutieren oder schreiben Sie über eines der folgenden Themen. Verwenden Sie dabei die Redemittel.

1. Warum sind Veranstaltungen wie die Loveparade so populär? Wie lässt es sich erklären, dass so viele junge Menschen mitmachen wollen?

2. Wie lässt es sich erklären, dass Techno in Deutschland so beliebt ist? Was ist an dieser Art Musik so faszinierend?

3. Warum ist die Loveparade nicht als politische Demonstration akzeptiert worden? Ist es nicht nobel, für Liebe, Respekt und Toleranz zu demonstrieren?

Das Verb: Konjugation, Tempus, Modus, Aktiv und Passiv

Konjugation

A German verb agrees with its subject in number and person. This is accomplished through *conjugation*, the use of different endings added to the verb stem.[4]

Number	Person	Present Tense of *machen*
Singular	*(1st)* **ich**	mach **e**
	(2nd) **du**	mach **st**
	(3rd) **er/es/sie**	mach **t**
Plural	*(1st)* **wir**	mach **en**
	(2nd) **ihr**	mach **t**
	(3rd) **sie**	mach **en**
Formal Sing. & Pl.	*(2nd)* **Sie**	mach **en**

Die Geschichte der Currywurst **beginnt** nach dem Krieg.

Kurt und Herta kaufen sich einen Imbisswagen.

- In the present tense, if the verb stem ends in **d** or **t**, or **m** or **n** after another consonant[5] (for example, **finden, arbeiten, öffnen**), an **e** is inserted between the verb stem and the **st** and **t** endings. This is to facilitate pronunciation.

---

[4] For this explanation, all examples are shown in the present tense, but this principle of conjugation remains the same regardless of the tense of the verb.

[5] except after l or r

STRUKTUREN

finden: du find**est**; er/es/sie find**et**; ihr find**et**

arbeiten: du arbeit**est**; er/es/sie arbeit**et**; ihr arbeit**et**

öffnen: du öffn**est**; er/es/sie öffn**et**; ihr öffn**et**

- Some verbs change the stem vowel in the second- and third-person singular.

  essen: Kurt Heuwer **isst** gerne Currywurst.

  fahren: Fährst du nach Berlin zur Loveparade?

  See the appendix for a complete list of stem-changing verbs.

- The verbs **sein, haben, wissen,** and **werden** are used frequently and are conjugated irregularly.

	sein	**haben**	**wissen**	**werden**
ich	bin	habe	weiß	werde
du	bist	hast	weißt	wirst
er/es/sie	ist	hat	weiß	wird
wir	sind	haben	wissen	werden
ihr	seid	habt	wisst	werdet
sie	sind	haben	wissen	werden
Sie	sind	haben	wissen	werden

- The modal verbs **dürfen, können, mögen, müssen, sollen, wollen** are also irregular. See Station 7 for a detailed look at modal verbs.
- There are two kinds of verbs with prefixes. Although their prefixes are handled differently, both types are conjugated like their root verbs. For example, **kaufen, einkaufen**, and **verkaufen** are conjugated the same way, except for what happens to the prefix.

  Non-Separable Prefixes: Verbs beginning with **be-, emp-, ent-, er-, ge-, miss-, ver-, zer-** are not separable.

  Ab 1949 **verkauft** Herta ihre neue Erfindung, die Currywurst.

  Separable Prefixes: Verbs beginning with **ab-, an-, auf-, aus-, ein-, mit-, vor-,** and **zusammen-** are separable, which means that when the verb is conjugated in the present tense and the simple past, the prefix is separated from the root verb and placed at the end of the main clause.

  Herta **meldet** die Idee beim Patentamt **an**.

  Note, however, that in a subordinate clause, a separable prefix remains with the root verb.

  Es überrascht ein bisschen, dass Herta die Idee beim Patentamt **anmeldet**.

Tempus

There are six different tenses in which a German verb can be used to express time. In the past and the future, distinct tenses are used for different types of reference to those time frames. A look at the corresponding English forms should help you understand the differences.

Tense	Time Frame	Example
Present Tense (Präsens)	Present	Marlene Dietrich singt und tanzt. *Marlene sings and dances. Marlene is singing and dancing. Marlene does sing and dance.*
Present Perfect Tense (Perfekt)		Marlene hat gesungen und getanzt.[6] *Marlene sang and danced. Marlene has sung and danced.*
Simple Past (Imperfekt)	Past	Marlene sang und tanzte. *Marlene sang and danced. Marlene was singing and dancing.*
Past Perfect (Plusquamperfekt)		Marlene hatte gesungen und getanzt. *Marlene had sung and danced.*
Future Tense (Futur)		Marlene wird singen und tanzen. *Marlene will sing and dance.*
Future Perfect (Futur II)	Future	Marlene wird gesungen und getanzt haben. *Marlene will have sung and danced.*

Modus

As in English, German verbs can have three different moods to reflect the attitude of the speaker toward what he or she is expressing. The examples below are in the present tense, but the same three moods are also part of other tenses.

1. To express reality, German uses the indicative (**Indikativ**).

   Marlene lacht.   *Marlene laughs.*
                                Marlene does laugh.
                                Marlene is laughing.

---

[6] While the German **Perfekt** is similar in form to the *present perfect* in English, its function is different. The German **Perfekt** is for most German speakers the only conversational past-tense form.

2. To express hypothesis, wishes, politeness, distance, German uses the subjunctive (**Konjunktiv**).

Marlene würde lachen. (Konjunktiv II)	*Marlene would laugh.*
In einem Interview sagte Marlene Dietrich, sie singe gerne. (Konjunktiv I)	*In an interview, Marlene Dietrich said that she liked to sing.*

3. To express commands, German uses the Imperative (**Imperativ**).

Lach, Marlene!   *Laugh, Marlene!*

Aktiv und Passiv

Like English, German verbs have two voices, depending on the relationship between the subject and the verb.

1. If the subject of the verb performs the action, German uses the active (**Aktiv**) voice.

Marlene singt ein Lied über Berlin.   *Marlene sings a song about Berlin.*

2. If the focus is on the action, German uses the passive (**Passiv**) voice.

Ein Lied über Berlin wird von Marlene gesungen.   *A song about Berlin is sung by Marlene.*

30 | Studium in Berlin

Sie sind Student/Studentin in Berlin. (1) Schreiben Sie mit vollständigen Sätzen eine Liste von sechs Dingen, die Sie in Berlin machen und fragen Sie dann einen Partner / eine Partnerin, ob er/sie diese Dinge auch macht. (2) Ihr Partner/Ihre Partnerin antwortet. (3) Berichten Sie dann im Kurs über die Unterschiede und Gemeinsamkeiten.

 z.B.

S1: Ich gehe in viele Vorlesungen. Gehst du auch in viele Vorlesungen?

S2: Nein, aber ich schreibe E-Mails an meine Freunde in den USA.

31 | Berliner Biographie

Spekulieren Sie gemeinsam mit einem Partner / einer Partnerin über das Leben von Aleks und Sabine Göktürk, basierend auf der Information im Kasten. Bilden Sie vollständige Sätze und benutzen Sie dabei jedes der folgenden Verben mindestens einmal.

Verben: anrufen, arbeiten, essen, fahren, feiern, finden, kochen, nichts tun, reisen, schreiben, wissen

Name: Aleks und Sabine Göktürk

Alter: 31 und 36 Jahre

Beruf: Informatiker (Aleks), Englischlehrerin (Sabine)

Wohnort: Berlin Kreuzberg

32 | Satzjagd (*Sentence hunt*)

Suchen Sie gemeinsam mit einem Partner / einer Partnerin jeweils einen Satz in diesem Kapitel, der das folgende Kriterium erfüllt, und übersetzen Sie diesen Satz ins Englische. Stellen Sie anschließend Ihre Ergebnisse im Kurs vor.

1. Ein Satz im Präsens
2. Ein Satz im Imperfekt
3. Ein Satz im Perfekt
4. Ein Satz im Futur
5. Ein Satz im Passiv
6. Ein Imperativ
7. Ein Satz im Konjunktiv II

 # LEKTÜRE

Claudius Seidl und Georg Diez

Die Autoren Claudius Seidl und Georg Diez schreiben im Buch *Hier spricht Berlin: Geschichten aus einer barbarischen Stadt* über ihre Erfahrungen in der deutschen Hauptstadt. Claudius Seidl, geboren 1959 in Würzburg, ist Filmkritiker und Autor. Georg Diez, geboren 1969, studierte Geschichte und Philosophie und schreibt, wie Claudius Seidl, für die Frankfurter Allgemeine Zeitung, eine der wichtigsten deutschen Tageszeitungen.

Vor dem Lesen

33 | Fragen zum Thema

1. Wo haben Sie schon gearbeitet oder ein Praktikum gemacht? Was haben Sie dort gemacht?
2. Wie hat Ihr Chef Sie behandelt? Wie waren Ihre Kollegen?
3. Was haben Sie bei der Arbeit gelernt?

34 | Wortarten und Stil

Wählen Sie eine der unten angegebenen Wortarten und suchen Sie dann alle Wörter in einem Abschnitt von 7–8 Zeilen, die sich dieser Wortart zuordnen lassen. Vergleichen Sie mit den anderen Kursteilnehmern Ihr Ergebnis mit folgender Standarddistribution.

46% Nomen	22,6% Adjektive	19,3% Verben
6,7% Adverbien	1,3% Konjunktionen	1,2% Präpositionen
0,9% Eigennamen	0,8% Pronomen	0,4% Interjektionen

Inwieweit weichen (*deviate*) die Autoren von der Standarddistribution ab? Was sagt das über den Stil der Autoren und den Inhalt der Texte aus? Lassen sich die beiden Texte auf diese Weise vergleichen?

Beim Lesen

Denken Sie beim Lesen über Ihre eigenen Lebensziele (*life goals*) nach und vergleichen Sie sich selbst mit den Figuren in den Texten. Wie stark werden unsere Lebensziele von der Stadt beeinflusst, in der wir leben?

35 | Junge Menschen in Berlin

 Notieren Sie Aspekte des Lebens der jungen Berliner in den beiden Geschichten, die Sie auch in Ihrer Stadt (in Ihrem Land) finden. Wo gibt es solche jungen Leute? Was haben sie mit den jungen Berlinern gemeinsam? Kritisieren die Autoren die jungen Leute im Text?

Der Praktikant°

Claudius Seidl

intelligent

Der neue Praktikant war ein bißchen zu klug° und ein bißchen zu alt gewesen für dieses Praktikum, sehr nett und fleißig sowieso – aber wann

assignment
schlechtes… bad conscience
menial

immer ich ihm irgendeinen Auftrag° gab, bekam ich ein schlechtes Gewissen°, ich fürchtete, daß man diesem jungen Mann doch keine schäbigen° Hilfsarbeiten zumuten konnte, und so kam es, daß der Praktikant bald gar nichts mehr zu tun bekam. Er hockte die meiste Zeit vor dem Computer und freute sich über die schnelle Internet-Verbindung, und wenn wir konferierten, und der Praktikant machte einen Vorschlag oder formulierte Kritik, dann hörte ich ihm immer besonders aufmerksam

superfluous

zu, schon damit er sich nicht völlig überflüssig° fühlte. Zwei Monate war er dabeigewesen, und weil ich ihn ganz gern mochte und mich verant-

responsible

wortlich° fühlte, hatte ich an seinem letzten Tag zu ihm gesagt, es würde mich freuen, wenn wir noch mal essen gingen und über seine

future

Zukunft° sprächen. »Ja«, sagte der Praktikant, »ich werde mich mal melden.« Er ließ sich zwei Wochen Zeit, bis er anrief, er sagte, er habe viel zu tun, aber in der nächsten Woche habe er ein bißchen Zeit. Wir gingen

= Berlin Mitte

in ein angenehmes Restaurant in Mitte°, und als ich ihn fragte, was er essen wolle, er sei heute Mitteg mein Gast, da antwortete der ehemalige Praktikant: Er habe keinen Hunger. Er wolle nur was trinken, eine

apple juice with mineral water

Apfelschorle° oder einen Kaffee.
»Was werden Sie jetzt tun?« fragte ich.
»Mmh«, sagte der Praktikant, »mmh, mal schauen, was sich so ergibt.«
»Mal schauen«, fragte ich: »Sind Sie nicht ein bißchen zu alt, um mal zu schauen? Sie sind doch über dreißig. Da hat man doch einen Plan!«
Der Praktikant grinste. »Einen Plan. Ja, ein Plan ist gut, wenn er gut ist. Es muß ein verdammt guter Plan sein. So was braucht seine Zeit. So ein

busy
doctoral degree

Plan muß gut durchdacht sein. Im Moment bin ich sehr beschäftigt°.«
»Aha«, sagte ich. »Wollen Sie jetzt doch Ihre Promotion° abschließen.«
»Mal schauen. Ich denke darüber nach. Erst mal muß ich aber mein

studio

Atelier° aufräumen.«
»Wozu haben Sie ein Atelier? Ich dachte, Sie wollen schreiben.«
»Will ich auch. Aber bißchen was mit Kunst mache ich auch.«
»Was für Kunst.«
»Mmh, Projekte eben. Das wäre jetzt ein Thema für sich.«
»Bringt das was ein?«
»Kaum. Aber die Miete fürs Atelier ist sehr billig.«
»Finden Sie nicht, daß ein Mann in Ihrem Alter sich langsam mal ent-

academic business

scheiden sollte: Will ich was werden im Wissenschaftsbetrieb°, in den Medien, in der Kunst?«

Der Ex-Praktikant grinste wieder. »Gute Frage, ob ich überhaupt was werden will. Mir geht's ja gut, so insgesamt.«

poison »Ist Ihnen eigentlich klar, daß diese Stadt hier Gift° für Sie ist?«

»Hmm, nein, eigentlich nicht.«

macht ... is ruining you »Berlin«, sagte ich, »macht Sie fertig°, und das Schlimme ist, daß Sie das
realize nicht mal merken°. Sie schreiben bißchen und kriegen bißchen Geld dafür. Sie machen was mit Kunst. Wenn ich das schon höre. Was mit Kunst. Sie haben praktisch keine Lebenshaltungskosten: Das ist es doch, was Sie so fertigmacht. Sie müssen hier raus. Sie müssen ganz dringend umziehen. Nach Hamburg, München, Frankfurt. In irgendeine richtig teure Stadt. Zweitausend Mark Miete für sechzig Quadratmeter: Das ist es, was Sie brauchen. Dreitausend Mark wären noch besser. Wenn das Leben richtig teuer wird, lernt man ganz schnell, sich zu entscheiden.« Der Ex-Praktikant trank den letzten Schluck seiner Apfelschorle.

»Tun Sie was«, brüllte ich, »ich will Sie hier nicht mehr sehen. Ziehen Sie nach München um und schicken Sie mir von dort eine Ansichtskarte.
polite phrases Keine Höflichkeitsfloskeln°, nur eine Zahl. Wie hoch ist die Miete?«

Der Ex-Praktikant lächelte »Sie haben ja recht. Es wird sich etwas ändern. Einiges wird sich ändern. Ich muß jetzt endlich mal los. War eine nette Unterhaltung, aber jetzt muß ich mein Atelier aufräumen. Danke für die Apfelschorle.«

■ ■ ■

Wortschatz

sich **ändern** (hat sich geändert) to change

die **Ansichtskarte, -n** postcard

brauchen (hat gebraucht) to need

durchdacht thought through, well-planned

fleißig diligent, conscientious

sich **freuen** über (hat sich gefreut) to be happy about s.th.

kaum barely

die **Kritik** criticism

die **Kunst** art

mögen (mag, mochte, hat gemocht) to like

nachdenken über (denkt nach, dachte nach, hat nachgedacht) to reflect, think about

der **Praktikant, -en** / die **Praktikantin, -nen** intern

das **Praktikum, -en** internship

schauen (hat geschaut) to look at, watch; see;

Mal schauen. I'll have to see. (= I don't know yet.)

umziehen (zieht um, zog um, ist umgezogen) to move

die **Unterhaltung, -en** conversation

völlig fully, completely

werden (wird, wurde, ist geworden) to become

die **Zukunft** future

Nach dem Lesen

36 | Fragen zum Text

1. Was sagt der Erzähler (*narrator*) über den Praktikanten? Wie alt ist er?
2. Musste der Praktikant bei diesem Praktikum sehr viel arbeiten?
3. Was hat der Praktikant meistens gemacht?
4. Wie lange dauerte das Praktikum?
5. Was passierte zwei Wochen nach dem Praktikum?
6. Was möchte der Erzähler über den Praktikanten wissen?
7. Womit verdient der Praktikant seinen Lebensunterhalt?
8. Was schlägt der Erzähler dem Praktikanten vor?
9. Welche Erwartungen (*expectations*) gibt es in der Gesellschaft (*society*)? Was wird allgemein von jungen Leuten erwartet?

37 | Satzstruktur

Ergänzen Sie die Nebensätze. In diesen Sätzen steht das konjugierte Verb am Ende!

Der Erzähler hatte ein schlechtes Gewissen, weil der Praktikant . . . →

Der Erzähler hatte ein schlechtes Gewissen, weil der Praktikant nicht viel zu tun hatte.

1. Der Praktikant freute sich, dass die Internet-Verbindung . . .
2. Der Erzähler lud ihn zum Essen ein, weil er . . .
3. Weil der Praktikant . . . , bestellte er nur eine Apfelschorle.
4. Der Praktikant hat keinen Plan, weil . . .
5. Es geht ihm in Berlin gut, weil . . .
6. Der Erzähler will, dass der Praktikant . . .
7. Er kann nicht verstehen, dass . . .

Wann sagt man was? – *werden*

Das Verb **werden** spielt in der deutschen Sprache diverse Rollen. Die folgende Szene im Text dreht sich um das Verb **werden** als Vollverb (*main verb*).

»Finden Sie nicht, daß ein Mann in Ihrem Alter sich langsam mal entscheiden sollte: **Will ich was werden** im Wissenschaftsbetrieb, in den Medien, in der Kunst?«

Der Ex-Praktikant grinste wieder. »Gute Frage, **ob ich überhaupt was werden will**. Mir geht's ja gut, so insgesamt.«

Werden hat mit Veränderung und Entwicklung (*development*) zu tun.
Welche Sätze passen zusammen?

1. Ulrich studiert Publizistik in Berlin.
2. Im Sommer sitzen wir gerne Abends lange im Garten.
3. Rosemarie legt ihre Tomaten immer auf den Balkon.
4. Franz und Juliane haben einen kleinen Hund bei sich aufgenommen.
5. Wir wollen am Wochenende am See zelten (*go camping*).

a. Es wird erst um 10 Uhr dunkel.
b. Hoffentlich wird er nicht so groß, denn sie haben eine sehr kleine Wohnung.
c. Er will Journalist werden.
d. Da werden sie am schnellsten reif (*ripe*).
e. Ich hoffe, das Wetter wird bis dahin etwas besser.

38 | Partnerinterview

Fragen Sie Ihren Partner / Ihre Partnerin über seine/ihre Zukunft und berichten Sie im Kurs.

S1: Was möchtest du werden?
S2: Ich will Pilot werden.
S1: Warum?
S2: Weil ich gerne reise.

BERICHT: David möchte Pilot werden, weil er gerne reist.

39 | Fragen zum Nachdenken und Diskutieren

1. Der Praktikant ist schon über dreißig und hat keinen genauen Plan für die Zukunft. Kennen Sie Leute, die auch so sind? Muss man immer einen genauen Plan für die Zukunft haben?
2. Der Erzähler will, dass der Praktikant in eine teure Stadt wie München oder Hamburg umzieht. Kennen Sie Städte, in denen man einen Plan haben muss, weil das Leben dort sehr teuer ist?
3. Was sind Ihre Pläne für die Zukunft? Denken Sie viel über die Zukunft nach? oder sagen Sie auch: **mal schauen**?

Vor dem Lesen

40 | Fragen zum Thema

1. Gehen Sie gern zum Friseur?
2. Sprechen Sie mit dem Friseur / der Friseurin während er/sie Ihnen die Haare schneidet?
3. Was für ein Typ ist Ihr Friseur / Ihre Friseurin?

Beim Lesen

Denken Sie beim Lesen über Ihre eigenen Lebensziele nach und vergleichen Sie sich selbst mit den Figuren in diesem Text und im letzten Text. Wie stark werden unsere Lebensziele von der Stadt beeinflusst, in der wir leben?

41 | Partymenschen

Der Erzähler nennt die Leute im Friseursalon Partymenschen. Wie beschreibt er sie? Spricht er mit ihnen oder beobachtet er sie nur? Warum nennt er sie so?

Öffne dein Herz

Georg Diez

Sie gehe mal kurz runter zum Friseur, hatte sie gesagt, sie wolle nur schauen, wie der so sei, sehe ja sehr nett aus, der Laden, stehen immer viele Leute davor, müsse wohl etwas Besonderes sein. Auf der anderen Seite unseres Hauses, an der Ecke gegenüber der Kirche. Headhunter. Als Corinna vom Friseur Headhunter zurückkam, da hatte sie blonde Strähnchen° und eine Geschichte zu erzählen. Eine große gutgelaunte Schwarze° mit erstaunlich vielen Metallgegenständen an den verschiedensten sichtbaren und sicher auch unsichtbaren Körperteilen° habe sie in einen Stuhl gezogen, habe einen Witz nach dem anderen gerissen, es sei eine ganz besondere Show gewesen, nur habe Corinna nicht gewußt, für wen diese Show gedacht war – bis sie auf das kleine Schild geschaut habe, das unter dem Spiegel an ihrem Platz angebracht war: Dieser Platz, stand da, wird live ins Internet übertragen°.

highlights — Strähnchen°

black woman — Schwarze°

mit... with an amazing amount of metal objects in visible and probably invisible parts of her body — Körperteilen°

broadcast — übertragen°

■

Ich bin dann natürlich auch einmal hingegangen, Monate später, weil ich auch mal live ins Internet übertragen werden wollte, während mir eine schwarze Schönheit den Kopf rasiert. Ich hatte die Frau schon ein paarmal auf der Straße gesehen, und in unserem »national bereinigten Viertel°«, wie mein Freund, der Schriftsteller, das so hübsch zu sagen pflegt°, ist so etwas schon eine Bereicherung°. Leider war die Schwarze nicht da an diesem trüben° Frühwinternachmittag. Ich zog also erst einmal eine Nummer, wie das alle machen, die sich hier die Haare schneiden oder färben oder was weiß ich was° lassen wollen. Der Raum ist so groß wie ein normales Berliner Wohnzimmer, also groß, mit einem Seitenraum und ein paar Nischen°. An der Decke hängt etwas goldbepinselter Stuck, in die Mitte ist eine Art Strudel° gemalt. Ich setze

national... neighborhood without much diversity — Viertel°

wie... as ... likes to say / positive aspect, asset — pflegt° / Bereicherung°

overcast — trüben°

oder... or whatever — was°

niches — Nischen°

eine... a kind of swirl — Strudel°

mich auf einen der alten Stühle, die hier quer verteilt im Raum stehen. Corinna hatte gesagt, man müsse hier manchmal lange warten, aber das machen die Leute hier ja auch gerne, die beim Arbeitsamt° oder beim TÜV° Nummern ziehen. Ich packte mein Notizbuch aus und schaute mich in Ruhe um. Es war nicht besonders voll. Die Jungs trugen Trainingsjacken, die Mädchen Röcke über den Jeans, und alle schienen gestern nacht recht lange auf gewesen zu sein. Madonna sang »Open your heart«, und eine Frau mit schwarzen Haaren schlich herum° und schüttelte ihre Frisur, während sich ein Junge mit Fußballtrikot seine frisch blond gefärbten Haare zerwuschelte°. Eigentlich hatte ich gedacht, daß die beiden auch zum Inventar gehörten, so wie sie aussahen. Es waren aber Kunden. Eines der Phänomene von Berlin ist, wie sich hier alle Linien verwischen°. [...] Die Grenze zwischen Käufer und Verkäufer, zwischen Anbieter° und Kunde° ist aufgehoben°; eines der Grundgesetze der kapitalistischen Marktwirtschaft° damit außer Kraft°. Aus einer der Nischen, in denen einem die Haare gewaschen werden, sprang auf einmal ein Mädchen durch den Raum und sang dabei laut das Lied mit, das gerade durch den Lautsprecher kam. Madonna, immer noch. Sind sie das, dachte ich, die Kinder von Madonna und Red Bull mit Jägermeister? Auch meine Friseuse sang mit, während sie mir die Haare rasierte, ohne daß ich dabei ins Internet übertragen wurde, was ja Sinn der Übung° gewesen war – aber Friseuse kann man zu den Mädchen gar nicht sagen, alle hier sind eher Teil der immerwährenden° Party, als die sich Berlin selbst gerne sieht. [...] Und so heben sie auch eine zweite Grundunterscheidung der kapitalistischen Moderne in Berlin sehr locker auf, die zwischen Privatem und Öffentlichem°.

»Wem gehört denn der Zigarettenstummel° hier«, fragte einer der schwarzhaarigen Partymenschen [...].

»Mir«, sagte das Mädchen, das gerade meinen Nacken sorgfältig ausrasierte°. »Den rauch ich gleich noch zu Ende.«

Wir redeten nichts, das Mädchen und ich, was mir bei anderen Friseuren immer etwas peinlich° ist. Hier war die Sache einfach. Wir hatten uns einfach nichts zu sagen.

Daß ich zwölf Euro zahlen mußte, daran mußte ich sie schließlich noch erinnern. Corinna hat gesagt, sie wird wieder hingehen. Ich eher° nicht.

▪ ▪ ▪

employment office

motor vehicle control

schlich ... shuffled around

bunched up, messed up

dissolve

supplier

customer / removed

eines ... one of the principles of the capitalist economy / außer ... not working

Sinn ... the point of the exercise

ongoing

the public

cigarette butt

das ... who had just diligently shaved the back of my neck

embarrassing

however

Wortschatz

(lange) **auf sein** (war auf, ist auf gewesen)   to be up, stay up (a long time, late)

jemanden an etwas **erinnern** (hat erinnert)   to remind s.o. of s.th.

färben   to dye

der **Friseur, -e** / die **Friseuse, -n, Friseurin, -nen**   hair stylist

gehören zu (hat gehört)   to belong to, be part of

das **Geschäft, -e**   business; store

gut gelaunt   in a good mood, happy

der **Käufer, -** / die **Käuferin, -nen**   buyer

der **Kunde, -n** / die **Kundin, -nen**   customer, client

der **Laden, ⸚**   store, business

leider   unfortunately

das **Lied, -er**   song

öffentlich   public(ly)

rasieren (hat rasiert)   to shave

rauchen (hat geraucht) to smoke

singen (sang, hat gesungen) to sing

der **Verkäufer, -** / die **Verkäuferin, -nen**   seller

einen **Witz reißen** (riss, hat gerissen)   to crack a joke

Nach dem Lesen

42 | Fragen zum Text

1. Was passierte, als Corinna beim Friseur *Headhunter* war?
2. Warum wollte der Erzähler auch zu diesem Friseur gehen?
3. Was trugen die Leute in dem Geschäft?
4. Was sagt der Erzähler über die Gesetze der Marktwirtschaft?
5. Welche Musik lief im Geschäft?
6. Warum nennt der Erzähler Berlin eine immerwährende Party?
7. Warum meint der Erzähler, dass sich in Berlin die Grenze zwischen Privatem und Öffentlichem verwischt?
8. Kennen Sie Leute wie die Friseure und Kunden im *Headhunter*? Kennen Sie ein Geschäft, das auch die Atmosphäre hat, die der Erzähler hier beschreibt? Erklären Sie.
9. Warum nennt der Autor diese Geschichte wohl *Öffne dein Herz*?

43 | Wörterbucharbeit: Adjektive

Ordnen Sie den Figuren (*characters*) der beiden Geschichten mindestens drei der folgenden Adjektive zu. Finden Sie die Adjektive, die Sie nicht kennen, im Wörterbuch. Welche Person finden Sie besonders sympatisch (*nice*)?

deprimiert – draufgängerisch – ehrgeizig – eingebildet – fröhlich – großzügig – konservativ – lebensbejahend – lebensmüde – leichtsinnig – orientierungslos – positiv – progressiv – tolerant – intolerant – unbeirrbar – unscheinbar – verträumt – wählerisch – zaghaft – zielstrebig

Der Praktikant		*Öffne dein Herz*		
der Praktikant	der Erzähler	die Friseurin	Corinna	der Erzähler
_____	_____	_____	_____	_____
_____	_____	_____	_____	_____
_____	_____	_____	_____	_____

Jetzt finden Sie drei Adjektive, die auf Sie selbst zutreffen (*apply*).

44 Fragen zum Nachdenken und Diskutieren

1. Die Autoren Seidl und Diez beschreiben junge Berliner etwas zynisch. Warum ist das wohl so?

2. Glauben Sie, die Beschreibung des Praktikanten und der jungen Leute im Friseurgeschäft sind realistisch und objektiv?

3. Wo möchten Sie am liebsten arbeiten? Wie möchten Sie leben? Was sind Ihre Ziele?

45 Schreibübung

1. Schreiben Sie über das Mittagessen aus der Perspektive des Praktikanten. Erzählen Sie, was er über den Erzähler denkt. Vielleicht schreibt der Praktikant in sein Tagebuch.

    Heute hat mich mein Chef aus dem Praktikum zum Essen eingeladen. Ich hatte keinen großen Hunger und wollte eigentlich lieber . . .

2. Schreiben Sie den *Headhunter*-Besuch des Erzählers aus der Perspektive der Friseurin. Erzählen Sie, was sie über ihren Kunden denkt. Vielleicht schreibt die Friseurin in einer E-mail an eine Freundin.

    Heute waren wieder einige interessante Leute im Salon. Zum Beispiel kam ein Typ, der sich seinen Nacken rasieren lassen wollte . . .

3. Warum bezeichnet der Erzähler die Leute im *Headhunter* als Partymenschen? Hat er Recht? Wie denken Sie über die Figuren in den beiden Geschichten? Mit wem identifizieren Sie sich am meisten? Geben Sie Gründe dafür!

 **ZUM SCHLUSS**

46 | Berlin gestern und heute

Erinnern Sie sich noch einmal an alle Aspekte Berlins oder Deutschlands aus diesem Kapitel, die Sie besonders überraschend (*surprising*) oder interessant fanden. Vielleicht helfen dabei die folgenden Stichwörter.

Architektur	Loveparade	Praktikum	Wiedervereinigung
Berliner Mauer	Marlene Dietrich	Techno	
Currywurst	Partymenschen	Umwelt	

Das letzte Wort

Haben Sie in diesem Kapitel ein Wort entdeckt, das Sie besonders schön, treffend, praktisch oder kurios fanden? Oder fällt Ihnen ein Wort ein (*comes to mind*), mit dem man Berlin gut beschreiben kann? Nominieren Sie ein Wort und sagen Sie, warum es Ihnen gefällt. Vielleicht können Sie damit einen Preis gewinnen?

KULTURELLE PERSPEKTIVEN
Station München: Informationen und
Aktivitäten

EIN BERÜHMTER MÜNCHNER
Christian Morgenstern

Kulturnotiz
Getränkemarkt

VIDEO
München

STRUKTUREN
Über Vergangenes sprechen: Das Perfekt
Befehle, Wünsche, Anleitungen: Der Imperativ

LEKTÜRE
*Oktoberfestbesuch (Eine Momentaufnahme
aus dem Jahre 1952)*
Herbert Rosendorfer

Arbeitsbuch
pp. 11–24

Audioprogramm
www.thomsonedu.com/german/stationen

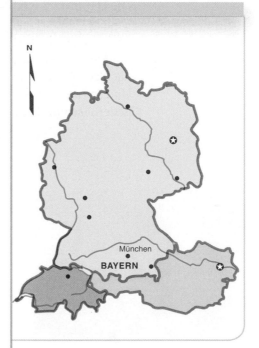

München
BAYERN

TRUDERING

■ U-Bahnstation Truder-
ing in München. In
München gibt es 92
U-Bahn-Stationen. An
jedem Werktag fahren
fast eine Million Fahr-
gäste mit der U-Bahn.
Bei 1,3 Millionen
Münchnern ist das ein
beachtlicher (*remark-
able*) Prozentsatz
an U-Bahnfahrern.
Woran sieht man, dass
diese U-Bahnstation
in Deutschland ist?

Station: München

Wenn man die Deutschen fragt, in welcher Stadt sie gerne leben möchten, dann steht München immer ganz oben in der Statistik. Die Hauptstadt von Bayern ist einer der beliebtesten Wohnorte in Deutschland. Manche nennen München deshalb Deutschlands „heimliche° Hauptstadt". Aber München wird auch oft als „Weltstadt mit Herz" oder „Millionendorf" bezeichnet; das klingt ein bisschen nach einer Großstadt, die gleichzeitig dörflich° oder provinziell ist. Und so treffen sich in dieser Stadt Tradition und modernes Leben, Lederhosen und High-Tech. Die vielen internationalen Firmen, die

sich hier angesiedelt haben, haben München zu einer Metropole im Süden gemacht. Und das Bier, welches schon die Mönche° brauten, die vor fast tausend Jahren hier lebten, ist nach wie vor ein wichtiges Element der bayerischen und Münchner Tradition. In den zahlreichen Brauereien, Biergärten, im weltberühmten Hofbräuhaus und natürlich auf dem Oktoberfest kann man die Münchner Bierkultur am besten erleben. Auch sonst gibt es viele Freizeitmöglichkeiten in und um München. Die naheliegenden Alpen und die vielen Seen im Umland laden zum Schwimmen, Wandern und Skifahren ein.

■ Wenn das Wetter gut ist, kann man über den Dächern von München die Alpen sehen.

heimliche *secret*   dörflich *pastoral, villagelike*
Mönche *monks*

Statistik	
Einwohnerzahl:	1,3 Millionen
Fläche:	310 km²
Besucherzahl° auf dem Oktoberfest 2004:	5,9 Mio (Rekord 1985: 7,1 Mio)

Besucherzahl *number of visitors*

Geschichte

1158	1504	1810	1935–1945	1939	1945
Gründung der Stadt als kleine Siedlung von Mönchen. München heißt also „bei den Mönchen".	München wird Hauptstadt des Herzogtums (*principality*) Bayern.	Das erste Oktoberfest findet statt.	München ist „Hauptstadt der Bewegung" (*capital of the Nazi movement*).	Missglücktes Attentat (*failed assassination attempt*) auf Adolf Hitler	Die Amerikaner besetzen München.

1 | Fragen zur Station

1. In welchem Bundesland liegt München? Welche Produkte kommen aus dieser Region?
2. Wie alt ist München? Woher kommt der Name München?
3. Wo liegt München? Was liegt in der Nähe?
4. Wie viele Einwohner hat München? Wie groß ist die Fläche? Kennen Sie eine Stadt die ungefähr so groß ist wie München?
5. Ist München Ihrer Meinung nach eine Großstadt? Warum (nicht)?
6. Warum nennen viele Leute München „die heimliche Hauptstadt" Deutschlands?
7. In München kommen Tradition und modernes Leben zusammen. Was bedeutet *Tradition* für Sie? Was bedeutet *modernes Leben* für Sie?

EIN BERÜHMTER MÜNCHNER
Christian Morgenstern (1871–1914)

Christian Morgenstern wurde am 6. Mai 1871 in München geboren. Nach abgebrochenem Jurastudium° begann Morgenstern zu schreiben. Zunächst schrieb er Literatur- und Theaterkritiken für diverse Zeitungen und Zeitschriften°. 1905 veröffentlichte° er seine erste Gedichtesammlung, *Galgenlieder°*, aus der auch das folgende Gedicht stammt.

Christian Morgenstern

Das Wasser
Ohne Wort, ohne Wort
rinnt das Wasser immer fort;
andernfalls°, andernfalls
spräch'° es doch nichts andres als:

Bier und Brot, Lieb und Treu. –
und das wäre auch nicht neu.
Dieses zeigt, dieses zeigt,
daß das Wasser besser schweigt°.

Jurastudium *law school*   Zeitschriften *magazines*
veröffentlichte *published*   Galgenlieder *Gallows Songs*
andernfalls *otherwise*   spräch' *would speak*   schweigt *is silent*

1957	1972	1974	2002	2006
München hat eine Million Einwohner.	Bei den Olympischen Sommerspielen werden neun Israelische Athleten entführt (*kidnapped*).	Fußballweltmeisterschaft in München: Deutschland wird zum zweiten Mal nach 1954 Weltmeister.	Eröffnung der Pinakothek der Moderne (*museum of modern art and design*)	Eröffnung der wiederaufgebauten Synagoge Ohel Jakob im Zentrum der Stadt

2 | Fragen zum Gedicht

1. Welches Wort beschreibt dieses Gedicht am besten: elegant, ernst (*serious*), grotesk, humoristisch, kurios, melancholisch, modern?

2. Für wen schreibt Morgenstern Ihrer Meinung nach? Für Kinder, für Erwachsene, für deprimierte (*depressed*) Menschen, für sich selbst?

3 | Schweigen

 Ein Verb wie *schweigen* hat nicht jede Sprache. *Schweigen* bedeutet „nichts sagen, still sein". Im Deutschen gibt es einige Redensarten, die mit dem Schweigen zu tun haben. Können Sie für die folgenden Sprichwörter (*proverbs*) und Redensarten die passende Definition finden?

1. Reden ist Silber, Schweigen ist Gold.

2. Der Kenner schweigt und genießt (*enjoys*).

3. Dann ist Schweigen im Walde.

4. das Schweigen brechen

5. jemanden zum Schweigen bringen

6. sich in Schweigen hüllen (*envelop*)

a. so tun (*to pretend*), als wüsste man nichts, weil man lieber nichts sagen will

b. Wer eine Sache gut kennt, muss nicht viel darüber reden. Er genießt einfach nur.

c. Sprechen ist gut, aber still sein ist besser.

d. Jemanden umbringen (*kill*), weil man nicht will, dass er die Wahrheit sagt.

e. Etwas, das lange ein Geheimnis (*secret*) war, endlich sagen.

f. Wenn etwas passiert, worauf keiner mehr etwas sagen kann oder will. Dann ist alles still.

■ Die Pinakothek der Moderne wurde 2002 eröffnet und ist eines der wichtigsten Museen für Moderne Kunst und Design.

4 | Andere berühmte Münchner

 Suchen Sie Informationen über die folgenden Personen. Wer sind sie? Was haben sie gemacht?

Egid Quirin Asam	Thomas Mann	Sophie Scholl
Franz von Stuck	Lion Feuchtwanger	Franz Marc
Carl Spitzweg	Frank Wedekind	Werner Heisenberg
Gabriele Münter	Franz von Lenbach	

Filmtipp: *Sophie Scholl* (Marc Rothemund, 2005)

Dieser Film erzählt von der Studentenbewegung „Die Weiße Rose". Die Münchner Studentin Sophie Scholl und ihr Bruder Hans haben durch ihre Flugblattaktionen gegen die Nazis ihr Leben verloren.

Aufgaben im Internet

5 Suchbegriffe

Forschen Sie mit den folgenden Suchbegriffen im Internet. Links zu den Webseiten finden Sie unter www.thomsonedu.com/german/stationen.

Stadt München
1. Wie wird man auf der Webseite begrüßt?
2. Welche Veranstaltungen (*events*) sind ausgeschrieben?
3. Welche Filme laufen zur Zeit in München?

Hofbräuhaus München
4. Was steht auf dem Kalender im Hofbräuhaus?
5. Finden Sie die Webcam! Wie sieht es im Hofbräuhaus aus?
6. Suchen Sie Informationen über die Gründung der Brauerei. Wann ist sie gebaut worden?

Münchner Oktoberfest
7. Suchen Sie die Geschichte der Wiesn. Wie und wann hat das Oktoberfest begonnen?
8. Wann findet das Oktoberfest statt? Wie lange dauert es?
9. Welche interessanten Fakten und Statistiken gibt es auf der Webseite?

Deutsches Museum
10. Wann wurde das Deutsche Museum gegründet (*founded*)?
11. Was gibt es dort zu sehen? Welche ständigen (*permanent*) Ausstellungen interessieren Sie?
12. Welche Sonderausstellungen gibt es im Moment?

Die Pinakotheken
13. Wie viele Pinakotheken gibt es in München?
14. Was gibt es in der Pinakothek der Moderne?

6 Oktoberfest

Suchen Sie Informationen über ein Oktoberfest in Ihrem Land oder in Ihrer Region. Finden Sie heraus, was dort anders/genauso ist wie auf dem Oktoberfest in München.

7 Richtig oder falsch?

Forschen Sie weiter in den Internet-Seiten aus Übung 5 und entscheiden Sie, ob die folgenden Aussagen korrekt sind. Wenn sie falsch sind, korrigieren Sie sie.

1. In München begrüßt man sich oft mit *Grüezi*.
2. München liegt im Nordwesten von Deutschland.
3. Im Hofbräuhaus ist eine Webcam, auf der man die Bierhalle sehen kann.

4. Das Hofbräuhaus ist 1920 gebaut worden.

5. Das erste Oktoberfest war eine Geburtstagsfeier für König Ludwig II.

6. Das Oktoberfest findet jedes Jahr im Oktober statt.

7. Das Oktoberfest dauert einen Monat.

8. Der Festplatz des Oktoberfests heißt *Theresienwiese*.

9. Das Deutsche Museum ist ein Uhrenmuseum.

10. Das Deutsche Museum ist auf einer Insel im Fluss gebaut.

■ Im Münchner Biergarten

8 Lokale Presse

Gehen Sie zu den folgenden Webseiten im Internet. Links finden Sie unter www.thomsonedu.com/german/stationen. Was sind die Schlagzeilen? Wie wirken diese Zeitungen auf Sie? Wie sind Sprache und Präsentation – einfach oder komplex, plakativ (*striking*) oder seriös, modern oder altmodisch? Was ist besonders interessant?

Münchner Abendzeitung

Münchner Merkur

Süddeutsche Zeitung

TZ

 Listen to this chapter's audio segments on www.thomsonedu.com/german/stationen.

9 Nachrichtenrunde

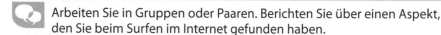

Arbeiten Sie in Gruppen oder Paaren. Berichten Sie über einen Aspekt, den Sie beim Surfen im Internet gefunden haben.

10 Fragen zum Nachdenken und Diskutieren

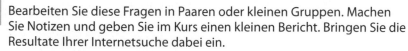

Bearbeiten Sie diese Fragen in Paaren oder kleinen Gruppen. Machen Sie Notizen und geben Sie im Kurs einen kleinen Bericht. Bringen Sie die Resultate Ihrer Internetsuche dabei ein.

1. Warum nennt man München ein „Millionendorf"? Kann eine Stadt modern und provinziell zugleich (*at the same time*) sein?

2. Warum wollen so viele Deutsche in München wohnen? Was ist dort so attraktiv? Was ist wirklich typisch oder einzigartig (*unique*)?

3. Gibt es Feste wie das Oktoberfest in Ihrem Land? Was ist dort ähnlich? Was ist anders? Wie finden Sie das Oktoberfest?

4. Welche Vorurteile (*preconceived notions*) über München hatten Sie vor dem Lesen und Forschen in diesem Kapitel? Sind sie korrekt oder nicht?

Über Vergangenes sprechen: Das Perfekt

STRUKTUREN

The present perfect tense (**das Perfekt**) is the conversational way to speak (and write) about past events in German.[1]

	Auxiliary	Past Participle	Examples
Weak Verbs	**haben** **sein**	**ge** + stem + **(e)t**	Auf dem Oktoberfest 1948 **hat** Peter Mathes zum ersten Mal seinen Flohzirkus **gezeigt**. In den letzten Jahren **sind** viele Millionen Touristen nach München **gereist**.
Strong Verbs	**haben** **sein**	**ge** + stem (often changed) + **en**	Während des Oktoberfests 2004 **haben** die Besucher nicht nur Bier, sondern auch ungefähr 36.000 Liter Wein **getrunken**. Für die Münchner **ist** München schon immer die heimliche Hauptstadt Deutschlands **gewesen**.
Mixed Verbs	**haben** **sein**	**ge** + stem (often changed) + **(e)t**	Die Mönche **haben** das Bier nach München **gebracht**. Viele Besucher **haben** nicht **gewusst**, dass es auf dem Oktoberfest einen Flohzirkus gibt.

- *Word order:* In a statement, the auxiliary follows either the subject or some other word or phrase that begins the sentence. The past participle stands at the end of the sentence.

  Christian Morgenstern **hat** viele Gedichte **geschrieben**.

  Später **sind** wir zum Oktoberfest **gegangen**.

- *Auxiliaries:* **Haben** is the auxiliary for most verbs. **Sein** is used for intransitive verbs[2] that indicate movement from one place to another or a change of condition. It is also used for the verbs **sein** and **bleiben**.

---

[1] The other tense used in German to refer to events and actions in the past is the simple past (**das Imperfekt**), which is most commonly used in written narratives. The simple past will be presented in **Station 3**, the next chapter.

[2] verbs without objects, such as **gehen**

- *Past participle endings:* Infinitive stems of weak and mixed verbs that end in **-t** or a consonant cluster (for example, **-rt, -nd, -gn**) add an **-e-** before the past participle ending.

arbeit-en → gearbeit-**et**	Viele Menschen **haben** schon Monate vor der Eröffnung am Aufbau der Oktoberfestzelte **gearbeitet**.

- *Separable and inseparable prefixes:* Verbs with *separable* prefixes insert **-ge-** between the separable prefix and the stem. Verbs with *in*separable prefixes *do not* add **-ge-**.

ansiedeln → an**ge**siedelt	In München **haben** sich viele Firmen **angesiedelt**.
But: besuchen → besucht	Im Jahr 2000 **haben** fast sechs Millionen Menschen das Oktoberfest **besucht**.
veröffentlichen → veröffentlicht	1905 **hat** Christian Morgenstern seine erste Gedichtsammlung **veröffentlicht**.

Note: The Appendix includes a comprehensive list of the most commonly used strong and mixed verbs and their past participles.

- *-ieren:* Verbs ending in **-ieren** are weak and, in addition, do not take a **ge-** prefix.

Während des Oktoberfests 2003 **haben** die Besucher 56.036 Brathähnchen **konsumiert**.

---

11   Der erste Tag in München

 Ergänzen Sie mit Ihrem Partner / Ihrer Partnerin die Lücken mit der richtigen, konjugierten Form von **haben** oder **sein** und bringen Sie dann die Sätze in die richtige Reihenfolge, um die Geschichte zu erzählen.

_____ Nachmittags _____ die Gruppe einen Bummel (*stroll*) durch die Innenstadt gemacht und anschließend _____ die Professorin ihren Studierenden die Pinakothek der Moderne gezeigt, eines der beliebtesten Museen Europas.

__1__ Letzten Sommer _____ eine amerikanische Professorin mit einer Gruppe Studierenden nach München geflogen.

_____ Die Professorin allerdings wollte lieber ihre Ruhe haben. Sie _____ in einem gemütlichen italienischen Lokal Abend gegessen und _____ danach zurück ins Hotel gegangen.

_____ Um 8 Uhr morgens _____ sie am Flughafen „Franz-Josef Strauß" angekommen.

_____ Abends _____ die meisten Studierenden in den Biergarten am Chinesischen Turm gegangen, wo sie eine richtige bayerische Brotzeit gegessen _____ .

_____ Im Hotel _____ alle erst mal ein paar Stunden geschlafen, weil der Flug ziemlich lange gewesen _____ .

_____ Dann _____ die Gruppe mit der S-Bahn direkt vom Terminal in die Innenstadt gefahren.

12 | Stadtführung durch München

 Ergänzen Sie mit Ihrem Partner / Ihrer Partnerin die Lücken mit dem richtigen Partizip des passenden Verbs aus den Listen.

ankommen – begrüßen – besuchen – essen – gehen – sehen – sein – treffen – trinken – wandern

Am nächsten Tag hat sich die Gruppe schon am frühen Morgen zu einer Stadtführung (*guided tour*) am Marienplatz _____[1]. Kurz darauf ist auch der Stadtführer _____[2] und hat die Gruppe mit einem typisch Münchnerischen „Grüß Gott" _____[3]. Dann sind die Studierenden südlich zum Viktualienmarkt _____[4], wo sie viele Marktstände mit Obst, Gemüse, Fleisch, Brot und – schon wieder! – einen Biergarten _____[5] haben. Doch diesmal haben sie nichts _____[6] oder _____[7], sondern sind weiter in Richtung Peterskirche _____[8]. Während des restlichen Vormittags hat die Gruppe noch viele berühmte Plätze _____[9] und am Ende sind alle ziemlich erschöpft _____[10].

13 | Noch ein berühmter Münchner

■ Wer ist dieser berühmte Münchner Komponist, der von 1864–1949 gelebt hat?

Vervollständigen Sie die Biographie dieses bekannten Münchner Komponisten im Perfekt. Können Sie herausfinden, wie er heißt?

arbeiten – bringen – kommen – komponieren – sterben – studieren – zurücktreten

Ich _bin_ 1864 in München auf die Welt _gekommen_[1]. 1882 _____ ich Philosophie, Kunstgeschichte und Ästhetik an der Münchner Universität _____[2]. Auf einer Reise nach Ägypten _____ ich meine erste Oper _____[3], danach die Vertonungen (*compositions*) „Till Eulenspiegel" und „Also sprach Zarathustra". 1911 _____ Max Reinhard meine musikalische Komödie „Der Rosenkavalier" zum ersten Mal auf die Bühne _____[4]. 1917 habe ich mit anderen die Salzburger Festspiele gegründet. Wegen meiner Zusammenarbeit mit dem jüdischen Autor Stefan Zweig _____ ich 1934 von meinem Posten als Präsident der Reichsmusikkammer _____[5], seitdem _____ ich als Dirigent (*conductor*) in Bayreuth _____[6]. 1949 _____ ich in Garmisch-Partenkirchen (südlich von München) _____[7].

Jetzt können Sie vielleicht Ihre eigene kleine Kurzbiographie erzählen.

Kulturnotiz

1. Nennen Sie ein paar Getränke. Was trinken Sie am liebsten?
2. Was trinken Sie zum Frühstück? Was trinken Sie tagsüber (*during the day*) oder abends?
3. Was trinken Sie gern im Restaurant oder auf Partys?
4. Wieviel kostet ein Glas Ihres Lieblingsgetränks im Restaurant?
5. Welche Getränke trinkt man mit Eis?
6. Wenn Sie Wasser trinken: Kaufen Sie Wasser in Flaschen oder trinken Sie Leitungswasser (*tap water*)? Filtern Sie das Leitungswasser?
7. Trinken Sie manchmal auch Mineralwasser mit Kohlensäure (*carbonation*)?

Getränkemarkt

Das Bier ist in deutschen Restaurants meistens eines der billigsten Getränke auf der Speisekarte. Es gibt sogar ein Gesetz°, das verlangt, dass mindestens ein Getränk billiger sein muss als Bier, denn Leitungswasser umsonst° gibt es in deutschen Restaurants selten. Wenn man in Deutschland im Restaurant „Wasser" bestellt, bringt der Kellner ein Mineralwasser. Ohne Eis. Die Idee, Leitungswasser zu trinken, ist den meisten Deutschen fremd°. Diese Aversion gegen Leitungswasser ist vielleicht nicht ohne Grund.

■ Im Getränkemarkt

Oft ist das Wasser so hart (es hat so viel Kalk), dass Waschmaschinen oder Geschirrspül- maschinen leicht „verkalken"° und dadurch kaputt gehen. Man muss ein spezielles Salz ins Wasser geben, das das Wasser „weich" macht. In Töpfen und Teekesseln wird der Boden weiß vom Kalk und man muss sie immer wieder mit Zitronen- säure oder Essig° „entkalken"°.

Obwohl Kalk für die Gesundheit nicht schädlich° ist, halten die meisten Deutschen ihr Leitungswasser für ungesund. Sie vertrauen auf die positiven Effekte des natürlichen Mineralwas- sers auf die Gesundheit. Natürliche Mineralquellen gibt es sehr viele in Deutschland und deshalb gibt es zahlreiche Mineralwasserprodukte. Es gibt „stilles" Wasser (ohne Kohlensäure) und den sogenannten Sprudel (mit Kohlensäure), aber auch das sogenannte sanfte Mineralwasser (mit nur wenig Kohlensäure).

Man kauft das Mineralwasser, genau wie alle anderen Getränke, meistens im Getränkemarkt. Besonders in Großstädten spielen die

---

Gesetz *law*   umsonst *free*   fremd *foreign*   verkalken *build up calcium*
Essig *vinegar*   entkalken *remove calcium build-up*   schädlich *harmful*

Getränkemärkte eine wichtige Rolle. Man kauft Mineralwasser, Bier, Limo und andere Getränke im Kasten. Für den Kasten, Flaschen und Dosen° bezahlt man Pfand°; wenn sie leer sind, bringt man das Leergut° zum Getränkemarkt zurück und man bekommt das Pfand wieder.

In einer Stadt wie München sind die Getränkemärkte ein Teil des Alltags. Wer die Kästen nicht in seine Wohnung schleppen will, der kann sich die Getränke auch liefern lassen°. Oft kann man im Getränkemarkt auch Zigaretten, Süßigkeiten oder Lottoscheine kaufen, oder ein wenig Klatsch° aus dem Viertel° hören.

Dosen *cans*   Pfand *deposit*   Leergut *empty containers*   liefern lassen *have delivered*   Klatsch *gossip*   VIertel *neighborhood*

15 | Fragen zum Text

1. Welche Getränke sind in deutschen Restaurants besonders billig?
2. Was wird einem serviert, wenn man in Deutschland Wasser bestellt?
3. Warum trinken die Deutschen nicht gern Leitungswasser?
4. Was bedeutet *entkalken*?
5. Wo kaufen die Deutschen meistens ihre Getränke?
6. Wie funktionert das Pfandflaschensystem?
7. Was kann man sonst noch alles im Getränkemarkt kaufen?
8. Was machen Sie mit leeren Flaschen und Dosen? Recyceln Sie Glas, Plastik und Aluminium?

Wo sagt man was? – Die Vergangenheit erzählen

Im süddeutschen Sprachraum ist seit der Zeit des Frühneuhochdeutschen (*early High German*) (1450–1650) in der Umgangssprache (*colloquial German*) das Imperfekt kaum mehr zu finden. Mit der Ausnahme von **sein** verwendet man im Süden fast nur das Perfekt, um über die Vergangenheit zu sprechen. Im Norden Deutschlands hingegen benutzt man in der gesprochenen Sprache, vor allem bei Erzählungen, öfter das Imperfekt.

Von Hamburg nach München. Sie lesen, was ein Getränkemarktbesitzer aus dem Norden über seinen Alltag erzählt. Wie würde das ein süddeutscher Getränkemarktbesitzer sagen?

Aus dem Norden: Gestern ging es bei mir wieder drunter und drüber. Ganz früh am Morgen schon kamen die ersten Kunden. Ich verkaufte insgesamt über 100 Kästen Mineralwasser und 200 Kästen Bier. Während der Mittagspause lieferten wir Getränke aus, das war eine ziemliche Schlepperei. Am Nachmittag wurde es zwar etwas ruhiger, aber die alte Frau Hansen von nebenan hörte mal wieder nicht mit dem Quasseln auf. Und dann kamen noch ein paar Amerikaner, denen ich erstmal das Pfandflaschensystem erklärte. Um 19 Uhr machte ich dann schließlich Feierabend und ging nach Hause.

Aus dem Süden: Gestern ist es bei mir wieder drunter und drüber gegangen ...

VIDEOBLOG: MÜNCHEN

Vor dem Sehen

A | Fragen über Fragen

In seinem Vlog erzählt Stefan von seiner Biographie und über München. Formulieren Sie gemeinsam mit einem Partner / einer Partnerin jeweils drei Fragen, die Sie an Stefan haben.

FRAGEN ZUR BIOGRAPHIE

1.
2.
3.

FRAGEN ZU MÜNCHEN

1.
2.
3.

Beim Sehen

B | Themen und Orte

Kreuzen Sie an, über welche Themen und Orte Stefan spricht.

❏ Schule

❏ Kindergarten

❏ Beruf

❏ Familie

❏ Freizeit

❏ Sport

❏ Literatur

❏ Biergarten

❏ Starnberger See

❏ Englischer Garten

❏ Oktoberfest

❏ Autoindustrie

❏ Brauereien

❏ Deutsches Museum

❏ High-Tech Standort

❏ Glockenspiel

❏ Pinakothek

❏ Viktualienmarkt

C | Autobiografisches

Ergänzen Sie die Lücken mit den Wörtern, die Sie hören.

„Ich _____[1] hier _____[2], in München, und ich _____[3] hier auf die Grundschule _____[4], erstmal. Und danach _____[5] ich aufs Gymnasium _____[6], aufs Michaeligymnasium, und _____[7] dort mein Abitur _____[8]. Ähm, danach _____[9] ich ... äh ... _____[10] ich Zivildienst _____[11], das ist ein Dienst anstelle von Militärdienst, statt Wehrdienst (*mandatory military service*), den hab' ich _____[12] beim Roten Kreuz, in München, und würde jetzt gerne Medizin studieren und _____[13] nicht, ob das in München geht, aber würd' auch gern woanders _____[14]."

● „Wegen dem südlichen Flair bezeichnet man München auch als die nördlichste Stadt Italiens."

D | Sport

Stefan erzählt, dass er in seiner Freizeit gerne Sport treibt. Welche fünf Sportarten nennt er?

1. _____   2. _____   3. _____   4. _____   5. _____

E | Biergarten und Englischer Garten

Wie beschreibt Stefan den typischen Münchner Biergarten und den Englischen Garten? Arbeiten Sie mit einem Partner / einer Partnerin und notieren Sie Stichwörter für beide Bereiche.

IM BIERGARTEN	IM ENGLISCHEN GARTEN
Breze essen	*große Parklandschaft*

F | Stadtrundgang

Numerieren Sie, welche Reihenfolge Stefan für einen Stadtrundgang vorschlägt.

_____ Viktualienmarkt

_____ Hofbräuhaus

_*1*_ Marienplatz

_____ Altes Rathaus

_____ Glockenspiel

Nach dem Sehen

G | Reflexionen

Schauen Sie jetzt nochmal auf die Fragen, die Sie vor dem Video formuliert haben. Sind sie beantwortet? Was haben Sie Neues erfahren? Worüber möchten Sie noch mehr wissen?

H | Autobiografisches

Machen Sie Ihr eigenes Vlog oder schreiben Sie eine E-Mail an einen Partner / eine Partnerin, indem Sie Ihre eigene Biographie erzählen.

Wortschatz

ansiedeln (siedelt an, hat angesiedelt)   to settle, colonize

die **Bedienung, -en**   service; waiter/waitress

beliebt   popular

bestellen (hat bestellt)   to order

bezahlen (hat bezahlt)   to pay for

bezeichnen (hat bezeichnet)   to call, refer to as

das **Bier, -e**   beer

der **Biergarten, ¨**   beer garden

billig   inexpensive, cheap; cheaply

die **Dose, -n**   can

das **Eis**   ice, ice cream

fast   almost

die **Flasche, -n**   bottle

die **Freizeitmöglichkeit, -en**   recreational activity

fremd   foreign

ganz   quite; entirely

das **Gedicht, -e**   poem

die **Gesundheit**   health

das **Getränk, -e**   beverage

der **Getränkemarkt, ¨e**   beverage store

das **Glas, ¨er**   glass

die **Großstadt, ¨e**   large city

heimlich   secret; secretly, in secret

der **Kasten, ¨**   crate

der **Kellner, -** / die **Kellnerin, -nen**   waiter/waitress

der **Klatsch**   gossip

die **Kohlensäure, -n**   carbonation

leer   empty

das **Leergut**   empty bottles

das **Leitungswasser**   tap water

das **Lieblingsgetränk, -e**   favorite beverage

sich **liefern lassen** (lässt liefern, ließ liefern, hat liefern lassen)   to have (s.th.) delivered

meistens   mostly, more often than not; for the most part

mindestens   at least

das **Mineralwasser**   mineral water

das **Pfand, ¨er**   deposit

das **Pfandflaschensystem, -e**   deposit bottle system

recyceln (hat recycelt)   to recycle

der **Saft, ¨e**   juice

sanft   soft, gentle; softly, gently

schädlich   harmful, detrimental

schweigen (schwieg, hat geschwiegen)   to be silent, to say nothing

sonst   otherwise

die **Speisekarte, -n**   menu

teuer   expensive

sich **treffen** (trifft, traf, hat getroffen)   to meet

trinken (trank, hat getrunken)   to drink

das **Trinkgeld**   tip (for service)

umsonst   free, at no cost

voll   full

das **Vorurteil -e**   prejudice

zahlreich   numerous

➔ Trinkgeld

Warum heißt das kleine Extra für die Kellnerin oder den Kellner **Trinkgeld**? Es war ursprünglich (*originally*) so gedacht, dass die Kellnerin oder der Kellner sich damit etwas zu trinken kaufen sollten. Das erklärt, warum man in Deutschland meistens nur den Betrag (*amount*) aufrundet und dann sagt **Der Rest ist für Sie.** (*You can keep the rest.*) Man sagt **Stimmt so!** (*We're even. You don't need to give me any change.*), wenn man ein paar Euro dazu gibt. Man spricht also mit der Bedienung über das Trinkgeld und lässt es nicht einfach beim Gehen auf dem Tisch liegen.

Wie geben Sie Trinkgeld? Warum? Was halten Sie von den deutschen Trinkgeld-Gewohnheiten (*habits*)?

 ## WORTSCHATZÜBUNGEN

16 | Definitionen

 Finden Sie die richtigen Begriffe für die folgenden Definitionen.

1. _____ bringt im Restaurant das Essen und die Getränke.

2. _____ kauft man Getränke in Pfandflaschen und Kästen; man bringt die leeren Flaschen und Kästen zurück.

3. _____ kann man im Freien sitzen und Bier trinken; man darf auch oft sein eigenes Essen mitbringen.

4. Das Extra für den Kellner oder die Kellnerin nennt man _____.

5. _____ ist das Geld für die leeren Flaschen und Kästen.

a. Im Getränkemarkt
b. Die Bedienung
c. Trinkgeld
d. Im Biergarten
e. Das Pfand

17 | Deutsche Trinkgewohnheiten

Ergänzen Sie die Sätze!

1. Die meisten Leute in Deutschland kaufen ihre _____ im Getränkemarkt.

2. Die Deutschen trinken nicht gern _____ , denn sie glauben es ist _____ für die Gesundheit.

3. Wenn man im Restaurant in Deutschland Wasser bestellt, bekommt man _____.

4. Mindestens ein Getränk in deutschen Restaurants muss _____ sein als Bier.

5. In deutschen Restaurants gibt es kein Leitungswasser _____.

6. Sprudel ist Mineralwasser mit _____.

7. Die leeren Flaschen und Kästen nennt man _____.

18   Das Pfandflaschensystem

 Ein Tourist in München möchte wissen, wie das deutsche Pfandflaschensystem funktioniert. Erklären Sie es ihm. Verwenden Sie dabei die folgenden Wörter.

bezahlen – Dosen – Flaschen – Getränke – Getränkemarkt – Glas– Kästen – kaufen – leer – Leergut – Pfand – Pfandflaschensystem – zahlreich

19   Was ist passiert?

Beschreiben Sie die Situation im Bild. Erzählen Sie, wie es zu dieser Szene gekommen ist. Beginnen Sie mit **Ein Amerikaner ist in ein deutsches Restaurant gegangen und . . .** Spielen Sie die Szene. Verwenden Sie dabei die folgenden Wörter.

bestellen – billig – Eis – Flasche – ganz – Getränk – Glas – Kellner/ Kellnerin – Kohlensäure – Leitungswasser – Mineralwasser – schweigen – sonst – Speisekarte – trinken – umsonst

20   Missverständnisse: Rollenspiel

 Welche anderen Missverständnisse kann es sonst noch im Restaurant geben? Denken Sie an die folgenden Aspekte. Arbeiten Sie in Paaren oder Gruppen und denken Sie sich Szenen dazu aus.

- Es gibt keine Hostess in deutschen Restaurants. Setzen Sie sich einfach an einen Tisch?

- Ein amerikanischer Gast will dem Kellner ein Trinkgeld geben.

- Eine Amerikanerin sitzt allein am Tisch im Biergarten. Ein Mann und seine Freundin sagen: „Ist hier noch frei?"

Befehle, Wünsche, Anleitungen: Der Imperativ

STRUKTUREN

- The imperative (**der Imperativ**) is a set of verb forms used to express commands, requests, warnings, suggestions, and instructions.

- There are four forms:

the singular informal (**du**)	**Geh(e)** nach München!
the plural informal (**ihr**)	**Geht** nach München!
the singular and plural formal (**Sie**)	**Gehen Sie** nach München!
the first person plural (**wir**), equivalent to the English *let's . . .*	**Gehen wir** nach München!

  Except for the **du**-imperative, the forms are identical to the corresponding forms of regular present tense verbs (**ihr geht, Sie gehen, wir gehen**). The **du**-imperative is formed from the present tense stem, sometimes with an optional -**e** ending (**gehe**), which is often omitted in colloquial German (**geh**). The **e** is usually not omitted for those verbs that add -**e** in the second- and third-person singular forms (**arbeite!**)

- The verb is the first element in the imperative. **Du**- and **ihr**-imperatives are expressed without the subject, whereas **Sie**- and **wir**-imperatives put the subject after the verb.

  Komm(e) her!

  Bringt eure Freunde mit nach München!

  Reisen Sie nach München!

  Fahren wir nach München!

- If the imperative is negative, the word **nicht** follows the imperative form of the verb.

  Geht **nicht** nach München!

- With the exception of **werden**, verbs that change their stem vowel from **e** to **i** or **e** to **ie** also change in the **du**-imperative.

  Iss nicht so viel im Hofbräuhaus!

  Lies doch mal ein Gedicht von Morgenstern!

  But: **Werd**(e) doch nicht gleich sauer, wenn ich dir diese Sachen sage!

- Often, the use of an imperative can be perceived as impolitely direct or even rude. In these instances, **bitte** can be inserted to soften the command.

  Zeigen Sie mir **bitte** den Stadtplan von München!

  Sprich doch **bitte** nicht so viel!

- On signs, in public announcements, and in instructions, directives (especially negative ones) are often expressed in an impersonal tone by just using an infinitive.

> Bitte **nicht rauchen**!

21 | Besuchertipps für München

Gestalten Sie mit Ihrem Partner / Ihrer Partnerin kleine Minidialoge, in denen Sie einem imaginären Besucher Tipps für den Aufenthalt in München geben. Benutzen Sie dabei Imperative in der **Sie**-Form.

 z.B.   **das Deutsche Museum besuchen →**

BESUCHER:	Was kann ich in München machen?
SIE:	Besuchen Sie doch mal das Deutsche Museum.
BESUCHER:	Eine prima Idee! (*oder* Ins Museum? Also, ich weiß nicht. Haben Sie noch einen anderen Vorschlag?)

1. auf den Olympiaturm fahren
2. durch den Englischen Garten wandern
3. durch die Kaufinger Straße bummeln
4. in den Augustiner-Biergarten gehen
5. auf dem Viktualienmarkt Brotzeit essen
6. Schloss Nymphenburg besichtigen
7. sich die Pinakothek der Moderne ansehen

22 | Verhaltensregeln für den Besuch in München

Nach der Ankunft in München gibt die Professorin ihren Studierenden noch ein paar Tipps, was sie in München machen und nicht machen sollen. Auf dieser Reise spricht sie mit den Studierenden in den **du-** und **ihr**-Formen. Spielen Sie die Rolle der Professorin und formulieren Sie Imperative.

 z.B.   **Lee und Suin rauchen im Hotelzimmer. →**

> Raucht nicht im Hotelzimmer! (*oder* Geht raus zum Rauchen!)

1. Christian singt immer laut und falsch mit seinem iPod®.
2. Julie und Chantelle stehen jeden Tag so spät auf.
3. Rob will sich unbedingt die Alte Pinakothek ansehen.
4. Dayton und Katra quatschen während der Stadtführung ständig.
5. Sabrina ist zu den anderen Studierenden ziemlich unfreundlich.
6. David und Sarah bleiben jeden Abend ewig in der Disko.
7. Mike fährt mit dem Skateboard in der Fußgängerzone.
8. Alle sprechen nicht genug Deutsch.

23 | Verbote und Gebote in München!

 Wo sieht man diese Verbote und Gebote (*commands*)? Finden Sie mit Ihrem Partner / Ihrer Partnerin den passenden Kontext für die Phrasen.

 im Hofgarten →

Den Rasen nicht betreten!

Nicht Baden!

Nicht aus dem Fenster lehnen!

Während der Vorstellung Handys ausmachen!

BITTE ZURÜCKBLEIBEN!

Die Gemälde nicht berühren!

Den Rasen nicht betreten!

DIE TIERE NICHT FÜTTERN!

1. im Hofgarten
2. in der Münchner Straßenbahn
3. in der Münchner U-Bahn vor der Abfahrt
4. in der Neuen Pinakothek
5. im Tierpark Hellabrunn
6. am Kleinhesseloher See
7. im Prinzregententheater

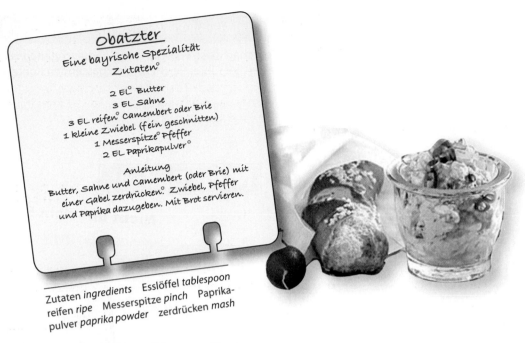

Obatzter
Eine bayrische Spezialität
Zutaten°

2 EL° Butter
3 EL Sahne
3 EL reifen° Camembert oder Brie
1 kleine Zwiebel (fein geschnitten)
1 Messerspitze° Pfeffer
2 EL Paprikapulver°

Anleitung
Butter, Sahne und Camembert (oder Brie) mit
einer Gabel zerdrücken°. Zwiebel, Pfeffer
und Paprika dazugeben. Mit Brot servieren.

Zutaten *ingredients*   Esslöffel *tablespoon*
reifen *ripe*   Messerspitze *pinch*   Paprika-
pulver *paprika powder*   zerdrücken *mash*

■ Obatzter isst man mit Brot am liebsten zum Abendessen.

 24   **Obatzter**

 Obatzter machen ist nicht schwer. Hier sind die Anweisungen. Sagen Sie Ihrem Partner / Ihrer Partnerin, was er/sie machen soll.

> **z.B.** ▶ **Zwiebeln schälen (*peel*)** →
> Schäl die Zwiebeln.

1. Butter und Sahne in eine Schüssel (*bowl*) geben
2. Käse in Würfel (*cubes*) schneiden
3. Zwiebel fein hacken
4. Pfeffer und Paprika darüber streuen (*sprinkle*)
5. alles gut mischen
6. ein paar Minuten vor dem Essen aus dem Kühlschrank nehmen
7. Brot schneiden
8. mit Petersilie (*parsley*) garnieren

 25   **Was gibt es? Was nehme ich?**

Suchen Sie ein deutsches Restaurant in Ihrer Stadt oder im Internet und finden Sie eine Speisekarte. Was gibt es? Was nehmen Sie? Bestellen Sie mit den folgenden Redewendungen.

Ich hätte gern . . .   Für mich bitte . . .   Ich nehme . . .   Einmal . . . , bitte.

26 | Rollenspiel

 Spielen Sie kleine Szenen im Restaurant mit der Speisekarte, die Sie in Übung 25 gefunden haben. Spielen Sie nicht sich selbst, sondern eine andere Person; zum Beispiel eine Japanische Touristin, einen Münchner Studenten, eine Vegetarierin, einen Restaurantkritiker oder eine Reporterin für ein Gourmetmagazin usw.

Redemittel zum Diskutieren

Meinung äußern

Wenn man bei einer Diskussion seine Meinung sagen will, kann man die folgenden Formeln und Redewendungen verwenden.

Meiner Meinung nach . . .	**Meiner Meinung nach** wäre es besser, wenn Kinder nur Wasser oder Saft (*juice*) trinken.
Ich meine (Ich meine, dass) . . .	**Ich meine,** Kinder sollten nicht so viel Cola und Limo trinken.
Ich bin der Meinung (Ich bin der Meinung, dass) . . .	**Ich bin der Meinung, dass** für Cola und Limo zu viel Werbung (*advertisement*) gemacht wird.
Ich würde sagen (Ich würde sagen, dass) . . .	**Ich würde sagen, dass** Apfelsaft besser schmeckt als Cola.
Ich finde (Ich finde, dass) . . .	**Ich finde,** es sollte in Schulen keine Cola-Automaten (*vending machines*) geben.

27 | Deiner Meinung nach?

Welchen der folgenden Aussagen stimmen Sie (nicht) zu?

1. Ich meine, die Deutschen essen nicht sehr gesund.
2. Ich meine, dass es hier auch ein Pfandflaschensystem geben sollte.
3. Ich bin der Meinung, dass es in allen Restaurants Leitungswasser umsonst geben sollte.
4. Ich bin der Meinung, man sollte überall auch für Aluminiumdosen ein Pfand bezahlen.
5. Meiner Meinung nach sollten die Deutschen weniger Bier trinken.
6. Ich würde sagen, dass das Essen in Deutschland sehr interessant ist.
7. Ich würde sagen, das Oktoberfest ist nur für Kinder wirklich interessant.
8. Ich finde, dass Sauerkraut furchtbar (*terrible*) schmeckt.
9. Ich finde, das Hofbräuhaus ist sehr gemütlich (*cozy*).

28 | Elegant argumentieren

Formulieren Sie die folgenden Sätze eleganter, indem Sie die Redemittel verwenden.

1. Leitungswasser schmeckt gut. Ich finde, dass . . .

2. Sauerkraut ist eine fantastische Beilage (*side dish*). Meiner Meinung nach . . .

3. Der Kaffee ist in Österreich besser als in Deutschland. Ich bin der Meinung, dass . . .

4. Kinder sollten nicht so viel Cola trinken. Ich finde, . . .

5. Recycling ist besser als ein Pfandflaschensystem. Ich würde sagen, dass . . .

6. Die Deutschen sollten nicht so viel Bier trinken. Ich bin der Meinung, . . .

7. Die Kellner in Deutschland sind nicht sehr freundlich. Ich meine, dass . . .

29 | Fragen zur Diskussion

Diskutieren oder schreiben Sie über eines der folgenden Themen. Verwenden Sie dabei die Redemittel.

1. Gibt es in Ihrem Staat ein Pfandflaschensystem oder ein Recyclingsystem für Glas, Aluminium und Plastik? Wie funktioniert es? Wie sollte es funktionieren?

2. Werfen wir zu viele Flaschen und Dosen in den Müll? Was können wir verbessern? Wie finden Sie das deutsche Pfandflaschensystem; was sind Vor- und Nachteile?

3. In Deutschland gibt es selten kostenloses Leitungswasser im Restaurant. Was denken Sie? Sind die Preise für die Getränke in Deutschland zu hoch? Sollte es im Restaurant immer kostenloses Leitungswasser geben?

Herbert Rosendorfer

Herbert Rosendorfer wurde am 19. Februar 1934 in Gries bei Bozen geboren. 1939 zog er mit seinen Eltern nach München. Zuerst studierte Rosendorfer an der Akademie der bildenden Künste in München, danach wechselte er zum Studium der Rechtswissen-schaften°. Von 1966 an war Rosendorfer Amtsrichter° in München. Er ist Autor zahlreicher Romane und Erzählungen.

Rechtswissenschaften *law*   Amtsrichter *judge*

Vor dem Lesen

30 | Fragen zum Thema

1. Was machen Sie gern zusammen mit Ihrer Familie? Was machen Sie nicht gern?
2. Machen Sie gern Ausflüge (*day trips*)? Wohin?
3. Was für Feste oder Jahrmärkte gibt es in Ihrer Region?
4. Was müssen Sie alles tun, bevor Sie einen Ausflug machen?
5. Glauben Sie, das Münchner Oktoberfest ist ein schönes Ziel für einen Familienausflug?

Beim Lesen

Machen Sie beim ersten Durchlesen Notizen, wer jeweils spricht, denn in diesem Lesestück gibt es viele Figuren (Aktivität 31). Da diese Figuren alle zu einer Familie gehören, ist es hilfreich einen Stamm-baum (*family tree*) zu zeichnen (Aktivität 32). Nach dem Lesen wird darüber diskutiert, wie die verschiedenen Familienmitglieder das Oktoberfest erlebt haben.

31 | Wer spricht?

Notieren Sie im Text, wer spricht. Später können Sie Szenen aus der Geschichte nachspielen (*act out*).

32 | Stammbaum

Zeichnen Sie, während Sie lesen, einen Stammbaum der Familie Derendinger.

Oktoberfestbesuch
(Eine Momentaufnahme aus dem Jahre 1952)

Herbert Rosendorfer

Es regnete.

»Einmal möcht' ich erleben, daß schönes Wetter ist, wenn ich auf die Wiesen° geh'– «, sagte die alte Frau Derendinger vom vierten Stock.

das Münchner Oktoberfest

»Voriges Jahr hat's nicht geregnet«, sagte der alte Herr Derendinger und zog ächzend° seine Zugstiefeletten° an.

moaning / short boots

»Ja, nein«, sagte die alte Derendinger, »wie wir hingegangen sind, hat's allerdings nicht geregnet, aber wie wir dort waren, hat's angefangen. Kaum daß wir einen Platz an einem Tisch vor dem Augustiner-Zelt gefunden gehabt haben°. Du ziehst dir aber gefälligst nicht die alten Hosen an?!«

gefunden . . . Bavarian use of Plusquamperfekt

»Warum nicht?«

»Unmöglich! die alten Hosen! *diese* Hosen, die haben ja schon einen Hintern° wie ein Spiegel. Was täten° da die Leut' denken?«

behind / Was . . . Was würden . . . (Bavarian)

»Übern Hintern von den Hosen geht der Mantel drüber, den sieht man dann nicht.«

»Und wenn du den Mantel vielleicht ausziehst? ha? Was dann?«

»Den Mantel zieh' ich nicht aus bei dem Sauwetter°.«

bad weather

»Du ziehst anständige° Hosen an, wenn wir schon einmal im Jahr miteinander aufs Oktoberfest gehen.«

decent

»Mehrmals im Jahr *können* wir gar nicht aufs Oktoberfest gehen, weil es nur einmal im Jahr stattfindet.«

»Aber wir könnten in den vierzehn Tagen, wo Wiesen ist, mehrmals gehen.«

»Ich dank' schön. Reicht mir einmal.«

»Jedenfalls ziehst du andere Hosen an.«

»Ich denk' nicht dran. Jetzt, wo ich mir mit Müh' und Not° endlich die Schuh' anderzogen hab'° – da müßt' ich ja die Schuh' ausziehen und dann wieder anziehen.«

mit . . . with much effort

anderzogen . . . = angezogen habe (Bavarian)

»Dann zieh die Hosen *über* die Schuh' aus.«

»Das geht nicht.«

»Wenn man will, geht alles.«

■

»Nachdem das Oktoberfest ohnedies nicht im Oktober stattfindet, sondern im September, könnten sie's gleich im August abhalten oder im Juli. Da regnet's nicht *so* oft«, sagte Eduard Derendinger jun.° im zweiten Stock. Er schaute zum Fenster hinaus. Im Hof stand – neben

junior

der Teppichstange° – ein einzelner Baum, von dem das Wasser tropfte. Seine Frau Hertha rannte im Unterrock hin und her.

»Mir pressiert's° «, schrie sie, »Was hast g'sagt?° Ich hab' dich nicht verstanden.«

»Nix«, brummte Derendinger jun.

»Was?« schrie Frau Hertha und rannte in die Küche. Sie rannte aus der Küche wieder heraus und ins Schlafzimmer.

»Die Schlegelbergers vom Hinterhaus gehen auch auf die Wiesen«, sagte Derendinger jun., »er, der Schlegelberger, hat schon seinen Trachtenanzug° an.«

»Du sollst nicht immer bei fremde Leut'° in die Fenster hineinschaun, das tut man nicht.«

»Der Schlegelberger schaut auch bei uns in die Fenster hinein, sogar mit dem Fernglas° «, sagte Derendinger jun. Frau Herta schoß aus dem Schlafzimmer: »Was?«

»Habe ich öfters schon beobachtet« , sagte Derendinger jun. »da steht er am Fenster und hat das Licht ausgemacht, daß man ihn nicht sehen soll, und späht herüber. Aber man sieht ihn doch.«

»So ein Schwein«, fauchte Frau Hertha und zog den Vorhang im Schlafzimmer vor.

»Mamma, der Horsti hat mich am Ohr 'zogen°«, schrie Tommi, der jüngere Sohn.

»Ja, weil er meinen Socken versteckt hat«, schrie Horsti, der ältere. Horst stammte aus der ersten Ehe von Frau Hertha und hieß nicht Derendinger. Tommi rannte zum Vater, der ihm eine Mark° gab.

■

»Wo ist denn der Heinz?« rief Frau Derendinger sen.° im vierten Stock. Heinz war der jüngere Sohn und wohnte noch bei den Eltern. Er war unverheiratet, aber verlobt°. Die Verlobte hieß Sieglinde. Sie war die dritte Verlobte Heinz Derendingers in diesem Jahr.

»Wo wird er schon sein, der Herr Heinz«, brummte Vater Derendinger, »bei der Gabi halt.«

»*Sieglinde*, meinst° wahrscheinlich«, sagte die alte Derendinger.

»Oder Sieglinde, ich komm ja nimmer° mit, wenn er jeden Hundschiß eine neue hat°.«

»Hoffentlich kommen's° rechtzeitig. Um viere° müssen wir weg, sonst kriegen wir überhaupt keinen Platz mehr im Bierzelt.«

»Herrschaftseiten«°, fluchte Derendinger sen., »hab' ich jetzt tatsächlich zwei verschiedene Socken an'zogen°. Das kommt von dei'm° Geschrei wegen der Hosen. [...] Jetzt kann ich glatt die Schuh' noch einmal ausziehen.«

Marginal glosses (left column):

bar to hang carpets for cleaning

= ich habe es eilig *(Bavarian)* / = was hast du gesagt? *(Bavarian)*

traditional suit

bei ... = bei fremden Leuten

binoculars

= gezogen

German currency before the Euro

senior

engaged

= meinst du

= nicht mehr

wenn ... *if he has new girlfriends all the time*

= kommen sie / = vier Uhr

Bavarian curse word

= angezogen / = deinem

»Dann kannst gleich auch andere Hosen anziehen.«

= daß du kommst — Es läutete. Heinz und Sieglinde kamen. »Gut, daß d' kommst° , geh' gleich hinter, die Oma wecken.«

»Geht die Oma auch mit?« fragte Heinz.

» Selbstverständlich. Wir können doch die Oma nicht allein lassen.«

Bei der Oma handelte es sich um Frau Philomena Teckler, Mutter der Frau Derendinger sen. Sie war eigentlich ja schon Ur-Oma: des Tommi und Stief-Ur-Oma Horstis. Oma schlief am Nachmittag. Es war immer *pot lids* — schwer, die Oma zu wecken. Heinz nahm zwei Pfannendeckel° aus der Küchenschublade und ging nach hinten.

»Ich glaub', das sieht man eigentlich gar nicht, daß das zwei verschiedene Socken sind«, sagte der alte Derendinger, nachdem er lang seine Beine betrachtet hatte.

»Zeig her«, sagte Frau Derendinger sen., »aber das ist ja komplett unmöglich. Ein grüner und ein brauner. Und dazu *die* Hosen – also so geh' ich nicht mit dir auf die Wiesen. Man könnt' ja jemand begegnen, der *= der einen kennt* — ei'm kennt.«°

Man hörte, wie hinten der Heinz die Pfannendeckel aneinanderschlug. Ein Schrei. Heinz kam wieder nach vorn. »Ich glaub die Oma ist vor *matter of fact* — Schreck gestorben«, sagte er, mehr sachlich.°

»Und das ausgerechnet, wo wir auf die Wiesen gehen wollen«, sagte Frau Derendinger und ging nachschauen. Sieglinde setzte sich auf einen Stuhl in *Zeitschrift / leaf through a magazine* — der Wohnküche und begann in einem Lesezirkelheft° zu blättern°. [. . .]

■

Es läutete.

»Wer ist denn das schon wieder – «, murmelte Derendinger. Er machte auf. Heinz stand draußen. »Du sollst sofort heraufkommen«, sagte er zu seinem Bruder, »der Pappa hat probiert, die Hosen über die Schuh' aus*= und ich kann ihn nicht mehr allein . . .* — zuziehen, und ich derheb' ihn nicht mehr allein vom Boden aufheben.« °

»Blutiger Hennendreck«, sagte Derendinger und ging mit hinauf.

■

»Ich kann nicht helfen«, schrie die alte Derendinger von hinten, »ich *do hair* — muss die Oma frisieren°.«

= an den Haaren — »Au!« brüllte die Oma spitz, »du ziehst mich an die Haar!«°

Der alte Derendinger lag wie der gefesselte Sklave von Michelangelo am Boden.

»Ich krieg' keine Luft mehr«, stöhnte er.

nonsense — »So ein Blödsinn°«, sagte Heinz. »Sollen wir dir jetzt die Hosen anziehen oder ausziehen?«

»Ich weiß nicht«, röchelte Derendinger sen., »mir ist schon alles gleich.«
Sieglinde blätterte in im Lesezirkelheft.

»Ich fürcht'«, sagte Heinz, »wir müssen die Hosenträger durchschneiden.«

»Nein!«, heulte Derendinger sen., »das sind meine besten.«

»Ich seh' schon, wir kriegen wieder keinen Platz im Bierzelt«, fluchte
Derendinger jun. und versuchte, seinen Vater umzudrehen, um die Hose
von hinten zu fassen.

■

Die Straßenbahn kam nicht. Es regnete. Heinz trug den Korb.

food (Bavarian expression)   »Nicht hinstellen!« sagte Frau Hertha, »sonst wird die Brotzeit° naß von
unten.«

»Mir fällt schon der Arm ab«, jammerte Heinz.

»Halt den Schirm nicht über die Oma, sondern über die Brotzeit!« sagte
Derendinger sen. »Wir können den Korb eh' daheim lassen. Die Tische
im Bierzelt, wo man selber die Brotzeit mitbringen darf, sind längst
besetzt. Die sind immer zu allererst besetzt« sagte Derendinger jun.

»Sonst noch was!« schrie Frau Hertha, »Die Brotzeit wird mitgenom-
men. Wir zahlen doch nicht denen ihre Phantasiepreise. Ist schon das
Bier ist teuer genug.«

»Eigentlich mag ich das Wiesenbier gar nicht«, sagte der alte Derendinger.

»Aber *ich*«, krähte die Oma. [. . .]

= halb sechs   »Wir kriegen garaniert keinen Platz mehr im Bierzelt, wo bei dem Regen
alles hineindrängt «, sagte Heinz, »jetzt ist's halbe sechse°. Um vier hätten wir dort sein sollen.« [. . .]

Die Straßenbahn der Linie 25 Richtung Sendlinger-Tor-Platz war brechend voll. [. . .] Die Passagiere schwitzten und froren. Nasse Regenmäntel
steam   strömten Dunst° aus. An den beschlagenen Scheiben rannen Tränen
herunter. [. . .]

conductor   »Wo ist denn die Oma? Um Gottes Willen . . . die Oma! Schaffner°
– halten, halt!«

Zum Glück kam die Haltestelle Fraunhofer-/Müllerstraße. Derendingers drängten hinaus. [. . .] Heinz gab den Korb seinem Bruder und spur-
sprinted   tete° zusammen mit Horsti die zwei Haltestellen zurück, um die Oma
zu suchen. [. . .] Das Wasser tropfte von den Vorsprüngen der Hausfas-
saden. Derendingers drängten sich unter das Vordach einer Würstel-
sausage vendor's booth   bude,° die auf einem schlammigen Trümmergrundstück stand.

= Sie nicht   »Da können S' fei' nicht° stehenbleiben, wenn Sie nichts konsumieren«,
sagte der Würstelmann.

sausage   »Dann kauf halt eine Brühpolnische«°, zischte Frau Hertha.

»Eine Brühpolnische«, sagte Herr Derendinger jun.

pale

»Eine Brühpolnischefür sechs Personen«, sagte der Würstelmann spitz und legte die blasse°, auf einer Seite verbrannte Wurst auf ein durchsichtiges Papier.

whispered

»Iß langsam«, flüsterte° Frau Derendinger sen., »daß wir länger da stehen bleiben können.«

■

Als die nächste Trambahn kam und schon wieder im Wegfahren war, sah man, daß die Oma drin saß. Diese Trambahn war fast leer.
»Oma!« schrien alle, aber die Oma hörte es nicht.
Nach knapp einer halben Stunde kamen Heinz und Horsti wieder angekeucht.
»Die Oma ist uns grad' vor der Nase davongefahren.«
Die nächste Straßenbahn war wieder brechend voll. Aber am Sendlinger-Tor-Platz traf man die Oma wieder, auch Derendinger sen. war da. [. . .]

■

= Sie Ihre
allowed

»Da können S' Ihre° Brotzeit nicht auspacken. Dort drüben ist es gestattet°. *Hier* nicht!«, schrie die Bedienung. Die Musik spielte einen *Rheinländer*.
»Aber da drüben ist ja alles voll!« sagte Derendinger sen.
»Ja, da kann ich auch nichts machen«, sagte die Bedienung, »da müssen S' eben früher kommen.«
»Sie reden sich leicht«, sagte die alte Derendinger. [. . .]

large beer mugs

Die Bedienung stellte Maßkrüge° hin.
»Und darf ich gleich kassieren?«
»Ich muß aufs Klo«, wimmerte Tommi.
»Das auch noch«, sagte Frau Hertha.

shacks

Vor dem Seitenausgang standen zwei große, stinkende Verschläge° im Regen: *Frauen* und *Männer*. [. . .] Vor *Frauen* stand eine Schlange wartender Frauen. Hertha ordnete sich hinten ein.
»Mir pressiert's aber«, winselte Tommi.
Hertha wandte sich zu *Männer*.
Die Klofrau schrie ihr nach: »Da dürfen Sie nicht hinein. Nur der Knabe.«
»Ich geh' aber nicht allein!« heulte Tommi.
Hertha kommandierte Tommi hinten an die Bierfässer. Zwei Burschen gingen vorbei. »Pfui Teufel«, sagte der eine. »Zu knickert für's Klozehnerl°«, sagte der andere.

Zu . . . Too cheap to pay the penny for the toilet

■

samt . . . *including the basket*	

Die Brotzeit war gestohlen worden, samt Korb°. Es musste gewesen sein, als die Musik: *Bergkameraden sind wir!* gespielt hatte und alle (bis auf die Oma) auf die Tische gestiegen waren.

Ein Mensch mit einer karierten Mütze vom Nebentisch hatte Sieglinde geküsst. Sieglinde hatte sich küssen lassen. [. . .] Den nachfolgenden Tumult mußte der Dieb ausgenützt haben, um den Korb unter der Bank hervorzuzuehen und zu verschwinden. [. . .]

Die Musik spielte *Zu Mantua in Baden. Heinz* putzte sich das Blut von der Nase. Der andere suchte seine karierte Mütze unter dem Tisch. Die Ordnungsmänner entfernten sich und wischten ihre großen Hände an den Lederhosen ab.

»Warum hast du denn nicht aufgepaßt, Oma!« schimpfte Derendinger sen.

»Ich hab' ja aufgepaßt«, sagte die Oma, »ich hab' ja nicht gewußt, daß der Korb uns gehört.«

she's getting senile — »Langsam wird's verkalkt «°, brummte Frau Derendinger sen. [. . .]

= Schlampe *loose woman* — »Alles wegen dir, du Schlampen!«° fauchte Heinz.

»Das sagst nich einmal« kreischte Sieglinde. »Schlampen!« sagte Heinz. Sieglinde riß ihr Handtäschchen an sich und stackelte hinaus.

»Die kommt schon wieder«, sagte Heinz. Die Musik spielte den *Tölzer Schützenmarsch.* [. . .]

mud — Hertha und Tommi kamen zurück. Tommi hatte im Schlamm° einen Schuh verloren.

roast chickens (Bavarian expression) — »Sieben Hendl°!« bestellte Derendinger jun.

»Bist du wahnsinnig?« fauchte Frau Hertha.

»Ich hab' einen Hunger«, sagte Derendinger jun. »Prost!« brüllte er, »und noch eine Maß für jeden. Man ist nur einmal jung!«

metaphor for not having anything good to eat — »Und vom Zwanzigsten an dürfen wir uns wieder statt dem Essen das Maul ans Tischeck hinhauen«°, Frau Hertha weinte.

Die Bedienung brachte die sieben Hendl und das Bier. [. . .]

»Darf ich gleich kassieren?« sagte die Bedienung. Die Musik spielte: *Die Mühle im Schwarzwald.* »So kommen wir in unserem Leben nicht zu der

leather sectional sofa — Ledersitzgruppe°.«

■

Die Oma wollte Karussell fahren. Draußen war es schon finster. Es reg-
vomited / cotton candy — nete immer noch. Tommi hinkte. Horsti erbrach° die Zuckerwatte°. [. . .]

»Da drüben geht die Sieglinde!« fauchte Heinz, »mit dem mit der karierten Mützen.« [. . .]

»Ich will auch eine Zuckerwatte«, raunzte Tommi.

carousel ride / vomited — Oma fuhr endlich mit der Fahrt um den Tegernsee.° Danach kotzte° auch die Oma.

■

1860 München... *Munich soccer team*

Der Hausmeister schaute zum Fenster heraus.

»Sechzge° hat verloren«, sagte der Hausmeister. »Null zu vier.«

»Das auch noch«, sagte der alte Derendinger. Von der Maximilians-kirche schlug es halb zwölf. Es regnete immer noch.

■ ■ ■

Wortschatz

anfangen (fängt an, fing an, hat angefangen)   to begin

anziehen (zieht an, zog an, hat angezogen)   to put on (clothing)

ausziehen (zieht aus, zog aus, hat ausgezogen)   to take off (clothing)

besetzt   occupied, taken

das **Bierzelt, -e**   beer tent

durchschneiden (schneidet durch, schnitt durch, hat durchgeschnitten)   to cut through

endlich   finally

frieren (fror, hat gefroren)   to be cold

das **Karussell, -e**   merry-go-round

kriegen (hat gekriegt)   to receive, get (colloquial)

küssen (hat geküsst)   to kiss

mitbringen (bringt mit, brachte mit, hat mitgebracht)   to bring, take along

die **Oma, -s**   grandmother

probieren (hat probiert)   to try

reichen (hat gereicht)   to be enough

rennen (rannte, ist gerannt)   to run

schwitzen (hat geschwitzt)   to sweat

selbstverständlich   of course; obvious

statt finden[3] (findet statt, fand statt, hat statt gefunden)   to take place

stehlen (stiehlt, stahl, hat gestohlen)   to steal

der **Stock, ⸚e**   floor (in a building)

die **Straßenbahn, -en**   street car

die **Trambahn, -en**   street car

umdrehen (hat umgedreht)   to turn around, turn over

die **Ur-Oma, -s**   great-grandmother

verlieren (verlor, hat verloren)   to lose

verlobt   engaged

der **Verlobte, -n** / die **Verlobte, -n**   fiancé

verschieden   different

weinen (hat geweint)   to cry, weep

zeigen (hat gezeigt)   to show, present

---

[3] Since the spelling reform, **statt finden** is written as two separate words, whereas before (as in the reading) it was written as one word (**stattfinden**). Similar examples are **kennenlernen → kennen lernen** and **staub-saugen → Staub saugen**.

Nach dem Lesen

33 | Fragen zum Text

1. Wie ist das Wetter an diesem Tag?
2. Warum soll der alte Derendinger eine andere Hose anziehen?
3. Wer von den Derendingers freut sich auf (*looks forward to*) das Oktoberfest, wer nicht?
4. Wer wohnt im 4. Stock; wer wohnt im 2. Stock?
5. Wie weckt Heinz die Oma?
6. Wie fahren die Derendingers zum Oktoberfest?
7. Worauf warten die Derendingers an einer Würstelbude?
8. Warum bringt Frau Derendinger einen Brotzeitkorb mit?
9. Was macht Tommi hinter den Bierfässern?
10. Wer ist der Mann mit der karierten Mütze?
11. Warum bestellt Herr Derendinger sieben Hendl?
12. Wer von den Derendingers hat am meisten/wenigsten Spaß beim Oktoberfest? Warum?
13. Warum gehen die Derendingers jedes Jahr einmal auf's Oktoberfest?
14. Frau Hertha Derendinger weint mehrmals im Laufe des Tages. Wann weint sie und warum?

34 | Wörterbucharbeit: Verben des Sprechens

Die folgenden Verben des Sprechens charakterisieren die Personen im Text. Arbeiten Sie mit dem Wörterbuch und entscheiden Sie, wie es klingt, wenn die Personen **schreien, brummen, fauchen, rufen, fluchen, stöhnen, etwas spitz sagen, flüstern, jammern, heulen** oder **brüllen.** Was ist passiert? Lesen Sie laut!

1. »Was?« **schrie** Frau Hertha und rannte in die Küche.
   »Nix«, **brummte** Eduard.

2. »Der Schlegelberger schaut auch bei uns in die Fenster hinein, sogar mit dem Fernglas«, **sagte** Derendinger jun.
   »So ein Schwein«, **fauchte** Frau Hertha und zog den Vorhang im Schlafzimmer vor.

3. »Wo ist denn der Heinz?« **rief** Frau Derendinger sen. im vierten Stock.
   »Wo wird er schon sein, der Herr Heinz«, **brummte** Vater Derendinger, »bei der Sieglinde halt.«

4. »Höllischer Himmelhund«, **fluchte** der alte Derendinger sen., »hab' ich jetzt tatsächlich zwei verschiedene Socken angezogen.«

5. Der alte Derendinger lag hilflos am Boden.
   »Ich krieg' keine Luft mehr«, **stöhnte** er.

6. »Eine Bratwurst«, **sagte** Herr Derendinger jun.
   »Eine Bratwurst für sechs Personen«, **sagte** der Würstelmann **spitz** und legte die blasse, auf einer Seite verbrannte Wurst auf ein durchsichtiges Papier.
   »Iß langsam«, **flüsterte** Frau Derendinger sen.

7. »Ich muß aufs Klo«, **jammerte** Tommi.
    »Das auch noch«, **sagte** Frau Hertha. . . .
    »Ich geh' aber nicht allein!« **heulte** Tommi.

8. »Prost!« **brüllte** er, »und noch eine Maß für jeden. Man ist nur einmal jung!«

35 Zeitformen

Wie Sie sicherlich gemerkt haben, ist dieser Text vorwiegend im Imperfekt (*simple past*) geschrieben. Aber es gibt auch einige Fälle, in denen das Perfekt gebraucht wird. Finden Sie die Abschnitte mit Ihrem Partner / Ihrer Partnerin, identifizieren sie die Perfektformen und versuchen Sie zu erklären, warum hier das Perfekt benutzt wird.

36 Szenen aus dem Text

Wählen Sie mit Ihrem Partner / Ihrer Partnerin eine der Szenen im Text und erzählen Sie sie mündlich oder schriftlich nach. Verwenden Sie dabei das Perfekt und Wörter von dieser Liste.

zuerst – dann – später – danach – schließlich – am Schluss

Die Derendingers sind mit der Straßenbahn gefahren. Dann haben sie gemerkt, dass die Oma nicht mit eingestiegen ist . . .

37 Sauwetter

So ein Sauwetter! ist eine typische Redensart für schlechtes Wetter. Frau Derendinger nennt den Nachbarn mit dem Fernglas ein **Schwein**. Im Deutschen gibt es eine Reihe von Redensarten, die mit Schweinen zu tun haben, positive und negative. Können Sie für die folgenden Redensarten die passenden Definitionen finden?

1. Es ist kein Schwein da!
2. Da hast du aber Schwein gehabt!
3. Ich fühle mich sauwohl!
4. So ein Sauwetter!
5. Er frisst wie ein Schwein.
6. Du hast alles versaut!
7. Hier sieht es aus wie im Schweinestall!

a. Es geht mir gut.
b. Du hast alles ruiniert!
c. Es regnet und ist kalt.
d. Er hat keine Tischmanieren (*table manners*).
e. Es sind (*fast*) keine Leute da.
f. Hier ist es schmutzig und unordentlich.
g. Du hast Glück gehabt.

38 Fragen zum Nachdenken und Diskutieren

1. Finden Sie, das Oktoberfest ist ein schönes Ziel für einen Familienausflug?
2. Welcher Aspekt in Rosendorfers Oktoberfestbesuch hat Sie am meisten überrascht?
3. Glauben Sie, Rosendorfers Oktoberfestbesuch ist sehr realistisch?

4. Rosendorfers Oktoberfestbesuch ist eine Momentaufnahme aus dem Jahre 1952; glauben Sie, das Oktoberfest ist jetzt anders als 1952? Spekulieren Sie!

5. Möchten Sie auch gerne einmal aufs Oktoberfest gehen? Was würde Ihnen vielleicht gefallen? Was nicht?

39 | Rollenspiel

Arbeiten Sie in Gruppen und geben Sie jeder Person eine Rolle. Jeder spielt ein Mitglied der Familie Derendinger. Schreiben Sie Szenen am Tag *nach* dem Oktoberfestbesuch (die Derendingers sprechen über den Oktoberfestbesuch im Perfekt) und spielen Sie die Szenen im Kurs vor!

40 | Schreibübung

Wählen Sie eine Person im Text und schreiben Sie aus der Perspektive dieser Person einen Brief, in dem Sie von dem Oktoberfestbesuch erzählen. Dabei benutzen Sie das Perfekt. Variieren Sie Ihre Satzstruktur, indem Sie Verbindungswörter verwenden, wie **zuerst, dann, später, am Schluss** usw.

Sieglinde schreibt an eine Freundin →

Liebe Annette,
Am Wochenende bin ich mit meinem Verlobten und seiner ganzen Familie zum Oktoberfest gegangen ...

 ## ZUM SCHLUSS

41 | München ist ...

Diskutieren Sie, welche Bezeichnung Ihrer Meinung nach die Stadt München am besten charakterisiert. Erklären Sie Ihre Wahl (*choice*)!

- Millionendorf
- Weltstadt mit Herz
- Deutschlands heimliche Hauptstadt
- Lederhosenmetropole

Das letzte Wort: *Servus*

Servus ist ein traditioneller, freundschaftlicher Gruß im bayrischen Sprachgebiet. Er kommt aus dem Lateinischen und bedeutet **Ich bin dein Diener** (*I am your servant*). **Servus** kann man zur Begrüßung und zum Abschied sagen. **Servus** ist auch in Ungarn, Rumänien und Polen gebräuchlich.

Welche anderen Abschiedsworte kennen Sie? Was sagen Sie am liebsten?

KULTURELLE PERSPEKTIVEN

LEKTÜRE

Heidelberg
BADEN-WÜRTTEMBERG

■ Viele Studenten an der Universität Heidelberg fahren mit dem Fahrrad. Wie kommen Sie morgens zur Uni?

Station: Heidelberg

Heidelberg gilt als eine der schönsten Städte Deutschlands. Jedes Jahr kommen Millionen von Touristen aus der ganzen Welt nach Heidelberg. Die Kulturministerkonferenz hat Heidelbergs Altstadt und das Heidelberger Schloss 1998 in die deutsche Liste für die Anmeldung als UNESCO-Weltkulturerbe° aufgenommen.

Die Universität Heidelberg ist die älteste in Deutschland. Sie wurde vor mehr als sechshundert Jahren gegründet – mit vier Fakultäten°: der theologischen, der juristischen, der philosophischen und der medizinischen Fakultät. Heute hat die Heidelberger Uni fünfzehn Fakultäten.

Bereits Ende des 18. und zu Beginn des 19. Jahrhunderts war Heidelberg ein intellektuelles Zentrum. Dichter wie Josef von Eichendorff, Bettina von Arnim und Clemens Brentano gründeten literarische Zirkel und beeinflussten° von hier aus die Entwicklung° der romantischen Literatur.

■ Heidelberger Schloss und Altstadt

Mitte des 19. Jahrhunderts änderte sich das geistige° Klima. Man konzentrierte sich auf Politik, Medizin und die Naturwissenschaften. Der Fachbereich Medizin ist seit der Gründung der Heidelberger Universität ein Schwerpunkt der Hochschule. Forschungseinrichtungen° wie das Europäische Laboratorium für Molekularbiologie und das Deutsche Krebsforschungszentrum° sind weltweit bekannt.

Weltkulturerbe *world heritage*   Fakultäten *colleges*
beeinflussten *influenced*   Entwicklung *development*
geistige *intellectual*   Forschungseinrichtungen *research facilities*   Krebsforschungszentrum *cancer research center*

Statistik	
Einwohnerzahl:	143.000
Fläche:	109 km²
Studenten an der Universität Heidelberg:	ca. 27.000

Geschichte

1196	1386	1693	1751	1930	1935
Erste urkundliche Erwähnung (*documentary mention*) Heidelbergs	Gründung der Universität durch Kurfürst Ruprecht I.	Zerstörung Heidelbergs durch Ludwig XVI von Frankreich.	Das Große Fass (*world's largest wine barrel; lit. The Big Barrel*) wird gebaut.	Grundsteinlegung für die Neue Universität (nach dem ersten Weltkrieg), gespendet (*donated*) von US-Bürgern	Eröffnung der Autobahn Frankfurt-Mannheim-Heidelberg

1 Fragen zur Station

1. Wie alt ist die Universität Heidelberg?
2. Wie viele Fakultäten hatte die Universität Heidelberg am Beginn?
3. Wie viele Fakultäten hat die Universität heute?
4. Welche Dichter der Romantik lebten in Heidelberg?
5. Wie änderte sich das geistige Klima Mitte des 19. Jahrhunderts?
6. Welche wichtigen Forschungseinrichtungen gibt es in Heidelberg?
7. Wie viele Einwohner hat Heidelberg?
8. Wann wurde die Uni gegründet?

 ## EINE BERÜHMTE HEIDELBERGER STUDENTIN
Hannah Arendt (1906–1975)

Hannah Arendt (1906–1975)

Hannah Arendt wurde am 14. Oktober 1906 in Hannover geboren und verbrachte ihre Kindheit in Königsberg. Sie studierte in Heidelberg Philosophie, Theologie und Griechisch°. Ihr Heidelberger Professor Karl Jaspers spielte in ihrem Leben eine wichtige Rolle, denn wie Jaspers wurde Hannah Arendt nach der Nazizeit politisch aktiv. 1933 emigrierte sie nach Paris und arbeitete bis 1940 bei einer Hilfsorganisation für jüdische Kinder. 1941 kam Hannah Arendt in die USA, wo sie zuerst als Journalistin arbeitete. 1963 wurde sie Professorin an der Universität von Chicago. Ab 1967 lehrte sie politische Theorie an der New School for Social Research (heute: New School University) in New York. Hannah Arendt schrieb unter anderem über das Verhältnis° von Arbeit und Freizeit, und den Einfluss° der Religion auf das politische Leben.

Griechisch *Greek*   Verhältnis *relationship*   Einfluss *influence*

Filmtipp: *The Exiles* (Richard Kaplan, 1989)

Dokumentarfilm über jüdische Intellektuelle im amerikanischen Exil.

Günter Gaus im Gespräch mit Hannah Arendt

Gaus: Sie haben im Hauptfach Philosophie und als Nebenfächer Theologie und Griechisch studiert. Wie ist es zu dieser Studienwahl gekommen?

Arendt: Ja, wissen Sie, das habe ich mir auch oft überlegt. Ich kann dazu nur sagen: Philosophie stand fest. Seit dem 14. Lebensjahr.

1962	1979–1980	1986	1996	2004	2007
Gründung der Pädago-gischen Hochschule	Gründung der Hochschule für jüdische Studien	600-Jahrfeier zur Gründung der Universität	800-Jahrfeier der Stadt Heidelberg	Offizielle Nominierung (*nomination*) des Heidelberger Schlosses und der Altstadt als UNESCO Weltkulturerbe	In Baden-Württemberg und Bayern muss man Studiengebühren (*tuition*) zahlen

Gaus: Warum?

Arendt: Ja, ich habe Kant[1] gelesen. Da können Sie fragen: Warum haben Sie Kant gelesen? Ich hatte das Bedürfnis°, zu verstehen.

Gaus: Ja.

Arendt: Das Bedürfnis, zu verstehen, das war sehr früh schon da. Sehen Sie, die Bücher gab es alle zu Hause, die zog man aus der Bibliothek.

Gaus: Haben Sie außer Kant etwas gelesen, an das Sie sich besonders erinnern?

Arendt: Ja. Erstens Jaspers' »Philosophie der Weltanschauung«, erschienen, glaube ich, 1920. Da war ich vierzehn. Daraufhin las ich Kierkegaard,[2] und so hat sich das dann gekoppelt°...

Gaus: Kam hier die Theologie hinein?

Arendt: Ja. Das hat sich dann so gekoppelt, daß das beides für mich zusammengehörte. Ich hatte dann nur Bedenken°, wie man das denn nun macht, wenn man Jüdin ist. Und wie das vor sich geht. Ich hatte doch keine Ahnung, nicht wahr? Griechisch ist eine andere Sache. Ich habe immer sehr griechische Poesie geliebt. So nahm ich Griechisch dazu, weil das am bequemsten° war. Das las ich sowieso.

Gaus: Respekt!

Arendt: Nein, das ist übertrieben°.

Gaus: Ihre intellektuelle Begabung°, Frau Arendt, so früh erprobt° – sind Sie von ihr gelegentlich als Schülerin und junge Studentin von Ihrer Umgebung getrennt worden°?

Arendt: Das hätte so sein müssen, wenn ich es gewußt hätte. Ich war der Meinung, so sind alle.

Bedürfnis *need, desire*   gekoppelt *connected*   Bedenken *doubts*   am...
most convenient   übertrieben *exaggerated*   Begabung *talent*   erprobt
put to the test   von... *separated from the world around you*

2 | Fragen zum Interview

1. Was war Hannah Arendts Motivation für das Studium? Warum studierte sie Philosophie?

2. Warum dachte Hannah Arendt, dass es problematisch war, dass sie sich für Theologie interessierte?

3. Warum studierte sie Griechisch?

4. War Hannah Arendt eine typische Studentin? Erklären Sie.

5. Welche verschiedenen Motivationen gibt es für das Studium?

6. Welche Fächer würden Sie studieren, wenn Sie drei Fächer wählen müssten?

3 | Partnerinterview

 Befragen Sie Ihren Partner / Ihre Partnerin über sein/ihr Studium. Stellen Sie die folgenden Fragen.

1. Was wolltest du einmal werden, als du ein Kind warst?

2. Was hast du gelesen, als du 14 warst?

---

[1] Immanuel Kant – deutscher Philosoph 1724–1804
[2] Søren Kierkegaard – dänischer Philosoph und Theologe 1813–1855

3. Was studierst du? Warum?
4. Haben dich andere Personen beeinflusst, als du dein Studienfach gewählt hast?
5. Was möchtest du nach dem Studium machen?
6. Was ist dir am Studium besonders wichtig? Viel für das Leben lernen? Qualifikation für eine Karriere? Viel Spaß haben?
7. Was war bisher dein interessantester Kurs? Warum?
8. Welcher Kurs war nicht so gut? Warum?

➡ Wie viel kostet das Studentenleben?

Bis Januar 2005 waren Studiengebühren in Deutschland gesetzlich verboten (*forbidden by law*). Das änderte sich durch eine Klage (*lawsuit*) der Länder Baden-Württemberg und Bayern beim Bundesverfassungsgericht (*German equivalent of supreme court*) in Karlsruhe. Die Universitäten im Land Baden-Württemberg verlangten (*charged*) schon länger Gebühren von Studenten, die die Regelstudienzeit (*recommended number of semesters for a degree program*) überschritten (*exceeded*); aber ab dem Sommersemester 2007 müssen in Baden-Württemberg alle Studenten ab dem ersten Semester 500 € pro Semester bezahlen.

Wie viel kostet das Studium in Ihrem Land? Was muss man alles bezahlen, wenn man hier an der Uni studiert? Wie viel kostet das Studium hier? Wie viel kosten Studiengebühren, Wohnung, Bücher, Essen, Transportmittel? Was braucht man sonst noch?

	Universitatät (z.B. Studium der Medizin, Physik, Mathematik oder Magisterstudiengang in Geschichte, Romanistik, Psycologie usw.)	Fachhochschule (z.B. Studium als Textilingenieur oder Grafiker)	Ausbildung (z.B. Lehre (*apprenticeship*) als Automechaniker oder Metzger)
	Abschluss: **ABITUR**	Fachoberschule (*vocational school*)	Berufsschule (*trade school*)
13. Klasse 12. Klasse 11. Klasse	**Gymnasium**		
10. Klasse			
9. Klasse 8. Klasse 7. Klasse 6. Klasse 5. Klasse		Realschule	Hauptschule
4. Klasse 3. Klasse 2. Klasse 1. Klasse (6/7 Jahre)	**Grundschule**		
ca. 3–6 Jahre	**Kindergarten**		

4 Andere berühmte Heidelberger Studenten

 Suchen Sie Informationen über die folgenden Personen. Wer sind sie? Was haben sie gemacht?

Hilde Domin	Helmut Kohl	Anna Seghers
Josef von Eichendorff	Golo Mann	Robert Schumann

Aufgaben im Internet

5 Suchbegriffe

Forschen Sie mit den folgenden Suchbegriffen im Internet. Links zu den Webseiten finden Sie unter www.thomsonedu.com/german/stationen.

Stadt Heidelberg

1. Finden Sie heraus, was das UNESCO Weltkulturerbe ist.
2. Suchen Sie Informationen über die Heidelberger Altstadt. Welche Gebäude gibt es? Wie alt sind sie? Welche Funktion haben sie?
3. Was ist in der Stadt Heidelberg aktuell?

Universität Heidelberg

4. Welche Fakultäten hat die Universität Heidelberg?
5. Was kann man auf dieser Webseite über die Geschichte der Universität erfahren?
6. Finden Sie Informationen über ein Fach, das Sie besonders interessiert.

Heidelberg Tourismus

7. Welche Sehenswürdigkeiten werden hier beschrieben?
8. Finden Sie heraus, was der **Philosophenweg** ist.
9. Suchen Sie Informationen über das Heidelberger Schloss. Wie alt ist es? Wer hat es gebaut?

6 Baden-Württemberg

Planen Sie einen Aufenthalt (*stay*) in Heidelberg und/oder im Land Baden-Württemberg. Links finden Sie unter www.thomsonedu.com/german/stationen. Was möchten Sie gerne sehen? Was möchten Sie gerne machen?

7 Richtig oder falsch?

Forschen Sie weiter in den Internet-Seiten aus Übung 5 und entscheiden Sie, ob die folgenden Aussagen korrekt sind. Wenn sie falsch sind, korrigieren Sie sie.

1. Heidelberg ist eine große Industriestadt.
2. Die Universität Heidelberg hat fünf Fakultäten.

3. Der Philosophenweg ist eine esoterische Vereinigung in Heidelberg.

4. Die Heidelberger Altstadt wurde im zweiten Weltkrieg völlig zerstört (*destroyed*).

5. Die Alte Brücke ist eine mittelalterliche Holzbrücke (*wooden bridge*).

6. Der Fluss, der durch Heidelberg fließt, heißt Neckar.

7. Auf der Hauptstraße darf man nur zu Fuß gehen.

8. Im Heidelberger Schloss ist das Deutsche Apothekenmuseum (*pharmacy museum*).

■ Die Heidelberger Hauptstraße. Hier darf man nur zu Fuß gehen.

8   **Lokale Presse**

Gehen Sie zu den folgenden Webseiten im Internet. Links finden Sie unter www.thomsonedu.com/german/stationen. Was sind die Schlagzeilen? Wie wirken diese Zeitungen auf Sie? Wie sind Sprache und Präsentation – einfach oder komplex, plakativ oder seriös, modern oder altmodisch? Was ist besonders interessant?

> *Rhein-Neckar Zeitung*
>
> *Rhein-Neckar Web*
>
> *Ruprecht Studierendenzeitung*

 Listen to this chapter's audio segments on www.thomsonedu.com/german/stationen.

9   **Nachrichtenrunde**

 Arbeiten Sie in Gruppen oder Paaren. Berichten Sie über einen Aspekt, den Sie beim Surfen im Internet gefunden haben.

10   **Fragen zum Nachdenken und Diskutieren**

 Bearbeiten Sie diese Fragen in Paaren oder kleinen Gruppen. Machen Sie Notizen und geben Sie im Kurs einen kleinen Bericht. Bringen Sie die Resultate Ihrer Internetsuche dabei ein.

1. Warum ist Heidelberg für Touristen aus aller Welt interessant?

2. Was unterscheidet Heidelberg von anderen deutschen Städten? Denken Sie an die Geschichte des zweiten Weltkrieges.

3. Welche Motivationen gibt es für Studenten, in einer bestimmten Stadt zu studieren? Warum ist Heidelberg für Studenten attraktiv?

4. Wie haben Sie sich für Ihren Studienort entschieden? Wie haben Sie sich für Ihr Studium entschieden? Wer oder was hat Sie beeinflusst?

Über Vergangenes sprechen: Das Imperfekt

STRUKTUREN

The simple past tense (**das Imperfekt**) is the tense most commonly used in written narratives of events and actions in the past. Telling a story in the simple past conveys a feeling of sequence and connection, like a movement through narrative time.

- A verb conjugation in the imperfect tense begins with the stem of a verb. The stem is the form left after dropping the final -**(e)n** of the infinitive. For example, **reis-** is the stem of the verb **reisen**.

Weak Verbs		Strong Verbs		Mixed Verbs	
Formation: stem + **t** + personal ending		**Formation:** stem (often changed) + personal ending		**Formation:** stem (often changed) + **t** + personal ending	
reisen		**gehen**		**denken**	
ich reis**te**	wir reis**ten**	ich ging	wir ging**en**	ich dach**te**	wir dach**ten**
du reis**test**	ihr reis**tet**	du ging**st**	ihr ging**t**	du dach**test**	ihr dach**tet**
er/es/sie reis**te**	sie reis**ten**	er/es/sie ging	sie ging**en**	er/es/sie dach**te**	sie dach**ten**
Sie reis**ten**	Sie reis**ten**	Sie ging**en**	Sie ging**en**	Sie dach**ten**	Sie dach**ten**

1878 **reiste** Mark Twain nach Heidelberg.

Hannah Arendt **arbeitete** in den USA zuerst als Journalistin.

1963 **wurde** Hannah Arendt Professorin an der Universität von Chicago.

Viele Vertreter der Heidelberger Romantik **kamen** als Studenten in die Stadt.

Mark Twain **verbrachte** viel Zeit in Deutschland und Heidelberg.

„**Wusstest** du, dass Hannah Arendt in Heidelberg studiert hat?"

- In general, the simple past tense is always preferred for **haben**, **sein,** and the modals. **Haben** and **sein** have irregular forms that must be memorized. Modal verbs form the simple past as weak verbs do but drop the umlaut (if they have one) from the stem. See Station 7 for detailed information on modal verbs.

haben		sein		müssen	
ich **hatte**	wir **hatten**	ich **war**	wir **waren**	ich **muss**	wir **mussten**
du **hattest**	ihr **hattet**	du **warst**	ihr **wart**	du **musstest**	ihr **musstet**
er/es/sie **hatte**	sie **hatten**	er/es/sie **war**	sie **waren**	er/es/sie **musste**	sie **mussten**
Sie **hatten**	Sie **hatten**	Sie **waren**	Sie **waren**	Sie **mussten**	Sie **mussten**

Wir **hatten** keine Ahnung, dass die Heidelberger Uni die älteste in Deutschland ist.

Bei ihrer Gründung **hatte** die Heidelberger Universität vier Fakultäten.

Ende des 18. Jahrhunderts **war** Heidelberg eine intellektuelle Hochburg.

Warst du schon einmal auf dem Heidelberger Schloss?

Bei meinem Besuch in Heidelberg **musste** ich oft an die Dichter der Romantik denken.

11 | Die Heidelberger Romantik

Arbeiten Sie mit einem Partner / einer Partnerin und ergänzen Sie die Lücken mit der richtigen Imperfektform der angegebenen Verben.

arbeiten – gehören – halten – kommen – scheinen – zählen

Im Zeitalter der Romantik _____[1] Heidelberg, hauptsächlich wegen seiner Schlossruine, besonders attraktiv. Viele Protagonisten der Heidelberger Romantik _____[2] als Studenten in die Stadt, aber auch Dozenten der Universität _____[3] zu den Anhängern, beispielsweise Joseph von Görres, der Vorlesungen über germanische Mythologie _____[4]. Neben Joseph von Eichendorff _____[5] zu den bekanntesten literarischen Vertretern (*representatives*) wohl Achim von Arnim und Clemens Brentano, die gemeinsam an vielen Projekten _____[6].

■ Von 1805 bis 1808 veröffentlichten Clemens Brentano und Achim von Arnim *Des Knaben Wunderhorn*.

ausstellen – herausgeben (*separable verb used in two parts*) – interessieren – sein – werden

Unter dem Titel *Des Knaben Wunderhorn* _____[7] sie zum Beispiel eine Sammlung altdeutscher Volkslieder _____[8], die allerdings von zeitgenössischen (*contemporary*) Kritikern als „unnützer (*useless*) Mischmasch" kritisiert _____[9]. Von großer Bedeutung (*Of great importance*) _____[10] auch die Brüder Boisserée, die sich für mittelalterliche Kunst _____[11] und im „Zaubersaal" ihres Hauses eine berühmte Sammlung mittelalterlicher Gemälde _____[12]. Heute befindet sich übrigens das Institut für Germanistik in diesem Gebäude.

12   Mark Twain in Heidelberg

Mark Twain verbrachte mehrmals einige Monate in Deutschland, vor allem in Heidelberg. Er lernte dabei auch sehr gut Deutsch und schrieb über die deutsche Sprache und Kultur. Lesen Sie über Mark Twains Besuch in Heidelberg und schreiben Sie dann den Bericht noch einmal, aber im Imperfekt.

1878 reist Mark Twain nach Europa, am 6. Mai kommt er in Heidelberg an. Obwohl er eigentlich nur einen Tag bleiben will, werden schließlich drei Monate daraus. Zuerst übernachtet er im Hotel Schrieder, wo er die Vorbereitungen auf den Besuch des Großherzogs (*Grand Duke*) beobachtet. Wegen der Hitze zieht er ins Schloss-Hotel, von wo aus er einen herrlichen Blick auf die Altstadt und den Neckar hat. Er besucht Vorlesungen an der Universität und lässt sich für eine Nacht sogar in den Karzer einsperren, ein Gefängnis für Studenten, in dem man aber ein eher lockeres Leben führt, Bier trinkt und raucht. Eine Bootsfahrt auf dem Neckar inspiriert ihn schließlich dazu, ein weiteres Kapitel von "Huckelberry Finn" zu schreiben.

z.B.   1878 reiste Mark Twain nach Europa, . . .

13 | Unser Tag in Heidelberg

Schreiben Sie gemeinsam mit Ihrem Partner / Ihrer Partnerin eine kleine Erzählung über einen Tag, den Sie in Heidelberg verbracht haben. Hier finden Sie ein paar Elemente, die Sie in Ihrer Erzählung verwenden können.

Einige Aktivitäten	Einige Adjektive	Einige Konnektoren
am Bahnhof ankommen	anstrengend	zuerst
das Schloss besichtigen	berühmt	dann
durch die Altstadt bummeln	preiswert	danach
ein Hotel finden	typisch	schließlich
eine Wanderung auf dem Philosophenweg machen	gemütlich	zuletzt
im Schloss das größte Weinfass der Welt sehen	interessant	
in der Altstadt das „Kurpfälzische Museum" besichtigen	hässlich	
in einer Studentenkneipe zu Abend essen		

Kulturnotiz

14 | Fragen zum Thema

1. Was studieren Sie?
2. Gehen Sie jeden Tag an die Uni?
3. Wie wichtig sind Noten für Sie?
4. Gehen Sie jeden Tag in alle ihre Kurse?
5. Finden Sie, Ihr Studium kostet sehr viel?

Belegen° ist Belügen°?

„Das Studium ist die schönste Zeit" sagen deutsche Eltern ihren studierenden Kindern. Kann das Leben nach dem Studium denn so schlecht sein? „Nach dem Studium beginnt der Ernst des Lebens° "sagen die Eltern dann immer. In Deutschland dauert das Studium länger als in den

---

Belegen *to be enrolled in a course, seminar, or lecture*   Belügen *to lie*
Ernst . . . *serious part of life*

■ **Heidelberger Studenten**

meisten Ländern. Warum? Erst einmal, weil es keine sehr hohen Studiengebühren° gibt, und weil der Verlauf des Studiums an einer deutschen Universität zum größten Teil den Studenten überlassen bleibt°.

Es gibt oft keinen kumulativen Notendurchschnitt° und in vielen Kursen gibt es keine Noten. In Vorlesungen hört man nur dem Professor zu. Dort gibt es auch keine Anwesenheitskontrolle° und keine Klausuren, Tests oder Examen. Man sagt manchmal „Belegen ist Belügen", wenn man eine Vorlesung ins Studienbuch schreibt, obwohl man nicht immer hingegangen ist. In Seminaren ist es natürlich etwas anderes. Der Professor kennt die Studenten im Seminar, man schreibt Klausuren oder Seminararbeiten, gibt Referate°, und am Ende bekommt man einen Schein°; meistens auch eine Note.

Das heißt aber nicht, dass deutsche Studenten ihr Studium nicht ernst nehmen°. Meistens nehmen sie es sehr ernst. Sie gehen in die Vorlesungen, auch wenn es keine Anwesenheitsliste gibt, denn am Ende kommt es nur auf die Prüfungen an, mit denen sie ihren Studiengang abschließen. Die Noten für den ein oder anderen Kurs haben für den Abschluss wenig Bedeutung. Man ist selbst dafür verantwortlich°, sich ordentlich auf die Prüfungen vorzubereiten°.

In letzter Zeit gibt es viele Diskussionen über Studiengebühren, denn auch in Deutschland haben die Universitäten und Schulen finanzielle Probleme. Im Bundesland Baden-Württemberg kostet das Studium ab dem Sommerstemester 2007 500 € pro Semester.

Studiengebühren *tuition*   den . . . *is left to the students*
Notendurchschnitt *grade point average*   Anwesenheitskontrolle
attendance check   Referate *presentations*   Schein *certificate*
ernst . . . *take seriously*   verantwortlich *responsible*
vorzubereiten *to prepare for*

15 | Fragen zum Text

1. Dauert das Studium in Deutschland länger als in anderen Ländern? Erklären Sie.
2. Gibt es Studiengebühren in Deutschland? Erklären Sie.
3. Wer bestimmt (*determines*) den Verlauf des Studiums?
4. Wo gibt es Noten? Wo glbt es kelne Noten?
5. Warum sagen manche Studenten „Belegen ist Belügen"?
6. Gibt es Anwesenheitskontrolle in allen Kursen?
7. Wo muss man Referate halten? Wo hört man nur dem Professor zu?
8. Wie wichtig sind die Prüfungen am Ende des Studiums? Wie wichtig sind Noten während des Studiums?
9. Welche Aspekte des Studiums in Deutschland sind positiv? Welche nicht?

16 | Wörterbucharbeit: Kleines Lexikon der Wissenschaften

Ein Wort wie **Wissenschaft** gibt es in der englischen Sprache nicht. Biologie, Physik oder Chemie sind **Naturwissenschaften.** Fächer wie Soziologie und Politikwissenschaft sind **Gesellschafts-** oder **Sozialwissenschaften.** Philosophie, Sprachen und Literatur sind **Geisteswissenschaften.** Arbeiten Sie mit dem Wörterbuch und machen Sie eine Liste für jede Kategorie!

Archäologie	Pharmazie
Chemie	Philosophie
Geschichte	Physik
Informatik	Politikwissenschaft
Jura	Psychologie
Kommunikationswissenschaft	Publizistik
Kriminologie	Romanistik
Mathematik	Soziologie
Medizin	Theaterwissenschaft

VIDEOBLOG: HEIDELBERG

Vor dem Sehen

● „Das Studentenleben in Heidelberg hat sehr viel zu bieten."

A | Studentenleben

Beschreiben Sie das Studentenleben an Ihrer Universität. Gibt es einen typischen Studenten oder eine typische Studentin?

B | Aus der Wirtschaftssprache

Versuchen Sie gemeinsam mit einem Partner / einer Partnerin, die folgenden zusammengesetzten Wörter zu erklären. Machen Sie eine Liste mit allen einzelnen Wörtern. Welche anderen extrem langen Wörter kennen Sie noch in der deutschen Sprache?

1. Das Wirtschaftsingenieurwesen
2. Informationskommunikationssysteme
3. Der Fallstudienwettbewerb
4. Die Unternehmensberatung

Beim Sehen

C | Was sehen Sie?

Kreuzen Sie an, was Sie im Video sehen.

❏ einen Park
❏ die Fußgängerzone
❏ eine Kirche
❏ Studenten vor der Mensa
❏ ein Computerlabor
❏ ein Schwimmbad
❏ einen Globus

❏ ein verliebtes Pärchen
❏ ein kleines, rotes Auto
❏ das Heidelberger Schloss
❏ ein Panorama der Altstadt
❏ ein Straßencafé
❏ eine große Familie beim Essen
❏ eine Bartenderin

D | Stimmt's?

Kreuzen Sie an, ob die folgenden Aussagen mit dem übereinstimmen, was Igor erzählt. Berichtigen Sie die falschen Aussagen.

	STIMMT	STIMMT NICHT
1. Igor studiert im sechsten Semester.	❏	❏
2. Er ist in Heidelberg geboren.	❏	❏
3. Igor hat ein Jahr in Oklahoma gelebt.	❏	❏
4. Amerika ist ganz ähnlich wie Deutschland.	❏	❏
5. Im *Café Zeitlos* gab es viel zu essen und zu trinken.	❏	❏
6. Die Atmosphäre an der Uni ist sehr anonym.	❏	❏

E | Die Fallstudie

Verbinden Sie die Elemente zu vollständigen Sätzen.

1. Natürlich ist es auch sehr wichtig in der Universität,
2. Eine Sache, die ich da mal gemacht habe, war,
3. Man hat vier Stunden Zeit,
4. Ein Fallstudienwettbewerb läuft so ab,
5. Danach gab's noch ein nettes Get-together,
6. Es ist erstaunlich, wie viel man trinken und auch essen kann,

a. dass eine Unternehmensberatung ankommt, einen Fall sich ausdenkt und den Studenten bereit stellt, dass sie ihn lösen sollen.
b. und zwar im *Café Zeitlos*.
c. wenn man nicht selber bezahlt.
d. um den Fall zu lösen, und wir hatten so einen Fall in vergangenen Januar.
e. Engagement nebenbei zu zeigen.
f. dass ich mit ein paar Freunden an einem Fallstudienwettbewerb teilgenommen habe

Redewendungen

In welchem Kontext benutzt Igor die folgenden Redewendungen und Ausdrücke? Versuchen Sie gemeinsam mit Ihrem Partner / Ihrer Partnerin, die Ausdrücke zu erklären und erfinden Sie ein Beispiel, in dem Sie den Ausdruck verwenden.

1. eine kleine, eingeschworene Gemeinde
2. das kostet auch mal locker acht Euro
3. die Getränkekarte hoch und runter geniessen

Nach dem Sehen

F | Reflexionen

Wie gefällt Ihnen Heidelberg? Was haben Sie aus dem Vlog Neues erfahren über die Stadt und ihre Menschen? Worüber hätten Sie gerne noch mehr Informationen?

G | Mein Studentenleben

Machen Sie Ihr eigenes Vlog oder schreiben Sie eine E-Mail an einen Partner / eine Partnerin und erzählen Sie von Ihrem eigenen Studentenleben.

Wortschatz

der **Abschluss, ⸚e**   degree, completion of course of study

die **Altstadt, ⸚e**   old part of town, historic district

die **Anwesenheitskontrolle, -n**   attendance list

die **Bedeutung, -en**   meaning, significance

beeinflussen (hat beeinflusst)   to influence

belegen (hat belegt)   to enroll (in a course)

belügen (belog, hat belogen)   to lie, prevaricate

die **Bibliothek, -en**   library

dauern (hat gedauert)   to last

der **Dichter, -** / die **Dichterin, -nen**   writer, poet

der **Einfluss, ⸚e**   influence

die **Entwicklung, -en**   development

(etwas) **ernst nehmen** (nimmt ernst, nahm ernst, hat ernst genommen)   to take (s.th.) seriously

(etwas) **erwähnen** (hat erwähnt)   to mention (s.th.)

das **Examen, -**   exam

das **Fach, ⸚er**   subject (of study)

die **Fakultät, -en**   college, division (in a university)

die **Forschung, -en**   research

die **Geisteswissenschaft, -en**   humanities

geistig   intellectual; intellectually

die **Gesellschaftswissenschaft, -en**   social science

gründen (hat gegründet)   to found

die **Gründung**   founding; foundation

das **Hauptfach, ⸚er**   major (academic subject)

die **Hochschule, -n**   institution of higher education

intellektuell   intellectual; intellectually

juristisch   pertaining to (the study of) law

(Ich habe) **keine Ahnung!**   I have no idea!

die **Klausur, -en**   test, midterm

die **Mensa** (*pl.* **Mensen**)   student cafeteria

die **Naturwissenschaft, -en**   natural science

das **Nebenfach, ⸚er**   minor (academic subject)

die **Note, -n**   grade

der **Notendurchschnitt, -e**   grade point average

die **Prüfung, -en**   exam

das **Referat, -e**   (classroom) presentation

der **Schein, -e**   certificate

schlecht   bad; badly

schließlich   finally

das **Schloss, ⸚er**   castle

der **Schwerpunkt, -e**   emphasis, concentration

das **Semester, -**   semester

das **Seminar, -e**   seminar

die **Sozialwissenschaft, -en**   social science

die **Strafe, -n** punishment

das **Studentenwohnheim, -e**
student residence

das **Studienbuch, ⁻er** course
record book (kept by students)

der **Studiengang, ⁻e** course of
study, major

die **Studiengebühren** (*pl.*)
tuition

das **Studium** course of study,
university degree program

der **Stundenplan, ⁻** schedule

überlassen bleiben (blieb
überlassen, ist überlassen
geblieben) to be left up to (s.o.);
**Das Studium bleibt den
Studenten überlassen.** The
course of study is left up to the
students.

verantwortlich responsible;
**Die Studenten sind für ihren
Stundenplan verantwortlich.**
Students are responsible for
their schedule.

der **Verlauf, ⁻e** course, development (of s.th.)

verstehen (verstand, hat
verstanden) to understand

die **Vorlesung, -en** lecture

die **Wissenschaft, -en** science;
academic discipline; scholarship

wissenschaftlich scientific;
scholarly

Wann sagt man was? – *lernen, studieren, lehren, unterrichten*

Die Verben **lernen, studieren, lehren** und **unterrichten** haben alle mit
dem Studium zu tun. Suchen Sie Definitionen und Beispiele in Ihrem
Wörterbuch. Entscheiden Sie, welches Verb am besten in die folgenden
Kontexte passt.

1. In Heidelberg _____ heute ca. 27.000 Studenten.

2. Auch Hannah Arendt _____ in Heidelberg, bevor sie ins Exil ging.

3. Ihr Hauptfach war Philosophie. Ihr erstes Nebenfach war Theologie.
   Als zweites Nebenfach wählte sie Griechisch, denn das hatte sie
   schon in der Schule _____ und es gefiel ihr sehr.

4. Als Hannah Arendt nach Paris emigrierte, musste sie zuerst
   Französisch _____. Dann zog sie nach New York und arbeitete als
   Journalistin. Später wurde sie Professorin.

5. Sie _____ politische Theorie an der New School for Social Research.

WORTSCHATZÜBUNGEN

17 | Die Universität Heidelberg

Ergänzen Sie die Sätze!

Abschluss – belegen – Fakultäten – Mensa – Nebenfächer – Noten – Notendurchschnitt – Prüfungen – Studentenwohnheim – Studiengebühren

Die Universität Heidelberg ist die älteste Universität Deutschlands. Die Universität hat fünfzehn _____[1]. In Baden-Württemberg bezahlt man ab 2007 €500 _____[2]. In Vorlesungen gibt es keine _____[3]. Nicht alle Studenten essen in der _____[4]. Im _____[5] haben Studenten meistens ihr eigenes Zimmer; und manchmal sogar ein eigenes Bad. Die Studenten haben viel Freiheit und bestimmen selbst, welche Kurse sie _____[6] wollen. Für den _____[7] als Magister Artium (MA) muss man eine Magisterarbeit schreiben. Man braucht außer dem Hauptfach auch noch zwei _____[8]. Es gibt keinen kumulativen _____[9]. Für den Abschluss zählen nur die _____[10].

18 | Universitätsinformationen

Ergänzen Sie die Sätze.

1. In einem _____ diskutieren Studenten zusammen mit dem Professor.

2. Eine _____ ist ein Test oder eine Prüfung in einem Kurs.

3. In manchen Kursen muss man vor der Klasse ein _____ halten.

4. In der _____ hört man nur dem Professor zu.

5. Der Magister Artium ist ein _____ mit drei Fächern.

6. Für den Magister-Abschluss studiert man ein _____ und zwei Nebenfächer.

7. Wenn man den Kurs bestanden hat, bekommt man einen _____.

8. Jeder Student schreibt seine Kurse in sein _____.

a. Klausur
b. Schein
c. Seminar
d. Vorlesung
e. Studienbuch
f. Hauptfach
g. Studiengang
h. Referat

19 | Unser Universitätssystem

Ein deutscher Student möchte wissen, wie das Universitätssystem in Ihrem Land funktioniert. Erklären Sie es ihm. Verwenden Sie dabei die folgenden Wörter.

Abschluss – belegen – dauern – Examen – Ich habe keine Ahnung! – Klausuren – Kurse – Notendurchschnitt – Prüfungen – schlecht – schließlich – Semester – Sommer – Studienbuch – Studiengebühren – Tests – Vorlesungen

Wann sagt man was? – *die Bildung, die Ausbildung, die Erziehung*

Die Begriffe **Bildung, Ausbildung** und **Erziehung** kommen im Deutschen in verschiedenen Kontexten vor. Suchen Sie Definitionen und Beispiele in ihrem Wörterbuch. Entscheiden sie, welcher Begriff am besten in die folgenden Kontexte passt.

1. Hermann Hesses Vater war Missionar. Als Kind hatte er eine sehr religiöse _____.

2. Sein Vater legte sehr viel Wert auf _____ und wollte, dass Hermann zuerst in ein evangelisches Seminar geht und dann Theologie studiert.

3. Aber Hermann wollte nicht studieren, sondern lieber etwas Praktisches lernen; und er machte eine _____ als Buchhändler (*book seller*).

4. Hermann Hesse hat sich oft über die Studenten geärgert, die nur studieren, um einen besseren Beruf zu bekommen. Seine Idee von _____ wird oft in seinen Romanen und Erzählungen behandelt.

20 | Vorteile und Nachteile des Unisystems

Machen Sie eine Liste von Vor- und Nachteilen der folgenden Aspekte.

1. Seit 2007 gibt es auch in Deutschland Studiengebühren.

2. Die Noten in den einzelnen Kursen zählen oft nicht für den Abschluss. Alles hängt am Ende von den Prüfungen ab.

3. Studenten in Deutschland schreiben selbst in ihr Studienbuch, welche Kurse sie belegt haben.

4. Es gibt oft keine Anwesenheitskontrolle in den Kursen.

5. Im Studentenwohnheim hat jeder sein eigenes Zimmer.

6. Die meisten Studenten leben beim Studium zum ersten Mal allein ohne ihre Familie.

Über Vergangenes sprechen: Als, wenn *und* wann

The English word *when* has three possible German equivalents: **als, wenn,** and **wann**. Which one to use depends on the situation.

- **Als** (*when, as*) can be used as a subordinating conjunction and refers to a one-time event in the past.

Als Hannah Arendt in Heidelberg lebte, studierte sie im Hauptfach Philosophie.	*When Hannah Arendt lived in Heidelberg, she studied philosophy as a major.*

- **Wenn** (*whenever, if*) is a subordinating conjunction and is used to refer to recurring events in the past or present or to casual relationships and/or conditions.

Wenn Hannah Arendt etwas lesen wollte, zog sie zuhause einfach ein Buch aus der Bibliothek.	*Whenever Hannah Arendt wanted to read, she just pulled out a book from the library at home.*
Viele Studenten treffen sich auf der Neckarwiese, **wenn** das Wetter schön ist.	*Many students meet on the lawn by the Neckar if the weather is nice.*

- **Wann** (*when*) is an interrogative pronoun and can also be used in indirect questions and as a subordinating conjunction.

Wann besuchte Mark Twain Heidelberg?	*When did Mark Twain visit Heidelberg?*
Weißt du, **wann** Mark Twain Heidelberg besuchte?	*Do you know when Mark Twain visited Heidelberg?*
Der Professor weiß nicht genau, **wann** Mark Twain Heidelberg besuchte.	*The professor doesn't know exactly when Mark Twain visited Heidelberg.*

21 | Studierende in Heidelberg

Ergänzen Sie die Lücken mit **wenn, wann** oder **als**.

1. _____ Martin mit dem Studium begann, wusste er noch nicht genau, was er eigentlich studieren wollte.

2. Dorothee fuhr mit Freunden nach Italien, _____ das Wintersemester zu Ende war.

3. Martin fragt Dorothee: „Weißt du, _____ das Herbstsemester genau beginnt?"

4. Martin geht mittags in die Mensa, _____ er tagsüber in der Uni ist.

5. Dorothee muss eine Semesterarbeit schreiben und ein Referat halten, _____ sie für ihr Romanistikseminar einen Schein bekommen will.

6. _____ die Uni nach den Semesterferien wieder beginnt, treffen sich viele Studierende auf der Hauptstraße.

Redemittel zum Diskutieren

Vergleichen und Bewerten

Wenn man einen Vergleich (*comparison*) machen will, helfen die folgenden Redewendungen.

Im Vergleich zu . . .	**Im Vergleich zu** anderen deutschen Städten sind die Mieten in Heidelberg sehr hoch.
Verglichen mit . . .	**Verglichen mit** anderen Universitäten hat Heidelberg eine lange Tradition.
Im Gegensatz zu . . .	**Im Gegensatz zu** München ist Heidelberg eine relativ kleine Stadt.
Im Unterschied zu . . .	**Im Unterschied zu** anderen deutschen Städten ist Heidelberg im Krieg nicht zerstört worden.
Das lässt sich nicht vergleichen.	Das Notensystem in Deutschland und in den USA? **Das lässt sich nicht vergleichen**.
Das kann man nicht vergleichen.	Das Notensystem in Deutschland und in den USA? **Die kann man nicht vergleichen!**

22 Richtig oder falsch?

Welche der folgenden Aussagen sind richtig? Wenn sie falsch sind, korrigieren Sie sie.

1. Im Vergleich zu anderen Ländern studieren deutsche Studenten meistens länger.

2. Verglichen mit anderen deutschen Universitäten ist die Universität Heidelberg sehr klein.

3. Im Gegensatz zum amerikanischen System gibt es in Deutschland nicht so hohe Studiengebühren.

4. Im Unterschied zu den Seminaren gibt es in Vorlesungen keine Noten.

5. Was die Universität Heidelberg von vielen anderen Universitäten in Deutschland unterscheidet ist, dass sie nur vier Fakultäten hat.

6. Das Studium in Deutschland lässt sich nicht mit dem amerikanischen College-Studium vergleichen.

23 Vergleiche

Verbinden Sie die folgenden Sätze, um zu vergleichen.

Das Studium in Deutschland dauert meistens sehr lange.

ABER: **In anderen Ländern studiert man nicht so lange.** →

Im Vergleich zu anderen Ländern studiert man in Deutschland sehr lange.

1. Heidelberg ist im zweiten Weltkrieg nicht zerstört worden.

   ABER: Viele andere deutsche Städte sind im zweiten Weltkrieg zerstört worden.

2. Man weiß nicht, wer das Heidelberger Schloss gebaut hat.

   ABER: Bei den meisten Schlössern weiß man, wer sie gebaut hat.

3. Hannah Arendt wusste schon mit 14, was sie studieren wollte.

ABER: Die meisten Teenager wissen nicht, was sie werden wollen.

4. In der Mensa gibt es immer etwas für Vegetarier.

ABER: Nicht jedes deutsche Restaurant hat ein vegetarisches Gericht auf der Speisekarte.

5. In Baden-Württemberg gibt es Studiengebühren.

ABER: Das gibt es nicht in allen anderen Bundesländern.

24 | Rollenspiel

Ein amerikanischer Student kommt für ein Jahr an die Uni Heidelberg und wundert sich über die Unterschiede. Spielen Sie eine kleine Szene an der Uni Heidelberg, zum Beispiel in einer Vorlesung, in einem Seminar, in der Mensa, in der Bibliothek usw.

25 | Fragen zur Diskussion

Diskutieren oder schreiben Sie über eines der folgenden Themen. Verwenden Sie dabei die Redemittel.

1. Ist es besser in jedem Kurs Noten zu bekommen, die für den Abschluss zählen?

2. Sollte der Staat das Studium für alle bezahlen?

3. Sollten Studenten während des Studiums arbeiten? Oder sollte das Studium für jeden Studenten der wichtigste Job sein?

4. Ist das Studium in ihrem Land besser organisiert als in Deutschland? Was ist anders? Was sind die Vorteile?

Über Vergangenes sprechen: Das Plusquamperfekt

STRUKTUREN

The past perfect tense (**das Plusquamperfekt**) is used to describe an action that took place prior to some other event in the past. Thus, the past perfect tense always needs another explicit or implicit past-time context.

- The past perfect is formed by using the simple past tense of an auxiliary verb (**haben** or **sein**) and a past participle. The auxiliary follows the subject or some other word or phrase that begins the clause and the participle is placed at the end of the clause.

Hannah Arendt **hatte** schon Kant **gelesen**, als sie sich für ein Studium der Philosophie entschied.

Hannah Arendt had already read Kant when she decided to study philosophy.

- The past perfect is very common in clauses with **nachdem**.

Nachdem Mark Twain im Hotel Schrieder **gewohnt hatte**, zog er ins Schloss-Hotel um.

After Mark Twain had lived at the Hotel Schrieder, he moved to the Schloss-Hotel.

26 | Der erste Studientag für Dorothee und Martin

Ergänzen Sie die Lücken mit den Plusquamperfektformen der angegebenen Verben. Achten Sie darauf, dass Sie auch ein konjugiertes Hilfsverb brauchen.

anmelden – kommen – reservieren – suchen

Als Dorothee und Martin am ersten Tag des Semesters in die Uni kamen, _____[1] sie sich schon lange vorher für ihre Seminare _____[1]. Nachdem die beiden zehn Minuten lang _____ _____[2], fanden sie schließlich den Hörsaal, in dem die erste Vorlesung stattfinden sollte. Es gab nicht mehr viele Plätze, weil die meisten Studierenden schon früh _____ _____[3] und für ihre Mitstudierenden Plätze _____ _____[4].

einschlafen – essen – sprechen – trinken

Am Ende der Vorlesung bemerkte Dorothee, dass Martin _____ _____[5], weil der Professor so monoton _____ _____[6]. Aber nachdem die beiden in der Mensa zu Mittag _____ _____[7] und einen Kaffee _____ _____[8], waren sie wieder frisch für das nächste Abenteuer: ein Seminar über die Heidelberger Romantik.

27 | Aus der Geschichte der Heidelberger Universität

Bilden Sie mit Ihrem Partner / Ihrer Partnerin Sätze nach dem folgenden Beispiel.

z.B.

Friedrich III macht Heidelberg zu einem Zentrum europäischer Wissenschaft und Kultur. / Die Universität Heidelberg wird international bekannt. →

Nachdem Friedrich III Heidelberg vzu einem Zentrum europäischer Wissenschaft und Kultur gemacht hatte, wurde die Universität Heidelberg international bekannt.
(*oder* Die Universität Heidelberg wurde international bekannt, nachdem Friedrich III Heidelberg zu einem Zentrum europäischer Wissenschaft und Kultur gemacht hatte.)

1. Friedrich III macht Heidelberg zu einem Zentrum europäischer Wissenschaft und Kultur. / Die Universität Heidelberg wird international bekannt.
2. 1618 beginnt der Dreißigjährige Krieg. / Die Blütezeit der Universität endet.
3. 1693 zerstören (*destroy*) die Truppen Ludwigs XVI Heidelberg. / Die Universität bleibt für mehrere Jahre geschlossen.
4. Die Universität hat im 18. Jahrhundert viele Probleme. / 1803 wird sie reorganisiert.
5. Mit amerikanischen Spenden (*donations*) erbaut man nach dem ersten Weltkrieg die Neue Universität. / Über den Eingang hängt man eine Tafel mit der Widmung „Dem lebendigen Geist" („*To the vital spirit/intellect*").
6. Viele Studenten haben protestiert. / 2005 hob das Bunderverfassungsgericht das Verbot von Studiengebühren auf (*lifted the ban*).

🚂 LEKTÜRE

Hermann Hesse

Hermann Hesse

Hermann Hesse wurde am 2. Juli 1877 in Calw (Baden-Württemberg) geboren. Nach kurzem Aufenthalt in der Klosterschule Maulbronn beendete Hesse seine Schulbildung und machte eine Lehre als Buchhändler. Schon während seiner Lehrjahre begann er zu schreiben. Bald nach seinen ersten erfolgreichen Werken zog er 1904 als freier Schriftsteller in ein altes Bauernhaus am Bodensee. 1911 reiste er nach Indien und zog kurz darauf in die Schweiz, zuerst nach Bern und 1919 schließlich nach Montagnola (Tessin); dort schrieb er seine wichtigsten Romane und verbrachte den Rest seines Lebens. 1955 erhielt° er den Friedenspreis des Deutschen Buchhandels. Er starb° 1962.

---

erhielt *received*   starb *died*

Vor dem Lesen

28 | Fragen zum Thema

1. Kennen Sie Studenten, die in einer Verbindung/Burschenschaft (*fraternity*) sind?
2. Was wissen Sie über diese Organisationen?
3. In Deutschland gibt es Studentenverbindungen (Burschenschaften) meistens nur für Männer. Gibt es in Ihrem Land auch Verbindungen für Frauen? Was unterscheidet sie von den Organisationen für Männer?
4. Ist das Studium eine Vorbereitung auf Beruf und Karriere, oder lernt man auch für das Leben?

Beim Lesen

Versuchen Sie beim ersten Durchlesen zu entscheiden, was für ein Text das ist und in welchem Tempus er geschrieben ist (Aktivität 29). Konzentrieren Sie sich dann auf die Abfolge der Szenen im Text (Aktivität 30) und die verwendeten Verbformen (Aktivität 31). Denken Sie dann über die Figuren und ihre Charakterprofile nach (Aktivität 32).

29 | Textsorte und Tempus

Überfliegen Sie den Text und beantworten Sie die Fragen.

1. In welchem Tempus ist der Text geschrieben?
2. Um was für eine Art Text handelt es sich wohl? Ist es eine Kurzgeschichte (*short story*), ein Zeitungsartikel, ein Teil eines Romans (*novel*) oder eine Erzählung (*novella, story*)?

30 | Szenen im Text

Machen Sie Notizen über die Folge der Szenen im Text. Wo sind die Personen? Wer ist noch da?

 Studentenkneipe, viele Studenten sind da, es ist laut . . .

31 | Imperfekt

Finden Sie beim Lesen alle Verbformen im Imperfekt, die sich auf entweder Hans, Erwin oder Hans und Erwin zusammen beziehen. Legen Sie eine Tabelle nach folgendem Beispiel an.

Namen	Imperfekt	Infinitiv	Partizip der Vergangenheit
Hans	winkte	winken	gewinkt

32 | Charakterprofile

Machen Sie Notizen über die drei Personen im Text. Sammeln sie Adjektive, mit denen die drei Männer beschrieben werden. Was machen sie (nicht) gern? Was für Typen sind sie? Wie denken sie über das Studium?

33 | Die Entscheidung

Hans Calwer trifft in dieser Geschichte eine wichtige Entscheidung. Beschreiben Sie diesen Prozess und entscheiden Sie, ob er das Richtige getan hat.

Freunde

Hermann Hesse

pub hall / noise — Der niedrige Kneipsaal° war voll Rauch, Biergeruch, Staub und Getöse°. Hans Calwer winkte seinem Freund Erwin Mühletal und ging zur Tür. »He, schon fort?« rief einer der Studenten herüber.

Hans nickte nur und ging, Mühletal folgte. Sie stiegen die alte, steile Holztreppe hinab und verließen das schon still werdende Haus. Kalte *received* — Winternachtluft und blaues Sternenlicht empfing° sie auf dem leeren, *schlug . . . took a turn toward home* — weiten Marktplatz. Hans schlug den Weg nach seiner Wohnung ein°. *accompanied* — Der Freund folgte ein Stück weit schweigend, er begleitete° Calwer fast jeden Abend nach Haus. Bei der zweiten Gasse aber blieb er stehen. »Ja«, sagte er, »dann Gutnacht. Ich geh ins Bett.«

»Gutnacht«, sagte Hans unfreundlich kurz und ging weiter. Doch kehrte er nach wenigen Schritten wieder um und rief den Freund an.

»Erwin!«

»Ja?«

»Du, ich geh noch mit dir.«

»Auch recht. Ich geh aber ins Bett, ich schlafe schon halb.«

Hans kehrte um und nahm Erwins Arm. Er führte ihn aber nicht nach Hause, sondern zum Fluß hinab, über die alte Brücke und in die lange Platanenallee, und Erwin ging ohne Widerspruch° mit. »Also, was ist los?« fragte er endlich. »Ich bin wirklich müde.«

objection

»So? Ich auch, aber anders.«

»Na?«

»Kurz und gut, das war meine letzte Mittwochskneipe.«

»Du bist verrückt.«

»Nein, du bist's, wenn dir das noch Spaß macht. Lieber brüllen, sich auf Kommando vollsaufen, idiotische Reden anhören und sich von zwanzig Simpeln° angrinsen und auf die Schulter klopfen° lassen, das mach ich nicht mehr mit. Eingetreten bin ich in die Burschenschaft seinerzeit, wie jeder, im Rausch°. Aber hinaus gehe ich vernünftig und aus guten Gründen. Und zwar gleich morgen.«

simpletons / slap

im . . . delirious

»Ja, aber – «

»Es ist beschlossen, und damit fertig. Du bist der einzige, der es schon vorher erfährt°; du bist auch der einzige, den es etwas angeht. Ich wollte dich nicht um Rat bitten.«

find out

»Dann nicht. Also du trittst aus. Ganz ohne Skandal geht es ja nicht."

»Vielleicht doch.«

»Vielleicht. Nun, das ist deine Sache.«

»Ich will mein eigener Herr sein und nimmer der Hanswurst° von drei Duzend Bundesbrüdern°. Das ist alles.«

fool

fraternity brothers

»Und wenn es dir nach drei Wochen leid tut?«

»Du mußt wirklich Schlaf haben. Gutnacht, ich geh noch spazieren.«

Hans ging langsam davon, mit einem nervösen, künstlich° leichten Schritt, den Erwin gut kannte.

artificial

»Geh nur! Geh nur! « grollte° er halblaut und sah Hans nach, bis er im Dunkel verschwunden° war.

grumbled

disappeared

Immer und immer war er der Gutmütige, Geduldige gewesen, und sooft es ein Zerwürfnis° gegeben hatte, war immer er zuerst gekommen und hatte um Verzeihung gebeten°. Nun ja, er war eben einmal ein guter Kerl. Aber wozu das alles? Was war denn schließlich an diesem Hans Calwer, daß man ihm nachlaufen mußte? Ja, ein bißchen Witz und eine gewisse Sicherheit im Auftreten, das hatte er wohl, und er konnte geistreich° sein. Aber auf der andern Seite war er recht eingebildet°, spielte den Interessanten, sah auf alle Leute herab°. Dieser Stolz, diese Sicherheit, diese Hochnäsigkeit° war unverzeihlich°.

disagreement

hatte . . . asked for forgiveness

ingenious / conceited

sah . . . looked down on others

arrogance / unforgivable

Indessen ging Hans flußabwärts, von Allee zu Allee. Er überlegte, was morgen zu tun sei. Es war unangenehm, seinen Austritt° aus der Verbindung° zu erklärenp.

leaving

fraternity

Ohne Erwin hätte er es schon früher getan. Erwin hatte ihn noch gehalten, denn er war Hans ja damals in die Verbindung gefolgt.

average person

Erwin war kein Durchschnittsmensch°, aber er war unsicher und schwach. Hans erinnerte sich an die ersten Jahre ihrer Freundschaft. Seither war alles von Hans ausgegangen: Spiele, Streiche°, Moden, Sport, Lektüre.

pranks

admiration

Erwin war den sonderbarsten Einfällen mit Bewunderung° gefolgt, er hatte ihn eigentlich nie allein gelassen. Er hatte ihn fast immer verstanden, ihn immer bewundert°, er war auf alles eingegangen°.

admired / war… agreed to everything

Wenn Erwin bei der Verbindung blieb, dann hatte Hans ihn verloren.

seized / hilfloser… helpless anger

Wieder ergriff° ihn, wie schon manchesmal, ein hilfloser Zorn° über all den Schwindel in der Welt und über sich selber, daß er ihm immer wieder vertraut° hatte. So war es auch mit der Universität und vor allem mit dem Studentenwesen. Die Universität war eine veraltete, schlecht organisierte Schule; sie gewährte° dem Studenten eine fast grenzenlose Freiheit, um ihn nach her durch ein formelhaftes Prüfungswesen° wieder desto gründlicher einzufangen°. Doch war man vor Protektion und Bestechung° nicht sicher°. Nun, das plagte° ihn wenig. Aber das Studentenleben, die Abstufung° der Gesellschaften nach Herkunft° und Geld, die komische Uniformierung, die sinnlos gewordene Romantik mit Altheidelberg und Burschenfreiheit, das alles existierte nicht nur fort, er selbst war in die lächerliche Falle gegangen°!

trusted

allowed

exam routine / trap

bribery / safe / bothered

ordering

origin

war… ran into the absurd trap

■

Hans mußte an einen Studenten denken, der mehrmals in einer Vorlesung über orientalische Religionswissenschaft sein Banknachbar gewesen war. Der trug einen dicken Lodenmantel, schwere Bauernstiefel, geflickte° Hosen und ein derbes,° gestricktes Halstuch und war vermutlich ein theologiestudierender Bauernsohn°. Dieser hatte für die eleganten Kollegen mit Mützen und Bändern nur ein gutes, aber überlegenes° Lächeln. Nun dachte Hans, dieser unscheinbare° Student stehe ihm doch viel näher als die bisherigen Kameraden, und er beneidete° ihn ein wenig um seine zufriedene Ruhe. Da war einer, der wie er ganz allein stand, und der offenbar das beschämende Bedürfnis° wie die anderen zu sein gar nicht kannte.

patched / coarse

farmer's son

superior / inconspicuous

envied

desire

■

In den Vorlesungen des Orientalisten war Hans jenem Studenten seither regelmäßig° begegnet und hatte häufig neben ihm gesessen. Er hatte gesehen, daß er die Vorträge sauber und mühelos stenographierte.

regularly

paying attention

Einmal saß er wieder in seiner Nähe und beobachtete den fleißigen Mann. Er sah in dessen Gesicht das Aufmerken° und Verstehen ausgedrückt. Er sah ihn einigemal nicken, einmal lächeln, und er bewunderte ihn dafür. Er beschloß, den Studenten kennenzulernen.

aus… from a distance, astonishment

Als die Vorlesung zu Ende war, folgte Hans dem Lodenmantel aus der Ferne°, um zu sehen, wo er wohne. Zu seinem Erstaunen° aber, machte der Unbekannte in keiner der bekannten Gassen halt. Hans wurde neugierig und folgte in kleinerer Entfernung. Hans folgte ihm in eine völlig unbekannte Gegend hinaus, da hörte der andere seine Schritte und drehte sich um. Hans zog den Hut und sagte Gutentag. Beide blieben stehen.

»Sie gehen spazieren?« fragte Hans.

»Ich gehe heim.«

»Ja, wo wohnen Sie denn? Gibt es hier draußen noch Häuser?«

»Hier nicht, aber eine halbe Stunde weiter. Da liegt ein Dorf, Blaubach-hausen, und da wohne ich.«

Buddha seminar

»Darf ich ein Stück mitgehen? Mein Name ist Calwer.«

»Ja, es freut mich. Ich heiße Heinrich Wirth. Aus dem Buddha-Kolleg° her kenne ich Sie ja schon länger. Sie haben früher immer so eine rote Kappe aufgehabt.«

misunderstanding

Hans lachte. »Ja«, sagte er. »Aber das ist jetzt vorbei. Es war ein Mißverständnis°.« Wirth sah ihn an und nickte. »Denken Sie, das freut mich?«

»Warum denn?«

»Oh, es hat keinen besonderen Grund. Ich hatte aber manchmal ein Gefühl, daß Sie nicht da hineinpassen.«

observed

»Haben Sie mich denn beobachtet°?«

a man above reproach

»Nicht gerade. Aber man sieht einander doch. Am Anfang dachte ich, das ist auch so ein Tadelloser°. Es gibt ja solche nicht?«

hatte… had done you an injustice

»Ja, es gibt solche. O ja. «

»Also. Und dann sah ich, ich hatte Ihnen unrecht getan°. Ich merkte ja, daß Sie wirklich zum Hören und Lernen herkamen.«

»Nun, das tun die andern doch wohl auch.«

»Meinen Sie? Ich glaube, nicht viele. Die meisten wollen eben ein Examen machen, weiter nichts.«

»Dazu muß man doch aber auch lernen.«

»Auch ja, aber nicht viel. Was man in einem Kolleg über Buddha lernen kann, kommt im Examen nicht vor.«

edification

»Aber zur Erbauung° sind eigentlich die Hochschulen auch wieder nicht da. Das religiös Wertvolle an Buddha kann man selbst in einem Buch lesen.«

»Das wohl. Das meine ich auch nicht.«

Kuhgebrüll° tönte durch die Stille der leeren Felder herüber.

Cows' bellowing

»Blaubachhausen«, sagte Wirth und deutete auf das Dörfchen.

Hans wollte Abschied nehmen° und umkehren.

Abschied . . . say goodbye

»Nun sind Sie gleich zu Hause«, sagte er, »und ich will nun auch umkeh-ren und sehen, daß ich zum Mittagessen komme.«

»Tun Sie das nicht«, meinte Wirth freundlich. »Kommen Sie vollends° mit und sehen Sie, wo ich wohne. Essen können Sie im Dorf auch haben, und wenn Sie mit Milch zufrieden sind°, können Sie mein Gast sein.«

completely

mit . . . be satisfied with milk

Hans nahm die Einladung gerne an°. »Sie haben es weit in die Stadt«, sagte er.

nahm . . . gladly accepted the invitation

»Eine Stunde.«

»Und Sie leben wohl ganz einsam da draußen?«

»Nein, gar nicht. Ich wohne bei Bauersleuten und kenne das halbe Dorf.«

»Ich meine, Sie werden wenig Besuch da haben – von Studenten, Freunden . . .«

»Diesen Winter sind Sie der erste, der mich besucht. Aber im Som-mersemester kam manchmal ein Theologe. Wir haben zusammen Plato gelesen, aber der Weg war ihm allmählich doch zu weit.«

Sie waren an Wirths Wohnung angekommen. Das Bauernhaus lag still und sauber durch einen Obstgarten von der Straße getrennt°.

separated

Wirths Zimmer war eine sehr große Stube mit zwei breiten Fenstern. Er hatte ein Bett, einen Waschtisch, einen großen Schreibtisch, der mit Büchern und Heften bedeckt war, und drei hohe, bis oben gefüllte Bücherregale. Sonst war noch ein Kleiderschrank da und ein zweiter, kleiner Tisch, an dem sie bald Milch und Brot aßen.

»Wieviele Bücher Sie haben!« rief Hans bewundernd.

»Nun ja. Wenn Sachen dabei sind, die Sie gern lesen möchten, dann nehmen Sie nur mit!«

Nach einer Stunde brach Hans auf. Wirth hatte ihm einen anderen, schöneren Weg zurück in die Stadt gezeigt.

Indessen war es Erwin nicht wohl. Seine Kameraden wußten, daß Hans die Ursache° war.

reason

Eines Abends kam er an Hansens Wohnung vorbei und sah Licht in des-sen Fenster. Er blieb stehen und sah mit Heimweh° und Scham hinauf.

homesickness

Hans saß oben am Klavier und spielte. Nach einer Viertelstunde erlosch° das Licht, und bald darauf sah er wie Hans in Begleitung eines großen, unfein gekleideten jungen Menschen das Haus verließ. Erwin wußte, daß Hans nicht jedem beliebigen Menschen auf dem Klavier vorspielte°.

went out

nicht . . . didn't play piano for just anyone

Also hatte er schon wieder einen Freund gefunden! . . .

Wortschatz

austreten (tritt aus, trat aus, ist
    ausgetreten)   to leave
    (a club or association), cancel
    membership
begegnen (ist begegnet)
    to meet s.o.
begleiten (hat begleitet)
    to accompany, come with s.o.
beschließen (beschloss, hat
    beschlossen)   to decide, make
    a decision
bewundern (hat bewundert)
    to admire
die **Burschenschaft,**
    -en   fraternity
das **Dorf, ̈er**   village
eingebildet   conceited, arrogant
eintreten (tritt ein, trat ein, ist
    eingetreten)   to join (a club or
    association)
folgen (ist gefolgt)   to follow
das **Heimweh**   homesickness,
    nostalgia
hineinpassen (passt hinein,
    passte hinein, hat hinein
    gepasst)   to fit in
die **Hochnäsigkeit**   arrogance
der **Kerl, -e**   guy, chap (*colloqui-
    al*); **ein guter Kerl**   a nice guy

das **Klavier, -e**   piano
die **Kneipe, -n**   pub, bar
die **Mode, -n**   fashion, trend
neugierig   curious(ly)
nicken (hat genickt)   to nod
der **Rat**   advice
die **Sache, -n**   thing, aspect, issue;
    das ist deine Sache
    that's your business
die **Scham**   shame
der **Schritt**   gait, step
der **Schwindel**   corruption,
    dishonesty
die **Sicherheit**   security,
    confidence
sonderbar   strange
umkehren (kehrt um, kehrte um,
    ist umgekehrt)   to turn around
die **Verbindung, -en**   fraternity
verrückt   crazy
vertrauen (hat vertraut)   to trust
sich **vollsaufen** (säuft sich voll,
    soff sich voll, hat sich vollge-
    soffen)   to get drunk (*vulgar*)
weit   far
wertvoll   valuable
winken (hat gewinkt/
    gewunken)   to wave at s.o.
der **Zorn**   anger

Nach dem Lesen

34 | Fragen zum Text

1. Wo waren Hans und Erwin am Beginn der Geschichte?
2. Welche wichtige Entscheidung hat Hans getroffen?
3. Wie reagiert Erwin auf seinen Entschluss (*decision*)?
4. Wie denkt Erwin über Hans?

5. Wie denkt Hans über Erwin?

6. Hans begegnet einem Studenten, den er schon oft bemerkt hatte. Wie sieht dieser Student aus? Was denkt Hans über ihn?

7. Was haben Hans und Heinrich gemeinsam? Was unterscheidet sie?

8. Was bedeutet diese Episode für Erwin?

35 | Fragen zum Nachdenken und Diskutieren

1. Was wird aus Hans Calwer und Heinrich Wirth? Können sie Freunde werden?

2. Was wird aus Hans und Erwin? Können sie Freunde bleiben?

3. Wie denkt Heinrich Wirth über das Studium? Ist Hans Calwer seiner Meinung?

4. Was hat sich am Studium seit dieser Zeit geändert? Was ist gleich geblieben?

5. Hermann Hesse selbst hat nie an einer Universität studiert. Kann man an dieser Geschichte seine Meinung über das Lernen an sich und die Universität als Institution erkennen?

36 | Schreibübung

1. Wie geht die Geschichte weiter? Erzählen Sie die Geschichte – im Imperfekt – zu Ende. Was wurde aus den drei Personen? Sie können die Geschichte genau da weiterschreiben, wo sie hier aufhört, oder darüber schreiben, was zwanzig Jahre später aus den drei Männern geworden ist.

2. Erzählen Sie die Geschichte (im Imperfekt) aus Erwins Perspektive. Schreiben Sie dazu einige innere Monologe (z.B. wie denkt Erwin über Hans Calwer, die Burschenschaft, das Studium, Heinrich Wirth?).

3. Heinrich Wirth glaubt, die meisten Studenten wollen nicht wirklich lernen, sondern wollen einfach ein Examen machen. Wie denken Sie darüber?

ZUM SCHLUSS

37 | Unileben in Heidelberg

Diskutieren Sie zum Schluss noch einmal im Kurs, welche Aspekte des Universitätsstudiums, der Uni Heidelberg, oder der Stadt Heidelberg Sie am meisten überrascht haben. Vielleicht helfen dabei die folgenden Stichworte.

Abschluss	Studiengebühren	Studium
Burschenschaft	Studentenleben	Vorlesungen
Fakultäten		

Das letzte Wort: Akademische Freiheit

Die „Freiheit von Forschung, Lehre und Studium" ist im Grundgesetz der Bundesrepublik Deutschland (*constitution of the BRD*) verankert (*anchored*). Das bedeutet, die Dozenten können die Kurse frei gestalten (*create*) und dürfen ihre wissenschaftliche Meinung frei äußern. Die Studierenden können ihre Kurse frei wählen und in ihrem Studium Schwerpunkte (*areas of concentration*) nach eigener Wahl setzen. Vorgeschriebene (*prescribed*) Stundenpläne widersprechen (*contradict*) dem Grundgedanken der „akademischen Freiheit". Die „Qual der Wahl" (*lit. "torture of selection," the problem of having too much to choose from*) am Studienbeginn ist die logische Folge der Freiheit.

Wie viel akademische Freiheit haben Sie in ihrem Studium? Wie viel akademische Freiheit sollte man haben?

KULTURELLE PERSPEKTIVEN

Station Hamburg: Informationen und Aktivitäten

EINE BERÜHMTE HAMBURGER MEDIENFRAU
Sabine Christiansen

Kulturnotiz
Jung, Dynamisch, Du

VIDEO
Hamburg

STRUKTUREN
Höflichkeit, Hypothesen und Wünsche:
    Der Konjunktiv II
Bitten, Wünsche und Vermutungen:
    Der Konjunktiv von Modalverben
Über Vergangenes sprechen: Der Konjunktiv
    der Vergangenheit

LEKTÜRE
Generation Golf: Florian Illies

Arbeitsbuch
pp. 37–46

Audioprogramm
www.thomsonedu.com/german/stationen

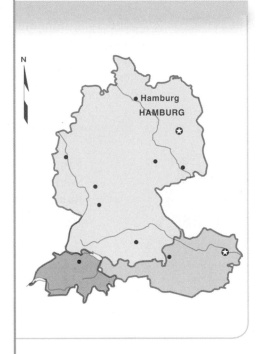

● Hamburg
HAMBURG

■ Der Hamburger Hafen ist einer der größten der Welt. Sind Sie seefest (*not prone to seasickness*) oder werden Sie leicht seekrank (*seasick*)?

Station: Hamburg

Die Hansestadt[1] Hamburg ist die zweitgrößte deutsche Stadt und, wie Berlin, ein selbständiges Bundesland der Bundesrepublik Deutschland. Hamburg liegt in der Norddeutschen Tiefebene° ungefähr 100 km vor der Einmündung der Elbe° in die Nordsee. Der Hamburger Hafen ist nach New York und London der drittgrößte Hafen der Welt. In Hamburg haben 90 Konsulate ihren Sitz; damit ist Hamburg einer der größten Konsularplätze der Welt. Hamburg wird durch seine geographische Lage und die Geschichte als Handels- und Hafenstadt auch oft *Das Tor zur Welt* genannt. Viele Menschen sind von Hamburg aus in andere Länder ausgewandert°.

Hamburg ist vor allem ein Zentrum der Medien. Fast 11.000 Firmen in Hamburg gehören zu den Branchen° Werbung, Druck- und Verlagswesen°, Film, Musik, Kultur, Rundfunk und Fernsehen. Vor allem ist Hamburg eine Hochburg° der Verlage von Zeitungen und Zeitschriften. Fast die Hälfte der in Deutschland verkauften Zeitungen und Zeitschriften kommen aus Hamburg. Siebzehn der zwanzig größten deutschen Zeitschriften, wie zum Beispiel *Der Spiegel* und die Wochenzeitung *Die Zeit*, werden in Hamburg verlegt°.

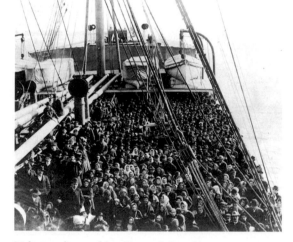

■ Auswanderer auf dem Weg nach Amerika

Tiefebene *lowlands*   Elbe *river flowing through Hamburg to the North Sea*   ausgewandert *emigrated*   Branchen *business sectors* Verlagswesen *publishing*   Hochburg *stronghold*   verlegt *published*

Statistik	
Einwohnerzahl:	1,7 Millionen
Fläche:	755 km²
1850–1939 via Hamburg emigriert:	5 Millionen Menschen

---

[1] "Freie Hausestädte" were autononmous in their government and privileged by the emperor and/or bishop, for instance, by not having to pay certain taxes, and so on. The word *Hanse* come from *Hansa* = Old High German for „group," later specifically for group with common economic interests.

Geschichte

1189	1356	1700	1806	1912	1940–1943
Kaiser Friedrich Barbarossa erlaubt der Stadt zollfreien Handel und Schifffahrt.	Hamburg wird Hansestadt.	Hamburg ist der wichtigste Hafen für den Getreideexport (*grain export*) nach Westeuropa, Nordeuropa und Italien.	Hamburg wird „freie Hansestadt".	Hamburg ist nach New York und London der drittgrößte Hafen der Welt.	Durch Luftangriffe (*air raids*) werden 50% der Wohnungen, 80% des Hafens, und 40% der Industrie in

⊃ Die Hanse

Die Hanse war ein Bund zwischen vielen Städten im Nord- und
Ostseeraum. Im Jahr 1356 schlossen sich mehrere Kaufleute (*trades-
men*) zu einer Gemeinschaft (*association*) zusammen (*banded together*).
Zur Hanse gehörten rund 70 Städte und 130 weitere Städte waren
damit verbunden. Die Städte Hamburg, Bremen, Lübeck, Rostock,
Greifswald, Stralsund, Demmin und Wismar tragen bis heute den
Namen *Hansestadt*.

Kennen Sie andere Städtegemeinschaften? Welche?

Wann sagt man was? – *die Branche, das Wesen, das Geschäft*

Wenn man im Deutschen über einen Bereich oder Sektor der Wirtschaft
spricht, wie zum Beispiel das Verlegen (*publishing*) von Büchern, Zeitung-
en und Zeitschriften, dann kann man diesen Bereich das **Verlagswesen**
oder auch das **Verlagsgeschäft** nennen. Die **Branche** ist ein ähnliches
Wort; die **Verlagsbranche** bedeutet alles, was mit dem Verlegen von
Büchern, Zeitungen und Zeitschriften zu tun hat. Wenn man also
auf English sagt *I'm in the insurance business*, kann man auf Deutsch
sagen **Ich arbeite im Versicherungswesen** oder **in der Versicherungs-
branche.** Damit sagt man nur, dass man in diesem Sektor arbeitet, aber
nicht, was man eigentlich macht.

Viele Menschen in Deutschland finden es zu persönlich, wenn
man gleich nach ihrem Beruf fragt. Statt (*Instead of*) zu sagen **Ich bin
Sekretärin** oder **Ich bin Redakteur** sagt man oft lieber **Ich arbeite im
Verlagswesen**.

Wie ist das in ihrem Land? Fragt man gleich nach dem Beruf? Was sind
Gründe dafür?

1949	1989	1996	2007
Bei der Gründung der BRD wird Hamburg ein selbständiges Bundesland.	Der Hamburger Hafen ist 800 Jahre alt.	Hamburg wird Sitz des InternationalenSeegerichts-hofs (*International Tribunal for the Law of the Sea*).	Eröffnung des Emigrations-museums Ballinstadt

1 | Fragen zur Station

1. Wo liegt Hamburg? Was ist in der Nähe?
2. Wie wichtig ist der Hamburger Hafen?
3. Wann wurde die Stadt eine Hansestadt?
4. Was ist eine Hansestadt?
5. In welchen Branchen arbeiten viele Menschen in Hamburg?
6. Wie viele deutsche Zeitungen und Zeitschriften kommen aus Hamburg?
7. Wie viele Einwohner hat Hamburg? Wie groß ist die Fläche?
8. Wie alt ist der Hamburger Hafen?
9. Was geschah zwischen 1940 und 1943 in Hamburg?

2 | Hamburg

Finden Sie die richtigen Präpositionen.

1. Hamburg liegt _____ Norden von Deutschland.
2. Die Elbe fließt _____ die Nordsee.
3. Der Hamburger Hafen ist _____ New York und London der drittgrößte Hafen.
4. Viele Menschen in Hamburg arbeiten _____ Firmen der Medienbranche.
5. Fast die Hälfte der deutschen Zeitungen und Zeitschriften kommen _____ Hamburg.

EINE BERÜHMTE HAMBURGER MEDIENFRAU
Sabine Christiansen (1957–)

Sabine Christiansen

Sabine Christiansen wurde 1957 in einer kleinen Stadt in Schleswig-Holstein geboren. Nach dem Abitur arbeitete sie sieben Jahre lang bei der Deutschen *Lufthansa°* als Flugbegleiterin°. Danach machte sie ein Volontariat° beim Norddeutschen Rundfunk° in Kiel und Hamburg. Nach ihrer Ausbildung wurde Sabine Christiansen Politik- und Wirtschaftsreporterin beim Norddeutschen Rundfunk und moderierte von 1985 bis 1987 das *Hamburg Journal* im Fernsehen. 1987 wurde sie Co-Moderatorin der *Tagesthemen*, Deutschlands wichtigster Nachrichtensendung. Das Publikum war zuerst skeptisch, eine Frau in einer so wichtigen Medienposition zu sehen, aber Sabine Christiansen wurde schnell zu einer respektierten Moderatorin. Sie gewann viele Preise und Auszeichnungen° und wurde eine der bekanntesten Fernsehjournalisten. 1997 startete sie ihr eigenes Programmformat mit der Sendung *Sabine Christiansen*. Die Talkshow etablierte sich innerhalb kürzester Zeit und wurde mit rund 5 Millionen Zuschauern eines der erfolgreichsten Formate im

---

Lufthansa *German airline*   Flugbegleiterin *flight attendant*   Volontariat
internship Rundfunk *regional public radio and TV*   Auszeichnungen *awards*

deutschen Fernsehen. Ab 2007 moderiert Sabine Christiansen bei CNBC die Sendung *Global Players with Sabine Christiansen* und diskutiert politische und wirtschaftliche Entwicklungen° mit internationalen Gästen auf Englisch.

Entwicklungen *developments*

3 | Vor dem Lesen

Beantworten Sie die Fragen mit Hilfe des Internets. Links zu den Webseiten finden Sie unter www.thomsonedu.com/german/stationen.

Die Tagesschau

1. Was sind die wichtigen Themen in der *Tagesschau* heute?
2. Wie ist die Webseite? Welche Bilder sind zu sehen?
3. Auf der *Tagesschau* Webseite kann man auch Reportagen anhören und ansehen. Audio-Reportagen sind mit einem Lautsprecher-Symbol gekennzeichnet, Videoreportagen haben ein Kamerasymbol. Hören und sehen Sie einmal, was es gibt! Was ist interessant?

Sabine Christiansen

4. Suchen Sie Informationen über Sabine Christiansens Talkshow. Wer sind ihre Gäste? Was sind die Themen?
5. Sabine Christiansen war zuerst Flugbegleiterin und ist dann Reporterin geworden. Was haben die Berufe gemeinsam? Suchen Sie Informationen über Sabine Christiansens Leben und ihre Fernsehkarriere am Internet.
6. Kennen Sie erfolgreiche Medienfrauen? Was haben sie mit Sabine Christiansen gemeinsam? Wie sehen sie aus? Wie sprechen sie?
7. Welche Nachrichtensendung sehen Sie oder hören Sie? Sehen Sie öffentliche oder private Fernsehsender? Hören Sie öffentliche oder private Radiosender?

Interview mit Sabine Christiansen [*Der Tagesspiegel,* 29.06.2003]

TAGESSPIEGEL: Was macht die Marke° Christiansen aus°?

S.C.: Also, sich selbst als Marke zu betrachten, ist sehr sehr seltsam°. Es gibt Menschen, die fühlen sich wohl dabei, für mich wird es ein Fremdkörper bleiben. Trotzdem weiß ich, dass es heute gar nicht anders geht.

TAGESSPIEGEL: Ihr Name ist mittlerweile ein großes Kapital. Sie könnten, nach dem Vorbild° der amerikanischen Talkmasterin Oprah Winfrey, die Marke ausbauen, eine eigene Zeitschrift herausgeben, Spezial-Sendungen produzieren ...

S.C.: Oder es lassen, denn eine Marke ist auch mit Umsicht° zu behandeln. Wir haben uns natürlich Gedanken darüber gemacht, aber ich bin da lieber vorsichtig°. Vielleicht ist der Bedarf° in der momentanen Zeit auch nicht so groß.

Marke *brand*   macht aus *characterizes*   seltsam *strange*
Vorbild *model*   Umsicht *care*   vorsichtig *cautious*   Bedarf *demand*

TAGESSPIEGEL: Welche Träume hatte die 17-jährige Sabine?

s.c.: Ich liebe meine Heimat Schleswig-Holstein, aber ich war mir immer sicher, dass ich dort nicht bleiben wollte. Ich war als Schülerin oft in Frankreich, in der Schule habe ich auch Russisch gelernt, wollte immer gern für eine Zeit im Ausland leben . . .

TAGESSPIEGEL: Russisch? Wirklich?

s.c.: Naja, das war schon furchtbar schwer, vier Jahre lang, aber ich dachte mir, was man hat, hat man. Also, Ich wollte die Welt kennen lernen, und Sprachen zu lernen, ist mir immer leicht gefallen. [. . .]

TAGESSPIEGEL: Nach der Schule haben Sie sieben Jahre lang bei Lufthansa als Flugbegleiterin gearbeitet. Was lernt man in dem Job?

s.c.: Sich in einer Welt auszukennen, die in den 70er Jahren, als ich bei Lufthansa war, noch keinen großartigen Massentourismus zu fernen Zielen kannte. Man lernt Sprachen und fremde Kulturen kennen, Menschen schnell einzuschätzen°, wie offen ist jemand, wie ehrlich, wie gehen die oben mit denen unten um . . .

TAGESSPIEGEL: . . . damals gab es noch eine Bar für die First-Class, die im Flugzeug eine Etage höher war.

s.c.: Man trifft die vermeintlich° Mächtigen und erlebt sie manchmal ganz schwach°, wenn sie plötzlich Flugangst haben oder sonst irgendein Problem: Eben war er noch furchtbar arrogant, jetzt sitzt er vor einem und zittert°. Man bekommt in dem Beruf sehr schnell ein entspannteres° Verhältnis° zur Macht°, zu Höhenflügen und Landungen, Auf und Abs.

TAGESSPIEGEL: Nach der Lufthansa wurden Sie Lokalreporterin beim Norddeutschen Rundfunk – von der großen weiten Welt zurück in die Heide°.

s.c.: Bei meinem Einstellungsgespräch fragte mich einer aus der Runde der Programmdirektoren, wo ich denn gerade herkäme. Aus Rio, antwortete ich. Und wie, fragte er, wollen Sie dann aus Husum° berichten? Ich antwortete: Mit einem Aufnahmegerät°, und außerdem kenne ich wenigstens den Weg dorthin. Mir fiel der Abschied vom Fliegen wirklich leicht, die Zeit war vorbei.

TAGESSPIEGEL: Sie können gut Abschied nehmen?

s.c.: Ja. Weil ich meistens das Gefühl habe, man sieht sich ja wieder, und ich freue mich auf unser Wiedersehen. Wenn ich aber etwas für mich beende, dann mache ich das total.

TAGESSPIEGEL: Kommen wir zum Schluss noch einmal an die Oberfläche zurück. Nie überlegt, ob Sie Ihre Haare mal nicht mehr blond färben° sollten?

s.c.: Einmal, bei den „Tagesthemen", habe ich sie braun gefärbt. Alle waren entsetzt°! Also habe ich gesagt, okay, wenn es so sein soll, und bin wieder zu meiner alten Farbe zurück. Man kann ja auch aus Blond im Leben etwas machen.

---

einzuschätzen *determine s.o.'s character*   vermeintlich *so-called*
schwach *weak*   zittert *trembles*   entspannteres *more relaxed*
Verhältnis *relationship*   Macht *power*   Heide *heath (region in
Schleswig-Holstein)*   Husum *town near Hamburg*   Aufnahmegerät
recording equipment   färben *dye*   entsetzt *appalled*

4 | Fragen zum Interview

1. Möchte Sabine Christiansen wie Oprah Winfrey ihre eigene Zeitschrift herausgeben? Erklären Sie.
2. Welche Träume hatte Sabine Christiansen, als sie jung war? Was wollte sie gerne machen?
3. Warum hat sie Sprachen gelernt?
4. Was hat sie gelernt, als sie Flugbegleiterin bei *Lufthansa* war?
5. Spekulieren sie! Warum ist Sabine Christiansen so erfolgreich?
6. Wie hat sie sich bei ihrem Vorstellungsgespräch beim NDR verhalten?
7. Warum färbt sich Sabine Christiansen die Haare blond?
8. Sind die Interview-Fragen respektvoll und distanziert oder sehr persönlich?
9. Spricht der Interviewer Sabine Christiansen mit **Du** oder **Sie** an?

5 | Andere berühmte Hamburger

 Suchen Sie Informationen über die folgenden Personen. Wer sind sie? Was haben sie gemacht?

Hark Bohm	Felix Mendelssohn-Bartholdy
Wolfgang Borchert	Hans-Erich Nissack
Johannes Brahms	Helmut Schmidt
Hanne Darboven	Klaus Störtebecker

6 | Partnerinterview

 Fragen Sie Ihren Partner / Ihre Partnerin und berichten Sie dann im Kurs.

1. Woher kommen deine Vorfahren?
2. Wann sind sie hier hergekommen?
3. Wie sind sie gekommen?
4. Kennst du Leute, die erst vor kurzem aus ihrem Land emigriert sind? Woher sind sie gekommen? Warum?

■ Das Hamburger Rathaus, das 1886–1897 gebaut wurde, gehört zu den größten und schönsten Gebäuden des 19. Jahrhunderts in Deutschland.

Aufgaben im Internet

7   Suchbegriffe

Forschen Sie mit den folgenden Suchbegriffen im Internet. Links zu den Webseiten finden Sie unter www.thomsonedu.com/german/stationen.

Stadt Hamburg
1. Welche Neuigkeiten gibt es auf der Startseite?
2. Gibt es Werbung auf der Startseite? Wofür?

Hamburgs Geschichte (Die Hanse)
3. Wann war Hamburg die größte Stadt Deutschlands?
4. Welchen Aspekt der Hamburger Geschichte finden Sie besonders interessant?

Emigrationsmuseum Ballinstadt
5. Wo ist das Emigrationsmuseum Ballinstadt?
6. Wie kann man hier genealogische Forschung (*genealogical research*) betreiben?

8   Fernsehen

Suchen Sie Informationen über das deutsche Fernsehen. Links finden Sie unter www.thomsonedu.com/german/stationen. Finden Sie eine Sendung (*program*), die sie interessiert, und stellen Sie sie im Kurs vor.

9   Lokale Presse

Gehen Sie zu den folgenden Webseiten im Internet. Links finden Sie unter www.thomsonedu.com/german/stationen. Was sind die Schlagzeilen? Wie wirken diese Zeitungen auf Sie? Wie sind Sprache und Präsentation – einfach oder komplex, plakativ oder seriös, modern oder altmodisch? Was ist besonders interessant?

> *Hamburger Abendblatt*
>
> *Klönschnack*

10   Überregionale Presse aus Hamburg

Aus Hamburg kommen auch zwei sehr wichtige überregionale Zeitungen: *Die Zeit* und *Der Spiegel*. Vergleichen Sie die Webseiten! Links finden Sie unter www.thomsonedu.com/german/stationen.

1. Welche Farben sind jeweils auf der Startseite?
2. Was sind die Schlagzeilen (*headlines*)?
3. Wie ist die Sprache – einfach oder komplex?
4. Wie ist die Präsentation – seriös oder sensationsgierig (*sensational*)?
5. Welche Fotos gibt es?

 Listen to this chapter's audio segments on www.thomsonedu.com/german/stationen.

11 | Nachrichtenrunde

 Arbeiten Sie in Gruppen oder Paaren. Berichten Sie über einen Aspekt, den Sie beim Surfen im Internet gefunden haben.

12 | Fragen zum Nachdenken und Diskutieren

 Bearbeiten Sie diese Fragen in Paaren oder kleinen Gruppen. Machen Sie Notizen und geben Sie im Kurs einen kleinen Bericht. Bringen Sie die Resultate Ihrer Internetsuche dabei ein.

1. Wie hat die geografische Lage Hamburgs die Stadtgeschichte beeinflusst?
2. Was haben Sie über den Hamburger Hafen und die Hanse gelernt?
3. Für wen war (oder ist) Hamburg das *Tor zur Welt*?
4. Ist die Konzentration der Presse in Hamburg ein Problem oder hat sie Vorteile?

STRUKTUREN

Höflichkeit, Hypothesen und Wünsche: Der Konjunktiv II

In Station 1, you reviewed the concept of mood in a verb.

1. Reality is expressed with the **indicative** present, simple past, present perfect, and past perfect tenses.
2. Commands and suggestions are made using the **imperative**.
3. To express hypothesis, wishes, politeness, and distance, German speakers use the **subjunctive**.

- The subjunctive II (**Konjunktiv II**) is used to make requests more polite and to express unreal, contrary-to-fact, or hypothetical conditions.

   Der Interviewer fragt Sabine Christiansen: „**Würden** Sie mir bitte ein paar Fragen **beantworten**?"

   Wenn Sabine Christiansen Lust **hätte**, **könnte** sie nach dem Vorbild von Oprah Winfrey ihre eigene Zeitschrift herausgeben.

- The subjunctive II for present time is formed by adding personal endings to the stem of a verb's simple past form. In addition, an umlaut is added to stems with **a** and **o**.

Infinitive (Simple Past)	sein (war)	haben (hatte)	werden (wurde)	gehen (ging)	kommen (kam)	wissen (wusste)
ich	wäre	hätte	würde	ginge	käme	wüsste
du	wärest	hättest	würdest	gingest	kämest	wüsstest
er/es/sie	wäre	hätte	würde	ginge	käme	wüsste
wir	wären	hätten	würden	gingen	kämen	wüssten
ihr	wäret	hättet	würdet	ginget	kämet	wüsstet
sie	wären	hätten	würden	gingen	kämen	wüssten
Sie	wären	hätten	würden	gingen	kämen	wüssten

- In general, the subjunctive II forms of **sein, haben, werden, gehen, kommen, wissen,** and the modal verbs (**dürfen, können, mögen, müssen, sollen, wollen**)[2] are the only ones commonly used.

- For all other verbs, the form **würde + infinitive** is frequently used to express the same meaning as the subjunctive II.

   > Wenn die Touristen genug Zeit hätten, **würden** sie eine Rundfahrt im Hamburger Hafen **machen**.

   > Die 17-jährige Sabine Christiansen **würde** gerne im Ausland **leben**.

- Since the repetitive use of **würde + infinitive** sounds awkward and inconcise in serious writing, the **würde**-construction is used more commonly in spoken German. Nevertheless, it is sometimes used even in writing, because the subjunctive II form of a weak verb is often ambiguous and could be mistaken for a simple past form. To clarify meaning, **würde + infinitive** is used.

   > Wenn Sabine Christiansen nicht in Hamburg **wäre**, **würde** sie vielleicht in Russland **leben**.

13 | Ein Tag in Hamburg

 Stellen Sie sich vor, Sie würden einen Tag in Hamburg verbringen. Suchen Sie fünf Aktivitäten unten, die Sie am liebsten an diesem Tag unternehmen würden, und kreuzen Sie diese auf der Liste an. Dann bilden Sie Gruppen von 2–4 Studenten und versuchen Sie, die Aktivitäten Ihrer Partner zu erraten. Für jede richtig erratene Antwort erhalten (*receive*) Sie einen Punkt. Vielleicht bekommen Sie sogar einen Preis am Ende des Spiels.

S1: Seth, würdest du gerne ins alte UFA-Kino in der Bernstorffstraße gehen?

S2: Ja, das würde ich gerne machen (*1 Punkt für S1*). Emma, würdest du auch gerne ins alte UFA-Kino gehen?

S3: Nein, ich würde nicht gerne ins Kino gehen (*kein Punkt für S2*). Chris, würdest du gerne das Musical „König der Löwen" sehen?

---

[2] Modal verbs will be covered in more detail later in this chapter.

- ins alte UFA-Kino in der Bernstorffstraße gehen
- einen Bummel über den Hamburger Fischmarkt machen
- das Musical „König der Löwen" sehen
- in den Tierpark Hagenbeck gehen
- im Thomas-I-Punkt Inline-Skates leihen
- auf der Boberger Düne wandern
- den Kosmos-Simulator im Planetarium erleben
- in die Sauna in der Bartholomäus-Therme gehen
- die Ausstellung „Hamburg im 20. Jahrhundert" im Museum besichtigen
- ein Theaterstück im Thalia-Theater sehen
- in der Hamburger Musikhalle ein klassisches Konzert hören
- ins Gewürzmuseum gehen
- ein Konzert im „Downtown Blues Club" besuchen

Vergleichen Sie am Ende Ihre Ergebnisse mit dem Rest der Klassen-kameraden. Gibt es besonders bevorzugte (*preferred*) Aktivitäten? Gibt es Sachen, die niemand machen möchte? Warum wohl?

14 | Was wäre, wenn . . .

Erzählen Sie Ihrem Partner / Ihrer Partnerin in zwei Sätzen, was Sie in den folgenden Situationen machen würden. Ihr Partner / Ihre Partnerin macht sich Notizen und berichtet dann im Kurs.

wenn Sie morgen nach Hamburg fliegen würden →

Wenn ich morgen nach Hamburg fliegen würde, würde ich schnell meinen Koffer packen.

1. wenn Sie nur fünf Stunden in Hamburg hätten
2. wenn Sie in Hamburg wohnen würden
3. wenn Sie ein erfolgreicher TV-Moderator / eine erfolgreiche TV-Moderatorin wären
4. wenn Sie Hamburg auf schnellstem Wege verlassen müssten
5. wenn Sie 10 000 Euro hätten, die Sie in Hamburg ausgeben könnten
6. wenn Sie Herausgeber Ihrer eigenen Zeitung wären

Kulturnotiz

15 | Fragen zum Thema

1. Welche Personen nennen Sie beim Vornamen, wen nennen Sie beim Nachnamen?
2. Finden Sie es gut, wenn sich in einer Firma alle Mitarbeiter beim Vornamen nennen?
3. In welchen Situationen sollte man in Deutschland **Sie** sagen; und wann kann man **du** sagen?
4. Muss man in Deutschland immer **Sie** sagen, wenn man eine Person nicht kennt?

Jung, Dynamisch, Du?

In jungen deutschen Unternehmen° und in der Medienwelt benutzen Kollegen am Arbeitsplatz immer mehr die *Du*-Form. Man folgt dem amerikanischen Vorbild und spricht die Kollegen mit dem Vornamen an. Dadurch entsteht eine lockere, kollegiale Atmosphäre, aber manchmal kommt es dadurch auch zu Problemen. Darf man die Chefin „duzen", wenn man von ihr „geduzt" wird? Darf man den Vorgesetzten mit dem Vornamen ansprechen, wenn er einen mit dem Vornamen anspricht?

■ Am Arbeitsplatz

Durch solche Unsicherheiten kommt es manchmal auch zu Mischformen; das heißt, man spricht eine Person mit dem Vornamen an, sagt aber „Sie" („Haben Sie den Bericht schon fertig gemacht, Rüdiger?"). Früher hat man das „Du" offiziell angeboten („Sollten wir nicht langsam zum „Du" übergehen, also ich bin der Holger!"). Auch Spitznamen° und Kurzformen wurden offiziell angeboten („Ich bin die Sabine, aber alle nennen mich Biene!"). Spitznamen unterstreichen° eine lockere Arbeitsatmosphäre.

Es ist besonders problematisch, wenn man Personen in anderen Firmen voreilig° beim Vornamen nennt oder mit „Du" anspricht. Wenn man einfach nicht weiß, ob man „Du" oder „Sie" sagen soll, kann man versuchen, die direkte Anrede so gut wie möglich zu vermeiden°. Solche Situationen enstehen, wenn eine Person viel älter ist als man selbst und man diese Person nicht sehr gut kennt. Die Anrede mit „Sie" signalisiert Respekt, und das Alter der Gesprächspartner ist der wichtigste Faktor. Für Personen zwischen 25 und 40 ist es am schwierigsten. Man will locker sein, aber nicht unhöflich.

Werden wir uns in zehn Jahren alle „duzen" und mit Vornamen ansprechen? Wahrscheinlich nicht. Es wird immer Situationen geben, in denen man dem Gesprächspartner° Respekt zeigen will. Noch gehören die Anreden mit „Herr" und „Frau" zum respektvollen Verhalten im Berufsleben („Guten Tag, Frau Schneider! Bitte setzen Sie sich, ich bringe Ihnen gleich unseren Steuerbericht!"). Die Höflichkeitsform im Deutschen ist ein wichtiger Aspekt des sozialen Verhaltens, auf den man nicht so leicht verzichten° kann.

Unternehmen *enterprises*   Spitznamen *nicknames*   unterstreichen *underscore*
voreilig *prematurely*   vermeiden *avoid*   Gesprächspartner *conversation partner*   verzichten *do without*

16 | Fragen zum Text

1. Warum sagen immer mehr Kollegen am Arbeitsplatz **du**?
2. Wann gibt es Unsicherheiten mit der Anrede?
3. Wann verwendet man Mischformen?
4. Was sind Spitznamen? Sind sie opportun am Arbeitsplatz?
5. Was signalisiert die Anrede mit **Sie**?
6. Finden Sie es gut, wenn alle Kollegen in einer Firma sich beim Vornamen nennen? Welche Vorteile hat das?

17 | Rollenspiel

Arbeiten sie in Paaren oder Gruppen und erfinden (*invent*) Sie Szenen zu den folgenden Situationen. Entscheiden Sie, welche Anrede (**du** oder **Sie**) am besten ist.

1. Zwei ältere Damen im Café
2. Kollegen im feinen Restaurant
3. Studenten in der Mensa
4. Leute in der Straßenbahn
5. Nachbarn beim Gartenfest
6. Professor und Studenten in einem Kurs

→ Plattdeutsch

Die niederdeutschen (*Low German*) Dialekte auf dem platten (*flat*) Land im Norden Deutschlands heißen **Plattdeutsch**. Die plattdeutschen Dialekte haben mit der englischen und der niederländischen Sprache manche Charakteristiken gemeinsam. Auf Plattdeutsch sagt man, zum Beispiel:

Plattdeutsch	Hochdeutsch	Plattdeutsch	Hochdeutsch
Dag (oder Dach)	Tag	Schipp	Schiff
dat	das	sitten	sitzen
eten	essen	slapen	schlafen
ik	ich	wat	was
Peper	Pfeffer		

Im 16. Jahrhundert wurde das Hochdeutsche zur Standardsprache und das Plattdeutsch wurde vor allem in den Städten durch das Hochdeutsche verdrängt (*replaced*). Seit dem 19. Jahrhundert wird das Plattdeutsch als regionale Sprache gepflegt (*maintained*), aber immer weniger junge Menschen in Norddeutschland sprechen Plattdeutsch.

Können Sie die folgenden plattdeutschen Sprichwörter (*proverbs*) auf Hochddeutsch übersetzen?

1. Regnd dat morgns na Klock acht, regnd dat meist den ganzen Dach.
2. Wat een nich in Kopp hett, dat mutt he in de Been hebben.
3. Wat de Buur nich kennt, dat itt he nich.

VIDEOBLOG: HAMBURG

Vor dem Sehen

● „Hamburg wird auch bezeichnet als Tor zur Welt, und das stimmt, weil sich dort ganz viel öffnet."

A | Assoziationen

Was assoziieren Sie mit den folgenden Begriffen? Machen Sie Assozio-gramme und vergleichen Sie Ihre Assoziationen im Kurs.

Hafen

Stadt

B | Medienstandort Hamburg

Gibt es in Ihrem Heimatland Medienzentren? Wo? Welche Medien gibt es dort? Was wissen Sie über den Medienstandort Hamburg? Welche Zeitungen und Zeitschriften werden in Hamburg publiziert?

Beim Sehen

C | Stimmt's?

Kreuzen Sie an, ob die folgenden Aussagen mit dem übereinstimmen, was Jan Henning erzählt. Berichtigen Sie die falschen Aussagen.

	STIMMT	STIMMT NICHT
1. Jan Henning findet es faszinierend, am Hafen zu stehen.	❏	❏
2. In der Stadt gibt es sehr viele alte Menschen.	❏	❏
3. Es gibt sehr viele wichtige Zeitungsverlage in Hamburg.	❏	❏
4. Wenn man ältere Hamburger trifft, muss man auf jeden Fall „Sie" sagen.	❏	❏
5. Die jungen Hamburger sind ein bisschen „sophisticated".	❏	❏
6. Jan Henning liebt die Vielfalt (*diversity*) der Stadt.	❏	❏

D | Am Hafen und in der Stadt

Wie beschreibt Jan Henning den Hamburger Hafen und die Stadt? Arbeiten Sie mit einem Partner/einer Partnerin und notieren Sie Stichwörter für beide Bereiche. Wie würden Sie den Hafen und die Stadt beschreiben? Ergänzen Sie die Liste mit Ihren eigenen Stichwörtern.

AM HAFEN	IN DER STADT
Tor zur Welt	*Viele junge Menschen*

Redewendungen

Jan Henning benützt die folgenden Redewendungen und Ausdrücke. In welchem Kontext? Versuchen Sie gemeinsam mit Ihrem Partner / Ihrer Partnerin, die Ausdrücke zu erklären und erfinden Sie ein Beispiel, in dem Sie den Ausdruck verwenden.

1. gut drauf sein
2. leicht ins Gespräch kommen
3. besonders ans Herz legen

E | Hamburger Medienwelt

Wie heißen die drei Zeitungen oder Zeitschriften, über die Jan Henning spricht?

1.　　　　　　**2.**　　　　　　**3.**

Ordnen Sie gemeinsam mit Ihrem Partner / Ihrer Partnerin die folgenden Stichwörter von Jan Henning den passenden Zeitungen oder Zeitschriften zu:

sehr lebendig　　*gut geschrieben*　　**informiert über alles Wichtige**

groß und umfangreich

in Deutschland und auf der ganzen Welt

nicht nur über Wirtschaft, sondern über Menschen

spannend wie ein Roman　　　　　　Wirtschaftsmagazin

Nach dem Sehen

F | Reflexionen

Wie gefällt Ihnen Hamburg? Was haben Sie aus dem Vlog Neues erfahren über die Stadt und ihre Menschen? Sieht die Stadt so aus, wie Sie sie sich vorgestellt haben? Worüber hätten Sie gerne noch mehr Informationen?

Wortschatz

der **Abschied, -e** good-bye, parting

anbieten (bietet an, bot an, hat angeboten) to offer

die **Anrede, -n** form of address

ansprechen (spricht an, sprach an, hat angesprochen) to address s.o.

der **Arbeitsplatz, ¨e** work place

das **Berufsleben** professional life

bestehen aus (bestand, hat bestanden) to consist of

die **Branche, -n** business sector

das **Bundesland, ¨er** federal state of the BRD

der **Chef, -en** / die **Chefin, -nen** boss, supervisor

drittgrößte third largest

duzen (hat geduzt) to address (s.o.) with *du*

erfolgreich successful

die **Firma** (*pl.* **Firmen**) company

furchtbar horrible; horribly

die **Gemeinschaft, -en** association

der **Gesprächspartner, -/** die **Gesprächspartnerin, -nen** interlocutor

der **Hafen, ¨** harbor, port

die **Hälfte, -n** half

der **Handel** (*no pl.*) commerce

die **Hanse** Hanseatic League

höflich polite; politely

die **Höflichkeitsform, -en** polite form (of address)

der **Kollege, -n** / die **Kollegin, -nen** colleague, coworker

leicht easy

jemandem **leicht fallen** (fällt leicht, fiel leicht, ist leicht gefallen) to come easy (to s.o.)

Das fällt mir nicht leicht. It doesn't come easy to me.

locker relaxed, laid back

der **Luftangriff, -e** air raid

die **Marke, -n** brand

die **Medien** (*pl.*) media

die **Mischform, -en** mixed form, hybrid

der **Moderator, -en /** die **Moderatorin, -nen** moderator, TV host

der **Nachname, -n** last name

die **Nachrichten** (*pl.*) the news (for example, on TV)

öffentlich public; publicly

der **Respekt** respect

der **Rundfunk** radio (the medium)

schwierig difficult, complicated

die **Sendung, -en** show (on radio or TV)

der **Spitzname, -n** nickname

tragen (trägt, trug, hat getragen) to carry; to wear

der **Traum, ¨e** dream

unhöflich impolite; impolitely

die **Unsicherheit, -en** insecurity

das **Unternehmen, -** business, corporate enterprise

unterstreichen (unterstrich, hat unterstrichen) to underline; to emphasize

das **Verhalten** (*no pl.*) behavior

das **Verhältnis, -se** relationship

der **Verlag, -e** publishing house/company

das **Verlagswesen, -**   publishing business/industry

verlegen (hat verlegt) to publish

(etwas) **vermeiden** (vermied, hat vermieden)   to avoid (s.th.)

(auf etwas) **verzichten** (hat verzichtet)   to do without (s.th.)

voreilig   premature; prematurely

der **Vorname, -n**   first name

der/die **Vorgesetzte, -n** superior, person in authority

die **Werbung**   advertising, marketing; advertisement

die **Wirtschaft, -en**   economy

die **Zeitschrift, -en**   magazine

die **Zeitung, -en**   newspaper

der **Zuschauer, -** / die **Zuschauerin, -nen**   viewer, audience

 # WORTSCHATZÜBUNGEN

18 | Hamburg

 Ergänzen Sie die Sätze!

1. Hamburg ist eine Stadt und auch ein _____ der BRD.
2. Der Hamburger _____ ist der drittgrößte der Welt.
3. In Hamburg werden viele _____ verlegt.
4. In vielen _____ sagen immer mehr Kollegen **du**.
5. Die Anrede mit dem Vornamen macht eine _____ Arbeitsatmosphäre.

19 | Am Arbeitsplatz

 Finden Sie die richtigen Definitionen für die folgenden Begriffe.

1. Diese Person schreibt in einer Zeitung oder berichtet im Fernsehen.
2. Diese Person moderiert eine Fernseh- oder Radiosendung.
3. Jemand, der eine Sendung im Fernsehen sieht.
4. Die wichtigste Person in einer Firma.
5. Eine Person, mit der man zusammen arbeitet.
6. Person, die am Arbeitsplatz direkt über einem steht und kontrolliert, was man macht.

a. der Vorgesetzte
b. der Kollege
c. der Journalist
d. der Moderator
e. der Zuschauer
f. der Chef

20 | *Du* oder *Sie?*

 Ein Student im ersten Semester Deutsch möchte wissen, wann man auf Deutsch **du** und **Sie** sagt. Erklären Sie es ihm. Verwenden Sie dabei die folgenden Wörter.

Anrede – ansprechen – Arbeitsplatz – duzen – erfolgreich – Freunde – höflich – Höflichkeitsform – leicht – locker – Nachname – Respekt – Unsicherheit – Verhältnis – vermeiden – Vorname

21 | Was ist passiert?

 Wie ist das Verhältnis zwischen der Person am Schreibtisch und Herrn Mühleisen? Sind sie Kollegen? Wer ist der Chef? Beschreiben Sie die Situation! Verwenden Sie dabei die folgenden Wörter.

anbieten – Anrede – ansprechen – Arbeitsplatz – Chef – duzen – Firma – höflich – Höflichkeitsform – Kollege – locker – Nachname – Respekt – schwierig – Spitzname – unhöflich – Unsicherheit – Unternehmen – Verhalten – vermeiden – Vorname – Vorgesetzt

Bitten, Wünsche und Vermutungen: Der Konjunktiv bei Modalverben

Modal verbs are often used in the subjunctive, where they take on a slightly different meaning than in the indicative.

Infinitive (Simple Past)	dürfen (durfte)	können (konnte)	mögen (mochte)	müssen (musste)	sollen (sollte)	wollen (wollte)
ich	dürfte	könnte	möchte	müsste	sollte	wollte
du	dürftest	könntest	möchtest	müsstest	solltest	wolltest
er/es/sie	dürfte	könnte	möchte	müsste	sollte	wollte
wir	dürften	könnten	möchten	müssten	sollten	wollten
ihr	dürftet	könntet	möchtet	müsstet	solltet	wolltet
sie	dürften	könnten	möchten	müssten	sollten	wollten
Sie	dürften	könnten	möchten	müssten	sollten	wollten
	would/might be permitted to	could/would be able to	would like to	would have to	should	would want to

While **können** in the indicative can also be used to express possibility and **müssen** to express probability, their subjunctive forms emphasize uncertainty.

Vom Aussehen her **könnte** der Chefredakteur genauso gut ein Student sein.

Um 9 Uhr **müssten** die Geschäfte in Hamburg eigentlich geöffnet haben.

22 | Was ich gerne möchte.

Formulieren Sie höfliche Bitten und Wünsche mit dem Konjunktiv von Modalverben. Benutzen Sie möglichst viele verschiedene Modalverben und geben Sie auch Alternativen!

 etwas zu Trinken haben →

Könnte ich bitte etwas zu Trinken haben? (*oder* Dürfte ich etwas zu Trinken haben?)

1. etwas zu Essen bestellen
2. nicht so schnell sprechen
3. auf die Toilette gehen
4. das Telefon benutzen
5. den Stadtplan von Hamburg sehen
6. mir sagen, wie spät es ist

23 | Ihre Reaktion, bitte!

Reagieren Sie auf die folgenden Situationen und spekulieren Sie über den Effekt dieser Fakten. Benutzen Sie dabei Modalverben im Konjunktiv.

 Die Wettervorhersage: „Höchsttemperaturen in Hamburg morgen bis zu 30 Grad" →

Es dürfte ziemlich heiß werden. (*oder* Es könnte ziemlich heiß werden.)

1. Die Besuchertoiletten im Stadtpark sind schmutzig.
2. Der Mann im Café schreibt den ganzen Tag.
3. Kein Mensch ist im Tierpark Hagenbeck.
4. Viele Segelschiffe haben im Hamburger Hafen angelegt.
5. Sie haben im Deutschkurs beim Goethe Institut in Hamburg eine schlechte Note bekommen.
6. Auf der Reeperbahn ist laute Musik zu hören.

Redemittel zum Diskutieren

Sagen, was wahrscheinlich oder unwahrscheinlich ist

Wenn man sich nicht sicher ist, dann spricht man oft nur von Wahrscheinlichkeit (*probability*). Mit diesen Redemitteln kann man Wahrscheinlichkeit ausdrücken (*express*).

wahrscheinlich ...	**Wahrscheinlich** werden sich immer mehr Kollegen am Arbeitsplatz duzen.
vermutlich ...	Immer mehr Kollegen werden sich **vermutlich** am Arbeitsplatz duzen.
Ich vermute (nicht), dass ...	**Ich vermute nicht, dass** sich mehr Kollegen duzen als siezen.
Ich nehme (nicht) an, dass ...	**Ich nehme an, dass** ältere Kollegen vielleicht Probleme mit dem Duzen haben.
Es ist fraglich, ob ...	**Es ist fraglich, ob** man auf das höfliche Sie ganz verzichten kann.
Es sieht (nicht) so aus, als ob ...	**Es sieht so aus, als ob** das höfliche Sie eine wichtige Funktion hat.
anscheinend	**Anscheinend** muss man immer erst Sie sagen und warten, bis der ältere Gesprächspartner das Du anbietet.
Es scheint, dass/als ob ...	**Es scheint, als ob** jüngere Menschen sich schneller duzen.
Es wird wohl (nicht) so sein, dass ...	**Es wird wohl nicht so sein, dass** man alle Leute die jünger sind gleich duzen kann, denn es kommt immer auf die Situation an.

24 | Spekulationen

Wenn Deutsche sich kennenlernen, fragen sie nicht sofort nach dem Beruf. Wenn zwei Menschen sich im Park treffen, weil sie dort immer mit ihren Hunden spazieren gehen, dann kann es sehr lange dauern, bis sie über ihre Arbeit sprechen. Warum ist das wohl so? Was ist wahrscheinlich? Welchen der folgenden Spekulationen stimmen Sie (nicht) zu? Benutzen Sie in Ihren Antworten auch den Konjunktiv.

   Wahrscheinlich interessieren sich die Deutschen nicht für Berufe.

Das würde ich nicht sagen. (*oder* Das könnte sein.)

1. Wahrscheinlich interessieren sich die Deutschen nicht für Berufe.

2. Vermutlich wollen sie die Person erst kennenlernen, bevor sie nach dem Beruf fragen.

3. Ich vermute, dass viele Leute nicht sagen wollen, was sie beruflich machen.

4. Ich nehme an, dass die hohe Arbeitslosigkeit (*unemployment*) etwas damit zu tun hat.

5. Es ist fraglich, ob die hohe Arbeitslosigkeit etwas damit zu tun hat.

6. Es sieht so aus, als ob Leute sich erst für den Charakter einer Person interessieren.

7. Es scheint die Deutschen nicht zu interessieren, was andere beruflich machen.

8. Anscheinend sind die Deutschen zu verklemmt (*inhibited*), um über ihre Berufe zu sprechen.

9. Es wird wohl so sein, dass man es einer Person überlassen will, selbst zu sagen, wo sie arbeitet.

25 | Noch mehr Spekulationen

Spekulieren Sie über das **Sie**. Beginnen Sie mit den Redemitteln, die kursiv (*in italics*) gedruckt sind.

1. In 10 Jahren sagen junge Leute am Arbeitsplatz nicht mehr **Sie**. —*Wahrscheinlich* ...

2. Deutsche Studenten sagen untereinander immer **du**. —*Ich vermute, dass* ...

3. Vor 50 Jahren haben sich Studenten nicht geduzt. —*Ich nehme nicht an, dass* ...

4. Mischformen werden am Arbeitsplatz immer häufiger. —*Es sieht so aus, als ob* ...

5. Die förmliche Anrede am Arbeitsplatz wird bald nur noch sehr selten gebraucht werden. —*Es wird wohl so sein, dass* ...

26 | Fragen zur Diskussion

Diskutieren oder schreiben Sie über eines der folgenden Themen. Verwenden Sie dabei die Redemittel.

1. Ist eine lockere Arbeitsatmosphäre wichtiger als Höflichkeit und Respekt?

2. Finden Sie es gut, wenn alle Kollegen in einer Firma **du** sagen, egal wie alt sie sind und wie ihre Kompetenzen sind?

3. Wie kann man die Probleme mit der Anrede am Arbeitsplatz am besten lösen?

STRUKTUREN

Über Vergangenes sprechen: Der Konjunktiv der Vergangenheit

- The past subjunctive is used to express imaginary results and unreal past conditions.

  In ihrer Jugend **hätte** Sabine Christiansen gerne im Ausland **gelebt.**

- It is formed by combining the subjunctive II form of the auxiliary **haben** (**hätte**) or **sein** (**wäre**) with the past participle:

ich	**hätte** gefragt **wäre** gekommen	wir	**hätten** gefragt **wären** gekommen
du	**hättest / wärest**	ihr	**hättet / wäret**
er / sie / es	**hätte / wäre**	sie	**hätten / wären**
Sie	**hätten / wären**	Sie	**hätten / wären**

  Wenn ich den Chef des Verlags nicht mit „du" **angesprochen hätte, wäre** ich Redakteur beim „Spiegel" **geworden.**

- Sentences can contain both past and present tense subjunctives if the meaning calls for them.

  Wenn ich den Chef des Verlags nicht mit „du" **angesprochen hätte, würde** ich jetzt viel Geld **verdienen.**

- The past subjunctive of modal verbs is formed in two different ways:

  If the modal is not accompanied by an infinitive, you can use the auxiliary **hätte** and the past participle of the modal.

  Ich **hätte** die Stelle als Redakteur so gern **gewollt.**

  If the modal is accompanied by an infinitive, the auxiliary **hätte** is used in combination with a double infinitive. This construction is most common with the modals **können, müssen,** and **sollen.**

  Ich **hätte** den Chef des Verlags lieber nicht **duzen sollen.**

27 │ Was hätten Sie anders gemacht?

 Herrn Schützes Reise nach Hamburg war eine Katastrophe. Fragen Sie Ihren Partner / Ihre Partnerin, was er/sie an seiner Stelle gemacht hätte, um die Reise besser gelingen zu lassen?

Herr Schütze hat zum Frühstück fünf Tassen starken Kaffee getrunken. →

An seiner Stelle hätte ich nicht fünf Tassen starken Kaffee getrunken. (*oder* Wenn ich Herr Schütze gewesen wäre, hätte ich lieber Tee oder Orangensaft getrunken.)

1. Er hat seinen Geldbeutel im Frühstücksraum des Hotels liegen lassen.
2. Er hat sein Auto im Halteverbot geparkt.
3. Er hat einen Polizisten mit „Du" angesprochen.
4. Er hat sich im Hamburger Hafen verlaufen.
5. Er hat Sabine Christiansen auf der Straße nicht erkannt.
6. Er hat den Weg zurück zum Hotel nicht gefunden.

28 │ Was hätte man besser machen sollen, können, müssen?

 Spekulieren Sie mit Ihrem Partner / Ihrer Partnerin darüber, was man anders hätte machen können, damit die folgenden Probleme nicht entstanden wären. Benutzen Sie dabei Modalverben.

S1: Das Tennis Masters Tournier am Hamburger Rothenbaum ist schon ausverkauft. →

S2: Wir hätten uns die Tickets schon letzten Monat kaufen sollen.

1. Das Tennis Masters Tournier am Hamburger Rothenbaum ist schon ausverkauft.
2. Das Thaliatheater hat immer weniger Besucher.
3. An der Hamburger Universität gibt es zu viele Studierende.
4. Viele Hamburger beklagen (*lament*), dass es zu wenige Polizisten gibt.
5. Im Stadtteil Finkenwerder gibt es zu viel Verkehr.
6. Der Hamburger Hafen ist zu klein geworden.

Rote Grütze

Eine Spezialität aus dem Norden
Zutaten

2.2 pounds

1 Kilo (1000g)° rote Beeren frisch oder gefroren (Johannisbeeren,
Himbeeren, Kirschen, Brombeeren, Erdbeeren, Blaubeeren)

200ml° Wasser oder Beerensaft

1 cup
cornstarch
je… to taste

4 El. Speisestärke°

3-4 El. Zucker (je nach Geschmack°)

Anleitung

Die Beeren zusammen mit dem Wasser (oder Saft) und

zum… bring to a boil

dem Zucker zum Kochen bringen° und rühren. Die Speisestärke mit
etwas kaltem Wasser mischen und dazugeben.

turn off

Zucker dazugeben, den Herd ausschalten° und noch eine Zeit lang rühren.
Die Rote Grütze kalt werden lassen und mit Vanillesoße
oder Vanilleeis servieren!

29 | Rote Grütze

Rote Grütze ist eine Spezialität aus dem Norden. Das Rezept ist sehr
einfach. Frau Happich macht Rote Grütze immer nach diesem Rezept
mit Wasser, aber Frau Schlottau (eine alte Hamburgerin) hat Frau Hap-
pichs Grütze probiert und hätte sie anders gemacht. Sagen Sie, wie Frau
Schlottau es gemacht hätte!

 z.B.

nur Johannisbeeren, Himbeeren und Kirschen nehmen →

Ich hätte nur Johannisbeeren, Himbeeren und Kirschen
genommen.

1. nur Johannisbeeren, Himbeeren und Kirschen nehmen

2. die Grütze nur mit Beerensaft machen

3. die Beeren viel länger kochen

4. die Grütze nach dem Kochen durch ein Sieb (*strainer*) lassen, um die
   Himbeerkerne zu entfernen (*remove*).

5. mehr Speisestärke dazugeben

6. die Rote Grütze nur mit kalter Milch servieren

■ Rote Grütze

LEKTÜRE

Florian Illies

Florian Illies wurde 1971 in einer kleinen Stadt in Hessen geboren. 1986 gründete er eine Schülerzeitung und begann für eine Lokalzeitung zu schreiben. Nach dem Abitur wurde er Volontär° bei einer Zeitung und studierte 1992–1997 Kunstgeschichte in Bonn. Während seines Studiums schrieb er Kunst- und Fernsehkritiken und wurde 1997 Redakteur bei der *Frankfurter Allgemeinen Zeitung*. Sein erstes Buch, *Generation Golf*, erschien im Jahr 2000. Schon im folgenden Jahr erschien sein zweiter Bestseller, *Anleitung zum Unschuldigsein*, und 2003 die Fortsetzung° zu *Generation Golf*, *Generation Golf 2*. 2004 startete Illies seine eigene Zeitschrift, *Monopol – Magazin für Kunst und Leben*.

Volontär *intern*   Fortsetzung *sequel*

Vor dem Lesen

30 | Fragen zum Thema

1. Welche Trends, Produkte, Aktivitäten und Charakteristiken sind typisch für Ihre Generation?
2. In welchen Dingen denken Sie anders als ältere Generationen?
3. Welche Aspekte einer älteren Generation finden Sie negativ?
4. Welche Aspekte einer älteren Generation finden Sie positiv?

31 | Wörterbucharbeit: Was gibt es zu Essen?

Arbeiten Sie mit dem Wörterbuch und machen Sie eine Liste für jede Kategorie: **Fleisch/Fisch, Früchte, Gemüse, Brot/Nudeln/usw., Getränke, Nachtisch, Andere.**

Apfelmus	Käse	Reis
Apfelpfannkuchen	Ketchup	Salat
Baguette	Konfitüre	Schinken
Bier	Klopse	Soße
Braten	Leber	Spaghetti
Butter	Leitungswasser	Sprudel
gefrorenes	Linsensuppe	Teilchen
Fischstäbchen	Mineralwasser	Wackelpudding
Hackfleischsoße	Nudelauflauf	Würstchen
Hähnchen	Pommes frites	
Kartoffeln	Ravioli	

Beim Lesen

Konzentrieren Sie sich beim ersten Durchlesen darauf, was der Autor über seine Generation sagt, und denken Sie über Ihre eigene Generation nach (Aktivität 32); machen Sie Notizen über das Positive und das Negative, das er beschreibt (Aktivität 33). Achten Sie dann darauf, wie der Autor den Konjunktiv verwendet (Aktivität 34).

32 | Ihre Generation

Der Autor beschreibt in diesem Text Charakteristiken seiner Generation. Machen Sie Notizen über Ihre eigene Generation; was trifft auf Ihre Generation auch zu, was nicht?

33 | Pro und contra

Machen Sie Notizen über die positiven und negativen Dinge, die Illies über seine eigene Generation zu sagen hat.

34 | Konjunktiv

Finden Sie Konjunktive im Text. Erklären Sie, wie der Autor den Konjunktiv gebraucht.

Generation Golf[3]

Florian Illies

dividing lines   Eine der striktesten Trennlinien° zwischen unserer Generation und den Älteren verläuft auf dem Zigarettensektor. Nicht, daß wir irgendwie früher mit dem Rauchen angefangen hätten oder später, nicht, daß wir weniger rauchen würden oder mehr. Gut, vielleicht rauchen wir inzwischen wieder mehr von den dekandenten Zigarillos und Zigarren. Aber der Unterschied ist fundamentaler: Es wird sich kaum ein vollwertiges Mitglied der Generation Golf finden, das sich noch die Mühe

seine . . . roll their own cigarettes   macht, seine Zigaretten selbst zu drehen°. Selbstdreher sind übrigens
rock sugar   auch meist diejenigen, die ihren Tee nur mit Kandiszucker° süßen. Ich weiß nicht genau und konnte es auch nie ganz verstehen, was erwachsene Menschen dazu verleitet, ständig drei verschiedene Päckchen mit sich herumzutragen, und zum Zeitpunkt eines plötzlichen Rauchlustan-

momentary desire for smoking   falls°, zuerst in die Produktion einzusteigen, anstatt sich einfach wie wir es tun, einfach eine Zigarette anzuzünden. [. . .]

Wir drehen uns also unsere Zigaretten nicht selbst, weil es uns zu mühsam ist. [. . .]

---

[3] The Golf is a popular Volkswagen model that the author associates with his generation. In his book, *Generation Golf*, Florian Illies frequently makes reference to slogans used in advertisements for the VW Golf.

So wirken die Zigarettenselbstdreher immer ein wenig wie die Liegefahrradfahrer, bei denen man immer den Eindruck hat, daß ihre halbe
Energie dafür draufgeht, den anderen zu demonstrieren, wie toll sie es
finden, mit dem Liegefahrrad zu fahren. Zigarettenselbstdreher sind ein
wenig wie die Liegefahrradfahrer des Kneipenlebens°. *(pub scene)*

Wohin das führt mit dem Selberdrehen, ist übrigens auch bekannt.
Zur ideologischen Verborung.° *(ideological inflexibility)* *Sabine*, die Frau meines älteren Brud-
ers, dreht sich nicht nur ihre Zigaretten selbst, sondern ist auch völlig
verwundert, daß es bei uns üblich ist, gebügelte° *(ironed)* Hemden zu tragen.
Und das ist nun wirklich auffällig: Es erschien uns von Anfang als sehr
wesentlich°, *(important)* gebügelte Kleidung zu haben. Dabei ging es nicht ums
Bügeln. Darum baten wir zunächst unsere Mütter, machten es dann selbst
oder fanden relativ rasch nach Studienbeginn eine Reinigung°, *(cleaners)* die das für
2,95 Mark das Hemd für uns erledigte, versehen° *(adorned)* mit dem herrlichen Zet-
tel: »Ein Oberhemd – wie Sie es wünschen«. Gebügelte Hemden sind ein
Synonym für gepflegtes Äußeres° *(appearance)* Ein gepflegtes Äußeres ist zu einem der
Grundwerte unserer Generation geworden. Lange durfte man das natür-
lich nicht laut sagen. Auch glaubten ja viele Ältere, daß das Markengetue° *(fixation on brand names)*
und die Tatsache, daß bereits Sechzehnjährige sich zu Weihnachten
Van-Laack Hemden wünschen, etwas Vorübergehendes° *(temporary)* waren, vielleicht
die einzige Form von Pubertät, zu der sich unsere Generation aufraffen
konnte. Snobismus als Protest. Aber dem war nicht so. [. . .]

Das Yuppietum ist zur Grundhaltung° *(fundamental attitude)* geworden. Die Mottos lauten: Es war
schon immer etwas teurer, einen besonderen Geschmack zu haben. Bezieh-
ungsweise°: *(in other words)* Wir können es uns nicht leisten, billige Sachen zu kaufen.
Das leicht egomanische Yuppietum ist zugleich verbunden mit einem
wiedererwachten Interesse° für die Sekundärtugenden° Höflichkeit und *(wiedererwachten... renewed interest / secondary virtues)*
Etikette. [. . .] Meine älteren Geschwister waren irritiert, weil ich immer
so gerne Urlaub bei Onkel Fritz und Tante Lore machte. Ich hätte ihnen
erzählen können, daß ich es so schön fand, mit Tante Lore im Golf zu
fahren oder nachmittags Computertennis zu spielen. Ich hätte ihnen aber
nie erzählen können, daß ich es gern auch tat, um beim Essen von Onkel
Fritz rüde zurechtgewiesen zu werden°, *(rüde... to be rudely corrected)* wenn ich beim Suppelöffeln den
Ellbogen aufgestützt hatte. Ich wußte, daß ich die Tischmanieren für
mein späteres Leben lernen mußte, und deshalb begab ich mich freiwillig
in die strengste Schule, die von Onkel Fritz. Wenn er einmal ein ganzes
Mittagessen lang keinen Grund hatte, mich zu rügen°, *(criticize)* war ich glücklich
und fühlte mich gewappnet für die Untiefen des weiteren Lebens°. *(gewappnet... ready for the shoals of the rest of life)*
Die Tischmanieren waren das erste, was in die Zukunft wies°. *(in... pointed to the future)* Die
Speisekarte unserer Jugend hingegen war eher von Traditionsbewußt-
sein geprägt°. *(von... characterized by tradition)* Nach vielen Diskussionen mit Mitgliedern der Generation
Golf darf ich nun zusammenfassen: Unsere Mütter kochten in der Regel
genau sieben verschiedene Menüs, egal, ob sie in Osnabrück kochten

oder in Heilbronn. Zum festen Repertoire unserer kulinarischen Jugend gehörten Königsberger Klopse mit Soße und Reis und grünem Salat, Linsensuppe mit Würstchen, Leber mit Reis und Apfelmus, Apfelpfannkuchen mit Konfitüre, Nudelauflauf, Spaghetti mit Hackfleischsoße sowie sonntags ein Braten mit Kartoffeln. Danach gab es manchmal grünen Wackelpudding. Das war einer der großen Favoriten. Nur noch übertroffen von dem halben Hähnchen mit Pommes und Ketchup, aber da mußte schon Außerordentliches vorgefallen sein, bis wir das beim Metzger abholen durften. Wenn ich lange genug gebettelt hatte, gab es auch als Hauptgang manchmal eine jener Mahlzeiten, die uns auf spätere McDonald's-Besuche vorbereitete: Ravioli aus der Konservendose und gefrorene Fischstäbchen von Iglo. Trotz aller Liebe zu unseren Müttern nahmen sogar die Frauen später keines der Gerichte ihrer Kindheit und Jugend in ihren persönlichen Küchenplan auf. Bei den Männern, vor allem den Singles, wurde es ohnehin bald üblich, daß *unused* die Küche nicht nur kalt blieb, sondern eigentlich völlig unbenutzt°. Im Kühlschrank finden sich oft nur Bier und Butter. Meist kauft man sich morgens irgendwo ein Teilchen, mittags wechselt man zwischen gekauftem Baguette und Kantine, und abends trifft man sich zum Essen mit Freunden. [. . .] Dieses Ritual der Erwachsenenwelt konnten wir nicht schnell genug erlernen. Schwierig wurde es erst ab etwa 28, weil dann immer mindestens zwei am Tisch die Essensrechnung von der *von . . . wanted to write off the bill* Einkommenssteuererklärung absetzen wollten°. [. . .]
sense of style Unser Stilbewusstsein° macht sich also vor allem in den Sphären bemerkbar, in denen es eigentlich überflüssig ist. Aber gerade dort, wo Stil purer Luxus ist, wird er für uns besonders interessant. Als ich klein war, gab es Wasser in genau zwei Darreichungsformen: als Trinkwasser, also als etwas, was man auch tatsächlich trank (allerdings nicht in Frankfurt oder Berlin, weil einen die Mütter davor warnten, es fernab der Heimat zu trinken). Oder *in crates* als Mineralwasser – das gab es eigentlich nur kastenweise° und es brachte *= Lastwagen* einmal pro Woche ein Mann mit einem kleinen Laster° in großen schweren Kästen vorbei. [. . .] Egal, ob ich Tanten in Gießen besuchte oder in Uelzen: überall gab es andere Marken in denselben gepunkteten Glasflaschen, aber es schmeckte immer in etwa gleich. Und zwar gleich schlecht. [. . .] *basic knowledge* Zunächst verschafften wir uns gewisse Grundkenntnisse° über die Unterschiede von Vittel, Evian und Volvic. Dann lernten wir beim Italiener nicht einfach Wasser zum Wein zu bestellen, sondern ganz dezidiert San Pellegrino. Und so kommt es, daß unsere Generation zwar weiterhin keine Meinung *former Bundeskanzler* zu Gerhard Schröder° hat, wohl aber zum Wasser. Vittel, so kann man von kritischen Zungen hören, schmecke nach Plastik, Bon Aqua nach Blech, und eigentlich nur San Pellegrino nach Wasser. Gut, daß wir verglichen haben.

Wortschatz

abholen (holt ab, holte ab, hat abgeholt) to get, pick up

auffällig striking, obvious

bügeln (hat gebügelt) to iron

entwickeln (hat entwickelt) to develop

erscheinen (schien, ist erschienen) to appear

erwachsen adult, grown-up

gepflegt well-groomed

das **Gericht, -e** dish (prepared food)

der **Geschmack, ⁀e** taste

der **Grundwert, -e** fundamental value, principle

die **Kindheit** childhood

sich etwas **leisten** (hat sich geleistet) to afford s.th.

Lust haben auf (hat Lust gehabt) to feel like (doing or having) s.th.

mühsam tiresome, strenuous; with difficulty, through hard work

die **Reinigung, -en** cleaners, dry cleaners

der **Unterschied, -e** difference

vergleichen (verglich, hat verglichen) to compare

die **Vorliebe, -n** liking, enthusiasm (for s.th.)

die **Werbeanzeige, -n** advertisement

zusammenfassen (fasst zusammen, fasste zusammen, hat zusammen gefasst) to summarize

Nach dem Lesen

35 | Fragen zum Text

1. Was sagt der Erzähler über das Rauchen?
2. Was sagt er über das Bügeln? Bügelt er seine Hemden selbst?
3. Wie denkt die Generation Golf über Designer-Kleidung und Markenprodukte?
4. Was sagt der Autor über Höflichkeit und Etikette?
5. Was lernte er von Onkel Fritz und Tante Lore?
6. Was sagt der Autor über die Küche seiner Mutter?
7. Was kocht und isst die Generation Golf?
8. Was sagt der Autor über Mineralwasser?
9. Wie denkt die Generation Golf über Politik?

36 | Fragen zum Nachdenken und Diskutieren

1. Was trennt die Generation des Autors von älteren Generationen? Woran vergleicht der Autor seine Generation mit älteren Generationen?

2. Was sagt der Autor über sich selbst?

3. Was hat sich seit seiner Kindheit geändert? Sind diese Veränderungen positiv oder negativ?

4. Finden Sie es problematisch, dass junge Menschen in Deutschland sich nicht für die traditionelle deutsche Küche interessieren? Was gehört zu Ihrem kulinarischen Repertoire?

37 | Schreibübung

1. Was hat sich seit Ihrer Kindheit geändert? Was vermissen Sie (nicht)? Schreiben Sie über Aspekte Ihrer Kindheit, die positiv waren und auch über Negatives. Zum Beispiel darüber, was Sie gerne gemacht haben, typische Speisen (*foods*) oder Produkte, Sport oder Freizeitbeschäftigungen.

2. Was hätten Sie anders gemacht, wenn Sie Ihre Kindheit oder Schulzeit noch einmal erleben könnten? Schreiben Sie über ihre Kindheit oder Schulzeit im allgemeinen (*in general*) oder über ein bestimmtes Ereignis.

3. Beschreiben Sie den Autor dieses Berichtes. Was für eine Person ist er? Was mögen Sie an ihm (nicht)? Dabei können Sie Zitate aus dem Text verwenden.

4. Schreiben Sie einen ähnlichen Bericht über Ihre eigene Generation.

ZUM SCHLUSS

38 | Medien

Diskutieren Sie noch einmal im Kurs über die Medien.

1. Welche Zeitschriften und Zeitungen lesen Sie gerne?

2. Wo sehen, hören oder lesen Sie die neuesten Nachrichten?

3. Sind die Zeitschriften und Zeitungen in Deutschland anders als in Ihrem Land? Welche Unterschiede haben Sie gefunden?

Das letzte Wort: *Tschüs!*

Der kurze Gruß zum Abschied war ursprünglich nur im Norden zu hören, vor allem in den Hansestädten. Fremde Seeleute gebrauchten häufig das französische **adieu** oder das spanische **adios**. Daraus wurde dann zunächst **adjüs** und später **tschüs**.

Zu wem und in welchen Situationen würden Sie **tschüs** sagen?

KULTURELLE PERSPEKTIVEN

Station Leipzig: Informationen und Aktivitäten

EINE BERÜHMTE LEIPZIGERIN
Clara Schumann

Kulturnotiz
Abriss der Gründerzeit

VIDEO
Leipzig

STRUKTUREN
Die indirekte Rede: Der Konjunktiv I
Die Satzarten im Deutschen

LEKTÜRE

Schließt euch an! Spiegel-Redakteur Ulrich Schwarz über die Massendemonstration in Leipzig am 9. Oktober 1989

Arbeitsbuch
pp. 47–58

Audioprogramm
www.thomsonedu.com/german/stationen

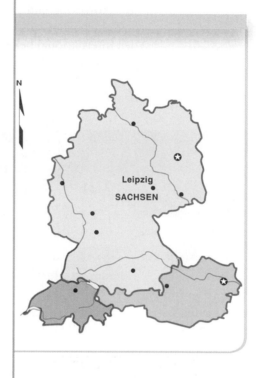

Leipzig
SACHSEN

3 Knautkleeberg

2184

■ Die Straßenbahn ist ein Verkehrsmittel für kurze Distanzen in der Stadt. Sind Sie schon einmal mit der Straßenbahn gefahren?

KULTURELLE PERSPEKTIVEN

Station: Leipzig

Leipzig ist eine Stadt der Musik. Richard Wagner war ein berühmter Sohn der Stadt, und Johann Sebastian Bach arbeitete dort als Musikdirektor und Kantor der Thomaskirche von 1723 bis 1750. Die Stadt Leipzig pflegt Bachs Erbe° bis heute durch das Bach-Archiv, den international bekannten Thomanerchor, und das berühmte Gewandhausorchester. Das Gewandhausorchester ist eines der ältesten Konzertorchester Europas und die Oper° Leipzig ist eine der ältesten deutschen Musikbühnen. Sogar die Mitglieder der Popgruppe „Die Prinzen" waren früher einmal Thomaner und haben ihre musikalische Karriere mit Werken von Johann Sebastian Bach begonnen.

■ Stadthäuser (*townhouses*) in Leipzig. Viele Häuser sind noch genauso, wie sie im 19. Jahrhundert waren.

Die Leipziger Messe° feierte 1997 ihr 500-jähriges Jubiläum° auf dem 1996 neueröffneten Messegelände°. Die Leipziger Buchmesse° findet jedes Jahr im März statt. Auch die Universität Leipzig feiert im Jahr 2009 ein großes Jubiläum: 600 Jahre Uni Leipzig. Goethe selbst studierte in Leipzig von 1765 bis 1768.

1989 war Leipzig der Ausgangspunkt° der *Fried-lichen Revolution*, die durch die Demonstrationen vor der Nikolaikirche zum Fall der Berliner Mauer und zur deutschen Wiedervereinigung führte.

Leipzig ist bis heute von Stadtvierteln der Gründerzeit[1] geprägt°. 12.000 Gebäude mit 100.000 Wohnungen stammen aus der Gründerzeit und seit der Wende stehen viele Stadthäuser leer. Die Stadt Leipzig versucht nun durch Sanierung° und Abriss° ein neues Stadtbild zu schaffen.

Erbe *heritage*   Oper *opera*   Messe *trade fair*   Jubiläum *anniversary*
Messegelände *fairgrounds*   Buchmesse *book fair*   Ausgangspunkt *starting point*
geprägt *characterized by*   Sanierung *renovation*   Abriss *demolition*

---

[1] *Gründerzeit* refers to the years 1871–1895, period of industrialization in Germany

Geschichte

1015	1212	1409	1497	1539	1723–1750
Die *urbs Libzi* (*city of Leipzig*) wird zum ersten Mal erwähnt.	Gründung des Augustinerklosters St. Thomas	Gründung der Universität Leipzig	Leipzig erhält das kaiserliche Messerecht (*is given the right to organize trade fairs*).	Martin Luther predigt in der Thomaskirche.	J. S. Bach ist Kantor der Thomaskirche und Stadtmusikdirektor.

Statistik	
Einwohnerzahl:	495.000
Fläche:	300 km²
Leere (*vacant*) Wohnungen in Leipzig 2006:	50.000 (von insgesamt 320.000)

1 | Fragen zur Station

1. Wo liegt Leipzig? Was liegt in der Nähe?
2. Wie viele Einwohner hat Leipzig? Wie groß ist die Fläche?
3. Wie alt ist die Universität Leipzig?
4. Wer predigte 1539 in der Thomaskirche?
5. Welcher berühmte deutsche Dichter studierte in Leipzig?
6. Was geschah 1943?
7. Was geschah 1989 in Leipzig?
8. Welches Problem hat die Stadt Leipzig mit vielen alten Stadthäusern?
9. Wann findet die Leipziger Buchmesse statt?
10. Wann lebte J. S. Bach in Leipzig? Was machte er dort?
11. Wie pflegt die Stadt heute die Erinnerung an J. S. Bach?

 ## EINE BERÜHMTE LEIPZIGERIN
Clara Schumann (1819–1896)

Clara Wieck, bevor sie Robert Schumann heiratete

Clara Josephine Wieck wurde am 13. September 1819 geboren. Im Alter von fünf Jahren begann sie mit dem Klavierunterricht bei ihrem Vater, Friedrich Wieck. Schon mit neun hatte sie ihren ersten Auftritt° im Leipziger Gewandhaus; und als sie elf Jahre alt war, gab sie im Gewandhaus ihr erstes Solokonzert. Damit begann die große, internationale Karriere der Leipziger Pianistin und Komponistin Clara Wieck. Als sie volljährig° war, heiratete sie gegen den Willen ihres Vaters den 9 Jahre älteren Komponisten Robert Schumann. Clara und Robert hatten zusammen sieben Kinder und Clara reiste weiterhin durch die Welt, um Konzerte zu geben.

Auftritt *performance*   volljährig *21 years old*

1765–1768	1943	1949	1989	1990	2009
Goethe studiert an der Uni Leipzig.	Schwerster Luftangriff (*air raid*) auf die Stadt Leipzig	Gründung der DDR (Leipzig liegt in der DDR.)	Friedensdemonstrationen vor der Nikolaikirche	Wiedervereinigung der BRD und DDR	600-jähriges Jubiläum der Universität Leipzig

Clara und Robert Schumann

Robert hörte Clara zum ersten Mal Klavier spielen, als sie neun Jahre alt war. Dann begann auch er bei Claras Vater, Friedrich Wieck, Klavierstunden zu nehmen. Später verliebten sich Clara und Robert ineinander, aber Claras Vater war gegen die Verbindung. 1837 schrieb Robert in einem Brief an Clara, dass er sie heiraten wolle. Er schrieb, dass er an nichts anderes mehr denken könne, bevor sie ihm nicht ihr „Ja" gebe. Da Clara damals erst 18 Jahre alt war und ohne die Zustimmung ihres Vaters nicht heiraten konnte, schrieb sie einen Brief an das Kammergericht°. In diesem Schreiben erklärte sie dem Gericht, dass sie und Robert schon lange den Wunsch hatten zu heiraten. Clara schrieb, dass es sehr schwer für sie sei, ohne den Segen° ihres Vaters heiraten zu müssen; aber dass sie sich sicher sei, das Richtige zu tun. Am 12. September 1840 (einen Tag vor ihrem 21. Geburtstag) heirateten Clara und Robert in Leipzig.

Kammergericht *court*   Segen *blessing*

2   Briefe

Arbeiten Sie in Paaren oder kleinen Gruppen. Schreiben Sie Roberts Brief an Clara! Schreiben Sie Claras Brief an das Leipziger Kammergericht!

Filmtipp : *Frühlingssinfonie* (Peter Schamoni, 1983)

Nastassja Kinski als Clara und Herbert Grönemeyer als Robert Schumann.

3   Gegen den Willen der Eltern

Fragen Sie Ihren Partner / Ihre Partnerin und berichten Sie im Kurs.

1. Hast du schon einmal etwas gegen den Willen deiner Eltern gemacht?
2. Wann war das?
3. Würdest du es wieder so machen? Warum (nicht)?

4   Goethezitat

Dieses Zitat (*quote*) stammt von Goethe, der selbst als junger Mann in Leipzig studierte. Finden Sie eine gute Übersetzung dafür!

> Wie es auch sei,
> das Leben,
> es ist gut.
> *Goethe*

Sind Sie auch dieser Meinung?

5 Andere berühmte Leipziger

Suchen Sie Informationen über die folgenden Personen. Wer sind sie? Was haben sie gemacht?

Johann Sebastian Bach	Die Prinzen
Samuel Hahnemann	Richard Wagner
Uwe Johnson	Christa Wolf
Friedrich Nietzsche	

■ Im Bosehaus in Leipzig gegenüber der Thomaskirche ist das Bacharchiv und das Bachmuseum.

Aufgaben im Internet

6 Suchbegriffe

Forschen Sie mit den folgenden Suchbegriffen im Internet. Links zu den Webseiten finden Sie unter www.thomsonedu.com/german/stationen.

Stadt Leipzig

1. Welche Veranstaltungen gibt es in Leipzig im Moment?
2. Finden Sie den Stadtplan von Leipzig. Suchen Sie die Universität und die Oper.
3. Welche Informationen sind über die Leipziger Gastronomie zu finden?

Leipziger Buchmesse

4. Suchen Sie Fotos von der Buchmesse. Was gibt es dort?
5. Was ist aktuell? Welche Veranstaltungen gibt es?
6. Ist die Leipziger Buchmesse nur für Buchhändler?

Gewandhaus zu Leipzig

7. Suchen Sie ein Bild vom Gewandhaus. Wie sieht es aus? Wie alt ist es?
8. Was steht auf dem Spielplan?

Leipziger Thomanerchor

9. Wer singt im Thomanerchor?
10. Wie wird man Thomaner?

7 Musikveranstaltungen

Suchen Sie verschiedene Musikveranstaltungen in Leipzig und finden Sie ähnliche Veranstaltungen oder Konzerte in Ihrer Stadt oder Region, oder sogar an Ihrer Universität. Vergleichen Sie! Wer spielt? Wer dirigiert? Wer singt? Wie viel kosten die Eintrittskarten? Wo möchten Sie am liebsten hingehen? Warum?

8 Richtig oder falsch?

Forschen Sie weiter in den Webseiten aus Übung 6 und entscheiden Sie, ob die folgenden Aussagen korrekt sind. Wenn sie falsch sind, korrigieren Sie sie.

1. Das Leipziger Opernhaus liegt zwischen Goethestraße und Georgiring.
2. Die Universität liegt im Zentrum von Leipzig.
3. Auerbachs Keller ist durch Goethes Roman *Die Wahlverwandt schaften* berühmt geworden.
4. Die Leipziger Buchmesse ist nur für Buchhändler (*booksellers*).
5. Der Thomanerchor ist ein Männerchor und singt Werke von Mozart.
6. Das alte Gewandhaus wurde 1944 zerstört.
7. Das neue Gewandhaus wurde 1971 eröffnet.

■ Kurt Masur dirigiert eine Konzert im großen Saal im Gewandhaus. Dieser Saal hat eine ausgezeichnete Akustik für 1900 Zuhörer.

9 Lokale Presse

Gehen Sie zu den folgenden Webseiten im Internet. Links finden Sie unter www.thomsonedu.com/german/stationen. Was sind die Schlagzeilen? Gibt es Informationen über Stadtsanierung? Wie wirken diese Seiten auf Sie? Wie sind Sprache und Präsentation – einfach oder komplex, plakativ oder seriös, modern oder altmodisch? Was ist besonders interessant?

Leipziger Volkszeitung

Leipzig News

Stadtteilmagazin Grünau

 Listen to this chapter's audio segments on www.thomsonedu.com/german/stationen.

10 Nachrichtenrunde

 Arbeiten Sie in Gruppen oder Paaren. Berichten Sie über einen Aspekt, den Sie beim Surfen am Internet gefunden haben.

11 | Fragen zum Nachdenken und Diskutieren

Bearbeiten Sie diese Fragen in Paaren oder kleinen Gruppen. Machen Sie Notizen und geben Sie im Kurs einen kleinen Bericht. Bringen Sie die Resultate Ihrer Internetsuche dabei ein.

1. Ist Leipzig eine typische Stadt im Osten?
2. Was hat sich wohl in Leipzig nach der Wende verändert? Spekulieren Sie!
3. Warum stehen so viele Wohnungen in Leipzig leer? Was sind Vor- und Nachteile einer schrumpfenden (*shrinking*) Stadt?

STRUKTUREN

Die indirekte Rede: Der Konjunktiv I

- The subjunctive I (**Konjunktiv I**) is used primarily for indirect discourse. It allows the speaker to distance himself/herself from what was said by another person.

    Robert schrieb an Clara, dass er sie heiraten **wolle**.

    Mein Onkel sagt, die Leipziger Oper **sei** eine der ältesten Musikbühnen.

- The present-tense subjunctive I is formed by adding subjunctive endings to the unchanged infinitive stem of a verb.

denken			
ich	denk**e**	wir	denk**en**
du	denk**st**	ihr	denk**et**
er/es/sie	denk**e**	sie	denk**en**
Sie	denk**en**	Sie	denk**en**

- The verb **sein**, however, is irregular.

sein			
ich	**sei**	wir	**seien**
du	**sei(e)st**	ihr	**seiet**
er/es/sie	**sei**	sie	**seien**
Sie	**seien**	Sie	**seien**

- For most verbs (see **denken** on page 143, for example), only the third-person singular (**er/es/sie**) of the subjunctive I is different from the indicative. For this reason, it is the only subjunctive I form that is frequently used. To distinguish from the indicative, the other persons (**ich, du, Sie, wir, ihr, sie**) usually appear as subjunctive II forms.

> Robert schreibt an Clara, dass er nur an sie **denke**. (subj. I)
>
> Clara schreibt, dass sie den Wunsch **habe** zu heiraten. (subj. I)
>
> Clara und Robert schreiben, dass sie den Wunsch **hätten** zu heiraten. (subj. II)

- The past subjunctive I is formed by using the subjunctive I form of the auxiliary **haben** or **sein** and the past participle.

	träumen			
ich	**habe** geträumt		wir	**haben** geträumt
du	**habest** geträumt		ihr	**habet** geträumt
er/es/sie	**habe** geträumt		sie	**haben** geträumt
Sie	**haben** geträumt		Sie	**haben** geträumt

	sein			
ich	**sei** gewesen		wir	**seien** gewesen
du	**sei(e)st** gewesen		ihr	**seiet** gewesen
er/es/sie	**sei** gewesen		sie	**seien** gewesen
Sie	**seien** gewesen		Sie	**seien** gewesen

> Clara schreibt, sie **habe** gestern von Robert **geträumt**.
>
> In der Zeitung stand, viele Leipziger **seien** bei den Montagsdemonstrationen **gewesen**.

- If the text in the direct discourse is in a past tense (present perfect or simple past), the indirect discourse version needs to be in the past subjunctive, regardless of the tense of the introductory verb.

> Clara *schreibt*: „Ich *habe* schon lange den Wunsch *gehabt*, Robert zu heiraten."
>
> Clara *schreibt*, sie **habe** schon lange den Wunsch **gehabt**, Robert zu heiraten.
>
> Clara *schrieb*: „Ich *war* sicher, das Richtige zu tun."
>
> Clara *schrieb*, sie **sei** sicher **gewesen**, das Richtige zu tun.

12 | Der Internetauftritt von Leipzig

Im folgenden Zeitungsartikel wird über eine Pressemitteilung des Leipziger Tourismusverbandes berichtet. Identifizieren Sie gemeinsam mit Ihrem Partner / Ihrer Partnerin die Verbformen in der indirekten Rede und erklären Sie, wann und warum Konjunktiv I und Konjunktiv II benutzt werden.

Natürlich, so heißt es in der Pressemitteilung, gebe es mehr als 10 Gründe, um der über 800-jährigen Messe- und Kulturstadt Leipzig einen Besuch abzustatten. Die Stadt verändere täglich ihr Gesicht. Überall spüre man die Aufbruchstimmung und die zahlreichen Aspekte des Slogans „Leipziger Freiheit". Neben riesigen Baugruben würden restaurierte Handelshäuser und Passagen ein besonderes Flair ausstrahlen. Gerade jetzt sei die Boomtown Leipzig spannender und lebendiger als jemals zuvor. Kaum eine andere Stadt könne auf eine so große Musiktradition wie Leipzig verweisen. Weiterhin kann man in der Pressemitteilung erfahren, dass das Gewandhausorchester seit über 250 Jahren zur Pflege und Entwicklung klassischer Musik beitrage und untrennbar mit der Stadt verbunden sei. Der vor über 800 Jahren entstandene Thomanerchor singe jeden Freitagabend Kantaten in der Thomaskirche. Außerdem heißt es, viele Touristen würden jedes Jahr das Wohnhaus von Felix Mendelssohn Bartholdy besichtigen.

13 | Fakten über Leipzig

Sammeln Sie 5–6 Tatsachen, die Sie über Leipzig erfahren haben. Fragen Sie dann Ihren Partner / Ihre Partnerin, welche Fakten er/sie gesammelt hat, und berichten Sie in der indirekten Rede.

S1: In Leibzig gibt es jedes Jahr eine Buchmesse.

S1: Meine Partnerin sagt, in Leipzig gebe es ...

Kulturnotiz

14 | Fragen zum Thema

1. Gibt es historische Gebäude in Ihrer Stadt? Wie alt sind sie?
2. Was sollte man mit historischen Gebäuden (nicht) machen?
3. Wie alt ist das Haus, in dem Sie wohnen?
4. Wohnen Sie in der Stadt oder am Stadtrand?
5. Hat Ihr Haus / Ihre Wohnung alles was Sie brauchen/möchten?
6. Was wissen Sie über die Gründerzeit in Deutschland? Wann war das?

Abriss der Gründerzeit?

In Leipzig stehen seit der Wiedervereinigung viele Häuser leer. Die Stadt will manche Häuser abreißen°, um dadurch die Mieten in der Stadt zu stabilisieren. Die Wohnungen in der Altstadt sind unattraktiv geworden, weil sie alt sind und keine Zentralheizung haben und oft nicht einmal heißes Wasser. Da die Wohnungen nicht vermietet werden können, entstehen statt Einnahmen immer mehr Kosten.

demolish, tear down

Um die Situation richtig zu verstehen, muss man an die Zeit zurückdenken, als die DDR noch existierte: Viele alte Stadthäuser aus der Gründerzeit wurden nie renoviert und sind heute noch genauso, wie sie im neunzehnten Jahrhundert waren. Die alten Häuser wurden vernachlässigt°, denn die Partei bevorzugte den Bau von neuen Plattenbauten°. Diese Wohnanlagen, die heute so eintönig° und trist wirken, lockten° damals mit Zentralheizung und fließend heißem Wasser.

neglected
housing projects typical for GDR
monotonous / lured

Nach der Wiedervereinigung kam der große Bau-Boom. Es wurde überall auf dem Land neu gebaut. Gleichzeitig sind viele Menschen vom Osten in den Westen gezogen. So stehen heute tausende von Wohnungen leer.

schlagen ... suggest

Die Leipziger Stadtplaner schlagen vor°, viele der leeren Häuser, oft sogar ein ganzes Stadtviertel, einfach abzureißen. Das Ziel ist, dadurch andere Stadtteile attraktiver zu machen und Grünflächen° zu schaffen. Aber ist es richtig, die alten Häuser einfach abzureißen?

green zones

Vor einigen Jahren entwickelte sich ein kurioses Problem: Einige Leute benutzten die leeren Häuser in der Stadt als Mülldeponie°. In Deutschland muss man für jede Mülltonne, die man füllt, eine Gebühr° bezahlen. Das Geld wollten sich diese Leute sparen, indem sie ihren Müll einfach in leer stehenden Häusern abluden°. Eine Städtische Initiative musste dafür sorgen, dass unbewohnte° Häuser abgeschlossen werden.

landfill
fee
dumped
unoccupied

Es wird interessant sein, zu beobachten, wie sich die Stadt Leizpig in den kommenden Jahren entwickeln wird.

■ Leere Stadthäuser in Leipzig

15 | Fragen zum Text

1. Warum sind die alten Leipziger Stadthäuser für viele Leute unattraktiv geworden?

2. Warum hat man die Stadthäuser während der DDR-Zeit vernachlässigt?

3. Was hat die Partei damals gebaut?

4. Was geschah nach der Wiedervereinigung?

5. Was wollen die Leipziger Stadtplaner jetzt tun?

6. Welches kuriose Problem gab es vor einigen Jahren mit dem Müll?

■ Weg von der Stadt Leipzig – Einfamilienhäuser im Grünen.

16 | Fragen zum Nachdenken und Diskutieren

1. Finden Sie es richtig, viele alte Stadthäuser abzureißen? Was könnte man sonst noch tun?

2. Viele Leipziger wollten sich nach der Wende ein Haus im Grünen bauen. Warum wollten sie wohl hinaus aus der Stadt?

3. Warum sind viele Leute aus dem Osten nach der Wende in den Westen gezogen? Spekulieren Sie.

VIDEOBLOG: LEIPZIG

Vor dem Sehen

● „Es lohnt sich wirklich, mal nach Leipzig zu kommen und sich das alles anzuschauen."

A | Themen

Was wissen Sie zu den folgenden drei Themen? Machen Sie gemeinsam mit Ihrem Partner / Ihrer Partnerin eine Liste.

MUSIKSTADT LEIPZIG	MONTAGSDEMONSTRATIONEN	ABRISS DER GRÜNDERZEIT

Beim Sehen

B | In Leipzig

Ordnen Sie die Aussagen in der Reihenfolge, in der Sie sie im Video sehen.

_____ Die Nikolaikirche ist ein Traum aus weißem Marmor.

_____ In der Mädlerpassage ist Auerbachs Keller, der in Goethes Faust vorkommt.

_____ Gerade im Zentrum sind ganz viele wunderbare Häuser wieder hergerichtet mit wunderschönen Fassaden.

_____ Bach hat seine ganze Musik für die Thomaskirche geschrieben und das, das hört man, wenn man die Musik hört.

__1__ Die neue Uni sieht aus wie ein großes, aufgeklapptes Buch.

_____ Vor dem Restaurant hängt das Fass mit Faust und dem Mephisto drauf, die davonreiten.

_____ Im Krieg ist ganz vieles weggebombt worden, und manche Häuser sind einfach eingestürzt, weil sich niemand drum gekümmert hat.

_____ Aus den Demonstrationen entwickelte sich ein Volksaufstand ohne Waffen und ohne Blut.

C „Wir sind das Volk!"

Verbinden Sie die Elemente zu vollständigen Sätzen.

1. Der Pastor von der Nikolaikirche

2. Die Versammlungen in der Kirche

3. Aus diesen Versammlungen gingen dann

4. Später sind auch in anderen Städten die Menschen auf die Straße gegangen

5. Aus den Demonstrationen

6. Schließlich hatte die Regierung keine Chance mehr,

a. die Montagsdemonstrationen hervor.

b. entwickelte sich ein Volksaufstand.

c. weil es zu viele Demonstranten waren.

d. und haben mit der Parole „Wir sind das Volk" gegen die Regierung demonstriert.

e. hat die SED zunächst ignoriert.

f. hat damals angefangen, gegen die DDR-Führung zu predigen.

D Abriss der Gründerzeit

Ergänzen Sie die Sätze mit den Informationen, die Sie von Feline hören.

1. In Leipzig gibt's ja wunderbar viele alte Gebäude, aber die DDR _____.

2. Und es gibt immer noch Häuser, _____.

3. Es ist eben das Problem, dass man bei vielen Häusern noch nicht weiß, _____.

4. Das kostet natürlich furchtbar viel Geld, aber _____.

E Beschreibungen

Wie beschreibt Feline die folgenden Orte und Gebäude? Machen Sie gemeinsam mit einem Partner / einer Partnerin eine Stichwortliste und ergänzen Sie die Liste dann mit Ihren eigenen Eindrücken.

AUGUSTUSPLATZ	MÄDLERPASSAGE	NIKOLAIKIRCHE
der Universitätsplatz	großes Fass	transparent

Nach dem Sehen

F Reflexionen

Schauen Sie noch einmal auf Ihre Liste vom Anfang und ergänzen Sie sie mit den Informationen und Eindrücken aus dem Video. Was haben Sie aus dem Vlog Neues erfahren? Worüber hätten Sie gerne noch mehr Informationen?

G Zusammenfassend

Schreiben Sie eine Zusammenfassung des Vlogs in der indirekten Rede.

Feline erzählt...

Wortschatz

abreißen (riss ab, hat abgerissen)   to tear down, demolish

der **Abriss**   demolition

der **Bau**   construction

die **Bühne, -n**   stage

die **DDR (Deutsche Demokratische Republik)**   (former) GDR (German Democratic Republic); East Germany

die **Einnahmen** (*pl.*)   revenue

sich **entwickeln** (hat sich entwickelt)   to develop, change, transform

erhalten (erhält, erhielt, hat erhalten)   to receive, be given

friedlich   peaceful; peacefully

(zu etwas)

führen (hat geführt)   to lead (to s.th.)

das **Gebäude, -**   building

die **Gebühr, -en**   fee

die **Gründerzeit**   late 1800s (*years of rapid industrial expansion in Germany*)

die **Jahrhundertwende**   turn of the century

das **Jubiläum** (*pl.* **Jubiläen**)   jubilee, anniversary

die **Kosten** (*pl.*)   costs

leer stehen (steht leer, stand leer, ist leer gestanden)   to sit vacant

die **Messe, -n**   trade fair

das **Messegelände**   trade fair grounds

der **Müll**   garbage

die **Mülltonne, -n**   garbage can

die **Oper, -n**   opera

pflegen (hat gepflegt)   to maintain, take care of

die **Sanierung, -en**   renovation

schaffen (schuf, hat geschaffen)   to shape; to create

sich **sicher sein** (ist sich sicher, war sich sicher, ist sich sicher gewesen)   to be certain

das **Stadthaus, ¨er**   townhouse (*3 to 4 stories or more*)

das **Stadtviertel, -**   city neighborhood, quarter

sich **verlieben** (hat sich verliebt)   to fall in love

vermieten (hat vermietet)   to rent out

vernachlässigen (hat vernachlässigt)   to neglect

versuchen (hat versucht)   to try

vorschlagen (schlägt vor, schlug vor, hat vorgeschlagen)   to suggest

der **Westen**   West Germany; the West

die **Wohnanlage, -n**   housing development

die **Zentralheizung**   central heat

WORTSCHATZÜBUNGEN

17 | Definitionen

Finden Sie die richtigen Begriffe für die folgenden Definitionen.

1. die alten Bundesländer der BRD
2. die Zeit um 1900
3. Ostdeutschland vor der Wende
4. Teil einer Stadt
5. das Renovieren von alten Häusern
6. Zeit der Industrialisierung in Deutschland Ende des 19. Jahrhunderts
7. Bauprojekt mit vielen Wohnungen oder Häusern

a. die Jahrhundertwende
b. das Stadtviertel
c. die Sanierung
d. die Gründerzeit
e. DDR
f. der Westen
g. die Wohnanlage

Wann sagt man was? – *der Ort, der Platz, die Stelle*

Was ist der Unterschied zwischen **Ort, Platz** und **Stelle**? Arbeiten Sie mit dem Wörterbuch und finden Sie eine Definition für diese drei Begriffe.

1. Leipzig ist ein schöner _____. Es gibt ein interessantes, kulturelles Programm.

2. Entschuldigen Sie, ist hier noch ein _____ frei? Alle anderen Tische sind voll.

3. An dieser _____ soll Goethe einmal gesessen haben, als er hier studiert hat.

18 | Wohnen in Leipzig

Ergänzen Sie die Sätze!

1. Die Stadt Leipzig will viele Häuser _____, weil sie leer stehen.
2. Viele _____ in der Stadt sind noch genauso wie im 19. Jahrhundert.
3. In der DDR-Zeit hat man die alten Stadthäuser _____ und in Plattenbauten investiert.
4. Die alten Stadthäuser haben oft kein fließend heißes Wasser und keine _____.
5. Nach der Wiedervereinigung kam der _____-Boom.
6. Viele Menschen sind in den _____ gezogen.
7. Jetzt stehen viele Wohnungen _____.

19 | Eine schrumpfende Stadt?

Ein Bekannter hat in der Zeitung gelesen, dass Leipzig eine schrumpfende (shrinking) Stadt sei. Erklären Sie ihm, warum das geschrieben wird. Verwenden Sie dabei einige Wörter von der Liste.

abreißen – Abriss – Bau – bauen – sich entwickeln – (zu etwas) führen – Gebäude – die Kosten – leer stehen – der Müll – mehr Parks – pflegen – renovieren – Sanierung – schaffen – Stadthäuser – Stadtviertel – vermieten – versuchen – Westen – nach der Wende – Wohnanlage – keine Zentralheizung

20 | Partnerinterview: Traumhaus

Fragen Sie Ihren Partner / Ihre Partnerin wo und wie er/sie gerne wohnen möchte. Machen Sie Notizen und berichten Sie die interessantesten Details im Kurs. Können Sie verstehen, warum viele alte Stadthäuser in Leipzig leer stehen?

Wann sagt man was? – *wohnen, leben*

Die Verben **wohnen** und **leben** werden im Englischen mit dem Verb *to live* ausgedrückt. **Wohnen** hat mit der Adresse einer Person zu tun (**Otto wohnt in der Goethestraße**); das Verb **leben** sagt etwas über die Lebensweise (*lifestyle, life situation*) (**Otto lebt seit vielen Jahren allein**). Ergänzen Sie den Text.

Ulrike Göltner _____[1] mit ihrem Mann Rolf in einer kleinen Wohnung in der Schönauer Straße. Die alte Heizung ist kaputt, und jedes Jahr, wenn es im Winter kalt wird, sagt Ulrike: „Ich kann so nicht weiter _____.[2]" Ihr Mann, Rolf, sagt dann immer, es sei doch kein Problem in Leipzig eine andere Wohnung zu finden. „Dann ziehen wir eben um", sagt er immer, „Wo möchtest du denn gerne _____[3]? In einer Wohnung oder in einem Haus im Grünen?" Ulrike weiß aber, dass es nicht so einfach ist. Sie könnten bei Ulrikes Mutter _____,[4] aber das will Rolf nicht. Ulrikes Mutter hat viel Platz in ihrem Haus, denn ihr Mann, Ulrikes Vater, _____[5] nicht mehr. Er ist schon vor fünf Jahren gestorben. Sie könnten im Erdgeschoss _____[6] und Ulrikes Mutter im ersten Stock. Ulrike würde gerne die Miete sparen, die sie für die Wohnung in der Schönauer-Straße bezahlen, aber wenn sie vom Geld spricht, sagt Rolf immer „Der Mensch _____[7] nicht vom Brot allein!" Es wird wohl noch eine Weile dauern, bis die beiden umziehen.

21 | Wörterbucharbeit: Wortbildung

Ergänzen Sie die folgende Tabelle.

Verb	Nomen
1. *bauen*	das Gebäude
2. _____	der Abriss
3. sich entwickeln	die _____
4. _____	die Kosten
5. vermieten	die _____
6. _____	die Sanierung
7. vorschlagen	der _____

Redemittel zum Diskutieren

Vorschläge machen und Rat geben

Mit den folgenden Redewendungen signalisiert man im Gespräch, dass man eine Idee hat oder einen Vorschlag machen will.

Ich schlage vor, . . .	**Ich schlage vor,** die Altbauten in Leipzig abzureißen.
Ich würde vorschlagen, . . .	**Ich würde vorschlagen,** die Altbauten zu renovieren.
Darf ich einen Vorschlag machen?	**Darf ich einen Vorschlag machen?**
Wie wäre es, wenn . . . ?	**Wie wäre es, wenn** man zuerst nur die schönsten Häuser renoviert?
Es wäre keine schlechte Idee, . . .	**Es wäre keine schlechte Idee,** auch neue Architektur in das Stadtbild zu integrieren.
Es wäre gut, . . .	**Es wäre gut,** die Leipziger Bürger zu diesem Problem zu befragen.
Es wäre ratsam, . . .	**Es wäre ratsam,** auch ein paar Architekten in die Diskussion zu integrieren.

22 | Ideen für die Stadtsanierung

Entscheiden Sie, ob die folgenden Vorschläge gut oder schlecht, praktisch oder unpraktisch sind. Erklären Sie Ihre Meinung.

1. **Ich schlage vor,** die Fassaden stehen zu lassen und hinten ein neues, modernes Haus zu bauen. Dann behält die Stadt ihren Charakter und es gibt neue Wohnungen.

2. **Ich würde vorschlagen,** die Stadthäuser einen Stein um den anderen abzubauen, und sie dann in einer anderen Stadt wieder aufzubauen. Dann wird nichts zerstört.

3. **Darf ich einen Vorschlag machen?** Ich finde, man sollte die Häuser einfach stehen lassen und so hat man eine Art Gründerzeit Museum im Freien.

4. **Es wäre keine schlechte Idee,** aus den Steinen der abgerissenen Häuser neue Häuser im Stil der Gründerzeit zu bauen.

5. **Es wäre am besten,** alle leeren Häuser einfach abzureißen und dort schöne Parks und Grünanlagen zu bauen. **Es wäre nicht schlecht,** wenn man das Baumaterial der abgerissenen Häuser dazu recyceln könnte.

6. **Es wäre ratsam,** die Häuser abzureißen bevor sie einstürzen (*collapse*).

23 | Fragen zur Diskussion

Machen Sie andere Vorschläge!

1. Was könnte man tun, um das Problem der alten Stadthäuser in Leipzig zu lösen?

2. Ist das Schrumpfen einer Stadt nur ein Problem oder hat es auch positive Seiten?

Die Satzarten im Deutschen

A sentence typically consists of a subject and a verb and can also contain direct and indirect objects. Additional modifying elements can be adjectives, adverbs, participial phrases, prepositional phrases, and infinitive phrases.

Clara und Robert Schumann	hatten	sieben Kinder.
subject	*verb*	*direct object*

In der Stadt Leipzig	stehen	viele Wohnungen	lange	leer.
prepositional phrase	*verb*	*subject*	*adverb*	*adjective*

Damals als Innovation gedacht,	wirken	Plattenbauten	heute oft	eintönig und trist.
participial phrase	*verb*	*subject*	*adverbs*	*adjectives*

Type	Description/Definition	Examples
Simple sentence	Verb is second element (not necessarily second word) of the sentence.	Plattenbauten **wirken** heute oft eintönig und trist. Nach der Wiedervereinigung **kam** der große Bau-Boom. Viele Stadthäuser aus der Gründerzeit **wurden** nie renoviert.
Compound sentence with two main clauses	Two main clauses of equal importance linked by a coordinating conjunction	Nach der Wiedervereinigung kam der große Bau-Boom, **und** viele Menschen sind gleichzeitig vom Osten in den Westen gezogen.
Compound sentence with main clause first	A main clause and one or more subordinate clauses. The subordinate clauses are introduced by a subordinating conjunction (such as **weil**) or a relative pronoun (such as **die**). In a subordinate clause, the verb is the last element.	Die Wohnungen in der Altstadt sind nicht sehr komfortabel, **weil** sie alt *sind*. Aus der Gründerzeit gibt es viele Häuser, **die** heute *leerstehen*.
Compound sentence with subordinate clause first	A subordinate clause preceding the main clause is considered the first element in the sentence. Therefore, the verb of the main clause is positioned directly after the subordinate clause (in second position in the sentence).	*Da die unrenovierten Wohnungen nicht vermietet werden können,* **entstehen** für die Stadt immer mehr Kosten. *Weil die Partei den Bau von Plattenbauten bevorzugte,* **wurden** die alten Häuser in vielen Stadtteilen vernachlässigt.

24 | Dr. Faust in Auerbachs Keller

Angeblich (*Supposedly*) soll im Jahre 1525 der Faust, über den später Goethe schrieb, tatsächlich an Auerbachs Keller in Leipzig vorbeigekommen sein. Verbinden Sie die folgenden Satzteile und erzählen Sie die Anekdote von Fausts Besuch in Leipzig.

1. In den Büchern der Stadt Leipzig ist es überliefert, __e__

2. Um die Leipziger Messe zu beobachten, _____

3. Als sie in der belebten Stadt umherbummelten, _____

4. Dort wollten gerade einige Männer ein Weinfass aus dem Keller tragen, _____

5. Dr. Faust sah dies und fragte, _____

6. Es gab einen Streit mit den Männern, _____

7. Um die Situation zu klären, versprach der Weinherr demjenigen das Fass°, _____

8. Daraufhin stieg Dr. Faust auf das Fass, als ob es ein Pferd wäre, _____

9. Der erstaunte Weinherr musste ihm das versprochene Fass geben, _____

a. kam er mit seinen Studenten in die Stadt zu Besuch.

b. warum die Männer so ein Theater machen würden.

c. kamen sie an einem Weinkeller vorbei.

d. aber sie schafften es nicht.

e. dass Dr. Faust 1525 in Wittenberg als Professor für Magie beschäftigt war.

f. und ritt aus dem Keller.

g. und Dr. Faust teilte das Geschenk mit seinen Studenten.

h. die wegen dieser Frage ziemlich ärgerlich waren.

i. der es allein aus dem Keller bringen könne.

_____

versprach . . . *the proprietor promised the cask to the one*

25 | Eine berühmte Person besucht Leipzig

Erzählen Sie mit Ihrem Partner / Ihrer Partnerin die Geschichte einer berühmten Person Ihrer Wahl (z.B. ein Filmstar, ein Musiker, ein Autor usw.), die Leipzig besucht, indem Sie die Sätze vervollständigen. Anschließend stellen Sie Ihre Geschichte im Kurs vor. Können die anderen Kursteilnehmer erraten (*guess*), wer Ihre berühmte Person ist?

1. Die berühmte Person besucht Leipzig, weil . . .

2. Die berühmte Person ist nicht mit dem Auto gefahren, sondern . . .

3. Im Zentrum von Leipzig angekommen, überlegt die berühmte Person, ob er/sie . . .

4. Weil alle Hotels belegt sind, . . .

5. Am ersten Abend in Leipzig . . . und . . .

6. Die berühmte Person, die . . . , geht am nächsten Morgen . . .

7. Viele Menschen in Leipzig . . . , aber . . .

8. Zum Abschied . . .

⊕ LEKTÜRE

Der Spiegel ist eines der wichtigsten Wochenmagazine in Deutschland. Schauen sie einmal in die Online-Version um zu sehen, welche Themen im Moment aktuell sind. (Einen Link finden Sie unter www.thomsonedu.com/german/stationen.) Der *Spiegel*-Redakteur **Ulrich Schwarz** war 1989 bei den Demonstrationen in Leipzig dabei und schrieb daraufhin diesen Artikel.

■ Am Karl-Marx-Platz in Leipzig bei den Montagsdemonstrationen 1989

Vor dem Lesen

26 | Fragen zum Thema

Welche Art von Demonstrationen gibt es? Vielleicht haben Sie selbst schon einmal für oder gegen etwas demonstiert. Welche Reaktionen kann es geben?

1. Haben Sie schon einmal für oder gegen etwas demonstriert?
2. Wofür oder wogegen würden Sie demonstrieren?
3. 1989 nannte man Leipzig die Hauptstadt der *Friedlichen Revolution*. Wie stellen Sie sich eine friedliche Revolution vor?
4. Welche Probleme kann es bei Demonstrationen geben? Was kann zu Gewalt (*violence*) führen?

Beim Lesen

In diesem Text erzählt ein Journalist von einer Demonstration in Leipzig im Oktober 1989, bei der er selbst dabei war. Verfolgen Sie den Verlauf der Demonstration in der Stadt Leipzig (Aktivität 27). Achten Sie beim Lesen zuerst auf die Gruppen und Personen (Aktivität 28), die im Text erwähnt werden. Konzentrieren Sie sich später auf die Satzstruktur (Aktivität 29).

27 | Stadtplan

Zeichnen Sie den Verlauf der Demonstration auf dem Leipziger Stadtplan auf Seite 158 nach. Schreiben Sie auf, was an bestimmten Stationen passiert ist.

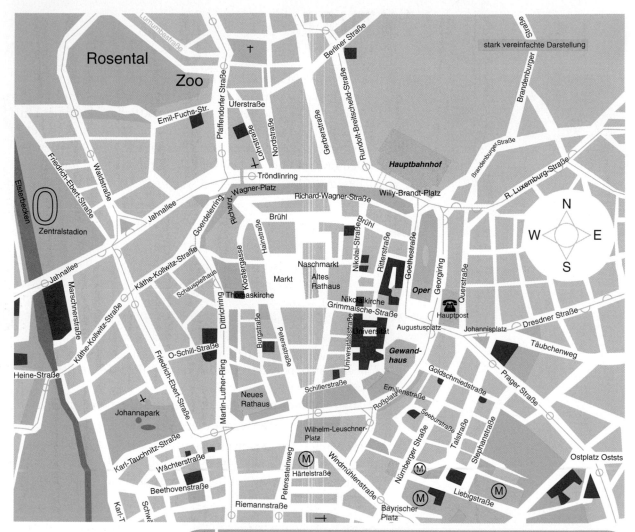

stark vereinfachte Darstellung

28   Welche Gruppen und Personen waren dabei?

Notieren Sie, wen der Autor erwähnt. Machen Sie Notizen.

29   Satzarten

Suchen Sie mit Ihrem Partner / Ihrer Partnerin die folgenden Satzarten im Text.

1. den kürzesten Satz

2. den längsten Satz

3. einen „einfachen" Hauptsatz (*main clause*)

4. zwei Hauptsätze, die mit einer koordinierenden Konjunktion verbunden sind

5. einen Hauptsatz, der von einem untergeordneten Nebensatz (*subordinate clause*) gefolgt wird

6. einen untergeordneten Nebensatz, der von einem Haupsatz gefolgt wird

7. zwei Sätze, die mit einer Präpositionalphase eingeleitet werden

„*Schließt euch an!*“°

Spiegel-Redakteur Ulrich Schwarz über die
Massendemonstration in Leipzig am 9. Oktober 1989

Join us!

Der Eingang der Nikolaikirche mitten in der Leipziger Innenstadt bietet ein farbenprächtiges Bild: Vor dem Portal liegen in dichten Bündeln Herbstblumen in leuchtenden Farben, dazwischen brennen Kerzen. Vor den vergitterten Kirchenfenstern Dutzende Blumensträuße°.

bunches of flowers

Dazwischen hat jemand mit sauberer Handschrift einen Bibelvers geheftet: „Zur Freiheit hat uns Christus befreit. Bleibt daher fest und laßt euch nicht von neuem das Joch° der Knechtschaft° auflegen.“

yoke / slavery

Die Blumen sind für jene jungen Leipziger, die in den letzten Wochen verhaftet° wurden, weil sie sich in Demokratie geübt hatten.

arrested

In der Kirche, die erst vor kurzem renoviert wurde, herrscht° schon mittags reges° Kommen und Gehen. Menschen jeden Alters sitzen in den Bänken. Um einen kleinen Tisch vorn beim Chor drängen sich jene, die in einem Buch per Unterschrift ihre Solidarität mit den Verhafteten bekunden° wollen. Daneben klebt ein Aufruf der Oppositionsgruppe *Neues Forum* zur Gewaltlosigkeit°.

dominates
frequent

ihre … express their solidarity with those who were arrested
nonviolence

Eine seltsame Spannung° liegt an diesem 9. Oktober über der Stadt. Gerüchte° schwirren: Die Betriebskampfgruppen° haben für heute Schießbefehl° erhalten.

seltsame … strange tension
rumors / workers' militia
order to use weapons

Tatsache ist: In den Betrieben wurden die Eltern aufgefordert°, ihre Kinder bis spätestens 15 Uhr aus den Kindergärten zu holen. Berufstätige, die in der Innenstadt arbeiten, bekommen früher frei und sind gehalten°, die City zu verlassen. Die Verkäufer auf dem Markt vor dem Alten Rathaus sollen spätestens um fünf ihre Stände° zu machen.

asked, ordered

sind … are expected
booths

Cafés und Restaurants im Umfeld der Nikolaikirche sind schon am frühen Nachmittag aus „technischen“ oder aus „innerbetrieblichen“° Gründen geschlossen. Nur ein Schnellbuffet am „Naschmarkt“, dessen Stammkundschaft sich erkennbar aus bierdumpfen Gewohnheitstrinkern° zusammensetzt, bleibt geöffnet.

internal

habitual drinkers

Um 14 Uhr wechselt schlagartig° das Publikum um die Nikolaikirche. Plötzlich ist der durch einen Bauzaun geschickt verkleinerte Vorplatz mit Pärchen und kleinen Gruppen gefüllt – die „Schwulenparade“° hat begonnen; wie der Volksmund spöttisch° den Aufmarsch der Staatssicherheit° nennt, die stets zur Sicherung des Regimes antritt.

abruptly

gay parade
cynically
state security police

Eine Stunde später folgen lange Lkw°-Kolonnen, beladen mit uniformierter Volkspolizei°. Die Wagen halten in Seitenstraßen nahe der Kirche, die Mannschaften bleiben unter den Planen° versteckt.

Lastkraftwagen
police
tarps

Die Nikolaikirche, in der um 17 Uhr das traditionelle Friedensgebet beginnt, hat bereits eine halbe Stunde zuvor keinen Stehplatz
mehr frei. Im Fenster über dem Eingang hängt ein großes Schild „wegen
Überfüllung geschlossen"; dazu der Hinweis, daß in drei weiteren
Gotteshäusern zur gleichen Zeit Andachten° stattfinden. *services*

Vor der Kirche wird die Menge immer dichter. Sie schweigt. Die An-
sammlung wächst auf einige hundert Meter durch die Grimmaische Straße
bis hin zum Karl-Marx-Platz, an dem das Neue Gewandhaus und die Oper
stehen. Um fünf sind es einige tausend, um halb sechs mehr als 10 000, um
sechs, als die 3000 Frommen° und Neugierigen° aus der Nikolaikirche kommen, ist der Karl-Marx-Platz schwarz von Menschen, 20 000 mindestens.

Zaghaft° ertönen erste Rufe: „Gorbi, Gorbi"[2], „Demokratie jetzt",
„Wir sind keine Rowdys."

Die Menge wartet weiter. Plötzlich, ohne erkennbare Regie°, setzt
sich der Zug° von der Nikolaikirche in Bewegung, biegt in die Grimmaische Straße, rollt, sich lawinenartig° vergrößernd, über den Karl-
Marx-Platz auf den Georgiring Richtung Bahnhof. „Schließt euch an,
schließt euch an", skandieren die Marschierer.

Als die Spitze der Kolonne den Platz der Republik vor dem
Leipziger Hauptbahnhof erreicht, sind dem Ruf rund 50 000 gefolgt.
Junge Leute und ältere, an Kleidung und Habitus° als Mitglieder der
herrschenden Klasse kenntlich, und Intelligenzler, Langhaarige und
Herren mit akkuratem Haarschnitt. „Gorbi, Gorbi", schallt es zu den
Häuserfronten hoch und, vom Beton verstärkt, zurück. Auch ältere
Ehepaare, den obligaten Einkaufsbeutel am Handgelenk°, klatschen
dazu rhythmisch in die Hände.

„So etwas", ruft ein Mann mit leicht zitternder Stimme, „hat
Leipzig noch nicht erlebt." Und er fällt in den Schrei der 10 000 um ihn
herum ein: „Wir sind das Volk, wir sind das Volk."

Die Masse wälzt sich wie ein Lavastrom° am Hauptbahnhof
vorbei – wenn jetzt Polizei dazwischenginge, um die „nicht genehmigte
Veranstaltung"°, wie es im Ostbürokratendeutsch° heißt, auseinander-
zutreiben, sie hätte keine Chance – außer mit der Waffe°.

Die Vopo° ist kaum zu sehen. Die Stasi° ist verschwunden. Hinter
verschlossenen Bahnhofstüren stehen einige Dutzend martialische
Gestalten mit Helmen° und Knüppeln°, das ist alles. Doch die Demonst-
ranten sehen nicht einmal hin. Die Menge kriecht° um die Stadt, die
Parolen° wiederholen sich: „Freiheit, Gleichheit, Brüderlichkeit", „keine
Gewalt°", „Neues Forum, Neues Forum", und immer wieder „Gorbi,
Gorbi".

Die Stimmung ist beängstigend° friedlich. Selbst als der Zug an
der Bezirksverwaltung° der Stasi vorbeizieht, ist kein aggressives Wort

Glossary (left margin):
- *services* — Andachten
- *believers / curious ones* — Frommen / Neugierigen
- *cautiously* — Zaghaft
- ohne... *without prompting* — ohne erkennbare Regie
- *procession* — Zug
- *like an avalanche* — lawinenartig
- *manner* — Habitus
- *wrist* — Handgelenk
- wie... *like a lava flow* — Lavastrom
- nicht... *unpermitted event / bureaucratic language of the East* — nicht genehmigte Veranstaltung / Ostbürokratendeutsch
- *weapon* — Waffe
- Volkspolizei / Staatssicherheit — Vopo / Stasi
- *helmets / clubs* — Helmen / Knüppeln
- *creeps* — kriecht
- *slogans* — Parolen
- *violence* — Gewalt
- *frighteningly* — beängstigend
- *headquarters* — Bezirksverwaltung

---

[2] nickname for Russian president Mikhail Gorbachev

direct	zu hören. Statt dessen richten° die Demonstranten ihr Appell an die vor dem Eingang stehenden Volkspolizisten: „Polizisten, schließt euch an, schließt euch an."

In keinem Moment jener zwei Stunden, die der Zug rund um die
City dauert, kommt das Gefühl von Gefahr° auf oder von Konfronta-
tion. Die Polizei versucht nicht, die Menschen abzudrängen°. Verkehrs-
polizisten° schaffen der stillen Demo freie Bahn; und selbst dort, wo
Autos oder Straßenbahnen plötzlich zwischen die Menge geraten, bleibt
die Stimmung sanft° und gelassen°. „Hupen° , hupen", schallt es, und
zögerlich erst, dann kräftiger, kommt Antwort zurück und die Fahrer
hupen.

danger · *divert* · *traffic police* · *calm / relaxed / honk*

Die Sympathien derer am Rand sind unübersehbar° und deutlich
zu hören. Vor dem Hotel International steht das Personal, aus einem
Fenster des Neuen Gewandhauses hält eine junge Frau eine Wunder-
kerze, von den Balkonen der Häuser winken° und klatschen viele
Bewohner. Die Demonstranten auf der Straße quittieren° jede
Zustimmung mit dankbarem Beifall°.

obvious · *wave* · *reward* · *applause*

So plötzlich, wie sich der Zug bildete, löst er sich auf – wenig später
gibt es in der Goethestraße hinter dem Karl-Marx-Platz verblüffende°
Szenen. Mit einigen Demonstranten sprechen Männer der Betriebskampfgruppen, jener Arbeitermiliz, die am Freitag zuvor noch im lokalen SED[3]
Blatt *Leipziger Volkszeitung* gedroht hatte, sie sei bereit, „diese konterrevo-
lutionären Aktionen endgültig und wirksam zu verhindern°. Wenn es sein
muß, mit der Waffe in der Hand!"

astounding · *prevent*

„Wen wollt ihr schützen?" fragt ein junger Mann einen weißhaar-
igen Kampfgruppenkommandeur. Der antwortet: „Ich bin auch nicht
gern rausgegangen. Ich habe meinen Leuten gesagt: Vergeßt nicht, das
sind unsere Menschen, die da draußen demonstrieren."

„Warum seid ihr dann ausgerückt?"

„Wir mußten verhindern, daß etwas zerstört wird."

„Da habt ihr recht", sagt der junge Mann.

Als der Zug fast vorbei ist, ertönt plötzlich aus den Lautsprechern
des Leipziger Stadtfunks, die an markanten Punkten der Innenstadt
aufgestellt sind, Musik – und das erste sensationelle Echo der Partei: ein
Appell, unterzeichnet vom Chefdirigenten des Gewandhaus-Orchesters,
Kurt Masur, dem Pfarrer Peter Zimmermann, dem Kabarettisten Bernd
Lutz Lange und, sensationellerweise, drei Sekretären der Bezirksleitung
der SED. Text:

responsibility · *touched, moved*

Unsere gemeinsame Sorge und Verantwortung° hat uns heute
zusammengeführt. Wir sind von der Entwicklung in unserer Stadt
betroffen° und suchen nach einer Lösung. Wir alle brauchen einen freien

---

[3] Sozialistische Einheitspartei Deutschlands – regime party in the GDR

exchange of opinions — Meinungsaustausch° über die Weiterführung des Sozialismus in unserem Land. Deshalb versprechen die genannten Leute allen Bürgern, die ganze Kraft und Autorität dafür einzusetzen, daß dieser Dialog nicht nur im Bezirk Leipzig, sondern auch mit unserer Regierung geführt wird. Wir bitten Sie

levelheadedness / peaceful — dringend um Besonnenheit°, damit der friedliche° Dialog möglich wird.

Den Anruf zur Besonnenheit hören die meisten nicht mehr.

leuchtenden… happy faces — Sie sind gegangen, viele mit leuchtenden Gesichtern°, in denen der

pride — Stolz° steht, sich endlich bekannt zu haben – gegen die Machthaber, aber für ihre DDR. Nur einmal versuchten ein paar Demonstranten, den Schlachtruf der Ausreiser „Wir wollen raus" anzustimmen. Sie wurden vom Gegenchor übertönt: „Wir bleiben hier."

um… around 50 years old — „Heute waren wir 50 000", sagt ein Mann um die 50° selbstbewußt

without fear — und angstfrei°, „nächsten Montag werden es 100 000 sein."

■ ■ ■

Wortschatz

sich **anschließen** (schloss sich an, hat sich angeschlossen)   to join a group

der **Berufstätige, -n** / die **Berufstätige, -n**   employee

der **Betrieb, -e**   workplace, factory

dabei sein (ist dabei, war dabei, ist dabei gewesen)   to be there; to participate

die **Demonstration, -en**   demonstration

drohen (hat gedroht)   to threaten

der **Eingang, ⁻e**   entrance

das **Friedensgebet, -e**   prayer for peace

die **Gewalt**   force; violence

die **Gewaltlosigkeit**   nonviolence

hupen (hat gehupt)   to honk (a car's horn)

die **Innenstadt, ⁻e**   center of town, downtown

die **Kerze, -n**   candle

die **Lösung, -en**   solution

die **Mannschaft, -en**   military unit

die **Regierung, -en**   government

der **Ruf, -e**   call

schweigen (schwieg, hat geschwiegen)   to be silent, say nothing

verhaften (hat verhaftet)   to arrest

der **Volksmund**   vernacular, the people's language; **wie es im Volksmund heißt**   as they say

Filmtipp: *Goodbye Lenin* (Wolfgang Becker, 2003)

Dieser Film beginnt mit den Demonstrationen und zeigt die Veränderungen im Leben einer Familie aus dem Osten nach der Wiedervereinigung.

Nach dem Lesen

30 | Fragen zum Text

1. Wo begann die Demonstration?
2. Für wen waren die Blumen an der Kirche?
3. Was forderte die Oppositionsgruppe *Neues Forum*?
4. Was sagte ein Gerücht über die Betriebskampfgruppen am 9. Oktober?
5. Was hatte die Partei an diesem Tag für die Berufstätigen in der Innenstadt angeordnet?
6. Was nannte man in der DDR im Volksmund die *Schwulenparade*?
7. Wie kam die Volkspolizei in die Innenstadt? Wo stationierten sich die Polizisten?
8. Was riefen die Demonstranten, als sie durch die Innenstadt marschierten?
9. Was sagten die Demonstranten zu den Polizisten?

31 | Fragen zum Nachdenken und Diskutieren

1. Warum haben die Polizisten und Kampfgruppen diese Demonstrationen nicht verhindert? Kennen Sie andere Beispiele aus der Geschichte, wo solche Demonstrationen bekämpft oder verhindert wurden?
2. Was hat Sie an diesem Bericht am meisten überrascht?
3. Glauben Sie, die Kirche hat dabei eine wichtige Rolle gespielt?

32 | Wir sind das Volk

In seinem Buch „*Wir sind das Volk!*" sammelte der Fernsehredakteur Ekkehard Kuhn Interviews mit Demonstranten und anderen wichtigen Personen, die am 9. Oktober 1989 in Leipzig dabei waren. Schreiben Sie die folgenden Aussagen in indirekte Rede um!

 Kurt Masur: „Es war das Wunder von Leipzig." →

Kurt Masur sagte, es sei das Wunder von Leipzig gewesen.

1. Stasioffizier am 3. Oktober: „Wir brauchen jetzt Konsequenz und Härte (*strength*), damit wir den Sozialismus in der DDR sichern können."

Ein Stasioffizier sagte am 3. Oktober, die Stasi . . .

2. Junger Mann am Morgen des 9. Oktober 1989: „Das ist der entscheidende Tag!"

   Am Morgen des 9. Oktober sagte ein junger Mann, dass . . .

3. Junger Mann: „Es war vielleicht ein Vorteil (*advantage*), dass damals wegen der Messe westliche Presse im Land war."

   Ein junger Mann sagte, es . . .

4. Junger Mann: „Das Glücksgefühl (*happiness*) kommt nicht noch mal in diesem Leben."

   Ein junger Mann sagte, dass . . .

5. Ältere Frau: „Ich betrachte diese Zeit als das Beste in meinem Leben."

   Eine ältere Frau sagte, sie . . .

6. Junge Frau: „Manche haben geweint."

   Eine junge Frau sagte, manche . . .

 33 | Schreibübung

 1. Schreiben Sie an einen Freund / eine Freundin, welche Passagen in diesem Artikel Sie besonders beeindruckt (*impressed*) oder überrascht haben. Benutzen Sie dabei die indirekte Rede und den Konjunktiv I.

   z.B. Mich hat besonders beeindruckt, dass ein Polizist gesagt hat, die Polizei sei nur gekommen, damit nichts zerstört wird . . . Ein anderer interessanter Aspekt war . . .

2. Schreiben Sie einen Brief an Ihren Präsidenten/Abgeordneten über ein Problem in Ihrem Land. Was sollte anders werden? Beginnen Sie den Brief mit:

   Sehr geehrte Frau Abgeordnete,

   schon seit längerer Zeit mache ich mir Gedanken über . . .

   oder

   Sehr geehrter Herr Präsident,

   ich nehme an, es wird Sie interessieren zu hören, dass . . .

3. Haben Sie schon einmal an einer Demonstration teilgenommen? Wofür oder wogegen haben Sie demonstriert? Wie ist die Demonstration verlaufen? Was hat sie erreicht? Sie können den Verlauf einer Demonstration beschreiben, wie der Redakteur Ulrich Schwarz die Demo in Leipzig beschrieben hat.

ZUM SCHLUSS

34 | Nach der Wende

Was hat sich geändert? Sprechen Sie noch einmal über die Friedliche Revolution in Leipzig 1989 und die Wiedervereinigung. Welche Aspekte des Lebens haben sich nach der Wende Ihrer Meinung nach am meisten verändert? Spekulieren Sie! Verwenden Sie die folgende Stichwortliste für eine letzte Diskussion.

Arbeit	Konsum	Schulen und Universitäten	Statussymbole
Essen	Reisen	Religion	

Das letzte Wort: *Ostalgie*

Nach der Wiedervereinigung spricht man oft von **Ostalgie,** einer Sehnsucht nach dem alten Osten und nach bestimmten Aspekten des Lebens in der DDR.

Forschen Sie im Internet, was es unter dem Begriff **Ostalgie** zu finden gibt. Vielleicht finden Sie Produkte, die in der DDR populär waren.

KULTURELLE PERSPEKTIVEN
Station Frankfurt: Informationen und
Aktivitäten

EIN SEHR BERÜHMTER FRANKFURTER
Johann Wolfgang Goethe

Kulturnotiz
Oben Ohne

VIDEO
Frankfurt

STRUKTUREN
Vorgänge beschreiben: Das Passiv
Alternativen zum Passiv

LEKTÜRE
*Leben in Deutschland: Wie leben wir, was hat
sich verändert – und warum?* Nach einem
Artikel von Theo Sommer in *Die Zeit*

Arbeitsbuch
pp. 59–70

Audioprogramm
www.thomsonedu.com/german/stationen

HESSEN
•Frankfurt

■ Der Flughafen
Frankfurt am Main ist
der größte Flughafen
Deutschlands.
Fliegen Sie gerne oder
haben Sie Flugangst
(*fear of flying*)?

Station: Frankfurt

Frankfurt ist das große Finanzzentrum in Deutschland, denn dort sind viele internationale Banken vertreten°. In Frankfurt ist auch die deutsche Bundesbank°, die deutsche Börse° und seit 1998 die Europäische Zentralbank°. Deshalb nennt man Frankfurt auch „Bankfurt" oder „Mainhattan", denn der Main ist der Fluss, der durch Frankfurt fließt, und die vielen Bankgebäude erinnern ein wenig an die Skyline von Manhattan.

Fast° ein Drittel der Bevölkerung in Frankfurt sind ausländische Bürger. Als multikulturelle Stadt hat Frankfurt sogar ein Amt für multikulturelle Angelegenheiten°.

■ Wegen der Hochhäuser wird Frankfurt oft Mainhatten genannt.

Jedes Jahr im Oktober ist in Frankfurt die internationale Buchmesse. Deutschland hat einen sehr großen Buchmarkt, doch auf der Frankfurter Buchmesse sind Verlage° aus der ganzen Welt vertreten.

Der Frankfurter Flughafen ist der größte in Deutschland und so ist Frankfurt eine sehr internationale Stadt. Wer nach Deutschland fliegt, kommt meistens am Flughafen *Frankfurt am Main* an.

Wer in Frankfurt mit dem Zug ankommt, wird vielleicht etwas überrascht sein, denn gleich gegenüber liegt das Frankfurter Rotlichtviertel°. Der Besucher wird sehr schnell feststellen, dass Deutschland ein Land der Freizügigkeit° ist.

---

vertreten *represented*   Bundesbank *federal bank*
Börse *stock exchange*   Europäische… *European Central Bank*   Fast *almost*   Amt… *office for multicultural affairs*   Verlage *publishers*   Rotlichtviertel *red-light district*   Freizügigkeit *permissiveness*

Statistik	
Einwohnerzahl:	644.000 (davon 200.000 Ausländer)
Fläche:	250 km²
Zahl der Banken in Frankfurt:	ca. 400

Geschichte

794	1150	1478	1480	1530	1585
Unter Karl dem Großen (*Charlemagne*) wird Frankfurt – „Franconofurd" – erstmals erwähnt.	In jüdischen Quellen wird die Frankfurter Messe (Herbstmesse) erwähnt.	Die ersten Buchhändler erscheinen auf der Frankfurter Messe.	Die Buchmesse wird fester Bestandteil der Messe. Frankfurt hat 10.000 Einwohner.	Frankfurt wird Zentrum des Buchdrucks und Buchhandels.	Beginn der Frankfurter Börse

1 | Fragen zur Station

1. Wie viele Einwohner hat Frankfurt? Wie groß ist die Fläche?

2. Seit wann gibt es die Frankfurter Messe?

3. Wann wurde die Stadt gegründet?

4. Was findet jedes Jahr im Oktober in Frankfurt statt?

5. Welcher berühmte Dichter kommt aus Frankfurt?

6. Was geschah 1943–1944 in Frankfurt?

7. Warum wird Frankfurt „Mainhattan" genannt?

8. Welche wichtigen Finanzinstitutionen haben ihren Sitz in Frankfurt?

9. Warum gibt es in Frankfurt ein Amt für Multikulturelle Angelegenheiten?

10. Was sieht man zuerst, wenn man am Frankfurter Bahnhof ankommt?

 ## EIN SEHR BERÜHMTER FRANKFURTER
Johann Wolfgang Goethe (1749–1832)

Johann Wolfgang Goethe

Johann Wolfgang Goethe wurde am 28. August 1749 in Frankfurt geboren. Er wurde von seinem Vater, Johann Caspar Goethe, unterrichtet° und studierte später auf Wunsch seines Vaters Jura° in Leipzig und Straßburg. Nach einer kurzen Karriere als Anwalt° in Frankfurt begann Goethe zu schreiben, und viele seiner bekanntesten Werke wurden in seinen jungen Jahren in Frankfurt geschrieben. Goethe interessierte sich für Literatur und Kunst und, wie schon sein Vater, für die Naturwissenschaften. 1775 zog Goethe auf Wunsch des Herzogs Carl August von Sachsen nach Weimar. Durch die Verbindung zu Carl August war Goethe finanziell unabhängig° und wurde später sogar Staatsminister. Goethe machte viele Reisen und wurde durch sein literarisches Werk zum bekanntesten deutschen Dichter. Sein Einfluss auf Literatur, Kunst und Musik geht weit über die Grenzen° Deutschlands hinaus und macht ihn zu einer der wichtigsten kulturellen Figuren Europas.

---

unterrichtet *taught*   Jura *law*   Anwalt *lawyer*
unabhängig *independent*   Grenzen *borders*

1749	1926	1943–1944	1998	2005
Goethe wird in Frankfurt geboren.	Beginn des Frankfurter Flughafens	Die Innenstadt wird durch Luftangriffe fast ganz zerstört.	Einführung des Euro. Die Europäische Zentralbank entsteht in Frankfurt.	Die BRD führt ein neues Ausländergesetz (*immigration law*) ein, das die Einbürgerung (*naturalization*) einfacher machen soll.

Wandrers Nachtlied°
Über allen Gipfeln°
Ist Ruh,
In allen Wipfeln°
Spürest° du
Kaum einen Hauch°;
Die Vögelein schweigen im Walde.
Warte nur, balde
Ruhest du auch.

Johann Wolfgang Goethe

Nachtlied *evening song*   Gipfeln *mountain tops*
Wipfeln *tree tops*   spürest *sense, feel*   kaum . . . *barely a breeze*

2 Fragen zum Gedicht

1. Welches Wort beschreibt dieses Gedicht am besten: **elegant, ernst** (*serious*)**, grotesk, humoristisch, kurios, melancholisch.** Erklären Sie Ihre Wahl!

2. Dieses Gedicht wird oft als Reiselied bezeichnet. Wie kann man das erklären?

3. Finden Sie Wörter in diesem Gedicht, die eine andere Form haben, als wir sie im modernen Deutsch erwarten? Welche Funktion haben diese formalen Aspekte?

4. Was meint Goethe mit **„Warte nur, balde ruhest du auch"**?

3 Eine moderne Version

Schreiben Sie Goethes *Wanderers Nachtlied* in moderne Sprache um. Sie können beginnen mit:

Über den Bergen
ist es ruhig . . .

4 Kaum einen Hauch

Das Wort *kaum* bedeutet „fast gar nicht" oder „fast kein". Formulieren Sie die folgenden Sätze anders.

 Man spürt kaum einen Hauch. →

Man spürt fast keinen Hauch.

1. Es waren kaum Leute da.
2. Ich kann mich kaum daran erinnern.
3. Es ist kaum zu glauben.
4. Er hat kaum etwas gegessen.
5. Sie haben sich kaum gekannt.

Filmtipp: *Die Braut* **(Egon Günther, 1999)**

Dramatischer Film über Goethes Beziehung mit Christiane Vulpius in moderner Sprache.

➔ Frankfurts neues Symbol: Der Commerzbank-Wolkenkratzer

■ Das Commerzbank-Hochhaus in Frankfurt, 1997 eröffnet

Das Commerzbank-Hochhaus in Frankfurt ist das höchste Gebäude Europas und das bislang einzige ökologische Bürogebäude (*office building*) der Welt. Jedes Büro hat Tageslicht, und die Fenster können geöffnet werden, um frische Luft hereinzulassen. Das dreiseitige Gebäude hat vierstöckige Gärten, die wie eine Spirale nach oben verlaufen. So hat jedes Level nur zwei Seiten Büros und eine Seite Garten, wo man sich erholen kann. Seit der Eröffnung ist das Commerz bank-Hochhaus das Symbol Frankfurts geworden.

Können Sie sich so ein Hochhaus auch in Ihrer Stadt (in Ihrem Land) vorstellen? Warum (nicht)?

Wann sagt man was? – *verwenden, benutzen, brauchen, verbrauchen*

Die Verben **verwenden, benutzen, brauchen** und **verbrauchen** werden oft verwechselt. Arbeiten Sie mit dem Wörterbuch und finden Sie jeweils eine gute Definition und ein gutes Beispiel. Vervollständigen Sie dann den folgenden Text mit dem passenden Verb.

Der englische Architekt, Sir Norman Foster, entwarf das Commerzbank-Hochhaus in Frankfurt als ökologisches Bürogebäude. Er wollte so wenig wie möglich künstliches (*artificial*) Licht _____[1] und allen Büros natürliches Tageslicht geben. In jedem Büro kann man die Fenster öffnen und so _____[2] man die meiste Zeit keine Klimaanlage zur Ventilation. Im Commerzbank-Tower wird deshalb 50% weniger Energie _____[3] als in anderen Gebäuden dieser Größe. In den Gärten wurden

Pflanzen von verschiedenen Regionen _____[4]. Je nach Ausrichtung (*Depending on orientation*) nahm man Pflanzen aus Nordamerika, Asien und dem Mittelmeerraum. Für die Stahlkonstruktion _____[5] Foster riesige Stahlpfosten, die über acht Stockwerke verlaufen. Vom ersten Entwurf (*design*) bis zum Beginn des Baus _____[6] Foster drei Jahre. 1997 wurde das Hochhaus fertig.

5 | Geld regiert die Welt

Mit mehr als 400 Banken und den wichtigsten deutschen und europäischen Finanzinstitutionen dreht sich in Frankfurt vieles ums Geld. Finden Sie Definitionen für die folgenden Sprichwörter und Redewendungen.

1. Geld regiert die Welt.
2. Er wirft das Geld zum Fenster hinaus.
3. Der schwimmt im Geld.
4. Sie wirft mit Geld um sich.
5. Es ist nicht mit Geld zu bezahlen.
6. Das ist alles nur Geldmacherei.

a. Es ist so wertvoll (*valuable*), dass man es nicht mit Geld kaufen kann.
b. Er hat Millionen.
c. Er gibt Geld für unnötige (*unnecessary*) Dinge aus.
d. Geld ist immer der wichtigste Aspekt.
e. Sie gibt viel Geld aus, um anderen zu zeigen, dass sie viel Geld hat.
f. Eine Sache existiert nur, um damit Geld zu verdienen.

Wann sagt man was? – *gefallen, lieben, mögen, gern haben*

Die Begriffe **gefallen, lieben, mögen,** und **gern haben** (gern essen usw.) kann man auf Englisch alle mit *to like* übersetzen, aber im Deutschen muss man unterscheiden. Man sagt **gefallen,** wenn man das Äußere oder die Ästhetik meint; **lieben, mögen** und **gern haben** beziehen sich mehr auf eine innere Qualität oder Charakteristik. Arbeiten Sie mit dem Wörterbuch und finden Sie gute Beispiele für jedes Verb. Bilden Sie Sätze.

der Commerzbank-Wolkenkratzer →

Der Commerzbank-Wolkenkratzer gefällt mir sehr.

mein Vater →

Ich liebe meinen Vater.

1. Frankfurter Würstchen (*sausages*)
2. Goethes Gedicht *Wanderers Nachtlied*
3. der Frankfurter Flughafen
4. mein Deutschprofessor / meine Deutschprofessorin
5. meine neue Digitalkamera
6. Tomatensalat
7. meine Mutter
8. ins Kino gehen

6 | Partnerinterview. Ich mag . . .

Fragen Sie Ihren Partner / Ihre Partnerin, was Ihr/Ihm gefällt, wen oder was er/sie liebt, mag, gern hat und gerne macht. Fragen Sie nach jeweils fünf Beispielen und berichten Sie das Interessanteste der Klasse.

1. Was gefällt dir?
2. Wen oder was liebst du?
3. Wen oder was magst du?

4. Wen oder was hast du gern?
5. Was machst du gern?

z.B. Mir gefallen lange, blonde Haare, rote Rosen, die Goethelieder von Franz Schubert und mein Auto. Mir gefallen Hochhäuser nicht.

7 | Andere berühmte Frankfurter

Suchen Sie Informationen über die folgenden Personen. Wer sind sie? Was haben sie gemacht?

Theodor W. Adorno
Bettina von Arnim
Clemens Brentano
Anne Frank

Erich Fromm
Jürgen Habermas
Arthur Schopenhauer
Sabrina Setlur

Aufgaben im Internet

8 Suchbegriffe

Forschen Sie mit den folgenden Suchbegriffen im Internet. Links zu den Webseiten finden Sie unter www.thomsonedu.com/german/stationen.

Stadt Frankfurt

1. Wie präsentiert sich Frankfurt im Stadtportrait?
2. Suchen Sie Informationen über historische Gebäude in Frankfurt. Was ist der *Römer*?
3. Was gibt es auf dieser Seite über die Nazizeit 1933–1945?

Goethe-Haus Frankfurt

4. Was gibt es im Goethe-Haus? Wie viele Etagen hat es?
5. Wie sehen die Zimmer im Goethe-Haus aus?

Maintower

6. Welche Kunstobjekte gibt es im *Maintower*?
7. Wie hoch ist die Aussichtsterrasse?
8. In welchem Stockwerk ist das Restaurant? Finden Sie die Speisekarte! Was würden Sie gerne essen und trinken?

Frankfurter Buchmesse

9.   Suchen Sie Fotos von der Buchmesse. Was ist zu sehen?

10.   Suchen Sie Zahlen und Fakten über die Buchmesse. Wie viele Besucher gab es dieses (letztes) Jahr?

Amt für Multikulturelle Angelegenheiten der Stadt Frankfurt

11.   Welche Veranstaltungen gibt es?

12.   Welche Integrationsprobleme werden durch das AMKA gelöst (*solved*)?

13.   Suchen Sie die Seite „Wir über uns" und finden Sie Informationen über die Aktivitäten des AMKA.

9   Hessen

Machen Sie eine virtuelle Reise durch das Land Hessen (Kassel, Wiesbaden, Darmstadt, Bad Homburg, Fulda, Limburg, Mainz, Marburg, Rüdesheim, Wetzlar usw.). Links finden sie unter www.thomsonedu.com/german/stationen. Finden Sie in jeder Stadt einen interessanten Aspekt, über den Sie im Kurs berichten können!

10   Richtig oder falsch?

Forschen Sie weiter in diesen Seiten und entscheiden Sie, ob die folgenden Aussagen korrekt sind. Wenn sie falsch sind, korrigieren Sie sie.

■ Die Frankfurter Börse

1.   Das Gebäude der Frankfurter Börse wurde 1874–1879 gebaut.

2.   Das Goethe-Haus wurde 1944 zerstört und dann wieder originalgetreu aufgebaut.

3.   Der Römer ist ein Weinkeller in Frankfurt.

4.   Das Restaurant im Maintower ist im 50. Stock.

5.   Der Commerzbank- Wolkenkratzer ist das höchste Gebäude in Europa.

6.   Die Frankfurter Buchmesse findet jedes Jahr im Juli statt.

7.   Das AMKA hilft Ausländern bei der Integration.

11   Lokale Presse

Gehen Sie zu den folgenden Webseiten im Internet. Links finden Sie unter www.thomsonedu.com/german/stationen. Was sind die Schlagzeilen? Wie wirken diese Zeitungen auf Sie? Wie sind Sprache und Präsentation—einfach oder komplex, plakativ oder seriös, modern oder altmodisch? Was ist besonders interessant?

Frankfurter Rundschau

Frankfurter Neue Presse

 Listen to this chapter's audio segments on www.thomsonedu.com/german/stationen.

STRUKTUREN

12   Nachrichtenrunde

Arbeiten Sie in Gruppen oder Paaren. Berichten Sie über einen Aspekt, den Sie beim Surfen im Internet gefunden haben.

13   Fragen zum Nachdenken und Diskutieren

Bearbeiten Sie diese Fragen in Paaren oder kleinen Gruppen. Machen Sie Notizen und geben Sie im Kurs einen kleinen Bericht. Bringen Sie die Resultate Ihrer Internetsuche dabei ein.

1. Was hat „Mainhattan" mit Manhattan gemeinsam? Sind es nur die Wolkenkratzer?
2. Warum ist Frankfurt eine internationale Stadt? Was macht eine Stadt „international"?
3. Finden sie es problematisch, dass das Frankfurter Rotlichtviertel gleich beim Bahnhof mitten in der Stadt liegt?

Vorgänge beschreiben: Das Passiv

As explained in Station 1, German verbs have two voices. The *active voice* is used when the subject of a sentence performs the action. In the *passive voice*, the process is emphasized rather than what or who caused it; something is being done.

Active	Passive
Viele Leute **nennen** Frankfurt „Mainhattan".	Frankfurt **wird** „Mainhattan" **genannt**.
subject verb object (performer of action)	subject verb verb
Many people call Frankfurt „Mainhattan".	*Frankfurt is called „Mainhattan".*

- A passive verb consists of a conjugated form of the auxiliary **werden** + the past participle.

  Frankfurt **wird** oft „Mainhattan" **genannt.**

  Die Besucher der Stadt **werden** an die Skyline von Manhattan **erinnert.**

- The performer of the action (agent) does not have to be mentioned in a passive sentence, but when it is mentioned, the preposition **von** is used.

  > Frankfurt wird auch „Bankfurt" genannt.

  > **Von manchen Leuten** wird Frankfurt auch „Bankfurt" genannt.

- With dative verbs, verbs with a prepositional complement, or verbs referring to a general activity, passive sentences do not require a nominative subject.

  > Dem 100-jährigen Frankfurter **wird** vom Bürgermeister zum Geburtstag **gratuliert.**

  > Über Goethe **wird** gerne und viel **diskutiert.**

  > Innerhalb des Frankfurter Flughafens **darf** nur in bestimmten Zonen **geraucht werden.**

- Modal verbs, while rarely used in the passive voice are frequently combined with passive-voice structures. The modal verb is conjugated in the second position and is accompanied by a passive infinitive (past participle + **werden**) at the end of the sentence.

  > Wegen eines Schneesturms **muss** der Frankfurter Flughafen **geschlossen werden.**

  > In allen Büros der Commerzbank **können** die Fenster **geöffnet werden.**

- The passive voice can be used in all tenses and in the subjunctive.

Tense	Passive	Passive with Modal Verbs
Präsens	Der Euro wird eingeführt.	Ein neues Ausländergesetz muss eingeführt werden.
Imperfekt	Der Euro wurde eingeführt.	Ein neues Ausländergesetz musste eingeführt werden.
Perfekt	Der Euro ist eingeführt worden[1].	Ein neues Ausländergesetz hat eingeführt werden müssen.
Plusquam- perfekt	Der Euro war eingeführt worden.	Ein neues Ausländergesetz hatte eingeführt werden müssen.
Futur	Der Euro wird eingeführt werden.	Ein neues Ausländergesetz wird eingeführt werden müssen.
Konjunktiv Präsens	Der Euro würde eingeführt.	Ein neues Ausländergesetz müsste eingeführt werden.
Konjunktiv Vergangenheit	Der Euro wäre eingeführt worden.	Ein neues Ausländergesetz hätte eingeführt werden müssen.

[1] In the passive, the past participle of **werden** drops the **ge-** prefix.

14 | Was wird am Frankfurter Flughafen gemacht?

 Kombinieren Sie gemeinsam mit Ihrem Partner / Ihrer Partnerin die Satzelemente mit einem passenden Verb und bilden Sie dann Sätze im Passiv.

 z.B. 1-c: Im Flughafen wird viel geraucht.

1. Im Flughafen / viel
2. Pro Jahr / über 1,75 Millionen Tonnen Luftfracht (*airfreight*)
3. In zwei Flughafengalerien / Kunstwerke aus der ganzen Welt
4. Gegen die Vergrößerung des Flughafens / von vielen Anwohnnern
5. Bei den Sicherheitskontrollen / das Handgepäck
6. Für die Besucher des Flughafens / Erlebnistouren und Rundfahrten

a. anbieten
b. ausstellen
c. rauchen
d. demonstrieren
e. durchsuchen
f. verschicken

15 | Die Geschichte des Palmengartens

 Ergänzen Sie gemeinsam mit einem Partner / einer Partnerin die Lücken mit den passenden Passivformen aus der Liste. Benutzen Sie dabei das Imperfekt.

angeboten wurde – benutzt werden – wurden . . . beschädigt – eröffnet werden – wurde . . . gebaut – wurde . . . gefeiert – wurde . . . gegründet – wurden . . . renoviert

1868 *wurde* der Palmengarten von dem Frankfurter Gartenarchitekten Heinrich Siesmayer *gegründet*, als eine große Sammlung exotischer Pflanzen vom Herzog Adolph von Nassau zum Verkauf _____ _____[1]. Darauf _____ auf einem Gelände der Stadt Frankfurt ein Garten mit einem großen Gesellschaftshaus und Palmengarten _____[2]. Am 16. März 1871 bereits konnte das Palmenhaus feierlich _____ _____[3]. Im Zweiten Weltkrieg _____ das Gelände und die Häuser schwer _____[4], und zwischen 1945 und 1948 durfte der Palmengarten nur von amerikanischen Besatzungstruppen _____ _____[5]. Bis Anfang der 60er Jahre _____ alle Gewächshäuser und Gebäude _____[6], und 1968 _____ das 100-jährige Jubiläum _____[7]. Nach einem weiteren Umbau 1992 gehören heute auch ein Tropicarium und ein Subantarktishaus zur Anlage.

16   „Art after work"

So heißt eine Aktion der Frankfurter Museen. Bilden Sie gemeinsam mit einem Partner / einer Partnerin einige (3–4) Sätze im Passiv mit Modalverben, in denen Sie das „Art after work" Angebot (*offer*) der Frankfurter Museen beschreiben. Sie könnten dabei auch den Konjunktiv benutzen!

Ihr Abend kann mit einem Museumsbesuch der besonderen Art begonnen werden. (*oder* Ihr Abend könnte mit einem Museumsbesuch der besonderen Art begonnen werden. *oder* Ihr Abend sollte mit einem Museumsbesuch der besonderen Art begonnen werden.)

z.B.   Nichts muss mitgebracht werden, nur Interesse für die Kunst.

Beginnen Sie Ihren Abend mit einem Museumsbesuch der besonderen Art! Jeden ersten Donnerstag im Monat können Sie Kunst und Unterhaltung auf neue Weise miteinander verbinden. Genießen (*Enjoy*) Sie interessante Kurzführungen in der Sammlung oder in den Sonderausstellungen des Städel! Den Abend sollten Sie dann unbedingt in entspannter Atmosphäre in der *Holbein's Lounge* beenden. Außerdem bieten wir Ihnen jeden 3. Donnerstag im Monat einen inspirierenden Abend mit spannenden Themenführungen zu unserem vielfältigen Ausstellungsprogramm. Mitbringen müssen Sie nichts, außer ein bisschen Zeit und Interesse für Kunst. Gern können Sie bei uns auch eine individuelle Führung für Ihre Mitarbeiter, Kollegen oder Freunde buchen. Die Tickets für Führung und Welcome-Drink müssen Sie 7 Tage im voraus kaufen.

Kulturnotiz

17   Fragen zum Thema

1. Was tragen Männer und Frauen in ihrem Land im Schwimmbad?
2. Was tragen Männer und Frauen in der Sauna oder im Dampfbad?
3. Gibt es in Ihrem Land Filme oder Fernsehserien, die Kinder oder Jugendliche nicht sehen sollten? Warum nicht?
4. Gibt es in Ihrem Land Zeitschriften oder Magazine, die nicht im Supermarkt verkauft werden? Warum nicht?

Oben Ohne

Nackte Körper sind in Deutschland ein Teil des Alltags. Die sogenannten seriösen Zeitschriften zeigen oft nackte Frauen auf der Titelseite; die populärste Tageszeitung Deutschlands erscheint so gut wie nie ohne Nacktfotos.

Die Duschgelreklame° im Fernsehen oder auf großen Plakaten in der Stadt zeigt die sich duschende Person nicht etwa von hinten oder

---

Duschgelreklame *shower gel commercial*

dezent seitlich, sondern am liebsten frontal. In Filmen und Fernsehserien wird Nacktheit nicht zensiert. Wer am Zeitungsstand oder am
Lesematerial im Supermarkt vorbeigeht, kann es nicht verhindern, mit
dieser Freizügigkeit in Kontakt zu kommen. Wer den Fernseher ein-
schaltet oder ins Kino geht, muss damit rechnen.

Aber damit nicht genug. Körperkultur und Freizügigkeit existieren nicht nur in den Medien, sondern auch im täglichen Leben. In
öffentlichen Freibädern schwimmen und sonnen sich viele Damen gern
„oben ohne"°, das heißt ohne Oberteil. An öffentlichen Stränden und
Seebädern ist Nacktheit keine Seltenheit. In Dampfbädern und Saunen
wundert man sich sehr über die amerikanischen oder asiatischen
Besucher in Schwimmbekleidung, denn dort sitzen die Deutschen aus
Überzeugung° völlig unbekleidet; man hält es für ungesund dort in
Schwimmhosen oder Badeanzügen zu sitzen. Man bringt ein Handtuch
mit in die Sauna und setzt sich darauf. Männer und Frauen sind in sol-
chen Badeanstalten nicht immer getrennt. In öffentlichen Saunen gibt
es zwar designierte Frauen-Saunen, aber den Männern bleibt meistens
nichts anderes übrig als in die „gemischte" Sauna zu gehen.

---

oben ... *topless*   Überzeugung *conviction*

■ Am Kiosk

18 | Fragen zum Text

1. Was ist oft auf den Titelseiten bestimmter Magazine und Zeitungen?
2. Was sieht man in Deutschland oft im Fernsehen?
3. Was bedeutet *oben ohne*?
4. Was tragen die Deutschen in der Sauna?

19 | Fragen zum Nachdenken und Diskutieren

1. Finden Sie es gut, dass man in Deutschlands Freibädern „oben ohne"
   baden darf?
2. Finden Sie es gut, dass man sich in Parks und an Stränden und Seen
   nackt sonnen darf?
3. Was denken Sie über Nacktheit in den Medien? Sollte man zensieren?
4. Wie sollte eine öffentliche Sauna organisiert sein? Was sollte man in
   der Sauna tragen?
5. Sind Sie überrascht, dass Nacktheit in Deutschland so alltäglich ist?

VIDEOBLOG: FRANKFURT

Vor dem Sehen

● „Frankfurt ist als Handels- und Dienstleistungszentrale geprägt von der Börse, den Banken und der Buchmesse."

A | Assoziationen

Was assoziieren Sie mit dem folgenden Begriff? Machen Sie ein Assozio- gramm und vergleichen Sie Ihre Assoziationen im Kurs.

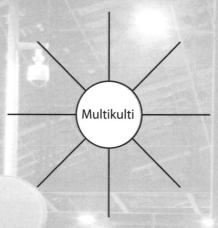

Multikulti

Beim Sehen

B | Was sehen Sie?

Kreuzen Sie an, was Sie im Video sehen.

❑ ein Kino   ❑ eine Autobahn   ❑ zwei Flaschen Apfelwein
❑ einen Park   ❑ ein Opernhaus   ❑ Männer mit Aktentaschen
❑ Hochhäuser   ❑ einen Kindergarten   ❑ eine Brücke über den Main
❑ ein Museum   ❑ Symbole für die EU   ❑ einen Obst- und Gemüsestand
❑ einen Tierpark ❑ Menschen auf der Straße ❑ eine Frau mit Kind und Fahrrad

C | Stimmt's?

Kreuzen Sie an, ob die folgenden Aussagen mit dem übereinstimmen, was Verena erzählt. Berichtigen Sie die falschen Aussagen.

	STIMMT	STIMMT NICHT
1. Frankfurt ist sehr multikulturell.	❑	❑
2. Aus der ganzen Welt kommen Leute, um in Frankfurt zu arbeiten.	❑	❑
3. Wegen der Manager wird alles moderner und schicker gestylt.	❑	❑
4. In einigen Schulen gibt es über 50% Ausländer.	❑	❑
5. In Frankfurt gibt es eine Buchmesse.	❑	❑
6. Gelbe Soße mit Kartoffeln und Ei ist ein typisches Frankfurter Gericht.	❑	❑

D | Freunde aus aller Welt

Aus welchen Ländern kommen Verenas Freunde?

E | Kulturelle Institutionen

Welche kulturellen Institutionen nennt Verena? Machen Sie gemeinsam mit einem Partner / einer Partnerin eine Liste!

Redewendungen

Verena benützt die folgenden Redewendungen und Ausdrücke. Arbeiten Sie mit einem Partner / einer Partnerin und finden Sie die passende Erklärung. Versuchen Sie dann ein Beispiel zu erfinden, in dem Sie die Redewendung oder den Ausdruck verwenden.

1. Geld scheffeln
2. Handkäse mit Musik
3. die Architekturkoryphäe
4. sich aufmöbeln
5. nicht auf die Schnauze gefallen sein
6. eine Rarität sein

a. versuchen, besser auszusehen
b. immer etwas zu sagen haben
c. viel Geld verdienen
d. ein weltbekannter Architekt
e. ein Frankfurter Gericht mit Käse und Zwiebeln und Essig
f. der/die Einzige sein

Nach dem Sehen

F | Reflexionen

Wie gefällt Ihnen Frankfurt? Was haben Sie aus dem Vlog Neues erfahren über die Stadt und ihre Menschen? Worüber hätten Sie gerne noch mehr Informationen?

G | Ihre Freunde

Woher kommen Ihre Freunde? Machen Sie Ihr eigenes Vlog oder schreiben Sie eine E-Mail an Ihren Partner / Ihre Partnerin.

Wortschatz

die **Angelegenheit, -en**   issue, concern, matter

die **Badeanstalt, -en**   public pool or spa

der **Badeanzug, ⁈e**   swimsuit

der **Besucher, -** / die **Besucherin, -nen**   visitor

die **Börse, -n**   stock exchange

der **Buchdruck**   book printing

der **Buchhandel**   book trade

der **Buchhändler, -** / **Buchhändlerin, -nen**   book trader, book retailer

die **Buchmesse, -n**   book fair

das **Dampfbad, ⁈er**   steam bath

das **Drittel, -**   third

die **Einbürgerung**   naturalization (of citizens)

feststellen (stellt fest, hat festgestellt)   to realize; to notice

fliegen (flog, ist geflogen)   to fly

der **Flug, ⁈e**   flight

der **Flughafen, ⁈**   airport

der **Fluss, ⁈e**   river

die **Freizügigkeit**   permissiveness; forwardness

gemischt   mixed

genießen (genoss, hat genossen)   to enjoy

getrennt   separated

das **Hochhaus, ⁈er**   high-rise building

der **Kiosk, -e**   newsstand

der **Körper, -**   body

die **Körperkultur**   culture of the body

nackt   nude

die **Nacktheit**   nudity, nakedness

das **Oberteil, -e**   top (for example, of a bikini)

die **Quelle, -n**   source

die **Schwimmbekleidung**   swim wear

sich **sonnen** (hat sich gesonnt)   to lie in the sun

spüren (hat gespürt) to sense, feel

der **Strand, ⁈e**   beach

überrascht   surprised; with surprise

die **Überzeugung, -en**   conviction, opinion

übrig bleiben (bleibt übrig, blieb übrig, ist übrig geblieben)   to be left over

ungesund   unhealthy

verhindern (hat verhindert)   to prevent

vertreten sein (ist vertreten, war vertreten, ist vertreten gewesen)   to be represented

der **Wolkenkratzer, -**   skyscraper

sich **wundern** (hat sich gewundert)   to be surprised

zensieren (hat zensiert)   to censor

zerstören (hat zerstört)   to destroy

die **Zeitschrift, -en**   magazine

WORTSCHATZÜBUNGEN

20 | Definitionen

Finden Sie die richtigen Begriffe für die folgenden Definitionen.

1. Hier kommt man an, wenn man nach Frankfurt fliegt.
2. Hier liegt man in der Sonne.
3. Hier werden neue Bücher und andere Medien präsentiert.
4. Hier werden Zeitungen verkauft.
5. Hier werden wichtige Finanzgeschäfte gemacht.
6. Hier geht man baden und schwimmen.

a. am Flughafen
b. an der Börse
c. am Kiosk
d. am Strand
e. auf der Buchmesse
f. in der Badeanstalt

21 | Besuch in Frankfurt

Ergänzen Sie die Sätze!

1. Wir sind mit *Lufthansa* nach Frankfurt _____. Der _____ war sehr angenehm.
2. Der _____ Frankfurt am Main ist der größte in Deutschland, von dort werden wir nächste Woche wieder abfliegen.
3. Der _____, der durch Frankfurt fließt, heißt Main. Und man nennt Frankfurt oft „Mainhattan", weil es relativ viele _____ gibt.
4. Frankfurt ist eine internationele Stadt. Fast ein Drittel der Bevölkerung in Frankfurt, sind _____. Deshalb hat Frankfurt ein Amt für multikulturelle _____.
5. Wir waren _____, dass es in Frankfurt so viele Banken gibt.

22 | Am Kiosk

Beschreiben Sie die Situation im Bild. Dann spielen Sie die Szene. Sie können die folgenden Wörter verwenden.

Dampfbad – Freizügigkeit – gemischt – getrennt – Kiosk – Körper – Körperkultur – nackt – Nacktheit – Oberteil – öffentlich – Schwimmbekleidung – Strand – überrascht – Überzeugung – ungesund – verhindern – sich wundern – Zeitschrift – zensieren

Ein Mann und eine Frau gehen an einem Kiosk vorbei . . .

23 | Komposita (*compound nouns*)

Wie im Englischen kann man auch im Deutschen Wörter zu Komposita zusammen setzen. Im Englischen schreibt man die Komposita nicht immer als ein Wort (z.B. *swim + trunks = swim trunks*, aber *home + work = homework*). Im Deutschen schreibt man Komposita *immer* als ein Wort; der letzte Teil des Kompositums bestimmt den Artikel und die Pluralform.

 z.B. der Arm + das Band + die Uhr = die Armbanduhr

Ergänzen Sie die folgende Tabelle.

SIMPLEX	SIMPLEX	KOMPOSITUM
zentral	**die Bank**	**die Zentralbank**
1. das _____	die Messe	die Buchmesse
2. das Buch	der _____	der Buchhandel
3. der _____	der _____	der Flughafen
4. _____	das _____	das Hochhaus
5. das Buch	der Druck	_____
6. der Dampf	das Bad	
7. der Körper	die Kultur	_____
8. ober	das Teil	_____
9. die Wolken	der Kratzer	_____

Redemittel zum Diskutieren

Beispiele geben

Mit den folgenden Redewendungen signalisiert man im Gespräch, dass man ein Beispiel geben will.

zum Beispiel . . .	Als bekannter Frankfurter fällt mir **zum Beispiel** Goethe ein.
beispielsweise . . .	Das Commerzbank-Hochhaus in Frankfurt ist **beispielsweise** ein ökologisches Bürogebäude.
Nehmen wir als Beispiel . . .	**Nehmen wir als Beispiel** für eine deutsche Großstadt Frankfurt.
Mir fällt zum Beispiel . . . ein.	Geld in Deutschland? Da **fällt mir zum Beispiel** Frankfurt **ein**.
Ich finde, zum Beispiel, dass . . .	**Ich finde, zum Beispiel, dass** Kioske tolle Einkaufsmöglichkeiten bieten.

24 | Gute Beispiele?

Ordnen Sie den Fragen 1–5 die richtigen Antworten zu.

1. Gibt es in Deutschland richtige Wolkenkratzer?

2. Wie kann man Ausländern bei der Integration helfen?

3. Was fällt Ihnen zu Goethe ein?

4. Was ist typisch für die deutsche Kultur?

5. Ist Frankfurt eine internationale Stadt?

a. Durch öffentliche Institutionen wie beispielsweise das Amt für Multikulturelle Angelegenheiten in Frankfurt.

b. Mir fällt zum Beispiel ein, dass er in Frankfurt geboren ist und dort gelebt hat.

c. Ja, zum Beispiel das Commerzbank-Hochhaus oder den Maintower in Frankfurt.

d. Ich finde zum Beispiel, dass die Deutschen sehr freizügig sind. Nackte Körper auf Zeitschriften sind kein Problem.

e. Ich finde ja. Nehmen wir als Beispiel die internationale Buchmesse. Jedes Jahr kommen Verlage aus der ganzen Welt nach Frankfurt und präsentieren ihre Medien.

25 | Ja, zum Beispiel . . .

Antworten Sie auf die folgenden Fragen, indem Sie Beispiele geben.

 Warum ist Frankfurt eine internationale Stadt? →

Beispielsweise gibt es dort den größten deutschen Flughafen.

1. Warum ist Frankfurt eine internationale Stadt? —Beispielsweise . . .

2. Was kann man in Frankfurt machen, wenn man sich für Goethe interessiert? —Man kann zum Beispiel . . .

3. Welche interessanten Gebäude gibt es in Frankfurt? —Es gibt zum Beispiel . . .

4. Welche historischen Sehenswürdigkeiten kann man in Frankfurt besichtigen? —Mir fällt zum Beispiel . . . ein.

5. Warum leben wohl so viele Ausländer in Frankfurt? —Es könnte zum Beispiel sein, dass . . .

6. Was würdest du gerne in Frankfurt machen? —Ich würde zum Beispiel gerne . . .

26 | Fragen zur Diskussion

Diskutieren Sie oder schreiben Sie über eines der folgenden Themen. Verwenden Sie dabei die Redemittel.

1. Gibt es Fernsehsendungen, die Sie als Kind nicht sehen durften? —Ja, ich erinnere mich zum Beispiel an . . .

2. Welche negativen Folgen könnte die Freizügigkeit in den Medien haben? —Zum Beispiel . . .

3. Warum sollte ein Rotlichtviertel nicht mitten in der Innenstadt liegen? —Beispielsweise . . .

4. Warum sollte man in Parks und öffentlichen Badeanstalten immer Kleidung tragen? —Ich finde zum Beispiel, dass . . .

Vorgänge beschreiben: Alternativen zum Passiv

STRUKTUREN

It is considered poor style to repeatedly use the passive voice. There are several active-voice alternatives in which the agent of an action is not explicitly expressed.

Alternative to Passive Voice	Example	Passive Forms
man: This pronoun is often used when there is no specific subject.	Wenn **man** den Fernseher einschaltet, wird man oft mit Freizügigkeit konfrontiert.	Wenn der Fernseher *eingeschaltet wird* . . .
sich lassen: This verb expresses that something can be done or that someone lets something be done.	Es **lässt sich** kaum vermeiden, in Zeitschriften Nacktheit zu sehen. Goethe **lässt sich** nicht immer leicht ins Englische übersetzen.	Es kann kaum *vermieden werden* . . . Goethe *kann* nicht immer leicht ins Englische *übersetzt werden*.
Reflexive verbs: Reflexive verbs are occasionally used as alternatives to the passive voice.	Wie **schreibt sich** „Siesmayer"?	Wie *wird* „Siesmayer" *geschrieben*?
sein . . . zu + infinitive: The construction *sein zu + infinitive* expresses something that can or must be done.	Der Frankfurter Flughafen **ist** leicht mit der Bahn **zu erreichen.** Bei der Passkontrolle im Flughafen **ist** der Reisepass **vorzuzeigen.**	Der Frankfurter Flughafen *kann* leicht mit der Bahn *erreicht werden*. Bei der Passkontrolle im Flughafen *muss* der Reisepass *vorgezeigt werden*.

27 | Das Frankfurter Museumsufer

Was kann man in diesen Museen sehen und machen? Kombinieren Sie
die passenden Beschreibungen und bilden Sie Sätze mit Alternativen
zum Passiv. Schaffen Sie dabei jeweils zwei unterschiedliche Versionen.

Im Städelschen Kunstinstitut kann man eine Malerei-Sammlung
vom 14. Jahrhundert bis zur Gegenwart sehen. (*oder* Im
Städelschen Kunstinstitut ist eine Malerei-Sammlung zu sehen.)

1. Städelsches Kunstinstitut
2. Postmuseum
3. Architekturmuseum
4. Filmmuseum
5. Brauerei-Museum im Henninger Turm
6. Museum für Kunsthandwerk
7. Völkerkundemuseum

a. Gegenstände und Bilder zur Post- und Kommunikationsgeschichte
b. Exponate über fremde Kulturen und Religionen
c. Bautechnik und Baukunst
d. Malerei-Sammlung vom 14. Jahrhundert bis zur Gegenwart
e. Informationen zur Geschichte des Bierbrauens
f. Themenblöcke zur Vorgeschichte des Kinos und zur Filmgeschichte
g. Möbel, Glas und Keramik aus Europa und Asien

Theo Sommer

Theo Sommer, geboren 1930 in Konstanz, studierte Geschichte und Politische Wissenschaften in Tübingen, Indiana und Chicago. Von 1967 bis 1970 hatte er einen Lehrauftrag für Politische Wissenschaften an der Universität Hamburg. Theo Sommer arbeitete seit 1949 als Journalist; 1958 wurde er Redakteur der *Zeit*, deren Chefredakteur (*editor-in-chief*) er von 1973 bis 1992 war. Seit 2000 fungiert er als *Editor-at-large*. Seine Bücher und Aufsätze in internationalen Publikationen machten Sommer auch im Ausland bekannt.

Vor dem Lesen

28 | Fragen zum Thema

1. Was hat sich in Ihrem Land in den letzten 50 Jahren verändert?
2. Wie alt waren Ihre Großeltern (Eltern), als sie geheiratet haben? Wollen Sie heiraten?
3. Wie wichtig war das Fernsehen vor 50 Jahren? Welche Rolle spielt es jetzt?
4. Was war die Rolle der Frau vor 50 Jahren? Und was ist sie jetzt?
5. Wie wichtig war die Kirche vor 50 Jahren? Welche Rolle spielt sie jetzt?

29 | Wörterbucharbeit: Familie und Arbeit

Arbeiten Sie in Gruppen und suchen Sie die folgenden Begriffe im Wörterbuch; sammeln Sie für jeden Begriff fünf weitere Wörter, die Sie damit assoziieren.

 Kinderbetreuung (*child care*) →

Kinderbetreuung, Kinderkrippe, Kindergarten, Mutter, Vater, arbeiten

Altenpflege	Dienstleistungssektor	sich taufen lassen
Altersversorgung	Einwanderer	sich trauen lassen
Arbeitskraft	Familienplanung	Teilzeitarbeit
Bauer	Industriearbeiter	Urlaub
sich bestatten lassen	Kinderbetreuung	

Beim Lesen

Die Zeiten ändern sich (*Times are changing*), und das Leben unserer Eltern und Großeltern war in vielen Aspekten ganz anders als unser Leben jetzt. Dieser Text beschreibt Aspekte des Lebens, die sich in Deutschland stark geändert haben. Denken Sie über diese Aspekte des Lebens nach und vergleichen Sie sie mit Ihrem Land (Aktivität 30).

30 | Sieben Trends

Der Autor beschreibt in diesem Text sieben Trends, die die deutsche Gesellschaft in den letzten 50 Jahren verändert haben. Machen Sie beim Lesen Notizen zu jedem Trend. Finden Sie Beispiele für diese Trends auch in Ihrem Land (in Ihrer Familie)?

Leben in Deutschland: Wie leben wir, was hat sich verändert – und warum?
Nach einem Artikel von Theo Sommer in *Die Zeit*

contemporaries

Auf ... In a disturbing way

what is reliable or certain

Wer sind wir Deutschen – und was sind wir? Wie wurden wir, was wir heute sind? Und wohin geht es? Die wenigsten Zeitgenossen° wissen die Antworten. Auf beunruhigende Weise° wissen wir, dass wir immer schneller der Zukunft entgegenwirbeln. Aber wir können weniger Verlässliches° über die Zukunft sagen als alle früheren Generationen. . . .

predictable

reached

displacement / refugees

Wurzeln ... put down roots

divorce

Der Mensch, so er Mann war, hatte ein vorhersehbares° Arbeitsleben; die Frau sorgte sich um Kinder und Küche. Das Fahrrad war das schnellste Fortbewegungsmittel der meisten, auf deutschen Straßen fuhren erst eine halbe Million Autos (heute sind es fast 100-mal mehr). Das Fernsehen, damals gerade am Beginn, drang° in kaum ein Wohnzimmer. Nach Krieg und Vertreibung° – neun Millionen Flüchtlinge° aus dem Osten – war jeder glücklich, Wurzeln schlagen° und sein Häuschen bauen zu dürfen. Man heiratete früh, wurde mit 25 Vater oder Mutter; Kinder kamen nach Lust und Laune der Natur, Scheidung° blieb ein peinliches Missgeschick. Der Kirchgang am Sonntagvormittag war so selbstverständlich wie der Familienspaziergang am Nachmittag.

aus ... out of the same mold

life / splits apart

zunehmend... increasingly split up, fragmented

life companions, significant others

network of relationships / parishoners

Diese Welt ist dahin. Lebensformen haben sich seitdem massiv verändert. An die Stelle der Lebensläufe aus einem Guss° sind neue Biographien getreten. Die Vita° der Menschen zersplittert°. Im Beruflichen wie im Privaten wird sie zunehmend aufgespalten° in Teilzeit-Etappen, die das Arbeitsleben in eine Abfolge von Jobs verwandeln. Lebensgefährten° werden zu Lebensabschnittsbegleitern in einem System konsekutiver Polygamie, die alte Haushaltsfamilie wird zum „multilokalen Beziehungsnetzwerk"°. Die Kirchen haben an Mitgliedern° wie an Einfluss

attention

verloren, die Philosophen finden wenig Gehör°. Die meisten Menschen schalten heutzutage auf Autopilot – ohne ihm wirklich zu trauen.

■

Sieben Trends haben die Entwicklung unserer Gesellschaft im zurück-liegenden halben Jahrhundert bestimmt – ob zum Guten oder zum Bösen, steht noch dahin°.

is not clear yet

■

progress

Erstens: Die Menschen werden älter. Dank des medizinischen Fortschritts° leben die Menschen länger. Männer werden in Deutschland heute im Durchschnitt 75 Jahre alt, Frauen 82 Jahre. Sie werden damit über 30 Jahre älter als vor einem Jahrhundert und rund zehn Jahre älter als vor einem halben Jahrhundert. Dies wirft alle früheren Kalkulationen für die Altersversorgung über den Haufen.

■

turns grey

Zweitens: Das Land ergraut°. Im Jahre 1950 wurden in Deutschland 1,4 Millionen Kinder geboren, 50 Jahre später nur noch etwas mehr als die Hälfte. Damals standen 15 Millionen Kinder unter 14 Jahren 6,7° Millionen Menschen im Alter von über 65 Jahren gegenüber; heute beträgt das Verhältnis der beiden Altersgruppen 1:1. Hinter diesen Zahlen verbirgt° sich eine demografische Revolution; unter anderem ist diese Revolution eine Folge des Pillenknicks[2] . Die Pille hat die Familien- und Lebensplanung von Grund auf verändert.

sechs comma sieben = 6.7

is hiding

■

Drittens: Karriere ist für Frauen mehr und mehr zur Alternative für Küche und Kinder geworden, in vielen Fällen zur Ergänzung. Etwa 58 Prozent aller Frauen stehen heute im Berufsleben (31 Prozent 1950). Mehr Frauen, die arbeiten, bedeutet jedoch, dass die Familien sich anders organisieren müssen. Auch Staat und Wirtschaft müssen neue Wege gehen – Teilzeitarbeit, Kinderbetreuung und Altenpflege müssen so eingerichtet sein, dass Karrieremütter nicht auf Kosten ihrer Familie auf die Karriere verzichten° müssen.

do without

---

[2] _lit._ "dip of the pill". It refers to the decrease in birth rates after the introduction of the birth-control pill.

dissolved

forces / Gefühl . . . feeling of helplessness

employees

service industry

horse

siebenundzwanzig komma acht = 27.8

um . . . around the corner

perennial question

Was . . . What is our homeland? / wiederkehren = to return

Viertens: Die Arbeitswelt hat sich verändert. Das alte Schema – Entwicklung, Produktion, Verkauf – ist weithin aufgelöst°. Auslagerung – Outsourcing auf Neudeutsch – ist das Prinzip. Diese „neue Unübersichtlichkeit", zwingt° den Menschen ein Gefühl des Ausgeliefertseins° auf. Sie haben mitbekommen, dass die Bauern auf weniger als drei Prozent der Bevölkerung geschrumpft sind. Nun merken sie, dass auch die Zahl der Industriearbeiter fortdauernd sinkt – von fast der Hälfte der Erwerbstätigen° im Jahre 1950 auf 21,6 Prozent zu Beginn des 21. Jahrhunderts. Im Dienstleistungssektor° sind heute zwei Drittel aller Erwerbstätigen beschäftigt; 1950 war es nur ein Drittel. Wird der Mensch als Arbeitskraft so überflüssig sein wie das Pferd° nach der Einführung des Traktors?

Fünftens: Die Kirche verliert immer mehr an Bedeutung – besonders im Osten – das ist nicht zu übersehen. Heute gehören noch 74 Prozent im Westen und 27,8° Prozent im Osten der evangelischen oder katholischen Kirche an; aber nur noch ein Viertel der Bevölkerung im Westen geht regelmäßig in die Kirche; weit weniger im Osten. Der Prozentsatz derer, die sich katholisch taufen, trauen oder bestatten lassen, ist seit 1953 auf rund die Hälfte gesunken; bei den Protestanten sieht es ähnlich aus.

Sechstens: Früher lag Österreich den Deutschen näher als Tibet. Das nächste Tal war schon eine Welt entfernt, Urlaub verbrachte man bei der Oma im Garten, bestenfalls in einer Pension an der Ostsee. Heute ist Mobilität die Normalität. Mallorca und Malediven, Gran Canaria und Grand Canyon liegen gleichsam um die Ecke°. Jedes Jahr reisen 34 Millionen deutsche Urlauber in die Ferne.

Siebtens: Vor 50 Jahren lebten nur wenige Ausländer in Deutschland. Heute stammt – wenn man die illegalen Einwanderer zu den 7,9 Millionen legalen Zuwanderern hinzurechnet – jeder zehnte Einwohner aus der Fremde. Assimilation, Integration oder Multikulti? Die Uraltfrage° „Was ist des Deutschen Vaterland?"° kehrt in moderner Gestalt wieder° Wer gehört dazu, wer nicht? Und welche Aspekte ihrer Kultur dürfen die Einwanderer behalten, die Deutsche werden oder werden wollen?

Wortschatz

ähnlich   similar; similarly

das **Arbeitsleben**   work life, career

der **Begleiter, -** / die **Begleiterin, -nen**   companion

bestimmen (hat bestimmt) to determine, characterize

dazu gehören (gehört dazu, gehörte dazu, hat dazu gehört)   to belong with

der **Einfluss, ⁻e**   influence

die **Entwicklung, -en** development

der/die **Erwerbstätige, -en** employee

das **Fortbewegungsmittel, -** means of transportation

die **Fremde** (*pl.*)   foreign countries

die **Gesellschaft, -en**   society

der **Lebensabschnitt, -e**   phase of one's life

der **Lebenslauf, ⁻e**   course of one's) life; CV, résumé

die **Lebensumstände** (*pl.*)   living conditions; life circumstances

das **Mitglied, -er**   member

die **Pille, -n**   (birth control) pill

regelmäßig   regular; regularly

scheinbar   apparently

schrumpfen (ist geschrumpft) to shrink

selbstverständlich   taken for granted; self-evident

sich **sorgen** (hat sich gesorgt) to worry about; take care of

der **Spaziergang, ⁻e**   walk

der **Staat**   government; state

(jemandem) **trauen** (hat getraut)   to trust (s.o.)

(ein Paar) **trauen** (hat getraut) to marry (a couple)

die **Unübersichtlichkeit, -en** confusion, mess

das **Vaterland**   native country, country of origin, homeland

sich **verbergen** (verbirgt sich, verbarg sich, hat sich verborgen)   to hide

verbringen (verbrachte, hat verbracht)   to spend (time)

sich **verwandeln** (hat sich verwandelt)   to change (into s.th. else)

die **Wirtschaft**   economy

die **Zukunft**   future

■ Fussballfans verfolgen ein Spiel auf einer Großbildeinwand in Frankfurt.

Nach dem Lesen

31 | Fragen zum Text

1. Was war nach dem Krieg das schnellste Transportmittel?
2. Wie viele Flüchtlinge kamen nach dem Krieg nach Deutschland?
3. Wie alt werden Männer und Frauen heute in Deutschland?
4. Was ist der *Pillenknick*?
5. Wie viel Prozent der Frauen arbeiten heute in Deutschland?
6. Wo geht man mehr in die Kirche, im Osten oder im Westen?
7. Wie viele Deutsche reisen pro Jahr in Urlaub?
8. Wie viel Prozent der Bevölkerung in Deutschland sind Ausländer?

32 | Fragen zum Nachdenken und Diskutieren

1. Welche Trends sind in Ihrem Land ähnlich oder gleich wie in Deutschland?
2. Welche Trends finden Sie besonders problematisch?
3. Welche Rolle spielt die Kirche in Ihrem Land?
4. Glauben Sie, es ist ein Problem, dass immer weniger Deutsche in die Kirche gehen?

33 | Im Passiv

Arbeiten Sie in Gruppen und geben Sie die sieben Trends jeweils mit einem zusammenfassenden Satz im Passiv wieder.

 Weil die Menschen heute älter werden, werden die Kalkulationen für die Altersvorsorge über den Haufen geworfen.

34 | Beispiele

Finden Sie Beispiele für die sieben Trends in Ihrem Land. Arbeiten Sie in Gruppen, um Beispiele zu finden, die problematisch sind und die sich Ihrer Meinung nach ändern müssten.

35 | Textsorte

Der Text stammt aus einer Serie von Artikeln, die in *Die Zeit* erschienen sind und dann in einem Buch veröffentlicht wurden. Woran kann man erkennen, dass dieser Text ein Artikel in einer Zeitung war?

36 | Familiengeschichte

Wählen Sie eine Person in Ihrer Familie aus der ältesten Generation und beschreiben Sie ihren/seinen Lebensweg in den letzten 50 Jahren. Konzentrieren Sie sich auf Aspekte, die heute ganz anders sind.

z.B. Mein Großvater Harry wurde 1935 als eines von vier Kindern geboren. Seine Mutter hieß ... [...] ... Heute lebt mein Großvater alleine in einem kleinen Haus in ...

→ Wie wird man deutsch? Deutsch werden durch Einbürgerung

Seit dem 1. Januar 2000 gibt es ein neues Einbürgerungsgesetz. In Deutschland lebende Ausländer dürfen einen Antrag auf Einbürgerung stellen (*file an application for naturalization/citizenship*)

- wenn sie seit mindestens acht Jahren rechtmäßig (*legally*) in Deutschland leben
- wenn sie seit drei Jahren eine Aufenthaltserlaubnis haben
- wenn sie sich zum Grundgesetz der Bundesrepublik Deutschland bekennen
- wenn sie ihren Lebensunterhalt ohne Sozial- oder Arbeitslosenhilfe bestreiten (*pay for*)
- wenn sie kein Verbrechen begangen haben (*have committed no crime*)
- wenn sie ausreichende (*sufficient*) deutsche Sprachkenntnisse haben

Bei der Einbürgerung muss in der Regel die ausländische Staatsangehörigkeit aufgegeben werden. Die Mehrstaatigkeit (*double citizenship*) deutscher Staatsbürger ist unerwünscht (*not encouraged*).

Kinder von Ausländern, die in Deutschland geboren werden

Ein Kind, das in Deutschland von ausländischen Eltern geboren wird, ist nicht automatisch deutscher Staatsbürger. Ab 1. Januar 2000 gilt das Geburtsrecht für in Deutschland geborene Kinder von ausländischen Eltern,

- wenn ein Elternteil sich bei der Geburt seit mindestens acht Jahren dauerhaft und rechtmäßig in Deutschland aufhält (*is living*) und
- seit mindestens drei Jahren eine unbefristete Aufenthaltsgenehmigung (*extended residence permit*) hat.

Finden Sie diese Regel gut? Wie ist es in Ihrem Land?

37 | Fragen zum Thema Einbürgerung

1. Wie können Ausländer Deutsche werden?
2. Ist ein Kind, das in Deutschland geboren wird, automatisch deutsch? Erklären Sie.
3. Was sind die Bedingungen für die Einbürgerung von Ausländern?
4. Wie funktioniert die Einbürgerung in Ihrem Land?

38 | Fragen zum Nachdenken und Diskutieren

1. Wie ist das Immigrationsgesetz in Ihrem Land? Was ist anders als in Deutschland?

2. Sollte jeder, der in einem Land geboren wird, automatisch Staatsbürger (*citizen*) sein?

3. Warum ist Mehrstaatigkeit (*dual citizenship*) in Deutschland unerwünscht? Ist die Integration von Ausländern Ihrer Meinung nach leichter, wenn sie *nur* Deutsche sind?

4. Welche Aspekte ihrer Kultur sollten Einwanderer behalten auch wenn sie Deutsche werden?

39 | Schreibübung

Wählen Sie eine der Fragen und schreiben Sie einen Bericht. Sie können über eine bestimmte Gruppe von Einwanderern in Ihrem Land oder über eine bestimmte Person schreiben. Geben Sie Beispiele und verwenden Sie dabei die Redemittel. Die Redemittel in Station 2 können hilfreich sein, um Ihre Meinung zu äußern.

1. Welche Aspekte ihrer Kultur sollten Einwanderer behalten, welche besser nicht? Schreiben Sie über eine Person oder eine Gruppe von Einwanderern, die Sie kennen. Beschreiben Sie, woher Sie gekommen sind, wie Ihr Leben vorher war und aus welchen Gründen Sie gekommen sind.

2. Was sind positive und negative Aspekte einer multikulturellen Gesellschaft? Beschreiben Sie positive und negative Beispiele der multikulturellen Gesellschaft aus Ihrer Stadt/Region oder in Ihrem Land?

3. Ist es wichtig, dass alle Einwanderer die Sprache ihres Einwanderungslandes sprechen? Verwenden Sie die Redemittel aus Station 2 und begründen Sie Ihre Meinung sorgfältig (*carefully*).

 ZUM SCHLUSS

40 | Multikulturelles Deutschland

Denken Sie noch einmal an das multikulturelle Deutschland und die Integration von Ausländern. Die größte Gruppe der Einwanderer sind die Familien und Nachkommen (*decendants*) der türkischen Gastarbeiter, die seit den 50er Jahren nach Deutschland gekommen sind. Welche Aspekte der deutschen Kultur sind für Türken und andere Ausländer wohl besonders problematisch? Diskutieren Sie mit den folgenden Stichwörtern.

Arbeit	Integration
Diskriminierung	multikulturelle Gesellschaft
Einbürgerung	Religion
Freizügigkeit	Sprache

Das letzte Wort: *Geld*

Wenn man zynisch oder mit Humor über Geld spricht, benutzt man oft andere Wörter wie **Kohle** (*coal*)**, Kies** (*gravel*)**, Schotter** (*gravel*)**, Moos** (*moss*)**, Moneten** oder **Pinkepinke**. In administrativen und professionellen Kontexten sagt man statt **Geld** lieber **finanzielle Mittel** (*financial means*), **Mittel** oder **finanzielle Unterstützung** (*financial support*).

Spekulieren Sie, warum man oft statt **Geld** etwas anderes sagt! Wie sprechen Sie über Geld?

KULTURELLE PERSPEKTIVEN

Station Köln: Informationen und
Aktivitäten

EIN BERÜHMTER KÖLNER
Heinrich Böll

Kulturnotiz
Unterschriftenaktion Nationalstolz

VIDEO
Köln

STRUKTUREN

Einstellungen ausdrücken: Die Modalverben
Über Zukünftiges sprechen: Das Futur
Das Futur II

LEKTÜRE

*Endlich locker sehen: Darf man stolz sein auf
Deutschland, oder ist Patriotismus
hierzulande für immer out? FOCUS befragte
Schüler zum Thema Patriotismus*

Arbeitsbuch
pp. 71–80

Audioprogramm
www.thomsonedu.com/german/stationen

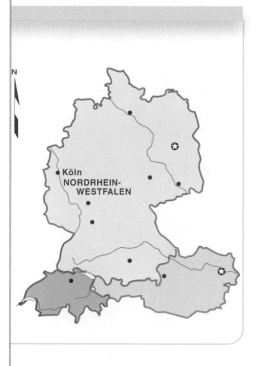

Köln
NORDRHEIN-
WESTFALEN

■ 1932 wurde die erste
Autobahn zwischen
Köln und Bonn gebaut.
Sind Sie schon einmal
auf der Autobahn
gefahren? Was haben
Sie darüber gehört?

Station: Köln

Köln ist die älteste der deutschen Großstädte. Noch heute findet man in Köln Spuren der Römer° wie zum Beispiel Reste der römischen Stadtmauer und der Wasserleitung°. Auch im Kölner Stadtplan kann man heute noch das römische Straßennetz erkennen.

Der weltberühmte Kölner Dom, die vielen Museen und eine aktive Kunstszene machen Köln zu einer Stadt der Kunst. Hier leben viele Künstler, und mehr als 100 Galerien präsentieren ein breites Spektrum. Seit 1967 findet in Köln die erste Kunstmesse der Welt statt.

Doch die Geschichte der Stadt Köln hat auch ihre dunklen Kapitel. Nach dem zweiten Weltkrieg waren 90 Prozent der Innenstadt zerstört, und die Einwohnerzahl war von 800.000 auf rund 40.000 gesunken. Nach der Befreiung durch die US-Armee nannte ein Journalist Köln „den größten Trümmerhaufen° der Welt". Erst 1959 hatte Köln wieder so viele Einwohner wie vor dem Krieg.

Der Wiederaufbau° der Stadt wurde überall in Deutschland mit starkem Interesse verfolgt. In Köln konzentrierten sich in den 50er Jahren die Diskussionen um Kultur und Politik der Nachkriegszeit. Unter dem Motto „Freier Eintritt, Freie

■ Köln am Rhein ist eine der ältesten deutschen Städte.

Römer *Romans*   Wasserleitung *aqueduct*
Trümmerhaufen *pile of rubble*
Wiederaufbau *reconstruction*

Statistik

Einwohnerzahl:	969.000
Fläche:	450 km^2
Kölner Wohngebäude, die zwischen 1949 und 1975 gebaut wurden:	mehr als 50%

Geschichte

50 n. Chr.	785	1164	1248	1388	1880
Die römische Kaiserin Agrippina ließ ihre „Colonia" zur Stadt erklären.	Karl der Große (*Charlemagne*) gründet das Erzbistum (*archbishopric*) Köln.	Der Kölner Erzbischof Rainald von Dassel bringt die Reliquien der Heiligen Drei Könige (*Three Wise Men*) nach Köln.	Grundsteinlegung für den Dom als Grabeskirche der Heiligen Drei Könige	Die Universität Köln wird gegründet.	Der Dom wird vollendet.

Fragen, Freie Antworten" entstand in Köln zwischen 1950 und
1956 ein Forum für demokratische Offenheit und Toleranz – die
Mittwochgespräche. Auf Initiative des Buchhändlers Gerhard Ludwig
fanden in den Wartesälen des Kölner Hauptbahnhofs 260 Diskus-
sionsveranstaltungen° statt, bei denen sich prominente Vertreter° aus
Politik, Kultur und Wirtschaft direkt mit den „Menschen von der
Straße" auseinandersetzen° mussten. Bekannte Schriftsteller, Politiker und Wissenschaftler wie Heinrich Böll und Theodor W. Adorno
referierten und diskutierten mit jeweils bis zu 800 Teilnehmern. So
wurden die *Mittwochgespräche* ein bedeutender Beitrag° zur Entwicklung einer demokratischen Gesprächskultur° in Deutschland.

Diskussionsveranstaltungen *discussion events*   Vertreter *representatives*
auseinandersetzen *confront*   Beitrag *contribution*   demokratischen . . .
culture of open political discussion

1 | Fragen zur Station

1. Wo liegt Köln? Was liegt in der Nähe?
2. Wann wurde die Stadt gegründet? Was bedeutet der Name Köln?
3. Was erinnert in Köln noch heute an die Römerzeit?
4. Wann begann der Bau des Doms? Wann wurde der Dom vollendet?
5. Was passierte in Köln im Zweiten Weltkrieg?
6. Wie viele Einwohner hatte Köln nach dem Krieg?
7. Wie viele Einwohner hat Köln jetzt? Wie groß ist die Fläche?
8. Was macht Köln zu einer Stadt der Kunst?
9. Wie enstand in Köln in den 50er Jahren ein Forum für Offenheit und Toleranz?

 ## EIN BERÜHMTER KÖLNER
Heinrich Böll (1917–1985)

Heinrich Böll wurde am 21. Dezember 1917 in Köln geboren. 1937
begann er eine Lehre als Buchhändler, musste sie aber bald wieder
abbrechen. 1939 wurde er zur Wehrmacht° eingezogen. Der Krieg
führte Böll nach Frankreich, Russland, Rumänien, Ungarn und
wieder ins Rheinland. 1942 heiratete er in Köln Annemarie Cech,
mit der er später vier Söhne hatte. Nach dem Krieg begann Böll mit

---

Wehrmacht *army in the Third Reich*

1930	1932	1940–1945	1967	1998	2005
Henry Ford legt den Grundstein für die Kölner Fordwerke.	Die erste deutsche Autobahn ensteht zwischen Köln und Bonn.	Zahlreiche Bombenan-griffe zerstören über 90% der Innenstadt.	Erste Kunstmesse	Eröffnung der Kölnarena, Deutschlands größter Veranstaltungshalle	Papst Benedikt XVI. feiert mit einer Million jungen Gläubigen den Weltjugendtag in Köln.

Heinrich Böll zu Hause, 1982

dem Studium der Germanistik an der Universität Köln und begann intensiv zu schreiben. Seine literarischen Werke waren oft durch Kriegserlebnisse° geprägt. Da er seine Familie ernähren musste, musste er oft noch andere Arbeit aufnehmen, zum Beispiel als Schreinergehilfe°. Doch bald erhielt Böll Preise für seine Werke und wurde einer der bedeutendsten deutschen Schriftsteller. 1972 erhielt er sogar den Nobelpreis für Literatur. Böll war über die Grenzen Deutschlands hinaus politisch engagiert und beteiligte sich stark an der Friedensbewegung der frühen 80er Jahre. Nach seinem Tod 1985 wurde die Heinrich Böll Stiftung gegründet; eine Organisation für politische Bildung im In- und Ausland, die den Grünen° nahe steht.

Kriegserlebnisse *experiences during the war*   Schreinergehilfe *carpenter's helper*   Grünen *green party*

 2 | Partnerinterview: Vaterland

Fragen Sie Ihren Partner / Ihre Partnerin und berichten Sie das Interessanteste der Klasse.

1. Wo bist du geboren? Wo sind deine Eltern und Großeltern geboren?
2. Welche Sprachen spricht man in deiner Familie?
3. Wo fühlst du dich am meisten zu Hause? Warum?

Eine deutsche Erinnerung: Interview mit René Wintzen (1973)

René Wintzen: Seit 1946 haben drei Schriftsteller deutscher Sprache den Nobelpreis für Literatur erhalten. 1946, gleich nach dem Krieg, war es Hermann Hesse, 1966 Nelly Sachs und 1972 schließlich wurden Sie, Heinrich Böll, mit diesem Preis ausgezeichnet. Obwohl sie deutsch schrieben, besaßen Hermann Hesse und Nelly Sachs die deutsche Staatsbürgerschaft° nicht mehr. Hesse war inzwischen Schweizer und Nelly Sachs Schwedin geworden. Beide hatten das nationalsozialistische Deutschland verlassen. Beide hatten sich gewissermaßen° von ihren Ursprüngen° losgesagt und waren in Distanz getreten zu ihrem Vaterland.

    Damit will ich folgendes sagen: als die Schwedische Akademie Sie auszeichnete, ehrte sie einen Deutschen, einen wirklichen Deutschen; keinen Flüchtling, keinen Emigranten, keinen Juden oder Verfolgten°, sondern einen, der deutscher Staatsbürger war wie zweiundsechzig Millionen andere. Damit wurde Deutschland und der deutschen Literatur im Dritten Reich, während des Krieges und nach dem Krieg in Ihrer Person und in Ihrem Werk Anerkennung gezollt°. Empfinden Sie das ebenso wie ich? Fühlen Sie sich tatsächlich als Deutscher, ja mehr noch: als Staatsbürger der Bundesrepublik Deutschland?

Heinrich Böll: Die Frage kann ich eindeutig mit Ja beantworten. Die beiden Nobel-Preisträger, die Sie genannt haben, also Nelly Sachs und Hermann Hesse, haben deutsch geschrieben, aber sie waren keine deutschen Staatsbürger

---

Staatsbürgerschaft *citizenship*   gewissermaßen *in a certain way*
Ursprüngen *origins*   Verfolgten *persecuted person*
wurde Anerkennung gezollt *was given respect*

mehr. Hesse, bewußt emigriert wegen einer Entwicklung in Deutschland, die er nicht mitmachen wollte oder nicht teilen, an der er nicht verantwortlich beteiligt sein wollte aus einem internationalen Pazifismus heraus, Nelly Sachs vertrieben° aus Deutschland, knapp dem Tod entronnen°. Natürlich fühle ich mich deutsch, ich spreche deutsch, ich schreibe deutsch, ich bin als Deutscher geboren, hab mich auch nie als Nicht-Deutscher empfunden, wie käme ich dazu? Das ist für mich eine Selbstverständlichkeit°, die gar keine, aber auch gar keine nationalistische Komponente hat. Ich glaube, daß jemand mit der Sprache, in der er schreibt, mehr bekennt° als Nationalitäts-Zugehörigkeit. Begriffe wie Vaterland, Nation, nicht der Begriff Heimat, das ist wieder etwas ganz anderes, sind eigentlich sekundär, fast oberflächlich°, in manchen Fällen sogar dumm, verglichen mit der Verbindung oder dem Ausdrucksmittel° Sprache für einen Schriftsteller. Es gibt überhaupt keine höhere Form des Bekenntnisses zu einem Volk°, als in seiner Sprache zu schreiben; selbst wenn man schlecht schreibt. Denn man benutzt ja die Sprache als Ausdrucksmittel, und das bedeutet viel mehr als ein Paß oder ein Personalausweis oder ein Wahlzettel°.

---

vertrieben *displaced* dem . . . *narrowly escaped death*
Selbstverständlichkeit *obvious fact* bekennt *reveals*
oberflächlich *superficial* Ausdrucksmittel *means of expression*
Bekenntnisses . . . *loyalty to a people* Wahlzettel *election ballot*

Wann sagt man was? – *das Vaterland, die Nation, die Heimat*

Böll sagt, **Vaterland** und **Nation** sind etwas ganz anderes als **Heimat**. Suchen Sie im Wörterbuch die Begriffe **Vaterland** und **Heimat**. Arbeiten Sie in Gruppen oder Paaren und finden Sie gute Definitionen für diese Begriffe. Formulieren Sie mit jedem Wort drei sinnvolle (*meaningful*) Sätze.

3 | Fragen zum Interview

1. Warum ist Hermann Hesse in die Schweiz gegangen?
2. Warum ist Nelly Sachs Schwedin geworden?
3. Warum nennt René Wintzen Heinrich Böll einen „wirklichen Deutschen"?
4. Was ist für Heinrich Böll das wichtigste Bekenntnis zu einem Volk?

4 | Andere berühmte Kölner

Suchen Sie Informationen über die folgenden Personen. Wer sind sie? Was haben sie gemacht?

Konrad Adenauer   Nico (Christa Päffgen)
Joseph Frings   Georg Simon Ohm
Heidi Klum   Michael Schumacher

Aufgaben im Internet

5 Suchbegriffe

Forschen Sie mit den folgenden Suchbegriffen im Internet. Links zu den Webseiten finden Sie unter www.thomsonedu.com/german/stationen.

■ Das Museum Ludwig in Köln

Stadt Köln

1. Welche Veranstaltungen gibt es im Moment?

2. Der Kölner Dom ist Deutschlands meistbesuchte Sehenswürdigkeit. Was gibt es sonst noch unter der Rubrik „Tourismus"?

3. Lesen Sie unter der Rubrik Stadtinfo über „Kölsches"! Was ist **Kölsch**?

4. Was gibt es über den Kölner Karneval?

Kölner Dom

5. Lesen Sie über die Geschichte des Kölner Doms. Wann feierte der Dom sein 750-jähriges Jubiläum?

6. Was gibt es in der Domgalerie? Finden Sie ein interessantes Bild!

Museen in Köln

7. Suchen Sie das Museum Ludwig. Was ist dort zu finden?

8. Was gibt es im Wallraf-Richartz Museum?

9. Was für ein Museum ist das Imhoff-Stollwerck Museum?

6 Werbetext

Welches ist Ihr liebstes Museum in Ihrer Stadt oder Region? Schreiben Sie einen Werbetext (oder eine Broschüre) für deutsche Besucher über Ihr Lieblingsmuseum auf Deutsch. Nehmen Sie die Webseite eines der Kölner Museen als Modell.

7 Richtig oder falsch?

Forschen Sie weiter in diesen Seiten und entscheiden Sie, ob die folgenden Aussagen korrekt sind. Wenn sie falsch sind, korrigieren Sie sie.

1. *Kölsch* ist ein Bier, und auch der Kölner Dialekt heißt *Kölsch*.

2. Der Karneval beginnt jedes Jahr am 11. November.

3. Die Reliquien der Heiligen Drei Könige sind 1664 nach Köln gebracht worden.

4. Das Museum Ludwig ist die größte Popart-Sammlung in Europa.

5. Das Imhoff-Stollwerck Museum ist ein Uhrenmuseum.

6. Man kann in Köln Reste der römischen Stadtmauer finden.

Wählen Sie jetzt eines der sechs Themen und forschen Sie etwas weiter.
Berichten Sie darüber im Kurs!

8 **Lokale Presse**

Gehen Sie zu den folgenden Webseiten im Internet. Links finden Sie
unter www.thomsonedu.com/
german/stationen. Was sind die
Schlagzeilen? Wie wirken diese
Zeitungen auf Sie? Wie sind Sprache
und Präsentation—einfach oder komplex, plakativ oder seriös, modern oder
altmodisch? Was ist interessant?

Kölner Stadtanzeiger

Kölner Wochenspiegel

Kölnische Rundschau

Köln Einblick

■ Der Kölner Dom

 Listen to this chapter's audio segments on www.thomsonedu.com/german/stationen.

9 **Nachrichtenrunde**

 Arbeiten Sie in Gruppen oder Paaren. Berichten Sie über einen Aspekt,
den Sie beim Surfen im Internet gefunden haben.

10 **Fragen zum Nachdenken und Diskutieren**

 Bearbeiten Sie diese Fragen in Paaren oder kleinen Gruppen. Machen
Sie Notizen und geben Sie im Kurs einen kleinen Bericht. Bringen Sie die
Resultate Ihrer Internetsuche dabei ein.

1. Welche Aspekte charakterisieren Köln als eine historische Stadt,
   welche Aspekte machen Köln zu einer Stadt der Gegenwart?

2. Man sagt, die Deutschen sind im Gespräch sehr direkt. Kann es auch
   negative Folgen haben, wenn man im Gespräch zu direkt ist?

3. Sprechen Sie oft über politische Themen? Für welche politischen
   Themen sollte sich jeder interessieren? Gibt es aktuelle Beispiele in
   den Medien?

STRUKTUREN

attitudes

Einstellungen° ausdrücken: Die Modalverben

- Modal verbs are used to indicate the attitude a speaker has about what is being said.

Modal Verb	Attitude	English Equivalent
dürfen	permission	*may*
können	possibility; ability	*can, be able to*
mögen	liking	*like*
(subjunctive = **möchte**)		*would like to*
müssen	probability; necessity	*must, have to*
sollen	obligation	*be supposed to*
wollen	wanting; intention	*want, want to; intend to*

- Modal verbs are usually used with an infinitive. The conjugated modal verb is the second element in the sentence or clause (after the subject or some other phrase), and the infinitive comes at the end.

  In Köln **können** Künstler in über 100 Galerien ihre Werke **ausstellen**.

  Im Kölner Stadtplan **kann** man das ursprüngliche römische Straßennetz **erkennen**.

- Here is the present tense conjugation of each modal verb. Note that they are all irregular in the present-tense singular.

	dürfen	**können**	**mögen**	**müssen**	**sollen**	**wollen**
ich	darf	kann	mag	muss	soll	will
du	darfst	kannst	magst	musst	sollst	willst
er/es/sie	darf	kann	mag	muss	soll	will
wir	dürfen	können	mögen	müssen	sollen	wollen
ihr	dürft	könnt	mögt	müsst	sollt	wollt
sie	dürfen	können	mögen	müssen	sollen	wollen
sie	dürfen	können	mögen	müssen	sollen	wollen

- To express the past of modal verbs, in most cases the simple past tense is preferred over the present perfect tense. The modals are conjugated like weak verbs but drop the umlaut from the infinitive stem.

	dürfen	**können**	**mögen**	**müssen**	**sollen**	**wollen**
ich	durfte	konnte	mochte	musste	sollte	wollte
du	durftest	konntest	mochtest	musstest	solltest	wolltest
er/es/sie	durfte	konnte	mochte	musste	sollte	wollte
wir	durften	konnten	mochten	mussten	sollten	wollten
ihr	durftet	konntet	mochtet	musstet	solltet	wolltet
sie	durften	konnten	mochten	mussten	sollten	wollten
sie	durften	konnten	mochten	mussten	sollten	wollten

- The present perfect tense of modals uses a double-infinitive construction, placing the modal verb last.

> Heinrich Böll **hat** sich nie als Nicht-Deutscher **empfinden können**.
>
> Im Zweiten Weltkrieg **hat** Böll in der Wehrmacht **dienen müssen**.

11 | Besuch in Köln

Was kann, soll, muss man in Köln machen? Suchen Sie mit Ihrem Partner / Ihrer Partnerin Vorschläge für einen Stadtführer der Stadt Köln und schreiben Sie eine Liste mit jeweils (*each*) zwei Dingen, die man in Köln machen kann (wenn man Lust hat), die man in Köln machen soll (Empfehlungen von Ihnen) und die man in Köln unbedingt machen muss. Vergleichen Sie dann Ihre Liste im Kurs im Plenum und rechtfertigen (*justify*) Sie Ihre Vorschläge.

12 | Meine Kindheit

 Vervollständigen Sie die Sätze, interviewen Sie einen Partner / eine Partnerin, machen Sie sich Notizen und berichten Sie den anderen Kursteilnehmern.

> S1: Als ich drei Jahre alt war, konnte ich schon Englisch und Spanisch sprechen. Und du, was konntest du machen, als du drei warst?
>
> S2: Als ich drei Jahre alt war, konnte ich . . .

1. Als ich drei Jahre alt war, konnte ich immer . . .
2. Als Kind musste ich oft . . .
3. Mit sechs Jahren wollte ich gerne . . .
4. Als ich zwölf Jahre alt war, sollte ich eigentlich . . ., wollte aber viel lieber . . .
5. Als Kind durfte ich nie . . .
6. Mit achtzehn Jahren konnte ich endlich . . .

Kulturnotiz

13 | Fragen zum Thema

1. Sind Sie patriotisch? Was bedeutet das für Sie?
2. Sind Sie stolz auf Ihr Land (Ihren Staat, Ihre Stadt)? Warum?
3. Was ist in Ihrem Land besonders gut? Was ist nicht so gut?
4. Glauben Sie die Deutschen sind sehr patriotisch? Erklären Sie.
5. Glauben Sie, junge Deutsche sind stolz auf ihr Land?

14 | Unser Land

 Arbeiten Sie in Paaren oder Gruppen und ordnen Sie die folgenden Aussagen danach, wie patriotisch sie sind (1 ist am meisten und 8 am wenigsten patriotisch). Welche Aussage trifft am besten auf Sie zu?

_____ „Ich möchte bleiben, wo ich bin."

_____ „Auch hier gibt es Negatives, aber wir konzentrieren uns auf das Positive."

_____ „Ich bin stolz auf mein Land."

____1__ „Es gibt kein besseres Land als dieses."

_____ „Ich liebe dieses Land."

_____ „Ich fühle mich hier sehr wohl (*comfortable*)."

_____ „Hier ist auch nicht alles perfekt, aber ich lebe gern hier."

_____ „Hier ist es nicht viel anders als in anderen Ländern."

Unterschriftenaktion Nationalstolz

Unterschriftenaktion...
referendum on national pride

party leader

environmental secretary

right-wing radicalism

insult

defend

resign

important figures

success

office

einen... *hit a sensitive spot*

rather / cautious

Vor einigen Jahren wurde in Deutschland die „Unterschriftenaktion Nationalstolz"° durchgeführt. Das interessanteste daran war die Vorgeschichte: Der damalige Parteivorsitzende° der CDU (Christlich Demokratische Union) hatte in einer Rede im Bundestag gesagt, er sei „stolz Deutscher zu sein". Der damalige Umweltminister°, ein Mitglied der Grünen, hatte den CDU Parteivorsitzenden daraufhin als „Skinhead" bezeichnet; er war der Meinung, dass solche Ausdrücke des Nationalstolzes den Rechtsradikalismus° unterstützen.

Die CDU wollte sich gegen die Beleidigung° ihres Vorsitzenden wehren° und startete die besagte Unterschriftenaktion; sie befragten die Bevölkerung nach ihrer Meinung zu dieser Affäre. Sie forderten sogar, dass der Umweltminister zurücktreten° sollte. Einige Spitzenkandidaten° der CDU fanden die Aktion sehr „bedenklich", obwohl sie danach als voller Erfolg° bezeichnet wurde. Der Umweltminister der Grünen ist letztendlich aber im Amt° geblieben.

Die Unterschriftenaktion hat in der Bevölkerung einen empfindlichen Nerv getroffen° und es gab viele Diskussionen über Nationalstolz. Dürfen die Deutschen keinen Nationalstolz haben? Ist Nationalstolz oder Patriotismus an sich problematisch, egal in welchem Land?

Ein weiterer Aspekt, der die Diskussion in Deutschland kompliziert, ist das Verhältnis zwischen Ost und West. Ein ostdeutscher Leser einer großen Zeitung schrieb in einem öffentlichen Brief an seinen Ministerpräsidenten: „Die ganze Stolz-Debatte ist eine westdeutsche Angelegenheit." Die deutsche Geschichte hat ihre dunklen Kapitel, und den Deutschen fällt es nicht leicht, von Nationalstolz zu sprechen. Doch seit der Wiedervereinigung ist das Thema noch komplizierter geworden. Der ostdeutsche Leser gab in seinem Brief eine eher° zurückhaltende° Definition des Nationalstolzes: „Vielleicht geht es nur darum, dass man bleiben möchte, woher man ist."

15 | Fragen zum Text

1. Wer sagte vor einigen Jahren im deutschen Bundestag, er sei stolz, Deutscher zu sein?
2. Wer nannte den CDU-Vorsitzenden damals „Skinhead"? Warum?
3. Was forderte die CDU vom damaligen Umweltminister?
4. Warum ist das Thema Nationalstolz in Deutschland besonders kompliziert?
5. Wie definierte ein ostdeutscher Leser einer großen Zeitung *Nationalstolz*?

16 | Fragen zum Nachdenken und Diskutieren

1. Wie definieren Sie *Nationalstolz*? Wie definieren Sie *Patriotismus*?
2. Ist es gut, patriotisch zu sein? Kann Patriotismus auch negativ sein?
3. Warum ist es in Deutschland ein Problem, wenn ein Politiker im Bundestag sagt, er sei „stolz, Deutscher zu sein"?
4. Können Sie sich ein Szenario wie dieses in Ihrem Land vorstellen?

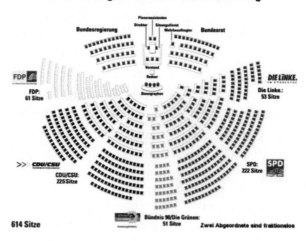

Sitzverteilung im 16. Deutschen Bundestag

■ Die Parteien im deutschen Bundestag

17 | Die wichtigen Parteien in Deutschland

Arbeiten Sie in Gruppen, indem jede Gruppe eine Partei übernimmt. Finden Sie Informationen auf den Webseiten der Parteien und berichten Sie über den Internetauftritt (*Web presence*) jeder Partei. Links finden Sie unter www.thomsonedu.com/german/stationen. Arbeiten Sie mit den folgenden Fragen.

1. Wie präsentiert sich die Partei? Welche Farben sind auf der Webseite?
2. Wie heißt das Motto der Partei? Welche Slogans sind zu finden?
3. Welche Themen sind aktuell? Was ist das wichtigste Thema?
4. Finden Sie die Vorsitzende oder den Vorsitzenden der Partei? Welche Informationen kann man über die Personen finden?

Partei	Gegründet	Mitglieder (members)
SPD (Sozialdemokratische Partei Deutschlands)	1863/1875	ca. 598.000
CDU (Christlich Demokratische Union)	1945	ca. 580.000
CSU (Christlich Soziale Union)	1945	ca. 173.000
FDP (Freie Demokratische Partei)	1948	ca. 65.000
Bündnis 90 / Die Grünen	1980	ca. 45.000
Die Linke	1989	ca. 62.000

→ Stolz

Die Kölner Gruppe *Wise Guys* hat das Lied „Stolz" zum Thema Patriotismus geschrieben. Inwiefern zeigt der Text, wie man in Deutschland über Nationalstolz denkt?

„Stolz"

Ich wär' stolz, wenn ich es schaffen würd', das Rauchen aufzugeben,
einen Marathon zu laufen und den Lauf zu überleben°,
den Geburtstag meiner Oma nicht schon wieder zu verpennen°,
und ein Lied zu schreiben, das so klingt wie von McCartney/Lennon.
Ich bin stolz, wenn ich was koche, und sei's nur Bolognese,
wenn ich endlich wieder mal ein gutes Buch durchlese,
wenn eine schöne Frau sagt: „Ich will ein Kind von dir!"
Das ist noch nicht sehr oft passiert. Jedenfalls nicht mir.

Doch ob ich stolz bin, ein Deutscher zu sein?
Ich weiß ja nicht mal, was die Frage soll!
Es will beim besten Willen in meinen Kopf nicht rein,
stolz auf einen Zufall° zu sein.

Ich bin stolz, wenn ich es schaffe, nicht zu spät ins Bett zu geh'n,
und wenn ich's morgens hinkrieg', halbwegs pünktlich aufzusteh'n,
wenn ich mal wieder den Alltag sinnvoll nutze,
die Wohnung grundsaniere und das Badezimmer putze.
Ich bin stolz, wenn der FC° gewinnt – weiß selber nicht, warum –
hab' da ja nicht mitgespielt, das wär' auch ziemlich dumm.
Ich bin stolz auf meine Freunde, und es macht mich froh,
wenn irgendjemand zu mir sagt: „Hey, Alter – geile Show!°"

Doch ob ich stolz bin, ein Deutscher zu sein?
Ich weiß ja nicht mal, was die Frage soll!
Es will beim besten Willen in meinen Kopf nicht rein,
stolz auf einen Zufall zu sein.

Nationalgelalle° in Schwarz, Rot und Gold
Ich hab keine Ahnung, was ihr von mir wollt!

Doch ob ich stolz bin, ein Deutscher zu sein?
Ich weiß ja nicht mal, was die Frage soll!
Es will beim besten Willen in meinen Kopf nicht rein,
stolz auf einen Zufall zu sein.

überleben *survive*   verpennen *coll.* vergessen   Zufall *coincidence*   FC *Köln soccer team*
„Hey . . . *Hey, Dude – cool show!"*   Nationalgelalle *nationalistic babble*

Fragen zum Lied

1. Worauf darf man laut (*according to*) diesem Liedtext stolz sein?
2. Was sagt der Liedtext über die Frage, ob man stolz sein sollte, Deutscher zu sein?

Über Zukünftiges sprechen: Das Futur

- Like English, German makes use of the present tense to express events in the immediate future. German uses the future tense to talk about the distant future, to emphasize an assumption or intention, or to explicitly point to the future.

  Present tense: Heute **besuchen** wir Heidelberg. Morgen **besuchen** wir Köln.

  Future tense: Nächstes Jahr **werden** wir Tokyo **besuchen.**

- The future tense in German is formed by using the auxiliary **werden** + an infinitive.

  Der Dom steht heute in Köln und er **wird** auch morgen noch in Köln **stehen.**

  Niemand weiß, welche Partei Deutschland in 10 Jahren **regieren wird.**

- The future tense in German is also used to express probability in the present tense. In this case, the particles **schon** and **wohl** are often added.

  Es **wird** *schon* **stimmen**, dass Heinrich Böll einer der berühmtesten Schriftsteller Deutschlands ist.

  Das Stadtbild von Köln **wird** *wohl* immer von den Zerstörungen des Zweiten Weltkriegs geprägt **bleiben.**

18 | Auch nächstes Jahr wieder – Chronologie des Kölner Karnevals

Schauen Sie sich die Chronologie des Kölner Karnevals an, bringen Sie die Ereignisse in die richtige Reihenfolge und machen Sie dann Vorhersagen (*predictions*) für den Karneval im nächsten Jahr.

z.B. Im nächsten Jahr wird der Karneval wieder am 11.11. um 11 Uhr 11 eröffnet werden. Um diese Zeit . . .

_____ Rosenmontag   Am Höhepunkt des Karnevals zieht der Rosenmontagszug auf einem 6,54 Kilometer langen Weg durch die Kölner Innenstadt. Die meisten Kölner haben an diesem Tag frei.

___1___ 11.11., 11 Uhr 11   Offizielle Eröffnung des Karnevals auf dem alten Markt. Um diese Zeit beginnt wieder die sogennante „Fünfte Jahreszeit".

_____ Aschermittwoch   An diesem Tag ist alles vorbei und man trifft sich zum traditionellen Fischessen.

_____ Weiberfastnacht   An diesem Donnerstag wird der Straßenkarneval eröffnet, und die Frauen übernehmen die Herrschaft in der Stadt.

_____ Veilchendienstag   Dieser Tag ist vergleichsweise (*comparitively*) ruhig. Am Abend verbrennt man den „Nubbel", eine lebensgroße Strohpuppe, die für alle Sünden büßen (*pay for all sins*) muss.

19 | Was ist hier wohl los?

Spekulieren Sie in jeweils 2–3 Sätzen mit Ihrem Partner / Ihrer Partnerin über die folgenden Situationen und benutzen Sie dabei das Futur mit **wohl.**

z.B.   Es wird wohl warm sein . . .

1.

2.

3.

4.

5.

VIDEOBLOG: KÖLN

Vor dem Sehen

A | Assoziationen

Was fällt Ihnen zum Thema „Karneval" ein? Machen Sie ein Assozio-
gramm und vergleichen Sie Ihre Assoziationen im Kurs.

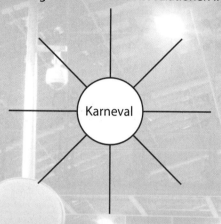

● „Köln ist bekannt für den Kölner
Dom und den Karneval."

B | Die Zukunft

Wie wird die Zukunft in Ihrem Land aussehen? Wie wird die Zukunft in
Deutschland aussehen? Machen Sie gemeinsam mit Ihrem Partner / Ihrer
Partnerin Prognosen über Leben und Gesellschaft in 10 Jahren. Benüt-
zen Sie dabei das Futur.

Beim Sehen

C | Themen

Milos spricht über verschiedene Themen. Bringen Sie sie in die richtige
Reihenfolge.

_____   der Karneval

_____   das klassische Bild des Deutschen

_____   der Rhein

__1__   seine Nationalität

_____   der Kölner Dom

_____   Ausländer in Deutschland

D | Aussagen

Verbinden Sie die Elemente zu vollständigen Sätzen.

1. Milos ist Deutscher,
2. Seine Eltern sind als Gastarbeiter gekommen,
3. Der Rhein ist ein großer Fluß,
4. Der Karneval in Köln
5. Das klassische Bild des Deutschen
6. Man hat selten das Gefühl,

a. der manchmal ein bisschen steigt.
b. um in Deutschland zu arbeiten.
c. wird jedes Jahr gefeiert.
d. wird allmählich verschwinden.
e. aber jugoslawischer Abstammung.
f. dass man sich als Ausländer nicht auch deutsch fühlt.

E | Der Kölner Dom

Wie beschreibt Milos den Kölner Dom? Wie würden Sie den Dom beschreiben?

F | Der Karneval

Wie beschreibt Milos den Karneval? Stimmt das mit Ihren Assoziationen überein?

G | Einwanderungsland Deutschland?

Ergänzen Sie die folgenden Aussagen aus Milos' Vlog mit den fehlenden Wörtern.

Also, die . . . die Deutschen _____ dann so, das Bild des Deutschen, glaub' ich, _____ sich so'n bisschen _____, weil halt ja, Deutschland _____ halt ein Einwandererland. Viele Leute aus den unterschiedlichsten Teilen der Welt _____ nach Deutschland um zu leben, so wie auch meine Eltern, und das klassische Bild des Deutschen, des deutschen Schäferhunds _____ allmählich _____.

Nach dem Sehen

H | Reflexionen

Wie gefällt Ihnen Köln? Was für ein Typ ist Milos? Wie spricht er? Was macht Milos wohl gerne? Spekulieren Sie.

I | Einwanderungsland Deutschland?

Milos behauptet, es sei einfach, Deutscher zu werden. Stimmt das? Recherchieren Sie und berichten Sie dann im Kurs. Wie ist es in Ihrem Land? Vergleichen Sie.

Wortschatz

das **Amt, ¨er**   office
sich (mit . . .) **auseinandersetzen**
   (setzt sich auseinander, setzte
   sich auseinander, hat sich
   auseinandergesetzt)
   to deal with (s.th.)
bedeutend   important,
   meaningful
die **Befreiung**   liberation
der **Beitrag, ¨e**   contribution
die **Beleidigung, -en**   offense,
   insult
bezeichnen (hat bezeichnet)
   to call, name
der **Bundestag**   German
   parliament
der **Dom, -e**   cathedral
der **Eintritt**   admission (fee)
empfindlich   sensitive
entstehen (entstand, ist
   entstanden)   to develop,
   come into existence
der **Erfolg, -e**   success
die **Gattin, -nen**   wife (formal)
das **Gespräch, -e**   conversation
die **Heimat**   home, place of
   origin
die **Kunstmesse, -n**   art fair
letztendlich   finally, in the end
die **Nachkriegszeit**   period after
   the war
der **Nationalstolz**   nationalism
die **Offenheit**   openness
die **Partei, -en**   (political) party
patriotisch   patriotic

der **Patriotismus**   patriotism
die **Politik**   politics
der **Politiker, -** / die **Politikerin, -nen**
   politician
der **Rechtsradikalismus**   right-
   wing radicalism
die **Rede, -n**   speech
referieren (hat referiert)   to give
   a talk, deliver a speech
der **Schriftsteller, -** / die **Schrift-
   stellerin, -nen**   writer, author
sinken (sank, ist gesunken)
   to sink
die **Spur, -en**   trace
die **Stadtmauer, -n**   city wall
stolz   proud; proudly
der **Teilnehmer, -** / die **Teilneh-
   merin, -nen**   participant
unterstützen (hat unterstützt)
   to support
der **Vertreter, -** / die **Vertreterin,
   -nen**   representative
(etwas) **vollenden** (hat
   vollendet)   to complete
der/die **Vorsitzende, -**   leader,
   head (of an organization)
sich **wehren** (hat sich
   gewehrt)   to defend oneself
der **Weltkrieg, -e**   world war
der **Wiederaufbau**
   reconstruction
wirklich   real, genuine; really
zurückhaltend   reserved, cautious; reservedly

WORTSCHATZÜBUNGEN

20 | Definitionen

Finden Sie die richtigen Begriffe für die folgenden Definitionen.

1. Man freut sich über etwas, das man (gemacht) hat und zeigt diese Freude gerne anderen Menschen.
2. Man ärgert sich schnell oder regt sich schnell über etwas auf (sich aufregen = *get upset*).
3. Man wartet lieber und hält sich zurück.
4. Man liebt sein Land und ist stolz darauf, dort zu leben.

a. patriotisch
b. zurückhaltend
c. empfindlich
d. stolz

21 | Die Nationalstolzdebatte

Ergänzen Sie die Sätze mit Wörtern aus dem Wortschatz!

1. Vor einigen Jahren wurde in Deutschland eine Unterschriftenaktion zum Thema _____ durchgeführt.
2. Ein Politiker hielt eine _____ im Bundestag und sagte, er sei _____, Deutscher zu sein.
3. Ein anderer _____ nannte ihn deshalb einen Skinhead, denn er fand das solche Aussagen den _____ unterstützen.
4. Glauben Sie, dass _____ und Nationalstolz dasselbe sind?
5. Kann man _____ sein ohne den Rechtsradikalismus zu _____?

22 | Patriotismus in Deutschland – ein heikles Thema

Ein Freund möchte wissen, wie patriotisch die Deutschen sind. Wie kann man dieses heikle (*sensitive*) Thema am besten beschreiben? Sie können Wörter aus der Liste verwenden.

bedeutend – Bevölkerung – Bundestag – diskutieren – Geschichte – Heimat – Nachkriegszeit – Weltkrieg – negativ – patriotisch – Politik – Politiker – positiv – Rechtsradikalismus – stolz – unterstützen – Vaterland – sich wehren –zurückhaltend

23 | Was könnte man in Köln tun?

Ein Freund fährt nach Köln, aber er weiß nicht viel über die Stadt. Geben Sie ihm ein paar Tipps und Informationen! Verwenden Sie dabei die folgenden Wörter, aber seien Sie auch kreativ und sagen Sie ihm, was Sie sonst noch über Köln wissen.

bedeutend – Dom – Großstadt – Kunst – Kunstmesse – Museen – Schriftsteller – Stadtmauer – vollenden –Weltkrieg – Wiederaufbau

Wann sagt man was? – *reden, sprechen, sich unterhalten, erklären, diskutieren*

Die Verben **reden, sprechen, sich unterhalten, erklären** und **diskutieren** beschreiben verschiedene Arten der Konversation. Arbeiten Sie mit dem Wörterbuch und finden Sie gute Definitionen für jedes Verb. Ergänzen Sie dann die folgenden Sätze!

1. Über Politik reden wir zu Hause . . .

2. Meine Freunde unterhalten sich meistens über . . .

3. Es macht uns Spaß, über . . . zu diskutieren.

4. Mein Vater erklärt uns oft . . .

5. Meine Mutter redet nicht gern über . . .

6. Mit den Nachbarn unterhalten wir uns oft über . . .

7. Die ältere Generation redet nicht so gern über . . .

8. Einmal habe ich mit meinen Eltern lange über . . . diskutiert.

9. Ich finde Politiker sprechen immer . . .

10. Mir hat nie jemand erklärt, . . .

Redemittel zum Diskutieren

Sicher sein, nicht sicher sein, Zweifel haben

Mit den folgenden Redewendungen signalisiert man im Gespräch, ob man sich sicher ist oder ob man Zweifel (*doubt*) hat.

Sicher sein

Ich bin davon überzeugt, dass . . .	**Ich bin davon überzeugt, dass** die Amerikaner patriotischer sind als die Deutschen.
Es besteht kein Zweifel, dass . . .	**Es besteht kein Zweifel, dass** Köln die Hauptstadt des Karnevals ist.
Ich bin sicher, dass . . .	**Ich bin sicher, dass** Köln am Rhein liegt.

Nicht sicher sein, Zweifel haben

Ich bin nicht sicher, ob . . .	**Ich bin nicht sicher, ob** Patriotismus gut oder schlecht ist.
Ich weiß nicht (so recht), ob . . .	**Ich weiß nicht, ob** mich diese Frage besonders interessiert.

Ich bin mir nicht im Klaren, ob . . .	**Ich bin mir nicht im Klaren, ob** junge Deutsche Nationalstolz haben oder nicht.
Es ist zweifelhaft, ob . . .	**Es ist zweifelhaft, ob** die Deutschen jemals wieder stolz auf ihr Land sein werden.
Ich bezweifle, dass . . . (Das bezweifle ich.)	**Ich bezweifle, dass** man unbedingt stolz auf seine eigene Nation sein muss.
Da bin ich nicht (ganz) sicher.	Nationalstolz ist dumm? **Da bin ich nicht (ganz) sicher.**
Nicht unbedingt.	Nationalstolz ist altmodisch (*old fashioned*)? **Nicht unbedingt.**

24 | Ja oder Nein?

Welchen Aussagen stimmen Sie zu, welchen nicht? Warum?

1. **Ich bin davon überzeugt, dass** Patriotismus keine negativen Folgen haben kann.
2. **Es besteht kein Zweifel, dass** patriotische Symbole einen positiven Effekt auf ein Land haben.
3. **Ich bin sicher, dass** die Deutschen genauso patriotisch sind wie andere Völker. Sie zeigen (*show*) es nur anders.
4. **Ich bin davon überzeugt, dass** mehr Patriotismus in Deutschland zu mehr Rechtsextremismus und Ausländerhass führen würde.
5. **Ich weiß nicht, ob** es gut ist, wenn junge Deutsche sich zu viel mit der deutschen Geschichte identifizieren.
6. **Ich bin mir nicht im Klaren, ob** die Deutschen im Ausland wirklich so ein negatives Image haben.
7. **Ich bezweifle, dass** das Image der Deutschen im Ausland durch Filme oder andere Medien beeinflusst wird.

25 | Ich bin sicher . . .

Formulieren Sie Sätze, indem Sie die Redemittel verwenden wie im Beispiel.

Der CDU-Vorsitzende war kein Rechtsextremist. →

Ich bin davon überzeugt, dass der CDU-Vorsitzende kein Rechtsextremist war.

1. Der CDU-Vorsitzende sah nicht aus wie ein Skinhead.
2. Die Unterschriftenaktion Nationalstolz war ein Erfolg.
3. Die Politiker in Deutschland sind zu direkt.
4. Für Ostdeutsche ist das Thema Nationalstolz besonders kompliziert.
5. Es war richtig, dass der Umweltminister im Amt geblieben ist.
6. Patriotismus ist mehr als bleiben wollen, wo man geboren ist.

26 | Fragen zur Diskussion

Diskutieren oder schreiben Sie über eines der folgenden Themen. Verwenden Sie dabei die Redemittel.

1. Könnte es eine Episode wie die Unterschriftenaktion Nationalstolz auch in Ihrem Land geben? Warum (nicht)?

2. Sprechen Politiker in Ihrem Land anders miteinander als die deutschen Politiker?

3. Kann Patriotismus negativ sein?

Filmtipp: *Kebab Connection* **(Anno Saul, 2005)**

Ibo, ein junger Türke träumt davon, Kung-Fu Filme zu machen. Als seine deutsche Freundin schwanger wird, kommt er nicht nur bei den Eltern in Schwierigkeiten.

Über Zukünftiges sprechen: Das Futur II

STRUKTUREN

- The future perfect tense (**das Futur II**) is used to express something that will have happened by a specified point in the future.

  Vor dem Ende des Jahres **werden** viele Touristen aus dem In- und Ausland Köln **besucht haben**.

  Bis zum Ende des Jahres **werden** auch viele Besucher aus Amerika nach Köln **gereist sein**.

- The future perfect tense is formed by using a conjugated form of the auxiliary **werden** + past participle + **haben** or **sein** in the infinitive.

		besuchen	reisen
ich	**werde**		
du	**wirst**		
er/es/sie	**wird**	besucht haben	gereist sein
wir	**werden**		
ihr	**werdet**		
sie	**werden**		
Sie	**werden**		

- The future perfect is also used to express probability about something that has already happened. In this case, the particles **schon** and **wohl** are often added.

> Der Rhein hat Hochwasser. Es **wird *wohl*** viel **geregnet haben.**

> Die Kölner Innenstadt ist ziemlich ruhig. Die meisten Menschen **werden *schon*** ins Bett **gegangen sein.**

27 | Köln steht Kopf

Spekulieren Sie mit Ihrem Partner / Ihrer Partnerin darüber, was wohl die Ursache (*cause*) für die folgenden Situationen gewesen ist.

Alle Kölner sind schrecklich müde. →

Sie werden wohl zu lange gefeiert haben.

1. Am Rosenmontag ist die Kölner Innenstadt menschenleer.
2. Der Rhein hat eine leuchtend (*shining*) gelbe Farbe.
3. Die Amerikaner lesen lieber Heinrich Böll als Stephen King.
4. In den Museen Kölns muss man keinen Eintritt mehr bezahlen.
5. Der Kölner Dom ist verschwunden.
6. Die neue Kölner Spezialität ist „Hot Dog".

LEKTÜRE

Vor dem Lesen

28 | Fragen zum Thema

1. Sind Sie stolz auf Ihr Land, wenn Sie im Ausland sind?
2. Wie denken andere Nationen über Ihr Land?
3. Gibt es Negatives in der Geschichte Ihres Landes?

Beim Lesen

Lesen Sie zuerst alle Interviews durch und machen Sie Notizen zu jeder Person, ihrer Meinung zum Patriotismus, zu Europa, und zu anderen Ländern (Aktivität 29). Achten Sie auch darauf, welche Verbindungen die Personen herstellen (Aktivität 30). Schreiben Sie beim zweiten Durchlesen für jede befragte Person eine kleine Zusammenfassung. Was haben alle gemeinsam (*in common*) (Aktivität 31)? Konzentrieren Sie sich dann noch einmal auf die Modalverben und wie sie verwendet werden (Aktivität 32).

29 | Andere Länder

 Die befragten Personen vergleichen Deutschland mit anderen Ländern. Was sagen die Personen über andere Länder? Einige der Befragten sprechen auch über Europa. Was wird über Deutschland und Europa gesagt? Machen Sie Notizen!

30 | Verbindungen

 Welche Aspekte verbinden die befragten Personen mit dem Thema Nationalstolz? Machen Sie eine Liste.

31 | Zusammenfassen

 Fassen Sie jedes Interview in ein paar Sätzen zusammen (*summarize*). Was ist für die Person der wichtigste Aspekt? Findet die Person, dass Nationalstolz ein wichtiges Thema ist? Wie ist die Haltung (*attitude*) der Person zu diesem Thema?

32 | Modalverben

Unterstreichen Sie alle Modalverben, die Sie finden, und bestimmen Sie sie grammatikalisch so genau wie möglich. Was ist die konkrete Bedeutung im jeweiligen Zusammenhang?

Ich **kann** (*ability*) mir nicht vorstellen, dass das Thema Nationalstolz Jugendliche heute überhaupt interessiert.
kann = first-person singular, present tense

Man **darf** (*permission*) selbstbewusst sein, **sollte** (*recommendation*) es aber nicht übertreiben.
darf = third-person singular, present tense; **sollte** = third-person singular, subjunctive II present tense

---

lit. loose

Endlich locker° sehen – Darf man stolz sein auf Deutschland, oder ist Patriotismus hierzulande für immer out?

FOCUS-befragte Schüler zum Thema Patriotismus

ALEXANDER, 17

Zeit … time-consuming

exaggerated

glorification / are melting together

origin

Das ist eine Zeit raubende° und nutzlose Diskussion. Als ob wir keine anderen Probleme in diesem Land hätten. Ich glaube, dass meine Generation nicht viel Wert auf einen übertriebenen° Nationalstolz legt. Ich vermisse es auch nicht, dass der Patriotismus in Deutschland nicht so zelebriert wird wie in den USA oder Frankreich. Was nutzt denn die Verherrlichung° seines eigenen Landes? Die Staaten verschmelzen° immer mehr; die Grenzen verschwinden. Da ist es eher ein Hindernis, wenn man sich zu sehr auf seine Herkunft° beruft. Letztendlich ist es doch eine Garantie für gar nichts, wenn man Deutscher ist. Wir können höchstens froh darüber sein, dass wir in diesem Land leben können.

RUTH, 18

fabricated issue

aufs … lit. lead someone onto slippery ice; conversational maneuver to expose the opponent

extremist party

europäisches … feeling of European unity

Ich kann mir nicht vorstellen, dass das Thema Nationalstolz Jugendliche heute überhaupt interessiert. Das Ganze ist doch eine lächerliche Scheindiskussion°, in der sich die Parteien gegenseitig aufs Glatteis führen° und Vorwürfe machen wollen. Wenn jemand sagt „ich bin stolz Deutscher zu sein", klingt das für mich sehr nach Republikanern°. Der Satz kommt aus der Rechten Ecke. Warum sollte man das denn sonst sagen, außer wenn man nichts anderes als den Nationalstolz vorzuweisen hat? Stolz kann man nur auf eine Leistung sein, die man selber erbracht hat. Wenn schon habe ich eher ein europäisches Gemeinschaftsgefühl°.

FELIX, 18

Wenn es Hitler und den Nationalsozialismus nicht gegeben hätte, könnte man wahrscheinlich eher sagen: „Ich bin stolz, Deutscher zu sein." Um sich heute von den Rechtsradikalen eindeutig zu distanzieren, sollte man auf diesen Satz besser verzichten. Wer ihn trotzdem sagen möchte, sollte genau erklären, warum er dazu steht. Ich lebe gern in Deutschland und bin gern Deutscher. Wenn ich im Ausland bin, stelle ich auch die guten Seiten meines Landes heraus. Es ist nicht schlimm, *confident, self-assured*   wenn man selbstbewusst° auftritt. Übertreiben sollte man es aber nicht. Dafür hat man als Deutscher keinen Grund.

MAXIMILIAN, 18

Ich finde es schwierig, ein Nationalgefühl zu entwickeln. Vielleicht ist das auch heute nicht mehr zeitgemäß. Womit soll man sich denn identifizieren? [. . .] Die Stolz-Debatte geht an mir eher vorbei. Unsere Generation sollte nicht mehr für die Fehler der Nationalsozialisten verantwortlich gemacht werden. Auf der anderen Seite können wir nicht auf Verdienste Goethes stolz sein. Der hat übrigens viel in Italien gelebt und geschrieben. Die Sache mit der Nationalität sollte man endlich locker sehen. Als Frage *= Michael Schuhmacher[1]*   der Sympathie: Der Schumi° ist mir zum Beispiel unsympathisch, deutsch oder nicht. Da halte ich zu Mika Häkkinen[2].

TIM, 17

Ich fühle mich in Deutschland wohl und mag mein Land. Wenn man sich als Deutscher zu seinem Vaterland bekennt, läuft man vor allem Gefahr, als Nationalist in die Ecke gestellt zu werden. Auf Grund *Auf Grund . . . Because of our past*   unserer Vergangenheit° ist es einfach schwierig, diesen Satz zu sagen. Seinen Stolz sollte man besser für sich behalten. Die Politiker führen *to exploit them politically*   diese Debatte nur, um sie parteipolitisch auszuschlachten°. Wenn *= Umweltminister Jürgen Trittin / = CDU-Generalsekretär*   Trittin° sagt, dass Laurenz Meyer° wie ein Skinhead aussieht, dann sind das auch Nazi-Methoden. Das Aussehen eines Menschen hat nichts mit seiner politischen Einstellung zu tun.

ADRIAN, 18

So eine Debatte ist nur in Deutschland möglich. Ein Heimatgefühl, innere Verbundenheit, Stolz muss doch absolut nichts mit Rechtsradikalismus zu *allow*   tun haben. Das muss man doch Deutschland zugestehen° wie Amerika, Frankreich oder anderen Ländern auch. Aber die Begriffe [. . .] sind eben *misused*   zu stark missbraucht° worden. Auf Grund unserer Geschichte wird das *difficult journey*   für die Deutschen noch lange eine Gratwanderung° bleiben.

---

[1] German Formula-1 race car driver
[2] Finnish Formula-1 race car driver.

NELLY, 16

Ich finde es richtig, was der Bundespräsident gesagt hat. Man kann
nur auf etwas stolz sein, wozu man selbst etwas beigetragen° hat. Ich *contributed*
bin höchstens stolz darauf, was Deutschland erreicht hat. Damit kann
ich mich identifizieren. Auf unsere Demokratie bin ich stolz, auf unser
Sozialsystem, unseren Wohlstand° und dass wir in Frieden mit anderen *affluence*
Ländern zusammenleben. Für die Politiker ist es meiner Ansicht nach
sehr schwer, zu diesem Thema Stellung zu nehmen°. Einerseits müssen *to take a position*
sie als Repräsentanten für ihr Land stehen, andererseits darauf achten,
nicht in eine radikale Ecke gestellt zu werden. Die Aggressivität der
Auseinandersetzung° zeigt, wie wichtig die Nationalstolz-Diskussion *confrontation*
anscheinend für unser Land ist.

NICO, 18

Ich fühle mich vor allem als Europäer. Ich reise gern und viel und kenne
mich überall, glaube ich, ganz gut aus. Da will ich auch nicht, dass
mich jemand im Ausland wegen meiner Nationalität schief anschaut°. *=kritisiert*
Nicht, dass es mir unangenehm wäre, Deutscher zu sein – ich kann ja
schließlich nichts dafür. Aber stolz kann ich darauf irgendwie auch
nicht sein. Wenn wir allerdings die Europa-Meisterschaft im Fußball
gewinnen, bin ich als Patriot beim Feiern auch ganz vorn mit dabei.

■■■

Wortschatz

das **Aussehen**   looks,
   appearance
etwas für sich **behalten** (behält,
   behielt, hat behalten)   to keep
   (s.th. to oneself);
   **Das solltest du für dich
   behalten.**   You'd better keep
   that to yourself.
die **Einstellung, -en**   attitude
der **Europäer, -** / die **Europäerin,
   -nen**   European
das **Gefühl, -e**   feeling
das **Hindernis, -se**   obstacle,
   hurdle, impediment

klingen (klang, hat
   geklungen)   to sound
die **Leistung, -en**
   accomplishment
(etwas) **locker sehen** (sieht,
   sah, hat gesehen)   to take
   something lightly, make light
   of (s.th.)
nutzlos   useless
selbstbewusst   confident,
   self-assured
das **Sozialsystem, -e**   social
   system
überhaupt   at all

übertreiben (übertrieb, hat übertrieben)   to exaggerate

unangenehm   unpleasant

unsympatisch   unpleasant (person)

vermissen (hat vermisst)   to miss

verschmelzen mit (verschmolz, ist verschmolzen)   to melt together (with)

verschwinden (verschwand, ist verschwunden)   to disappear

(auf etwas) **Wert legen** (hat gelegt)   to insist (on s.th.); **Darauf lege ich viel Wert.** That is very important to me.

sich **wohl fühlen** (fühlt sich wohl, fühlte sich wohl, hat sich wohl gefühlt)   to feel good, be comfortable

der **Wohlstand**   affluence

Nach dem Lesen

33 | Fragen zum Text

1. Was sagt Alexander über das Verschmelzen der Staaten und das Verschwinden der Grenzen?
2. Was sagt Ruth über die Motivation der Parteien, über das Thema Nationalstolz zu debattieren?
3. Was sagt Felix über sein Verhalten als Deutscher im Ausland?
4. Was sagt Maximilian über die Fehler der älteren Generationen?
5. Was sagt Tim über den Umweltminister und den CDU-Vorsitzenden?
6. Wie denkt Adrian über Patriotismus und Rechtsextremismus?
7. Worauf ist Nelly stolz?
8. Wann ist Nico patriotisch?

34 | Fragen zum Nachdenken und Diskutieren

1. Welche Person ist dem Patriotismus gegenüber am kritischsten?
2. Welche Aussagen haben Sie am meisten überrascht?
3. Welche Person erklärt ihren Standpunkt am besten?
4. Welche Person ist am ehesten ein wenig patriotisch?
5. Was sagen die Schüler über Europa?
6. Was sagen sie über die USA?

35 | Meine Meinung . . .

Vervollständigen Sie die Sätze aus den Interviews, indem Sie Ihre eigene Meinung äußern.

1. Die Staaten verschmelzen immer mehr; die Grenzen verschwinden. Da ist es _____, wenn man sich auf seine Nationalität beruft, weil _____.

2. Wenn jemand sagt „ich bin stolz, Deutscher zu sein", klingt das für mich _____.

3. Wenn ich im Ausland bin, versuche ich _____.

4. Unsere Generation sollte _____.

5. Die deutschen Politiker führen diese Debatte über den Nationalstolz, weil _____.

6. Es muss doch auch in Deutschland möglich sein, _____.

7. Die Aggressivität in diesem politischen Szenario der Nationalstolzdebatte zeigt, dass _____.

8. Ich fühle mich vor allem als _____. Ich will nicht, dass mich jemand im Ausland _____.

9. Wenn wir die Meisterschaft im _____ gewinnen, bin ich _____.

36 | Rollenspiel

Veranstalten Sie eine Talkshow im Unterricht und debattieren Sie über die Unterschriftenaktion Nationalstolz. Sie brauchen einen Moderator, den Vorsitzenden und einige Spitzenkandidaten der CDU, den Umweltminister und weitere Politiker der Grünen und vielleicht einige junge Deutsche und Amerikaner, die ihre Meinung äußern wollen.

37 | Schreibübung

1. Schreiben Sie aus diesen Interviews einen zusammenhängenden Bericht über die Haltung junger Deutscher zum Patriotismus. Extrahieren (*Extract*) Sie aus den Interviews die Aspekte, die Sie in Ihrem Bericht erwähnen sollten.

   Junge Deutsche denken relativ kritisch über Patriotismus und Nationalstolz.

   Einige junge Deutsche glauben, dass . . .

2. Stellen Sie – im Futur und Futur II – Vermutungen (*assumptions*) darüber an, wie wohl die nächste Generation der jungen Deutschen zu dieser Frage stehen wird. Verwenden Sie dabei die Redemittel.

   Ich bin mir nicht sicher, ob die nächste Generation der jungen Deutschen sich viele Gedanken über Nationalstolz machen wird. Vielleicht wird in Europa . . .

3. Schreiben Sie über die Nationalstolz-Debatte in Deutschland im Allgemeinen und vergleichen Sie mit anderen Ländern, die Sie kennen. Verwenden Sie dabei die Redemittel aus Kapitel 3.

 Verglichen mit jungen Amerikanern denken deutsche Jugendliche relativ kritisch über Patriotismus . . .

4. Fragen Sie einige Personen, ob sie patriotisch sind (fragen Sie, warum sie patriotisch sind und was es für sie bedeutet) und schreiben Sie einen Bericht. Sie können aus Ihren Interviews die wichtigsten Aspekte extrahieren und so einen Bericht schreiben.

 Bei uns denkt man über Patriotismus ganz anders als in Deutschland . . .

38 | Brief

 Schreiben Sie aus Ihrer Perspektive einen Brief über das Thema Nationalstolz an eine Person in Deutschland. Verwenden Sie dabei die Redemittel.

 Liebe(r) _____,

Ich habe gestern an Dich denken müssen, denn ich habe in einem Nachrichtenmagazin einen Artikel über das Thema Nationalstolz in Deutschland gelesen und . . .

ZUM SCHLUSS

39 | Aktuelle Themen

Denken Sie noch einmal darüber nach, mit wem Sie über was sprechen. Was sind Themen, die Sie im Moment interessieren? Worüber diskutieren Sie oft? Glauben Sie, junge Deutsche diskutieren anders oder über andere Themen als junge Leute in Ihrem Land?

Das letzte Wort: *locker*

Locker sein bedeutet **entspannt** (*relaxed*) **sein**. Etwas **locker sehen** heißt es **leicht nehmen** (*take it lightly*) und nicht so viel darüber diskutieren und nachdenken.

Was könnte oder sollte man in Ihrem Land **locker sehen**?

Station

DRESDEN 8

1 KUTURELLE PERSPEKTIVEN

Station Dresden: Informationen und Aktivitäten

EINE BERÜHMTE DRESDNER BEWEGUNG
Die Künstlergruppe *Die Brücke*

Kulturnotiz
Daniel Barenboim – Ein Leben in Deutschland

VIDEO
Dresden

STRUKTUREN
Satzverbindungen: Koordinierende
Konjunktionen
Zweiteilige Konjunktionen
Subordinierende
Konjunktionen

LEKTÜRE
Skandal oder Chance? – Daniel Barenboim dirigiert Wagner in Israel: Nach einem Artikel in *Haaretz Daily Newspaper*, Jerusalem

Arbeitsbuch
pp. 81–92

Audioprogramm
www.thomsonedu.com/german/stationen

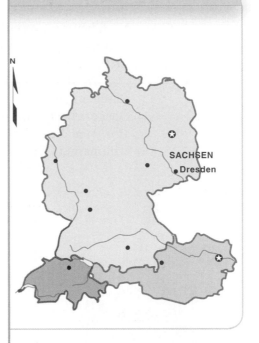

SACHSEN
• Dresden

■ Mit neun historischen Schaufelraddampfern (*river boats*) ist die Sächsische Dampf- schiffahrtsgesellschaft (*steamship association*) die größte und älteste Schaufelraddampfer- flotte (*river boat fleet*) der Welt. Würden Sie auch gerne mit einem Schaufelraddampfer fahren? Haben Sie so eine Fahrt schon einmal irgendwo anders gemacht?

Station: Dresden

Seit dem 15. Jahrhundert war Dresden Residenz der sächsischen Herzöge, Kurfürsten und Könige. Im Laufe ihrer Geschichte erlebte die Stadt sowohl prachtvolle° als auch tragische Zeiten. Seit dem 16. Jahrhundert entstanden in Dresden wichtige Werke der Baukunst. Noch heute repräsentieren Schloss, Zwinger, Frauenkirche und das Opernhaus von Gottfried Semper den Ruhm° der Dresdner Architektur.

Im 18. Jahrhundert war Dresden ein wichtiges Zentrum europäischer Politik, Wirtschaft und Kultur; besonders die italienische Oper erlebte einen Höhepunkt. Im 19. Jahrhundert lebten und arbeiteten die Komponisten Carl Maria von Weber und Robert Schumann in Dresden. Richard Wagner komponierte hier seine Opern *Tannhäuser* und *Lohengrin*.

Anfang des 20. Jahrhunderts machte die Künstlergruppe *Die Brücke* Dresden zu einem der Zentren des Expressionismus. Mit Oskar Kokoschka und Otto Dix wirkten° weitere bedeutende Künstler in der Stadt. Doch die Nazionalsozialisten verboten die avantgardistischen künstlerischen Bewegungen, und vor allem jüdische Künstler wurden verfolgt und deportiert.

Seit dem Ende des Zweiten Weltkrieges ist auch Dresden ein Symbol der Zerstörung durch den Zweiten Weltkrieg. Fünf Luftangriffe vernichteten° das Zentrum von Dresden fast vollständig°, und viele der barocken und klassizistischen Baudenkmäler° gingen verloren. In mühevoller Arbeit wurden Gebäude wie die Semperoper (1985) und die Frauenkirche (2005) wieder aufgebaut und eröffnet.

■ Die Dresdner Frauenkirche, erbaut 1731–1743, zerstört im zweiten Weltkrieg und wieder aufgebaut 1995–2005

prachtvolle *glorious*   Ruhm *fame*   wirkten *arbeiteten*
vernichteten *destroyed*   vollständig *completely*
Baudenkmäler *architectural monuments*

Geschichte

1206	1547	1698	18 Jh.	1842–1864	1905
Das slavische Dorf *Drezdany* wird erstmals als Stadt erwähnt.	Nach der Reformation wird Dresden Hauptstadt des protestantischen Landes.	Kurfürst August der Starke wird König von Polen, und Dresden wird europäisches Kulturzentrum.	Dresden wird zur Barockstadt; Zwinger, Frauenkirche und viele andere Bauten entstehen.	Richard Wagner lebt in Dresden. Die Semperoper wird weltberühmt.	Die Künstlergruppe *Die Brücke* entsteht. Dresden wird Zentrum des Expressionismus.

Statistik	
Einwohnerzahl:	480.000
Fläche:	330 km²
Museen in Dresden:	37

1 | Fragen zur Station

1. Welche wichtigen Werke der Baukunst gibt es in Dresden?
2. Welche berühmten Komponisten lebten in Dresden?
3. Welche Opern komponierte Wagner in Dresden?
4. Welche Künstlergruppe des Expressionismus war in Dresden aktiv?
5. Was geschah mit vielen jüdischen Künstlern während der Nazizeit?
6. Warum ist Dresden noch heute ein Symbol der Zerstörung?
7. Wann wurde die Semperoper wieder eröffnet?
8. Was geschah nach dem Krieg mit der Dresdner Frauenkirche?

movement

EINE BERÜHMTE DRESDNER BEWEGUNG°
Die Künstlergruppe Die Brücke *(1905–1913)*

1905 gründeten die vier Architekturstudenten Ernst Ludwig Kirchner, Erich Heckel, Karl Schmidt-Rottluff und Fritz Bleyl in Dresden die Künstlervereinigung *Die Brücke*, die zu den wichtigsten Repräsentanten des deutschen Expressionismus gehört.

   1906 kamen Emil Nolde, Max Pechstein, der Schweizer Maler Cuno Amiet und der Holländer Lambertus Zijl zur Gruppe, und die erste von sieben Jahresmappen° wurde veröffentlicht. Danach folgten zahlreiche Wanderausstellungen°. 1910 trat Otto Müller bei, der an den Akademien in Dresden und München studiert hatte. Müllers Stil hatte mit den leuchtenden°

Jahresmappen *annual collections*   Wanderausstellungen *traveling exhibitions*   leuchtenden *luminous, bright*

■ Ernst Ludwig Kirchner: *Eisenbahnüberführung Löbtauer Straße in Dresden*

1933–1945	1945	1985	1989	2002	2005
Die Nazis verbieten die künstlerischen Bewegungen in Dresden.	Fünf Luftangriffe zerstören das Zentrum von Dresden fast vollständig.	Die Semperoper wird nach dem Wiederaufbau wieder eröffnet.	Massendemonstrationen führen zur Wiedervereinigung Deutschlands.	Bei der „Jahrhundertflut" 2002 steht die Semperoper 8 Meter unter Wasser.	60 Jahre nach der Zerstörung wird die Frauenkirche wieder eröffnet.

Farben der *Brücke* nicht viel gemeinsam, aber seine Einstellung° zu Leben und Kunst verband ihn eng mit den anderen Künstlern.

In einem Metzgerladen° in einem Dresdner Arbeiterviertel° arbeiteten sie gemeinsam an alltäglichen Motiven: Landschaften, Straßenszenen, Porträts, Atelierszenen und Akten°. In den Sommermonaten trennten sich die Künstler, um dann in Dresden ihre Erfahrungen zusammen zu verarbeiten. Ihre Bilder sollten Kunst und Leben in Harmonie bringen.

Ihre Vorbilder° fanden die jungen Maler durch Ausstellungen in Dresden: 1905 van Gogh, 1906 Munch, Nolde, Seurat, Gauguin und van Gogh, 1908 wieder van Gogh. Eine andere Inspirationsquelle waren Holzfiguren und Masken aus der Südsee, die Kirchner im Völkerkunde-Museum° in Dresden entdeckt° hatte.

In ihren Bildern entfernte sich die Farbe von der Natur und wurde zum reinen Ausdruck der Emotion: leuchtend und impulsiv. Die traditionelle Perspektive und die akademischen Proportionen wurden aufgegeben, um impulsiv und spontan zu arbeiten.

In der sechsjährigen gemeinsamen Arbeit hatten sich die Künstler so stark entwickelt, dass das Arbeiten in der Gruppe nicht mehr notwendig war. Als Erster trat Pechstein aus, 1913 löste sich die Gruppe auf, und die Künstler arbeiteten alleine weiter.

1933 wurden alle ihre Mitglieder von den Nazis als „entartet"° diffamiert°; ihre Bilder wurden aus Museen entfernt, verkauft oder verbrannt.

Einstellung *attitude*   Metzgerladen *butcher's shop*   Arbeiterviertel *working-class neighborhood*   Akten *nudes*   Vorbilder *models*   Völkerkunde-Museum *ethnology museum*   entdeckt *discovered*   „entartet" *degenerate*   diffamiert *defamed*

2 | Richtig oder falsch?

Sagen Sie, ob die folgenden Aussagen über die Künstlergruppe *Die Brücke* richtig oder falsch sind. Wenn sie falsch sind, korrigieren Sie sie.

1. *Die Brücke* wurde 1905 in Dresden gegründet.

2. *Die Brücke* repräsentiert den Impressionismus.

3. Die Künstler arbeiteten in einem eleganten Atelier in einer Dresdner Villa.

4. Im Sommer fuhren sie alle zusammen an die Nordsee.

5. Ihre Inspiration waren Künstler wie Van Gogh und Gauguin.

6. 1908 fuhren alle zusammen in die Südsee.

7. 1913 löste sich die Gruppe auf und alle arbeiteten alleine weiter.

8. Die Nazis hielten die Kunst der *Brücke* für entartet und konfiszierten alle Bilder aus den Museen.

3 | Sätze verbinden

Verbinden Sie die Satzteile 1–6 mit den Satzteilen a–f, um sinnvolle
Sätze zu bilden.

1. *Die Brücke* Künstler malten in
   leuchtenden Farben,

2. *Die Brücke* Künstler malten
   alltägliche Motive,

3. Otto Müller hatte nicht viel mit
   dem Stil der *Brücke* gemeinsam,

4. Um spontan und impulsiv zu
   malen,

5. Sie trennten sich 1913,

6. Die Nazis konfiszierten die Bilder
   aus den Museen,

a. damit die Farbe zum
   Ausdrucksmittel der
   Emotionen wurde.

b. denn seine Bilder hatten
   nicht die leuchtenden Farben,
   die für *Die Brücke* Künstler
   charakteristisch waren.

c. weil sie Kunst und Leben
   harmonisch verbinden
   wollten.

d. weil das gemeinsame
   Arbeiten in der Gruppe nicht
   mehr notwendig war.

e. entfernten sie sich von
   traditionellen Perspektiven
   und Proportionen.

f. weil sie sie für entartet
   hielten.

4 | Künstlerportraits

Bilden Sie Gruppen oder Paare und suchen Sie Informationen über einen
der im Text genannten Künstler. Suchen Sie Biographien und Beispiele
für die Werke des jeweiligen Künstlers. Berichten Sie dann im Kurs über
die Motive, die Farben, den Stil, die Einflüsse, Inspirationsquellen und
Intentionen des Künstlers.

■ Ernst Ludwig Kirchner: *Eine Kunstlergemein-
schaft* (Die Maler der Brücke). 1925–1926

5 | Andere berühmte Dresdner

Suchen Sie Informationen über die folgenden Personen. Wer sind sie? Was haben sie gemacht?

Günter Behnisch	Oskar Kokoschka
Otto Dix	Robert Schumann
Erich Kästner	Richard Wagner
Victor Klemperer	Carl Maria von Weber

Aufgaben im Internet

6 | Suchbegriffe

Forschen Sie mit den folgenden Suchbegriffen im Internet. Links zu den Webseiten finden Sie unter www.thomsonedu.com/german/stationen.

Stadt Dresden

1. Welche aktuellen Nachrichten gibt es?
2. Was wird über Dresden als Kunststadt gesagt?
3. Finden Sie Informationen über die Musikszene in Dresden.

Frauenkirche

4. Finden Sie Informationen über die Geschichte der Frauenkirche.
5. Was kann man über den Wiederaufbau der Frauenkirche erfahren?
6. Suchen Sie Bilder der Frauenkirche aus verschiedenen Epochen der Geschichte.

Semperoper

7. Was kann man über die Geschichte der Semperoper erfahren?
8. Was steht hier über die Flut von 2002?
9. Was steht auf dem aktuellen Spielplan?

Staatliche Kunstsammlungen Dresden

10. Suchen Sie Informationen über die wichtigsten Museen in Dresden. Was ist das Grüne Gewölbe (*Green Vault*)? Was gibt es in der Gemäldegalerie Alte Meister zu sehen? Was gibt es in der Gemäldegalerie Neue Meister?
11. Suchen Sie im Bildarchiv nach Künstlern oder Bildern, die Sie interessieren. Was finden Sie?
12. Wo ist die Sixtinische Madonna zu finden?

7 | Sachsen

Suchen Sie Informationen über die Regionen im Bundesland Sachsen: Erzgebirge, Vogtland, Sächsische Schweiz, Oberlausitz und die Städte Meißen und Chemnitz. Erfinden Sie einen Fernseh-Werbespot (*TV commercial*) für eine Region oder Stadt, indem Sie die interessanten Aspekte der Region oder Stadt beschreiben. Links finden Sie unter www.thomsonedu.com/german/stationen. Arbeiten Sie in Gruppen. Spielen Sie die Werbespots im Kurs vor!

8 Richtig oder falsch?

Forschen Sie weiter in diesen Seiten und entscheiden Sie, ob die folgenden Aussagen korrekt sind. Wenn sie falsch sind, korrigieren Sie sie.

1. Die historische Altstadt liegt rechts der Elbe.

2. In der Semperoper kann man die Sächsische Staatskapelle hören.

3. Der *Zwinger* ist ein großer Tierpark in Dresden.

4. Die Frauenkirche wurde 1945 zerstört.

5. 1992 beschloss die Stadt Dresden, die Frauenkirche wieder aufzubauen.

6. Gottfried Semper war Komponist und Dirigent der Sächsischen Staatskapelle.

■ Semperoper Dresden, erbaut 1814 vom Architekten Gottfried Semper

7. Das *Grüne Gewölbe* ist ein Weinkeller im Residenzschloss.

8. Michelangelo malte 1512 die *Sixtinische Madonna*.

9. In der Galerie Neue Meister kann man einige Bilder von Ernst Ludwig Kirchner finden.

9 Lokale Presse

Gehen Sie zu den folgenden Webseiten im Internet. Links finden Sie unter www.thomsonedu.com/german/stationen. Was sind die Schlagzeilen? Wie wirken diese Zeitungen auf Sie? Wie sind Sprache und Präsentation— einfach oder komplex, plakativ oder seriös, modern oder altmodisch? Was ist besonders interessant?

Dresdner Neueste Nachrichten

Sächsische Zeitung

 Listen to this chapter's audio segments on www.thomsonedu.com/german/stationen.

10 Nachrichtenrunde

 Arbeiten Sie in Gruppen oder Paaren. Berichten Sie über einen Aspekt, den Sie beim Surfen im Internet gefunden haben.

11 | Fragen zum Nachdenken und Diskutieren

 Bearbeiten Sie diese Fragen in Paaren oder kleinen Gruppen. Machen Sie Notizen und geben Sie im Kurs einen kleinen Bericht. Bringen Sie die Resultate Ihrer Internetsuche dabei ein.

1. Inwiefern kann Kunst etwas mit Politik zu tun haben? Denken Sie an die Künstlergruppe *Die Brücke* oder andere Künstler, die Sie kennen.

2. Für viele Menschen ist Dresden eine traurige Stadt, denn im Krieg ist vieles zerstört worden. Ist der Wiederaufbau alter Gebäude ein Versuch, die Geschichte zu vergessen? Erklären Sie Ihre Meinung.

3. Welche Aspekte machen Dresden zu einer Stadt der Kunst? Vergleichen Sie mit Köln. Was haben die Städte gemeinsam, was ist anders?

Satzverbindungen: Koordinierende Konjunktionen

Coordinating conjunctions connect words, phrases, or clauses and do not affect word order[1].

Coordinating Conjunction	English Equivalent	Remarks	Examples
und	*and*	adds information by linking another word, phrase, or clause	Die Künstlervereinigung *Die Brücke* wurde 1905 gegründet **und** gehört zu den wichtigsten Bewegungen des deutschen Expressionismus. Der Schweizer Maler Cuno Amiet **und** der Holländer Lambertus Zijl kamen 1906 zur Künstlervereinigung *Die Brücke*.
oder	*or*	shows an alternative between two words, phrases, or clauses	Oft arbeiteten die Künstler gemeinsam an Straßenszenen **oder** Porträts. Viele Touristen besuchen in Dresden die Semperoper **oder** machen mit dem Schaufelraddampfer eine Fahrt auf der Elbe.

STRUKTUREN

[1] Subordinating conjunctions, which will be addressed later in this chapter, do affect word order.

denn	*because*	provides a cause	Alle Bilder wurden aus den Museen entfernt, **denn** die Nazis hielten die Kunst der *Brücke* für entartet.
aber	*but*	adds a phrase or clause with contrasting information	1945 wurde die Frauenkirche zerstört, **aber** 60 Jahre später ist sie wieder für Besucher geöffnet worden. Otto Müllers Stil hatte mit der *Brücke* nicht viel gemeinsam, **aber** seine Einstellung zu Leben und Kunst verband ihn mit den anderen Künstlern.
sondern	*but rather*	adds a phrase or clause with contrasting information that contradicts information given in the first phrase; the first phrase has to contain a negation, such as **nicht, kein-, nie**	*Die Brücke* ist kein Bauwerk, **sondern** der Name einer Künstlervereinigung. Nicht der Rhein, **sondern** die Elbe fließt durch Dresden.

12 | August der Starke

 Wählen Sie mit Ihrem Partner / Ihrer Partnerin gemeinsam die passende Konjunktion und setzten Sie sie in die Lücken ein.

Friedrich August wurde 1670 geboren. In seiner Jugend konnte er nach Italien _____[1] (aber/und/sondern) Frankreich reisen, _____[2] (oder/und/denn) sein Bruder war für die Thronfolge bestimmt. Doch 1694 starb der Bruder unvorhergesehen, _____[3] (sondern/und/denn) Friedrich August musste die Regierungsgeschäfte des Kurfürsten von Sachsen übernehmen. 1697 wurde er zum König von Polen gekrönt, _____[4] (aber/sondern/und) er galt nicht in der Politik als erfolgreich, _____[5] (aber/sondern/und) in der Kunst. Während seiner Zeit entstanden große Gemäldesammlungen _____[6] (und/aber/oder) prächtige (*splendid*) Barockbauten wie etwa der Zwinger _____[7] (sondern/denn/oder) die Frauenkirche. Nach seinem Tod 1733 wurde August der Starke nicht in Sachsen, _____[8] (und/aber/sondern) in Warschau begraben, _____[9] (aber/sondern/oder) sein Herz wurde nach Dresden gebracht.

13 | Ein koordiniertes Gedicht

Schreiben Sie mit Ihrem Partner / Ihrer Partnerin ein Gedicht mit Konjunktionen nach dem folgenden Muster und stellen Sie es dann im Kurs vor.

Adjektiv / Nomen / **und** / Adjektiv / Nomen
Nicht / Verb im Infinitiv / **sondern** / Verb im Infinitiv
Ein vollständiger Satz, verbunden mit **denn**
Nomen / **oder** / Nomen
Adjektiv / **aber** / Adjektiv

> **z.B.**
>
> Lange Straßen und hohe Fassaden
> Nicht stehen, sondern weiter gehen
> [. . .]

Kulturnotiz

14 | Fragen zum Thema

1. Gehen Sie gern in die Oper?
2. Haben Sie schon von dem Pianisten und Komponisten Daniel Barenboim gehört?
3. Was wissen Sie über Richard Wagner und seine Opern?

Daniel Barenboim: Ein Leben in Deutschland

Daniel Barenboim

liking

Als Daniel Barenboim als junger Pianist nach dem zweiten Weltkrieg von Wilhelm Furtwängler[2] eingeladen wurde, bei den Berliner Philharmonikern zu spielen, verbot sein Vater ihm nach Deutschland zu reisen. Kurz nach dem Krieg war es für einen jungen jüdischen Musiker zu früh, in Berlin zu arbeiten. Barenboim lebte damals mit seinen Eltern in Israel. In späteren Jahren dirigierte Barenboim überall auf der Welt, vor allem in Deutschland, und wurde zu einem der populärsten Musiker und Dirigenten.

2003 gewann Barenboim mit der Berliner Staatskapelle den Grammy für die beste Opernaufnahme mit Richard Wagners *Tannhäuser*. Barenboims Vorliebe° für Wagner ist für viele Juden nicht ganz

---

[2] Dirigent der Berliner Philharmoniker

verständlich. Viele Menschen bringen noch heute Wagners Opern mit dem Nationalsozialismus in Verbindung. Wagners Opern thematisieren die germanische Mythologie, und Adolf Hitler hat Wagners Opern *supposedly* angeblich° deshalb geliebt. Das ist für viele Menschen ein Grund, Wagner mit der Nazizeit zu assoziieren. In Israel ist es seit dem Krieg sogar verboten, Wagner zu spielen.

Wagner enthusiast Aber Daniel Barenboim glaubt nicht an diese Interpretation von Wagners Musik. Der Musiker und Wagner-Liebhaber° Barenboim schrieb vor kurzem in einem Artikel in *Die Zeit* über sein Leben in Deutschland:

> Die Deutschen haben der Welt soviel Geistiges geschenkt – man denke an Bach, Beethoven, Wagner, Heine, Goethe, um nur einige Beispiele zu nennen, aber vielleicht ist es durch die schrecklichen Erfahrungen in der Nazizeit schwer für einen Deutschen, sich mit *seiner . . . his history as a whole* seiner Gesamtgeschichte° auseinanderzusetzen. Es gibt bestimmte Dinge, die zum Deutsch-sein gehören, und andere Dinge, die universal sind. Beides beeinflusst das kulturelle Leben in Deutschland. Man darf keine Angst vor diesen Dingen haben. Ich sehe das als Musiker und bedingt durch meine persönliche Geschichte: Ich bin in Argentinien geboren, meine Großeltern waren Juden aus Russland, ich bin in Israel aufgewachsen und habe mein ganzes Leben in Europa gelebt. Ich denke in der Sprache, die ich in dem Moment spreche, und ich fühle mich deutsch, wenn ich Beethoven dirigiere, und italienisch, wenn ich Verdi dirigiere. Und dabei habe ich nicht *unfaithful* das Gefühl, dass ich dadurch meinem Ich untreu° bin – ganz im Gegenteil.

15 | Fragen zum Text

1. Warum durfte Barenboim als junger Mann der Einladung Furtwänglers nach Deutschland nicht folgen?
2. Wo lebte Barenboim nach dem Krieg?
3. Welchen deutschen Komponisten liebt Barenboim besonders?
4. Welche Assoziationen haben viele Menschen mit Wagners Opern?
5. Wo darf man Wagners Musik nicht spielen?
6. Wie denkt Barenboim über Deutschland und über Wagner?

16 | Fragen zum Diskutieren

1. Finden Sie heraus, wann Wagner geboren und gestorben ist. Was hat Richard Wagner mit dem Nazionalsozialismus zu tun? Gibt es eine Verbindung?

2. Wie ist Daniel Barenboims Haltung (*attitude*) zu Wagner?

3. Verstehen Sie, warum Wagner in Israel verboten ist? Macht es Sinn, einen Komponisten zu boykottieren? Was kann man dadurch erreichen (*achieve*)?

STRUKTUREN

Satzverbindungen: Zweiteilige Konjunktionen

Two-part conjunctions link words, phrases, and clauses in a parallel way.

Two-Part Conjunction	English Equivalent	Examples
entweder . . . oder	*either . . . or*	Von vielen Menschen wird Wagner **entweder** bewundert **oder** verachtet.
sowohl . . . als auch	*as well as; both . . . and*	Barenboim meint, **sowohl** das Deutsch-sein **als auch** universale Faktoren würden das kulturelle Leben in Deutschland beeinflussen.
nicht nur . . . sondern auch	*not only . . . but also*	Daniel Barenboim ist **nicht nur** ein hoch begabter Dirigent, **sondern auch** ein talentierter Pianist.
weder . . . noch	*neither . . . nor*	Barenboim fühlt sich **weder** als Argentinier **noch** als Israeli, sondern denkt in der Sprache, die er im Moment spricht.

17 | Werbung für Dresden

Finden Sie in einer kleinen Gruppe jeweils vier Beispiele für die vier Kategorien und entwerfen Sie dann einen kleinen Werbetext für Dresden-Besucher. Schreiben Sie dabei jeweils zwei Sätze mit **entweder ... oder, sowohl ... als auch, nicht nur ... sondern auch** und **weder ... noch**. Stellen Sie dann Ihren Werbetext im Kurs vor.

Historische Gebäude	Sonstige Sehenswürdigkeiten	Berühmte Persönlichkeiten	Das gibt es nicht in Dresden.
1.			
2.			
3.			
4.			

VIDEOBLOG: DRESDEN

Vor dem Sehen

● In Dresden entstehen täglich neue interessante Geschichten.

A | Musik

Welche Musik hören Sie gern? Welche deutschsprachigen Komponisten und Musiker kennen Sie schon?

B | Sehenswürdigkeiten

Welche interessanten Sehenswürdigkeiten gibt es in Ihrer Heimatstadt? Kann man sie besichtigen?

Beim Sehen

C | Was sehen Sie?

Kreuzen Sie an, was Sie im Video sehen.

❑ ein Schiff auf der Elbe   ❑ die Semperoper
❑ Windsurfer   ❑ einen Rosengarten
❑ einen Stadtplan   ❑ eine Bergbahn
❑ ein Schloss   ❑ ein Plakat für *Falstaff*
❑ einen Park   ❑ ein Straßencafé
❑ die Frauenkirche   ❑ eine Diskothek
❑ das Stadttheater   ❑ Kinder an einem Brunnen

D | Stimmt's?

Kreuzen Sie an, ob die folgenden Aussagen mit dem übereinstimmen, was Stefanie erzählt. Berichtigen Sie die falschen Aussagen.

	STIMMT	STIMMT NICHT
1. Dresden liegt an der Elbe.	❑	❑
2. Die Frauenkirche wurde im Krieg total zerstört.	❑	❑
3. Das *Blaue Wunder* ist eine U-Bahn Linie.	❑	❑
4. *Die Brücke* wurde Anfang dieses Jahrhunderts gegründet.	❑	❑
5. *Die Prinzen* kommen aus Dresden.	❑	❑
6. In Dresden gibt es eine interessante Klubszene.	❑	❑

E | Musik in Dresden

Was erzählt Stefanie über das Musikleben in Dresden?

F | Das Dresdner Nachtleben

Ergänzen Sie die Sätze.

1. In Dresden gibt es eine _____ Klubszene.
2. Man kann _____ haben und viel _____.
3. Es entstehen dort täglich _____ interessante _____.

Redewendungen

Stefanie benützt einige idiomatische Ausdrücke und Redewendungen. Versuchen Sie gemeinsam mit Ihrem Partner / Ihrer Partnerin, diese zu erklären und erfinden Sie ein Beispiel, in dem Sie den Ausdruck verwenden.

1. aus aller Welt
2. die Nacht zum Tag machen
3. man kann jede Menge erleben

Nach dem Sehen

G | Reflexionen

Wie gefällt Ihnen Dresden? Was haben Sie aus dem Vlog Neues erfahren über die Stadt und ihre Menschen? Wie präsentiert Stefanie ihre Stadt?

H | Sehenswürdig

Machen Sie Ihr eigenes Vlog oder schreiben Sie eine E-mail an einen Partner / eine Partnerin und berichten Sie über eine bekannte Sehenswürdigkeit an Ihrem Heimat- oder Studienort.

Wortschatz

alltäglich   common, everyday

aufbauen (baut auf, hat aufgebaut)   to construct; **wieder aufbauen** to reconstruct

die **Aufführung, -en** performance

sich **auflösen** (löst sich auf, hat sich aufgelöst)   to dissolve, disintegrate

die **Aufnahme, -n**   audio recording; photograph

der **Ausdruck, ¨e**   expression

die **Ausstellung, -en**   exhibition, art show

bedingt   related to, caused by

der **Dirigent, -en** / die **Dirigentin, -nen**   conductor (of an orchestra)

dirigieren (hat dirigiert)   to conduct (an orchestra)

einladen (lädt ein, lud ein, hat eingeladen)   to invite

entdecken (hat entdeckt) to discover

entfernen (hat entfernt) to remove

das **Ereignis, -e**   event

die **Erfahrung, -en**   experience

die **Farbe, -n**   color

die **Flut, -en**   flood

das **Geistige**   intellectual work

im Gegenteil   on the contrary

in Verbindung bringen (mit) (bringt, brachte, gebracht) to associate (with), relate (to)

der **Jude, -n** / die **Jüdin, -nen** Jewish person

jüdisch   Jewish

komponieren (hat komponiert)   to compose (music)

der **Künstler, -** / die **Künstlerin, -nen**   artist

künstlerisch   artistic; artistically

leuchtend   bright, vibrant (color)

der **Liebhaber, -**   enthusiast

die **Mühe, -n**   effort

der **Nationalsozialismus** National Socialism (Nazism)

die **Oper, -n**   opera

der **Pianist, -en** / die **Pianistin, -nen**   pianist

schrecklich   terrible; terribly

sich **trennen** (hat sich getrennt)   to separate

das **Ufer, -**   bank (of a river)

sich **untreu sein** (ist sich untreu, war sich untreu, ist sich untreu gewesen)   to be unfaithful to oneself

verbieten (verbot, hat verboten)   to forbid, prohibit

verbinden (verband, hat verbunden)   to connect, make a connection

verboten   prohibited, forbidden

verbrennen (verbrannte, hat verbrannt)   to burn

verloren gehen (geht verloren, ging verloren, ist verloren gegangen)   to be lost

verständlich   comprehensible

das **Vorbild, -er**   model

die **Vorliebe, -n**   liking, enthusiasm (for s.th.)

WORTSCHATZÜBUNGEN

18 Definitionen

Finden Sie die richtigen Begriffe für die folgenden Definitionen.

1. auseinander gehen	a. etwas entdecken
2. jemanden bitten, zu kommen	b. jemanden einladen
3. etwas Interessantes finden	c. sich trennen
4. seinen Prinzipien nicht folgen	d. etwas verbrennen
5. etwas ins Feuer werfen	e. sich untreu sein
6. etwas wegnehmen	f. etwas entfernen
7. sagen, dass man etwas nicht machen soll	g. etwas verbieten

19 Daniel Barenboim

Ergänzen Sie die Sätze mit Wörtern aus dem Wortschatz!

1. Nach dem zweiten Weltkrieg lebte der junge Barenboim bei seinen Eltern in Israel. Wilhelm Furtwängler _____ (*Imperfekt*) ihn _____, bei den Berliner Philharmonikern zu spielen.

2. Barenboims Vater _____ ihm, in Deutschland zu arbeiten.

3. Viele Juden verstehen Barenboims _____ für Wagner nicht.

4. Die Musik von Wagner ist in Israel _____.

5. Barenboim sagt: „Die Deutschen haben der Welt viel _____ geschenkt."

6. Wagner hat seine Oper *Tannhäuser* in Dresden _____.

7. Barenboim ist nicht nur Pianist, sondern auch _____.

20 Kunststadt Dresden

 Ein Tourist in Dresden möchte wissen, was es in Dresden an Kunst zu sehen gibt. Was können Sie ihm sagen?

Ausstellungen – *Die Brücke* – entfernt – Expressionismus – Farben – Flut – Galerie Alte Meister – Galerie Neue Meister – Grünes Gewölbe – Hochschule für Bildende Künste – leuchtend – Museen – Nazizeit – Raffael – *Sixtinische Madonna* – Staatliche Kunstsammlung Dresden – verboten – verbrannt – Vorbilder – *Zwinger*

> ## Wann sagt man was? – *künstlerisch, künstlich*
>
> Die Adjektive **künstlerisch** und **künstlich** klingen sehr ähnlich, sind es aber nicht. Finden Sie im Wörterbuch die passenden Definitionen und setzen Sie das jeweils passende Wort in die folgenden Sätze ein.
>
> 1. Otto Müller wurde erst 1910 Mitglied der *Brücke*. Sein _____ Stil war jedoch etwas anders.
>
> 2. Bei _____ Licht kann ein Künstler nicht gut arbeiten. Kunst braucht natürliches Licht.
>
> 3. Ernst Ludwig Kirchner nahm sich 1938 das Leben, denn er konnte den Verlust (*loss*) seiner _____ Freiheit nicht ertragen (*bear*).
>
> 4. Die _____ Vorbilder der *Brücke* Maler waren Van Gogh und Gauguin.

21 │ Was gibt es in unserer Stadt?

 Suchen Sie ein Museum in Ihrer Stadt oder in der Region (oder im Internet) und finden Sie heraus, welche Austellungen es gibt. Arbeiten Sie in Gruppen/Paaren und entscheiden Sie, welche Ausstellung Sie am interessantesten finden und warum. Berichten Sie über diese Ausstellung im Kurs!

22 │ Rollenspiel mit Wagner

  Bilden Sie Gruppen und wählen Sie eine der Wagneropern. Schreiben Sie Szenen und Dialoge mit Hilfe der folgenden Synapsen von *Tristan und Isolde* und *Tannhäuser* und verteilen Sie die Rollen an die Mitglieder. Spielen Sie dann Ihre Oper im Kurs vor.

Tristan und Isolde

Tristan wird auf einer Reise in Irland schwer verwundet°. Isolde pflegt° den verwundeten Tristan mit magischen Heilkräutern°. Tristan muss an den Hof von König Marke in Cornwall reisen. Dort findet er heraus, dass Marke Isolde heiraten will; und Tristan selbst soll Isolde überreden, den König zu heiraten. Auf der Fahrt zu König Marke trinken Tristan und Isolde einen Becher Wein, ohne zu wissen, dass es ein Liebestrank° ist. Tristan und Isolde verlieben sich und treffen sich heimlich° im Garten der Königsburg – obwohl Isolde und König Marke schon verheiratet sind. König Marke ist sehr böse auf° Tristan und Isolde; und der König

---

verwundet *wounded*   pflegt *cares for*   Heilkräutern *medicinal herbs*
Liebestrank *love potion*   heimlich *secretly*   böse . . . *mad at*

will Tristan deshalb töten lassen. Als Zeichen der Liebe und Treue gibt Isolde Tristan einen Ring. Tristan flieht. Als König Marke erfährt, dass Tristan und Isolde sich durch einen Zaubertrank verliebt haben, verzeiht° er den beiden. Aber Tristan stirbt vor Schwäche und Sehnsucht°, Isolde stirbt vor Schmerz° über Tristans Tod.

Tannhäuser

Tannhäuser will aus dem Venusberg fliehen, wo ihn die Liebesgöttin° Venus zurückhält. Er zerstört den Zauber der Venus, indem er die Mutter Gottes anruft°. Nachdem er sich aus dem Venusberg befreit hat, trifft Tannhäuser eine Gruppe von Pilgern° auf dem Weg nach Rom und betet° mit ihnen. Da kommt der Landgraf Hermann mit einer Gruppe von Minnesängern°. Wolfram von Eschenbach erkennt Tannhäuser und will, dass er mit ihnen in die Wartburg° geht. Wolfram erinnert Tannhäuser an die schöne Elisabeth, die Nichte des Landgrafen; daraufhin geht Tannhäuser mit. Auf der Wartburg sagt Elisabeth Tannhäuser, dass sie ihn liebt. Tannhäusers Rückkehr° wird mit einem großen Singfest gefeiert. Die Sänger sollen über die Liebe singen. Als Tannhäuser sein Lied singt, wissen alle, dass er im Venusberg war. Die anderen Ritter° sind empört° und wollen Tannhäuser töten. Elisabeth stellt sich schützend° vor ihn. Der Landgraf will, dass Tannhäuser mit den Pilgern nach Rom geht und vom Papst Absolution für seine Sünden° erbittet. Tannhäuser geht mit den Pilgern. Im Tal unterhalb der Wartburg wartet Elisabeth auf die Rückkehr der Pilger. Die Pilger ziehen vorbei, doch Tannhäuser ist nicht dabei. Elisabeth betet zur Mutter Gottes; sie will ihr Leben für Tannhäusers Schuld° hingeben. Elisabeth stirbt. Der völlig gebrochene° Tannhäuser kommt an; als er die tote Elisabeth sieht, stirbt auch Tannhäuser.

---

verzeiht *forgive* Schwäche ... *weakness and longing* Schmerz *suffering* Liebesgöttin *goddess of love* indem ... *by praying to the Mother of God* Pilgern *pilgrims* betet *prays* Minnesängern *minstrels* Wartburg *castle* Rückkehr *return* Ritter *knights* empört *appalled* schützend *protecting* Sünden *sins* Schuld *guilt, sins* gebrochene *broken*

STRUKTUREN

Satzverbindungen: Subordinierende Konjunktionen

Subordinating conjunctions link a main clause with a dependent clause.

- The main clause and the subordinate clause are always separated by a comma. If the subordinate clause begins the sentence, the verb of the main clause is positioned directly after the comma.
- The conjugated verb in a dependent clause is always the last element.
- The following conjunctions are used to express **temporal** relationships between clauses.

als	*when, as*	**seit, seitdem**	*since*
als ob	*as if, as though*	**sobald**	*as soon as*
bevor	*before*	**solange**	*as long as*
bis	*until; by*	**sooft**	*as often as*
ehe	*before*	**während**	*while*
nachdem	*after*		

Als der König vom Zaubertrank **erfährt**, verzeiht er Tristan.

Nachdem Tannhäuser die Pilger auf dem Weg nach Rom **trifft**, betet er mit ihnen.

- The following conjunctions are used to express **causal** relationships between clauses.

da	*as, since, seeing that*
damit	*so that*
dass	*that*
so dass	*so that*
ob	*whether, if even*
obgleich, obschon, obwohl	*though, although*
weil	*because*
wenn	*when, if whenever*
wenn . . . auch	*even though, even if*
wenn . . . nicht / kein	*unless*

Weil sie ihn **liebt**, gibt Isolde Tristan einen Ring.

Isolde trifft Tristan heimlich im Garten, **obwohl** sie schon mit König Marke verheiratet **ist**.

- The following conjunctions are used to express **modalities**.

anstatt dass	*instead of (doing)*
falls	*in case*
indem	*by*
ohne dass	*without (doing)*

Tannhäuser zerstört den Zauber der Venus, **indem** er die Mutter Gottes **anruft**.

Falls Tannhäuser vom Papst Absolution **erhält**, will der Landgraf ihm verzeihen.

23 | **Mehr Oper**

 Vervollständigen Sie gemeinsam mit einem Partner / einer Partnerin die folgenden Sätze.

1. Tannhäuser muss sich aus dem Venusberg befreien, ehe . . .
2. Nachdem Tannhäuser die Pilger auf dem Weg nach Rom trifft, . . .
3. Als Tannhäuser sein Lied singt, . . .
4. Sobald Tannhäuser die tote Elisabeth sieht, . . .
5. Während Tristan nach Irland reist, . . .
6. In Cornwall findet Tristan heraus, dass . . .
7. Opern finde ich (nicht) interessant, weil . . .

24 | **Restaurant-Hitliste**

 Bilden Sie mit Ihrem Partner / Ihrer Partnerin aus den Empfehlungen unten eine Hitliste der fünf interessantesten Restaurants in Dresden. Begründen Sie Ihre Entscheidung jeweils mit einem untergeordneten Nebensatz.

z.B. Platz eins bekommt das *Kö 5*, weil es dort einen romantischen Innenhof gibt.

Gastronomie

RESTAURANT-EMPFEHLUNGEN DRESDEN

Ball- und Brauhaus Watzke, Kötzschenbrodaer Str. 1, Tel. 0351-852920 (Spezialität: unfiltriertes und naturbelassenes selbstgebrautes Bier)

Chiaveri, Bernhard-von-Lindenau-Platz 1, Tel. 0351-4960399 (oberste Etage des neuen Landtaggebäudes mit schöner Aussicht)

Drachen, Bautzner Straße 72, Tel. 0351-8041188 (feine Küche, im Sommer Terrasse und Biergarten)

Gourmetrestaurant Pattis, Merbitzer Str. 53 (im Hotel Pattis), Tel. 0351-42550 (u.a. französische Küche)

Intermezzo, Am Taschenberg (im Kempinski-Hotel Taschenbergpalais, Innenhof), Tel. 0351-4912712 (leichte internationale Küche; im Sommer windgeschützte Terrasse)

Italienisches Dörfchen, Theaterplatz 3, Tel. 0351-498160 (mehrere gastronomische Einrichtungen unter einem Dach, im Erdgeschoss der Biersaal und im ersten Stock das Ristorante Bellotto)

Kö 5, Königstr. 5 a, Tel. 0351-8024088 (romantischer Innenhof, Weinkeller)

Linie 6, Schaufußstr. 24, Tel. 0351-3100268 (Erlebnisgastronomie in einer Straßenbahn: Straßenbahnzubehör, Kellner in Schaffneruniform)

Luisenhof (gegenüber Standseilbahn° Weißer Hirsch), Tel. 0351-2149960 (fantastischer Blick auf die Elbestadt, hauseigene Patisserie mit etwa 50 verschiedenen Kuchen und Torten)

Opernrestaurant, Theaterplatz 2, Tel. 0351-4911521 (internationale Küche und sächsische Gerichte°)

Pulverturm, An der Frauenkirche 12 a, Tel. 0351-262600 (Kellergewölbe des Coselpalais mit historischem Ambiente: es bedienen Mägde° und Grenadiere)

Ratskeller, Dr.-Külz-Ring 19 (Eingang Kreuzstraße), Tel. 0351-4882950 (u.a. viele typische sächsische Gerichte)

Sophienkeller, Am Taschenberg (im Kempinski-Hotel Taschenbergpalais), Tel. 0351-47260 (Erlebnisgastronomie in einem Kellergewölbe, gelegentlich° plaudern° August der Starke, Gräfin Cosel, Gaukler°, Wahrsager° und Bardensänger mit den Gästen)

Fischhaus Alberthafen, Magdeburger Str. 58, Tel. 0351-4982110 (gegrillter, gekochter und gebratener Fisch)

Kahnaletto, Terrassenufer (an der Augustusbrücke), Tel. 0351-4953037 (Schiffsrestaurant mit guter italienischer Küche)

La Vie en Rose, Alaunstraße 64, Tel. 0351-8036161 (gute elsässische° Küche und großes Sortiment französischer Weine)

Pfunds Café & Restaurant, Bautzner Straße 79, Tel. 0351-808080 (sächsische und internationale Speisen, mehr als 100 Rohmilchkäse°-Spezialitäten aus bäuerlicher Produktion)

Standseilbahn *funicular railway* Gerichte *dishes* Mägde *peasant girls* gelegentlich *occasionally* plaudern *chat*
Gaukler *storytellers* Wahrsager *fortune tellers* elsässische *Alsatian* Rohmilchkäse *cheese made from raw milk*

25 | Und du?

 Interviewen Sie einen Partner / eine Partnerin darüber, welche Restaurants aus der Liste er/sie wählen würde und berichten Sie dann im Kurs. Gibt es Favoriten?

S1: Wohin gehst du, wenn du Fisch essen möchtest?

S2: Wenn ich Fisch essen möchte, gehe ich ins Fischhaus Alberthafen.

1. Wo würdest du essen, wenn du dich für sächsische Küche interessierst?
2. Wohin gehst du, damit du französische Küche genießen kannst?
3. Wo würdest du hingehen, falls du Italienisch essen möchtest?
4. Warum würdest du (nicht) in den Luisenhof gehen?
5. In welches Restaurant würdest du gerne gehen, obwohl du eigentlich nicht genug darüber weißt?
6. Wo würdest du essen, wenn du eine schöne Aussicht haben willst?

26 | Konjunktionen-Spiel

 Verbinden Sie mit Ihrem Partner / Ihrer Partnerin die folgenden Sätze mit so vielen verschiedenen Konjunktionen wie möglich. Stellen Sie Ihre Varianten im Kurs vor und erklären Sie die unterschiedlichen Kontexte.

Tannhäuser will aus dem Venusberg fliehen. Die Liebesgöttin hält ihn zurück. →

Tannhäuser will aus dem Venusberg fliehen,
aber/und die Liebesgöttin hält ihn zurück.

oder   Tannhäuser will aus dem Venusberg fliehen,
als/ehe/bevor/falls/weil/wenn die Liebesgöttin ihn zurückhält.

1. Dresden ist eine höchst interessante Stadt. Wir fahren im Sommer dorthin.
2. *Die Brücke* hat viel zur deutschen Kultur beigetragen. Die Nazis diffamierten die Kunst als entartet.
3. Barenboim dirigiert Wagner in Israel. Die Aufführung von Wagners Werken ist in Israel verboten.
4. Tristan und Isolde lieben sich. Isolde ist mit König Marke verheiratet.

Redemittel zum Diskutieren

Mit einer Meinung übereinstimmen (*agree*) oder nicht übereinstimmen

Mit diesen Redewendungen kann man in einem Gespräch signalisieren, dass man zu einem Thema eine Meinung hat.

Ich finde (nicht), dass . . .   **Ich finde, dass** die Dresdner Frauenkirche eine der schönsten Kirchen Europas ist.

Ich bin (nicht) der Meinung, dass . . .	**Ich bin nicht der Meinung, dass** Musik und Kunst viel mit Politik zu tun haben.
Ich denke (nicht), dass . . .	**Ich denke nicht, dass** Wagner etwas mit dem Nationalsozialismus zu tun hat.
Ich glaube (nicht), dass . . .	**Ich glaube, dass** August der Starke kein erfolgreicher Politiker war.
Damit stimme ich nicht überein!	**Damit stimme ich nicht überein!** August der Starke war ein äußerst erfolgreicher Politiker!
Dem kann ich nicht zustimmen!	**Dem kann ich nicht zustimmen!** Er war ein kunstsinniger Mensch, aber kein politischer.
Ich bin anderer Meinung!	**Ich bin anderer Meinung!** August der Starke war sowohl in der Kunst als auch in der Politik ein Genie!

27 Ihrer Meinung nach?

Welchen der folgenden Aussagen stimmen Sie (nicht) zu? Verwenden Sie dabei die Redemittel!

1. Wagners Opern sind sehr deprimierend (*depressing*). —Ich finde (nicht), dass . . .

2. In Wagners Opern geht es um perfekte Liebe. —Ich bin (nicht) der Meinung, dass . . .

3. *Tristan und Isolde* ist eine sehr romantische Oper. —Ich finde (nicht), dass . . .

4. *Tannhäuser* ist eine sehr religiöse Oper. —Ich denke (nicht), dass . . .

5. Wagners Opern sind sehr interessant. —Damit stimme ich (nicht) überein! . . .

6. Wagners Opern sind sehr nationalistisch. —Dem kann ich (nicht) zustimmen! . . .

28 Fragen zur Diskussion

Diskutieren oder schreiben Sie über eines der folgenden Themen. Verwenden Sie dabei die Redemittel.

1. Was kann man damit erreichen, wenn man eine bestimmte Art von Kunst oder Musik verbietet?

2. Sollte Barenboim als international bekannter Künstler und Jude seine Vorliebe für Wagner verheimlichen (*keep secret*)? Wie ist Barenboims Haltung (*attitude*) zu Deutschland?

LEKTÜRE

29 · Fragen zum Thema

1. Welche Episoden (in der Geschichte) sind Ihnen bekannt, in denen bestimmte Autoren oder Künstler nicht arbeiten durften oder verboten waren?
2. Erinnern Sie sich an eine Situation, in der eine bestimmte Musik nicht gespielt werden durfte?
3. Warum wird der Komponist Richard Wagner in Israel boykottiert?
4. Können Sie sich vorstellen, wie ein Publikum in Israel reagiert, wenn in einem Konzert überraschend (*as a surprise*) ein Stück von Richard Wagner gespielt wird?

Beim Lesen

Arbeiten Sie zuerst mit dem Wörterbuch und denken Sie darüber nach, wie das Publikum bei einem Konzert reagieren könnte (Aktivität 30). Suchen Sie dann die Meinungen, die im Text über Barenboim geäußert werden (Aktivität 31), und machen Sie Notizen über Barenboims Argumente (Aktivität 32). Lesen Sie dann den Text noch einmal durch, um Konjunktionen zu finden (Aktivität 33).

30 · Wörterbucharbeit: Im Konzert

Arbeiten Sie mit dem Wörterbuch und spekulieren Sie, wie das Publikum in einem Konzert reagieren könnte, wenn etwas Negatives passiert.

applaudieren	den Dirigenten angreifen	laut schreien
auf die Bühne stürmen		mit den Füßen auf dem Boden trampeln
auf die Stühle stehen	Eier auf die Bühne werfen	
„Buh" rufen	hinausgehen	pfeifen
	klatschen	protestieren

31 · Verschiedene Meinungen

Machen Sie Notizen über die Meinungen über Daniel Barenboim, die im Text zum Ausdruck kommen. Machen Sie Notizen über die Meinungen, mit denen Sie nicht übereinstimmen. Verwenden Sie dabei die Redemittel.

> **z.B.** **Ein Orchester-Mitglied sagte: „Es ist nicht gut für meine Karriere, in Israel Wagner zu spielen." →**
>
> Ich bin nicht der Meinung, dass es für die Karriere der Orchestermitglieder schlecht ist, in Israel Wagner zu spielen.

32 | Barenboims Argumente

Im zweiten Teil des Textes lesen Sie ein Interview mit Daniel Barenboim. Machen Sie Notizen über Barenboims Haltung und seine Argumente.

33 | Konjunktionen-Jagd

Sie haben zwei Minuten Zeit, gemeinsam mit Ihrem Partner / Ihrer Partnerin so viele Konjunktionen wie möglich zu finden. Markieren Sie dabei, ob es sich um koordinierende (K), zweiteilige (Z) oder subordinierende (S) Konjunktionen handelt. Wer im Kurs findet die meisten?

Skandal oder Chance – Barenboim dirigiert Wagner in Israel

Nach einem Artikel in *Haaretz Daily Newspaper,* Jerusalem, übersetzt von Jan Thorn-Prikker für *Kulturchronik*

reception   Bei einem Empfang° für das Orchester der Berliner Staatskapelle im
rumors   King David Hotel gab es Gerüchte°, dass Daniel Barenboim eines von
Wagners Werken beim Israel Festival im Israel Convention Center
spielen wolle. Am folgenden Tag probte der argentinisch-israelische
overture   Dirigent Barenboim mit dem Orchester das Vorspiel° zu Wagners
confirmed   Oper *Tristan und Isolde*. Das Gerücht war bestätigt° und es gab große
confusion   Verwirrung°. Orchester-Mitglieder fürchteten um ihre Karriere; sie
fragten den Maestro, warum es für ihn so wichtig sei, Wagner in
wiesen … pointed out   Israel aufzuführen und wiesen daraufhin°, dass harsche Reaktionen
in Deutschland und Israel die Folge sein würden. Barenboim erklärte,
dass er das Tristan-Vorspiel nur spielen werde, wenn sich der richtige
directions   Moment dafür ergebe. Die Musiker versprachen, seinen Anweisungen°
zu folgen.

organizers   Die Leitung° des Israel Festivals, die Barenboim und das Orchester
eingeladen hatte, schickte einen Assistenten zu Barenboim, der ihm
erklärte, dass Wagner bei diesem Festival nicht gespielt werden darf. Der
Festival-Direktor wollte nicht, dass das Publikum später denkt, er hätte
supported   Barenboim mit diesem Plan unterstützt°.

Von Anfang an war das Samstags-Konzert problematisch.
Barenboim wollte den ersten Akt von Wagners *Walküre* spielen,
angry   aber nach einer wütenden°, wochenlangen öffentlichen Debatte war
das Programm geändert worden. Das Orchester spielte Schumanns
audience   4. Symphonie und Strawinskys *Rite of Spring*. Die Zuhörer° wussten

sheet music   nicht, dass alle Spieler auch die Noten° für das Tristan-Vorspiel vor sich liegen hatten.

Nach dem Konzert trat Barenboim lächelnd auf die Bühne, das _bowed_   Publikum applaudierte, er verbeugte° sich wieder und wieder und dann spielte das Orchester Tschaikowskys _Blumenwalzer_ als Zugabe.

Danach erst begann das Drama. Barenboim trat an den Bühnen-_attention_   rand und bat um Aufmerksamkeit° für ein paar private Worte. Er suchte die direkte persönliche Aussprache mit dem Publikum. Er wollte über das Aufführen eines Wagner-Werks sprechen. Er sagte, er verstehe, dass manche Leute Wagner nicht hören wollen, aber er verstehe nicht, warum eine Minderheit ihre Ansicht einer Mehrheit aufzwingen sollte. Die Entscheidung überließ er dem Publikum. Sofort entstand eine Diskussion im Saal. Einige Zuhörer, die Wagner nicht hören wollten, _wandten... turned vehemently against_   wandten sich vehement gegen° den größeren Teil des Publikums. Barenboim verließ sich auf seine charismatische Persönlichkeit; er wusste, er konnte das Publikum überzeugen.

insulted   Er war nicht beleidigt° als einige Zuhörer „Faschist" und „Geh _opponents_   doch nach Hause" riefen. Im Gegenteil, er lud die Gegner° sogar ein, auf die Bühne zu kommen und zivilisiert mit ihm zu debattieren. Er erklärte den offiziellen Teil des Konzerts für beendet. Von jetzt an sei es eine private Aufführung und kein Teil des Festivalprogramms mehr. Diejenigen, die nicht daran teilnehmen wollten, bat er zu gehen.

Einige, höchstens zwanzig Personen, gingen und versuchten noch, die Aufführung des Vorspiels zu _Tristan und Isolde_ zu stören. Dann wurde das ganze Werk in relativer Ruhe aufgeführt. Barenboim war _hatte... succeeded_   zufrieden – er hatte sich durchgesetzt°.

confused   Nach dem Konzert waren einige Zuhörer verwirrt° und sprachen von Barenboims „Trick"; sie fanden, er habe die Festival-Bühne für seine privaten Interessen ausgenutzt. Manche sprachen von einem _falling-out_   Bruch° zwischen ihm und dem Festival.

Mendy Rodan, der Musikdirektor des Rishon Letzion Symphony Orchesters, der selbst schon in einen Skandal verwickelt war, weil er Wagners _Siegfried Idyll_ dirigiert hat, kritisierte Barenboims Aktion: „Wie Sie wissen, bin ich gegen jeden Boykott von Wagner, aber Barenboims Manipulation war unethisch, dem Orchester und dem Publikum _hurt_   gegenüber unfair. Mich hat die Debatte verletzt°. Ich habe den Saal verlassen. Ich kann nicht verstehen, wie ein großer Künstler sich nicht _agreements_   an die Abmachungen° mit dem Festival hält. Das hätte nicht passieren sollen."

Der Direktor des Rishon Letzion Orchesters, Ehud Gross, der auch Wagner-Aufführungen in Israel befürwortet, sagte nach dem Konzert:

sich ... turn in their graves „Wagner und Hitler würden sich in ihren Gräbern herumdrehen°, wenn sie hörten, dass ein deutsches Orchester Wagner in einem jüdischen Staat aufführt, noch dazu unter der Leitung eines Israelis. Ich habe ein Problem mit der Art und Weise wie es geschah. Barenboim hat die

abused Festival-Bühne ausgenutzt°. Von Anfang an war ich der Meinung, dass das deutsche Orchester Wagner in Israel spielen sollte, aber es ist die Frage, ob das dieses Mal der richtige Ort für solch ein Privatkonzert gewesen ist."

Barenboim selber blieb nach dem Konzert noch eine ganze Weile

dressing room in seiner Garderobe°, mit zwei Bodyguards vor der Tür. Der Festival-Direktor Yossi Tal-Gan kam wütend zu Barenboim und sagte: „Es war

agreement nicht unsere Abmachung°, bei diesem Konzert Wagner zu spielen." Aber Barenboim antwortete nur: „Ich habe mich an die Abmachung gehalten."

Micha Lewensohn, der künstlerische Leiter des Festivals, sagte Barenboim, er habe dem Festival geschadet.

■

Später am Abend gab Barenboim der Tageszeitung *Haaretz* ein Interview:

Und warum war es Ihnen so wichtig, dieses Werk von Wagner aufzuführen?

originally „Das Festival hat mich gebeten, das Programm, zu dem ursprünglich° Wagner gehört hatte, zu ändern. Für mich war das ein

demokratischer ... lack of democratic freedom Ausdruck fehlender demokratischer Freiheit°. Alles in allem kann man

Vorwurf machen = blame Wagner keinen Vorwurf für all diese Probleme machen°, sondern es sind

associations die Gedankenverbindungen° einer Minderheit. Solche Assoziationen

terrible zwischen Wagner und dem Nationalsozialismus sind fürchterlich°. Die Menschen haben das Recht, diese Gedankenverbindungen herzustellen, aber sie haben nicht das Recht, andere daran zu hindern, Wagner zu hören. Das ist einfach nicht demokratisch. Paradoxerweise wäre es eine Art Triumph für die Nazis, wenn Wagner in Israel nicht gespielt wird.

disappointed Ich habe von vielen Menschen Briefe erhalten, die enttäuscht° waren, als wir Wagner aus dem ursprünglichen Programm gestrichen haben."

Aber es gab eine Abmachung zwischen Ihnen und dem Festival. Haben Sie diese Abmachung nicht an diesem Abend gebrochen?

„Wir haben uns an die Abmachung gehalten. Die Festivalleitung bat um eine Änderung des Programms und wir haben das akzeptiert. Wenn das irgendwo anders passiert wäre, hätte ich die ganze Reise abgesagt. Aber hier wollte ich weder das Festival noch das Publikum enttäuschen. Was nach dem Konzert geschehen ist, ist nur in meiner *responsibility* eigenen Verantwortung° geschehen. Ich habe das Publikum abstimmen lassen. Es gab nur vier Gegenstimmen. Das ist demokratisch. Die Mehrheit entscheidet. Die Festivalleitung hatte damit nichts zu tun. Kritik sollte sich nur gegen mich richten, nicht gegen das Festival oder dessen Leitung."

Wann haben Sie entschieden, Wagner bei diesem Konzert aufzuführen?

„Die Idee dazu kam mir bei einer Pressekonferenz auf dem Flugplatz. Das Handy eines Journalisten meldete sich mit einer Wagner-Melodie. Da wusste ich, dass man es machen konnte. Beim Konzert war ich dann gar nicht mehr so sicher. Nachdem wir dann die Tschaikowsky Zugabe gespielt hatten, habe ich beschlossen, auch noch Wagner zu spielen."

Hätte es nicht einen besseren Moment gegeben, als es so durch die Hintertür zu tun?

sincere
take the liberty „Ich weiß es nicht. Es ist keine wirklich aufrichtige° Debatte – es gibt hier Leute, die sich erlauben°, für andere zu entscheiden."

Wie haben Sie sich gefühlt, als man „Faschist" und „Go home" rief?

„Menschen, die meinen, ich wäre ein Faschist, tun mir Leid."

Welche Bedeutung hat das Konzert jetzt im Nachhinein für Sie?

„Es war die persönliche, ganz private Gelegenheit, meine Ansichten über Demokratie zum Ausdruck zu bringen. Danach kann die Minderheit nicht für die Mehrheit entscheiden. Ab jetzt muss jeder Orchesterleiter und jedes Festival entscheiden, ob sie Wagner in Israel weiter boykottieren wollen."

■ ■ ■

Wortschatz

die **Abmachung, -en**
agreement

(etwas) **ändern** (hat
geändert)   to change (s.th.)

die **Anweisung, -en**   order

aufführen (führt auf, hat
aufgeführt)   to perform

ausnutzen (nutzt aus, hat
ausgenutzt)   to take
advantage of

beschließen (beschloss, hat
beschlossen)   to decide, make
a decision

enttäuscht disappointed

fürchten um (hat gefürchtet)
to worry about

fürchterlich   horrible; horribly

das **Gerücht, -e**   rumor

geschehen (geschah, ist
geschehen)   to happen

lächelnd   smiling

leiten (hat geleitet)   to be in
charge; to lead

die **Leitung**   organizers,
directors

die **Mehrheit**   majority

die **Minderheit**   minority

das **Orchester, -**   orchestra

die **Persönlichkeit, -en**
personality

proben (hat geprobt)
to rehearse

schaden (hat geschadet)
to hurt, damage

stören (hat gestört)   to disrupt

(jemanden) **überzeugen** (hat
überzeugt)   to convince (s.o.)

sich **verbeugen** (hat sich
verbeugt)   to bow

verlassen (verlässt, verließ, hat
verlassen)   to leave

verletzen (hat verletzt)   to hurt

das **Werk, -e**   work; piece of
music

wütend   furious, enraged;
angrily, in a rage

zufrieden   satisfied; with
satisfaction

die **Zugabe, -n**   encore

Nach dem Lesen

34 | Fragen zum Text

1. Was für ein Gerücht gab es beim Empfang der Berliner Staatskapelle in Israel?
2. Welches Musikstück probte Barenboim am folgenden Tag?
3. Wie reagierten die Orchestermitglieder?
4. Wann wollte Barenboim das *Tristan* Vorspiel spielen?
5. Was wollte Barenboim zuerst spielen, bevor das Programm geändert wurde?
6. Was machte Barenboim nach der ersten Zugabe?
7. Worüber wollte Barenboim mit dem Publikum sprechen?

8. Was riefen ein paar wütende Zuhörer? Wie reagierte Barenboim?

9. Konnten die wütenden Zuhörer verhindern, dass das *Tristan* Vorspiel gespielt wird?

10. Wie reagierten andere israelische Dirigenten auf die Episode?

11. Was machte Barenboim nach dem Konzert?

12. Welche Bedeutung hatte das Konzert für Barenboim?

35 Wiederholung: Konjunktiv I und indirekte Rede

 Suchen Sie im ersten Teil des Textes Verben im Konjunktiv I und erklären Sie die Funktion. Schreiben Sie das Interview mit Daniel Barenboim in indirekte Rede um!

 Barenboim sagte, das Festival habe ihn gebeten.

36 Wer hat das gesagt?

 Arbeiten Sie mit einem Partner und entscheiden Sie, wer das Folgende gesagt hat und formulieren Sie Sätze mit indirekter Rede.

 Ein Orchestermitglied sagte, er habe Angst um seine Karriere.

- „Ich habe Angst um meine Karriere."
- „Wagner darf auf diesem Festival nicht gespielt werden."
- „Ich habe mich an die Abmachung gehalten."
- „Faschist!" „Geh nach Hause!"
- „Barenboims Manipulation war unethisch."
- „Wagner und Hitler würden sich in ihren Gräbern herumdrehen."

1. Ein Assistent der Festival-Leitung sagte, dass . . .

2. Ein Orchester-Mitglied sagte, er . . .

3. Daniel Barenboim sagte nach dem Konzert, dass . . .

4. Mendy Rodan, der Musikdirektor des Rishon Letzion Symphony Orchesters, sagte . . .

5. Ein paar Zuhörer riefen, . . .

6. Der Direktor des Rishon Letzion Symphony Orchesters, Ehud Gross, sagte, dass . . .

37 Wiederholung: Konjunktiv der Vergangenheit

 Wo und wann hat Barenboim das Richtige/Falsche getan? Was hätte Barenboim (nicht) machen sollen? Was hätte er (anders) machen sollen?

 Er hätte der Festival-Leitung sagen sollen, dass er nach dem Konzert Wagner spielen will.

38 | Fragen zum Nachdenken und Diskutieren

1. Wie kann man für den Wagner-Boykott in Israel argumentieren?
2. Was sind Argumente gegen den Wagner-Boykott in Israel?
3. Was motivierte Barenboim, Wagner in Israel zu spielen?
4. Hat Barenboim sich an die Abmachung mit dem Festival gehalten oder nicht?
5. Hat Barenboim das Festival für private Interessen genutzt?
6. Barenboim hat das Publikum gefragt, ob sie Wagner hören wollen oder nicht. War das demokratisch?
7. Wie hätte Barenboim seine Ansichten über Demokratie anders äußern können?

39 | Schreibübungen

1. Erzählen Sie noch einmal, was beim Israel Festival und danach passiert ist. Diskutieren Sie dabei die Argumente für und gegen Barenboims Verhalten (*behavior*). Ist seine Wagner-Aufführung in Israel ein Skandal oder eine Chance? Sie können dabei so tun, als ob (*pretend that*) Sie bei dem Festival dabei waren und in der Presse darüber berichten.

   z.B. Beim Israel Festival gab der Dirigent Daniel Barenboim nach seinem Konzert eine kontroverse Zugabe . . .

2. Schreiben Sie einen Bericht über Barenboims Konzert in Israel aus der Perspektive des Festival-Direktors. Schreiben Sie, was der Festival Direktor während des Konzerts und danach fühlt und denkt. Vielleicht schreibt er am Abend nach dem Festival in sein Tagebuch.

   z.B. Ich werde nie wieder diesen Daniel Barenboim zu einem Festival nach Israel einladen . . .

3. Schreiben Sie einen Brief an Daniel Barenboim. Stellen Sie ihm Fragen oder sagen Sie ihm, was sie über die Wagner-Episode in Israel denken.

   z.B. Lieber Herr Barenboim,

   Ich habe in der Zeitung gelesen, dass Sie in Israel das Vorspiel zu Tristan und Isolde gespielt haben. Ich finde das . . .

ZUM SCHLUSS

40 | Kunst und Politik

Diskutieren Sie noch einmal über das Verhältnis von Kunst, Geschichte und Politik!

- Die Brücke – „entartete" Kunst?
- Wagner in Israel – Skandal oder Chance?

Das letzte Wort: *Zugabe*

Nach einem Konzert applaudiert das Publikum, um zu zeigen, dass ihnen die Musik gefallen hat. Wenn man lange genug applaudiert, gibt es eine **Zugabe** oder sogar mehrere. Wenn man sehr begeistert ist, kann man „Bravo" rufen oder durch die Finger pfeifen. Wenn es nicht so toll war, kann es sein, dass ein paar Leute „Buh" rufen.

Was war Ihr schönstes Konzert? Gab es Zugaben? Wie haben die Zuhörer reagiert?

1

KULTURELLE PERSPEKTIVEN

Station Salzburg: Informationen und
Aktivitäten

DER BERÜHMTESTE SALZBURGER
ALLER ZEITEN
Wolfgang Amadeus Mozart

Kulturnotiz
Kaffeehausfrühstück

VIDEO
Salzburg

STRUKTUREN
Näher beschreiben und informieren:
Relativsätze und Relativpronomen

Das Subjekt als Objekt: Reflexivpronomen

LEKTÜRE
Sehnen nach den Alpen: Aus den *Salzburger
Nachrichten* von Kurt Luger

Arbeitsbuch
pp. 93–104

Audioprogramm
www.thomsonedu.com/german/stationen

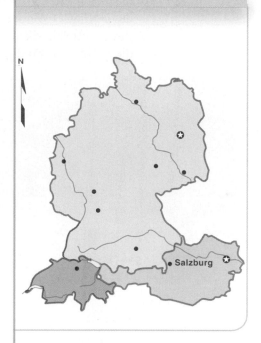

Salzburg

■ Solche Pferdekutschen
heißen in Österreich
Fiaker. Bei einer Fahrt
mit dem Fiaker kann
man die Altstadt von
Salzburg kennen-
lernen. Wie viel
würden Sie sich
eine Fiakerfahrt
kosten lassen?

Station: Salzburg

Salzburg ist eines der wichtigsten Tourismusziele in Österreich. Die barocke Altstadt, die im 17. und 18. Jahrhundert entstanden ist, sowie die vielen Kirchen, Schlösser und Paläste stehen seit 1997 in der Liste des UNESCO Weltkulturerbes. Die Festung° Hohensalzburg mit ihren mittelalterlichen Fürstenzimmern und dem Burgmuseum ist die größte vollständig erhaltene Burg Mitteleuropas.

■ Salzburgpanorama

■ Im Kaffeehaus

Der berühmteste Sohn der Stadt Salzburg ist und bleibt Wolfgang Amadeus Mozart. Er wurde 1756 in Salzburg geboren. Sein Geburtshaus in der Getreidegasse ist eine der wichtigsten Sehenswürdigkeiten der Stadt. Schon 1842 wurde ihm ein Denkmal am heutigen Mozartplatz errichtet.

Die Gründung der Salzburger Festspiele 1920 hatte großen Einfluss auf das kulturelle Leben in der Stadt. Besonders durch den Dirigenten Herbert von Karajan wurden die Festspiele seit den 60er Jahren weltberühmt. Und daher ist das Theater-, Konzert- und Kunstangebot in Salzburg heute so reich wie das einer Großstadt.

Das alpine Salzburgerland ist ein beliebtes Wintersportgebiet und bietet auch im Sommer viele Möglichkeiten zur Erholung°. Viele Gäste kommen nach Salzburg, um die Originalschauplätze° des Films *The Sound of Music*, der 1964 hier gedreht wurde, zu besuchen. Touristen genauso wie Einheimische gehen gerne in eines der traditionellen Kaffeehäuser. Schon Wolfgang Amadeus Mozart trank im Café Tomaselli, dem ältesten Kaffeehaus Österreichs, seine Melange°.

Festung *fortress*   Erholung *recreation*
Originalschauplätze *original locations*
Melange *coffee with whipped cream on top*

Geschichte

Hallstattzeit	Römerzeit	470	700	1077	13.–17. Jh.
(ca. 1000–450 v. Chr.) Die Region ist durch das Salz dicht besiedelt.	(41–54 n. Chr.) Salzburg (*Juvavum*) wird unter Kaiser Claudius eine Stadt.	Eine Mönchsgemeinde (*community of monks*) ensteht.	Ein Frauenkloster wird gegründet.	Die Festung Hohensalzburg wird auf den Ruinen eines römischen Kastells gebaut.	Durch den Salzhandel wird das Bürgertum reich.

Statistik	
Einwohnerzahl:	150.000
Fläche:	66 km²
Hotels in Salzburg:	50

1 | Fragen zur Station

1. Wann ist Salzburgs heutige Altstadt entstanden?
2. Wie heißt die Festung in Salzburg?
3. Wann ist Mozart geboren?
4. Durch wen sind die Salzburger Festspiele berühmt geworden?
5. Warum ist das Café Tomaselli so bekannt?
6. Wodurch sind viele Salzburger im 13. bis 17. Jahrhundert reich geworden?
7. Welches große Jubiläum feierte Salzburg im Jahre 2006?

of all times

DER BERÜHMTESTE SALZBURGER ALLER ZEITEN°
Wolfgang Amadeus Mozart (1756–1791)

Wolfgang Amadeus Mozart

Wolfgang Amadeus Mozart kam am 27. Januar 1756 in Salzburg zur Welt. Von den sieben Kindern der Familie Mozart überlebten° nur Wolfgang und seine ältere Schwester Nannerl. Schon im Alter von fünf Jahren begann er zu komponieren. Er besuchte weder Schule noch° Universität und war ein Drittel seines Lebens auf Reisen. Als junger Mann arbeitete er als Konzertmeister und Hoforganist° in Salzburg und feierte einen Triumph nach dem anderen auf Konzertreisen durch ganz Europa. Später ging er nach Wien und finanzierte seinen Lebensunterhalt als Opernkomponist, Musiklehrer und Pianist mit eigenen Kompositionen. In Wien heiratete er gegen den Willen seines Vaters Constanze Weber. Auch in Wien wurde Mozart offizieller Kammermusiker am Hof, wodurch er und Constanze gut leben konnten. Er starb 1791 im Alter von 35 Jahren.

überlebten *survived*   weder . . . *neither . . . nor*
Hoforganist *court organist*

16. Jh.	27. Januar 1756	1920	1956–1960	1997	2006
Bauernkriege und Reformation. Der Arzt und Chemiker Paracelsus lebt und arbeitet in Salzburg.	Wolfgang Amadeus Mozart wird geboren.	Beginn der ersten Salzburger Festspiele	Bau des Großen Festspielhauses	Aufnahme der Altstadt in die Liste des UNESCO Weltkulturerbes	Mozarts 250. Geburtstag wird in Salzburg und Österreich groß gefeiert.

2 | Partnerinterview über das Spielen

Mozart war ein leidenschaftlicher Spieler. Spielen Sie auch gerne? Fragen Sie Ihren Partner / Ihre Partnerin was er oder sie gerne spielt. Berichten Sie dann den interessantesten Aspekt des Interviews im Kurs.

1. Spielst du ein Instrument? Seit wann spielst du _____?
2. Spielst du gerne Fußball, Tennis oder andere Ballsportarten?
3. Spielst du Karten? Welche Spiele kennst du? Spielst du um Geld?
4. Spielst du gern Theater? Welche Rolle(n) hast du gespielt?
5. Spielst du Schach (*chess*) oder andere Brettspiele (*board games*)?
6. Was hast du als Kind am liebsten gespielt?
7. Was spielst du jetzt am liebsten?

Mozart: Glück°, Spiel und Leidenschaft°

(Nach einem Artikel in den *Salzburger Nachrichten* vom 20.12.2003 von Catarina Carsten)

Mozart: hat er „Glück gehabt"? Aber ja. Hat er gespielt? Aber ja.

Mozart, seine Eltern, seine Schwester, seine Freunde dürften alle mehr als ein Dutzend Kartenspiele gekannt haben. Ja, man erwartete, dass „Personen von beiderlei Geschlecht° Meister und Meisterinnen in verschiedenen Spielen sein sollen" (aus einem Altwiener Spielanleitungsbuch aus dem Jahre 1756). Das galt für Karten- und Brettspiele, Tanz-, Wort- und Kegelspiele°, Rätsel-° und Pfänderspiele°, das Billardspiel sowie das sonn- und feiertägliche Bölzelschießen°.

Die Geschlechter waren zu dieser Zeit getrennt – beim Spiel kamen sie zusammen, waren „gleichberechtigt". Das Spiel war wohl auch ein Zeitvertreib°. Man muss bedenken, dass es damals weder Fax noch Telefon gab, weder Radio noch Fernsehen, noch Computer. Die Winter waren lang, man spielte also. Hier wurde zu allen Jahreszeiten, besonders in den langen Wintermonaten, gespielt.

Hat Mozart gespielt?
Aber ja. Die ersten frühkindlichen Spiele, die ersten Kinderreime° und -lieder wird er von seiner Mutter und seiner fünf Jahre älteren Schwester Nannerl gelernt haben. Auch das Klavierspiel gehört dazu. Nannerl erhielt mit sieben Jahren von Vater Leopold den ersten Klavierunterricht. Der kleine Bruder hörte zu. Als er mit vier Jahren von seinem Vater unterrichtet wurde, konnte er das Menuett, das er ihm vorspielte, in einer halben Stunde mühelos nachspielen.

Nichtspieler waren nicht gesellschaftsfähig°
Als junger Mann, so berichtet seine Schwester in ihrem Tagebuch°, beherrschte er unzählige Gesellschaftsspiele°. Von seiner Frau Constanze erfahren wir, dass er

---

Glück *luck*   Leidenschaft *passion*   Geschlecht *sex*   Kegelspiele *bowling games*   Rätsel- *riddle*   Pfänderspiele *forfeit games*   Bölzelschießen *shooting game*   Zeitvertreib *pastime*   Kinderreime *nursery rhymes*   nicht . . . *not socially accepted*   Tagebuch *diary*   Gesellschaftsspiele *parlor games*

ein ausgezeichneter und begeisterter Tänzer war ("besonders schön tanzte er das Menuett"), der keinen Ball ausließ, und dass er vor allem „ein leidenschaftlicher Billardspieler" war. Bei allen Spielarten, auch beim Bölzelschießen und Kegeln, wurde um Geld gespielt, meist nur um Kreuzer°, oft aber auch um Gulden°. Aus Nannerls Tagebüchern geht hervor, dass Mozart an diesem geselligen Leben regen Anteil genommen hat°.

Der leidenschaftliche Billardspieler

Ein Zeitgenosse° schreibt 1815 aus der Erinnerung an Mozart: „Er war ein leidenschaftlicher Billardspieler und spielte schlecht." Und ein paar Zeilen später: „Immer hatte er Geld nothwendig°[1]." Mozarts Frau Constanze schreibt in einer Biografie, die 1828 herausgegeben wurde, über ihn: „Er versäumte° weder die öffentlichen Maskenbälle im Theater noch die Hausbälle bei Freunden." Manchmal fragt man sich, wann er bei so vielen Bällen, Festen, Redouten°, die bis in den Morgen gingen, zum Komponieren gekommen ist. Hat er auch auf seinen langen und zahlreichen Reisen gearbeitet? Denn man weiß, dass Mozart ein Drittel seines kurzen Lebens in der Postkutsche° zugebracht hat.

Mozarts Freude an Wortspielen

Auch an diesen Spielen hat er es zur Meisterschaft gebracht. Er muss eine helle Freude daran gehabt haben, Sätze und Worte umzustellen, in Spottversen° oder Rätseln zu sprechen und zu schreiben. Er spielte: mit Worten, mit Tönen, er selbst soll nach Aussagen von Zeitgenossen immer in Bewegung gewesen sein, mit Händen und Füßen – er spielte immer.

Hatte Mozart Spielschulden°?

Ob Mozart Spielschulden hatte, ist nicht nachzuweisen°, aber es ist anzunehmen°. Was seine Einkünfte betrifft, so will man wissen, dass Mozart in Wien 1787 zum Kaiserlichen Kammermusiker ernannt wurde mit einem Jahresgehalt von 800 Gulden. (Vater Leopold bezog vergleichsweise eine jährliche Summe von 400 Gulden. Eine Dienstmagd verdiente im Jahr 10 Gulden.) Er war der erklärte Liebling der Wiener Gesellschaft und bei Hofe°. Es wird berichtet, dass der Kaiser Mozart nach einem Konzert „mit dem Hut in der Hand ein Kompliment machte und ‚bravo Mozart' schrie". Fest steht, dass Mozart in seiner Wiener Zeit sehr viel Geld verdiente und standesgemäß° leben konnte. Er konnte also ein Leben führen, wie er es sich in Salzburg erträumt hatte.

Ob Mozart ein Opfer° seiner Spielleidenschaft wurde, ist nicht nachzuweisen. Wir sind auf Vermutungen° angewiesen. Dass er ein „leidenschaftlicher Spieler" war, steht fest. Im Grunde spielte er immer. Seine unsterbliche Musik hat er uns als unverlierbares Geschenk hinterlassen.

Kreuzer *small unit of 18th-century Austrian currency*   Gulden *large unit of 18th-century currency*   regen . . . *participated actively*
Zeitgenosse *contemporary*   Immer . . . *He always needed money*
versäumte *missed*   Redouten *Tanzfeste*   Postkutsche *carriage*
Spottversen *satirical verse*   Spielschulden *gambling debt*
ist . . . *cannot be proven*   anzunehmen *likely*   bei . . . *at court*
standesgemäß *according to his social standing*   Opfer *victim*
Vermutungen *assumptions*

---

[1] The spelling "nothwendig " is the 18th-century spelling of the modern German "notwendig."

3 | Fragen zum Text

Der Salzburger Professor Dr. Günther G. Bauer arbeitete zehn Jahre lang an seinem Mozartbuch *Mozart. Glück, Spiel und Leidenschaft*, über das Catarina Carstens im vorhergehenden Artikel schreibt. Er war zuerst Schauspieler (*actor*) und Regisseur (*director*), bis 1998 Professor für Schauspiel und 1983–1991 Rektor der damaligen Hochschule *Mozarteum* in Salzburg.

1. Für wen ist Prof. Bauers Buch geschrieben? Für Historiker, für Musikwissenschaftler oder für Mozartliebhaber?
2. Ist Prof. Bauers Buch ein wissenschaftliches Buch?
3. Würden Sie das Buch gerne einmal lesen? Warum (nicht)?

Filmtipp: *Mozart: Aufzeichnungen einer Jugend* (Klaus Kirschner, 1976)

Ein Film über Mozarts Kindheit und Jugend, den kein Mozartliebhaber auslassen sollte.

4 | Mozarts Leidenschaften

Lesen Sie den Text noch einmal durch und machen Sie eine Liste von Mozarts Leidenschaften. Sagen Sie, ob Sie das auch gerne machen!

 z.B.

Mozart hat viele Kartenspiele gekannt. Ich kenne . . .

Mozart konnte schon mit vier Jahren Klavier spielen. Ich . . .

Wann sagt man was? – *kennen, wissen*

Die Verben **kennen** und **wissen** kann man im Englischen beide mit *to know* übersetzen. Im Deutschen verwendet man **kennen** mit Sachen und Personen (Nomen) und **wissen** mit Tatsachen (Verben) in Nebensätzen. Setzen Sie die richtigen Verben in die folgenden Sätze ein.

 z.B.

Kennst du *Eine Kleine Nachtmusik* **von Mozart?**

Weißt du, dass Mozart gerne Billiard gespielt hat?

1. Mozart hat wahrscheinlich mehr als ein Dutzend Kartenspiele _____.
2. Aus dem Buch *Der beliebte Weltmensch* von 1795 _____ wir, dass Männer und Frauen im 18. Jahrhundert beim Spielen gleichberechtigt waren.
3. Durch seine vielen Reisen _____ Mozart viele Städte in Europa.
4. Von Nannerls Tagebuch _____ man, dass Mozart gerne getanzt hat.
5. Mozart _____ viele Wiener Aristokraten.
6. Niemand _____, ob Mozart Spielschulden hatte.

5 | Wörterbucharbeit: Glück im Spiel

 Arbeiten Sie mit dem Wörterbuch und finden Sie die richtigen Definitionen für die folgenden Redensarten.

1. Er setzt alles aufs Spiel.
2. Sei kein Spielverderber!
3. Er hat mehr Glück als Verstand.
4. Er ist ein Glückspilz.
5. Was wird hier gespielt?
6. Ich habe euer Spiel durchschaut.

a. Er gewinnt nicht durch Strategie oder Wissen, sondern durch Glück.

b. Er riskiert alles.

c. Komm, mach mit!

d. Ich weiß, was ihr wollt. Ich kenne jetzt euer Geheimnis.

e. Was ist euer Plan? Sagt mir, was ihr vorhabt!

f. Er hat immer großes Glück.

6 | Andere berühmte Salzburger

 Suchen Sie Informationen über die folgenden Personen. Wer sind sie? Was haben sie gemacht?

Thomas Bernhard   Paracelsus

Peter Handke   Georg Trakl

Herbert von Karajan   Stefan Zweig

Aufgaben im Internet

7 | Suchbegriffe

Forschen Sie mit den folgenden Suchbegriffen im Internet. Links zu den Webseiten finden Sie unter www.thomsonedu.com/german/stationen.

Salzburg-Info

1. Wie wird Salzburg präsentiert? Finden Sie das Motto der Webseite.
2. Welche Veranstaltungen gibt es im Moment in Salzburg?
3. Finden Sie drei historische Gebäude und suchen Sie Informationen darüber.

Salzburger Festspiele

4. Welche Opern werden dieses Jahr auf den Salzburger Festspielen gespielt?
5. Gibt es noch Karten für die Opern? Wie viel kosten sie?
6. Suchen Sie Informationen über die Geschichte der Salzburger Festspiele? Was passierte 1933? Wer war 1960–1989 der große Maestro der Festspiele?

■ Die Festspielhäuser in Salzburg

Mozart-Magazin

7. Was kann man im Mozart-Magazin sehen und hören?
8. Über welche Aspekte von Mozarts Leben wird hier berichtet?
9. Welche Neuigkeiten gibt es über Salzburg?

Universität Mozarteum

10. Was studiert man an der Universität Mozarteum? Welche Studienrichtungen gibt es?
11. Suchen Sie Informationen über die Universität Mozarteum. Was für eine Institution war das Mozarteum, bevor es eine Universität wurde?
12. Was ist aktuell? Welche Neuigkeiten gibt es?

Mozartkugel

13. Wo gibt es die original Mozartkugeln?
14. Wer hat die Mozartkugel erfunden?

Café Tomaselli

15. Was steht auf dieser Seite über die Kaffeehaustradition?
16. Welche Spezialitäten gibt es?
17. Was wird über das Kaffeehaus und die österreichische Lebensart gesagt?

Salzburgerland

18. Welche Sportarten gibt es im Salzburgerland im Sommer?
19. Was kann man im Winter hier machen?

 8 ## Salzburgreise oder Salzburger Rezepte

(1) Suchen Sie Informationen über Salzburg im Internet und überlegen Sie mit einem Partner, was Sie gerne machen würden, *oder*
(2) recherchieren Sie die Rezepte der österreichischen Spezialitäten.

1. Planen Sie mit einem Partner eine Reise nach Salzburg. Finden Sie . . .

   • ein Hotel, das Ihnen gefällt.

   • ein paar Restaurants, in denen Sie gerne essen würden.

   • ein Konzert oder ein Theaterstück, das Sie gerne besuchen würden.

   • ein Geschäft, in dem Sie gerne etwas kaufen würden.

   Berichten Sie im Kurs, wie viel alles kostet und wo Sie die Informationen gefunden haben.

2. Suchen Sie Rezepte für die folgenden österreichischen Spezialitäten. Berichten Sie im Kurs, welche Zutaten man braucht und wie man sie macht.

Salzburger Nockerln	Palatschinken
Frittatensuppe	Germknödel
Sachertorte	Erdapfelgulasch (Kartoffelgulasch)
Linzer Torte	Liptauer
Marillenknödel (Aprikosenknödel)	

9   Richtig oder falsch?

Forschen Sie weiter in diesen Seiten und entscheiden Sie, ob die folgenden Aussagen korrekt sind. Wenn sie falsch sind, korrigieren Sie sie.

1. Die Getreidegasse ist eine Pferderennbahn in Salzburg.
2. Das Schloss Mirabell wurde 1606 gebaut.
3. In den Festspielhäusern finden jedes Jahr die Festspiele statt.
4. Auf den Salzburger Festspielen gibt es nur Opern von Mozart.
5. Herbert von Karajan war ein berühmter Salzburger ä Opernsänger.
6. Am Mozarteum kann man Kunst und Musik studieren.
7. Das Mozarteum heißt erst seit 1998 Universität Mozarteum.
8. Im Salzburgerland sind Ferien auf dem Bauernhof sehr beliebt.
9. Der Konditor (*pastry chef*) Paul Fürst hat 1980 die Mozartkugel erfunden.
10. Das Café Tomaselli wurde 1705 gegründet.

■ Die Getreidegasse in Salzburg ist heute eine der beliebtesten Einkaufsstraßen Europas.

10   Lokale Presse

Gehen Sie zu den folgenden Webseiten im Internet. Links finden Sie unter www.thomsonedu.com/german/stationen. Was sind die Schlagzeilen? Wie wirken diese Zeitungen auf Sie? Wie sind Sprache und Präsentation? Was ist besonders interessant?

Salzburger Nachrichten

Salzburger Fenster

Listen to this chapter's audio segments on www.thomsonedu.com/german/stationen.

11 | Nachrichtenrunde

Arbeiten Sie in Gruppen oder Paaren. Berichten Sie über einen Aspekt, den Sie beim Surfen im Internet gefunden haben.

12 | Fragen zum Nachdenken und Diskutieren

Bearbeiten Sie diese Fragen in Paaren oder kleinen Gruppen. Machen Sie Notizen und geben Sie im Kurs einen kleinen Bericht. Bringen Sie die Resultate Ihrer Internetsuche dabei ein.

1. Welche Aspekte haben die kleine Stadt Salzburg so berühmt gemacht?
2. Für wen ist Salzburg besonders interessant?
3. Wie stellen Sie sich die Salzburger Festspiele vor? Wer besucht sie?

Näher beschreiben und informieren: Relativsätze und Relativpronomen

STRUKTUREN

A relative clause provides more information about a previously mentioned idea, thing, or person.

- Relative clauses are linked by a relative pronoun to the noun they describe. Relative pronouns are identical to definite articles, except for the dative plural and all the genitive forms.

Im Südwesten Österreichs liegt die Stadt Salzburg, die für ihre Festspiele bekannt ist.

	Masculine	Neuter	Feminine	Plural
Nominative	der	das	die	die
Accusative	den	das	die	die
Dative	dem	dem	der	denen
Genitive	dessen	dessen	deren	deren

- While the gender and number of the relative pronoun are determined by the preceding noun, case depends on the function of the relative pronoun in the relative clause.

Mozart ist **der Salzburger Komponist,** | **der** jeden Ball besuchte.
MASKULIN SINGULAR | NOMINATIV (*subject of the relative clause*)

Mozart ist **der Salzburger Komponist,** | **den** die ganze Welt kennt.
MASKULIN SINGULAR | AKKUSATIV (*direct object of the relative clause*)

- Sometimes a relative pronoun can be preceded by a preposition. In that case, the relative pronoun takes the case required by the preposition.

> Das Haus, **in dem** Mozart geboren wurde, ist eine der größten Sehenswürdigkeiten Salzburgs.
>
> In den Bürger- und Adelshäusern standen Spieltische, **an denen** leicht 15 bis 20 Gäste Platz finden konnten.

- Relative clauses usually follow the noun they relate to.[2] As in other subordinate clauses, the conjugated verb is positioned at the very end of the clause.

> Bölzelschießen war **ein Spiel**, **das** man vor allem an Sonn- und Feiertagen **spielte**.
>
> **Die Menuette**, **die** sein Vater ihm **vorspielte**, konnte Mozart nach einer halben Stunde mühelos nachspielen.

13 | Salzburger Ratespiel

 Kombinieren Sie gemeinsam mit Ihrem Partner / Ihrer Partnerin die folgenden Elemente.

 Die Festung Hohensalzburg ist die größte Burg Mitteleuropas, die fast vollständig erhalten ist.

1. Die Festung Hohensalzburg ist	der Vorname einer Frau,	der die Salzburger Festspiele weltberühmt gemacht hat.
2. *Tomaselli* ist	die größte Burg Mitteleuropas,	die ein Ziel für viele Skifahrer und Wanderer ist.
3. Constanze ist	der Name des Dirigenten,	
4. Herbert von Karajan ist	das berühmte Musical,	in dem Mozart oft Melange getrunken hat.
5. Das Salzburger Land ist	der Name des Kaffeehauses,	die fast vollständig erhalten ist.
6. *The Sound of Music* ist	die Gegend,	das in Salzburg gefilmt wurde.
		die mit einem weltberühmten Komponisten verheiratet war.

14 | Mehr Informationen, bitte!

 Arbeiten Sie gemeinsam mit Ihrem Partner / Ihrer Partnerin und vervollständigen Sie die Sätze gemeinsam.

1. Salzburg ist eine kleine Stadt, die . . .
2. Salzburg hat eine barocke Altstadt, in der . . .
3. Mozart ist ein Komponist, der . . .
4. *The Sound of Music* ist ein Musical, das . . .
5. Jeden Sommer gibt es die Salzburger Festspiele, die . . .

---

[2] Past participles and short infinitive phrases can come between the noun and the relative clause, however: **Billard ist *eines der Spiele gewesen*, das Mozart gerne gespielt hat.**

6. Kartenspiele sind Spiele, die . . .

7. Ein Glückspilz ist eine Person, die . . .

8. Die Mozartkugel ist eine Kugel, mit der . . .

Kulturnotiz

15 Fragen zum Thema

1. Trinken Sie gern Kaffee?

2. Gehen Sie oft ins Café? Was für ein Café ist das?

3. Wie lange sitzen Sie im Café? Was machen Sie dort?

4. Lesen Sie manchmal im Café?

5. Kennen Sie ein Café oder Restaurant, in dem es immer Frühstück gibt?

Kaffeehausfrühstück

fried pastry Der Krapfen° kam auf einem Teller mit einer Gabel. In meinem Kopf lief ein Film ab: Gabel nehmen, damit das Gebäck zerkleinern . . . Der Ober beobachtete mich. „Wir servieren zwar den Krapfen mit einer Gabel. Aber die Gabel zu benutzen . . .“ – er zögerte – „ . . . ich denke, das wäre nicht nötig.“ Besser könnte er Österreich nicht beschreiben.

„Hat schon jemand einmal die Gabel benutzt?“ fragte ich. „Ja, neulich eine Amerikanerin.“ Der Ober lächelt ein wenig. „In Belgien isst man Kuchen sogar mit Messer und Gabel“, sagte ich. „Amerikaner essen immer nur mit einer Hand“, sagte der Ober scharfsinnig. Der Krapfen war übrigens wunderbar und frisch. Ich frühstückte im „Bazar“, denn ich hatte einen Kollegen um Rat gebeten, der Innenstädter und passionierter Kaffeehaus-Frühstücker ist. Er nannte das „Café Fingerlos“ und den „Österreichischen Hof“, aber er selbst geht immer ins „Bazar“. Warum? Die Begründung ist einfach: „Es gibt hier den besten Kaffee Salzburgs.“

■ Im Kaffeehaus auf der Terrasse am Café Bazar, Salzburg

Den Besten? Das Wasser ist stadtweit dasselbe, Kaffee und Maschine sind käuflich. Woher kommen die Unterschiede? Der Kollege *fine tuning* vermutet, dass es um die Feineinstellung° geht, um die glückliche *pressure* Mischung aus Temperatur und Druck°. Und tatsächlich, ich bin von meinem doppelten Espresso begeistert.

ranking Aus den Guidebooks folgt eine andere Rangordnung° der Salzburger Kaffeehäuser. Da steht das „Café Tomaselli“ als „a must“ und „famous traditional Austrian Café“ und das „Bazar“ steht nur als „less famous and likewise traditional.“ Es ist interessant zu wissen, dass die Besitzerin des „Café Tomaselli“ bis vor einigen Jahren auch die

Austrian word for Brötchen

tolerated

reg. Plastikdöschen, *small plastic cup*

tender

addicted

Besitzerin des „Café Bazar" war. Als Vera Tomaselli das „Café Bazar" verkaufte, versprach der Käufer „Nichts wird sich ändern". So gibt es wie immer Frühstück zu jeder Tageszeit. Man bestellt Semmeln°, Butter und Eier auch am Nachmittag. Tee wird geduldet°. Gebäck, Orangensaft und Butter sind frisch; Marmelade kommt zwar aus dem Plastikdoserl°, ist aber die feinste Marke. Eier, weich gekocht im Glas mit zartem° Schinken, sind erstklassig. Ober, Gäste und Zeitungen geben die besondere Atmosphäre. Es gibt Leute, die sind süchtig° danach.

16 | Fragen zum Text

1. Was sagt der Ober über die Gabel, mit der der Krapfen serviert wird?
2. Wie soll der Gast den Krapfen essen?
3. Was sagt der Ober über die Amerikaner?
4. Warum wird der Krapfen im Café Bazar mit Gabel serviert?
5. Wer hat dem Gast das Café Bazar empfohlen? Warum?
6. Was steht in den Reiseführern (*guidebooks*) über die Salzburger Kaffeehäuser?
7. Wer ist Vera Tomaselli?
8. Was versprach der neue Besitzer des Café Bazar Vera Tomaselli?
9. Was gibt es im Kaffeehaus zum Frühstück?

17 | Wer hat das gesagt?

Sagen Sie, wer das Folgende gesagt hat. Kommentieren Sie die Aussagen.

■ Das Café Tomaselli in Salzburg wurde 1705 gegründet und ist somit das älteste Kaffeehaus Österreichs.

1. „Nichts wird sich ändern."
2. „In Belgien isst man Kuchen sogar mit Messer und Gabel."
3. „Amerikaner essen immer nur mit einer Hand . . ."
4. „Es gibt hier [Café Bazar] den besten Kaffee Salzburgs."
5. „Da steht das Café Tomaselli als ‚a must'."

a. Der Ober, der den Krapfen serviert hat.
b. Der Kollege, der dem Autor das Café Bazar empfohlen hat.
c. Der Gast, der den Artikel geschrieben hat.
d. Der Käufer, der von Vera Tomaselli das Café Bazar gekauft hat.
e. Im *guidebook*, in dem der Gast über die Salzburger Kaffeehäuser gelesen hat.

> „Das Kaffeehaus ist die Heimat für Leute, die allein sein wollen, aber dazu Gesellschaft (*company*) brauchen."
>
> Alfred Polgar, Schriftsteller

VIDEOBLOG: SALZBURG

● „Salzburg, sagt man, ist die Bühne der Welt."

Vor dem Sehen

A | Assoziationen

Was assoziieren Sie mit den folgenden Begriffen? Machen Sie Assozio-gramme und vergleichen Sie Ihre Assoziationen im Kurs.

in den Bergen

am See

B | Berühmte Persönlichkeiten

Wer ist wohl der berühmteste Salzburger? Gibt es in Ihrem Heimatort auch eine berühmte Persönlichkeit? Berichten Sie im Kurs!

Beim Sehen

C | Themen und Aussagen

Katharina spricht über verschiedene Themen. Bringen Sie die Themen in die richtige Reihenfolge.

_____ Mozart
___1___ die Berge um Salzburg
_____ Café Tomaselli
_____ Ski fahren
_____ die Österreicher
_____ die Stadt Lienz

Welche Aussagen passen zu welchen Themen?

_____ Die Österreicher sind genauso modern wie alle andern.

_____ Dort oben wird dann natürlich Glühwein getrunken.

_____ Das liegt in Osttirol, ein ganzes Stück weg von Salzburg.

_____ Ich liebe seine Musik.

_____ Sie versuchen zumindest immer freundlich zu sein.

_____ Man kann, wenn man möchte, auch mit den Bergbahnen hochfahren.

_____ Dort kann man Prominenz antreffen.

_____ Das ist eins der ältesten Kaffeehäuser in ganz Österreich.

_____ Er starb auch wieder in Salzburg.

_____ Das habe ich aber damals als Kind schon gelernt.

_____ Es gibt aber auch Vorurteile.

_____ Die Stadt ist ein bisschen kleiner.

D | Visuelles

Kreuzen Sie an, ob die folgenden Aussagen mit dem übereinstimmen, was Sie sehen. Berichtigen Sie die falschen Aussagen.

	STIMMT	STIMMT NICHT
1. Mitten durch Salzburg fließt ein großer Fluss.	❏	❏
2. Vor dem Café Tomaselli gibt es grüne Sonnenschirme.	❏	❏
3. Mozarts Geburtshaus ist rot.	❏	❏
4. Die Sachertorte ist quadratisch.	❏	❏
5. Durch die engen Straßen fährt eine Straßenbahn.	❏	❏
6. Am Ende sieht man einen Springbrunnen.	❏	❏

E | Sachertorte

Wie beschreibt Katharina die Sachertorte? Können Sie im Internet ein Rezept finden? Woher kommt der Name?

F | Die Österreicher

Verbinden Sie die Elemente zu vollständigen Sätzen.

1. Die Österreicher werden
2. Die Österreicher sind zum größten Teil
3. Es gibt auch Vorurteile
4. Es gibt Unterschiede
5. Man denkt, die Österreicher seien altmodisch,
6. In Wien

a. gegen die Österreicher.
b. weil man immer nur an Mozart denkt.
c. gibt's auch Punks.
d. sehr herzliche Menschen.
e. unterschiedlich gesehen.
f. zwischen Wien, Salzburg und den anderen Regionen.

Nach dem Sehen

G | Reflexionen

Wie gefällt Ihnen Salzburg? Was haben Sie aus dem Vlog Neues erfahren über die Stadt und ihre Menschen? Was würden Sie in Salzburg gerne einmal machen?

H | Berühmt

Machen Sie Ihr eigenes Vlog oder schreiben Sie eine E-mail an einen Partner / eine Partnerin und berichten Sie von einer berühmten Persönlichkeit in Ihrem Heimatort.

Wortschatz

das **Angebot, -e**   offer
begeistert   excited
beobachten   (hat beobachtet)
   to watch (s.o. or s.th.)
der **Besitzer, –** / die **Besitzerin,
   -nen**   owner
die **Burg, -en**   castle
das **Denkmal, ¨er**   monument
einen Film **drehen** (hat gedreht)
   to make a movie
der/die **Einheimische, -n**   local
   person
die **Erholung**   rest, relaxation
erstklassig   first class, excellent;
   excellently
die **Festspiele** (*pl.*)   festival
die **Festung, -en**   castle
die **Freude**   fun
die **Gasse, -n**   narrow street
das **Gebäck**   pastry, pastries,
   baked goods
das **Gebiet, -e**   area
gleichberechtigt   having equal
   rights
der **Hof, ¨e**   court
der **Innenstädter, -** / die **Innen-
   städterin, -nen**   city dweller
das **Kaffeehaus, ¨er**   traditional
   Austrian café
der **Krapfen, -**   fried pastry
lächeln (hat gelächelt)   to smile

leidenschaftlich   passionate
die **Melange**   coffee with
   whipped cream
die **Mozartkugel, -n**   praline
   invented in Salzburg
mühelos   without trouble, easily
nachweisen (weist nach, wies
   nach, hat nachgewiesen)   to
   prove
scharfsinnig   quick witted,
   astute; astutely
der **Schinken, -**   ham
die **Schulden** (*pl.*)   debt
die **Sehenswürdigkeit, -en**
   sight, tourist attraction
die **Semmel, -n**   roll (regional
   term)
süchtig   addicted
das **Tagebuch, ¨er**   diary
versprechen (verspricht, versprach, hat versprochen)
   to promise
vollständig   completely
weder . . . noch   neither . . . nor
wunderbar   wonderful
zart   tender
der **Zeitgenosse, -n** / die
   Zeitgenossin, -nen
   contemporary
das **Ziel, -e**   destination, goal,
   target

WORTSCHATZÜBUNGEN

---

18 Definitionen

Finden Sie die richtigen Begriffe für die folgenden Definitionen.

1. Kaffee, den man in österreichischen Kaffeehäusern gerne trinkt.

2. Das Kaffeehaus, in dem schon Mozart seine Melange getrunken hat.

3. Das Haus, in dem Mozart geboren wurde.

4. Die Festung, die auf einem Berg (*mountain*) in Salzburg steht.

5. Das Festival, das jedes Jahr in Salzburg stattfindet.

6. Die runde Praline, die ein Salzburger erfunden hat.

a. Café Tomaselli

b. Melange

c. Getreidegasse 9

d. Salzburger Festspiele

e. Hohensalzburg

f. Mozartkugel

Wann sagt man was? – *bequem, gemütlich*

Die Adjektive **bequem** und **gemütlich** kann man im Englischen beide mit *comfortable* übersetzen. Im Deutschen sagt man **bequem** nur dann, wenn etwas für den Körper angenehm ist, und man sagt **gemütlich** für eine angenehme Atmosphäre.

Ergänzen Sie den Text mit den richtigen Adjektiven.

Wer nach Salzburg fährt, muss _____[1] Schuhe anziehen, denn man kann die meisten Sehenswürdigkeiten zu Fuß erreichen. Nach einem Spaziergang durch die Altstadt kann man sich in einem _____[2] Kaffeehaus erholen (sich erholen: *to relax, regenerate*). Der Kaffee und das Gebäck sind wunderbar. Die Sessel in den Kaffeehäusern sind _____[3] und man kann so lange sitzen bleiben, wie man möchte und sich unterhalten (*have a conversation*) oder eine Zeitung lesen. Abends geht man in ein Konzert oder in ein _____[4] Restaurant zum Abendessen. Eine berühmte Salzburger Spezialität sind die Salzburger Nockerln (*Salzburg speciality of sweet pan-fried dumplings*). Vielleicht können Sie am Internet ein Rezept finden? Aber ziehen Sie _____[5] Kleidung an, wenn Sie Salzburger Nockerln probieren, denn man isst meistens zu viel davon!

19 | Salzburginformation

Eine Person, die bald eine Europareise machen will, fragt Sie, ob Salzburg eine interessante Stadt ist. Was sagen Sie ihr? Schreiben Sie einen Dialog und spielen Sie die Szene im Kurs vor. Verwenden Sie dabei möglichst viele der folgenden Begriffe.

begeistert – beobachten –der/die Einheimische – einen Film drehen – die Erholung – erstklassig – das Gebiet – gemütlich – die Innenstädter – versprechen – zart – das Ziel

Salzburger Sehenswürdigkeiten, Aktivitäten und Spezialitäten

die Altstadt	die Musik
die Burg	der Salzburger Dom
das Denkmal	die Salzburger Festspiele
die Festung Hohensalzburg	das Salzburgerland
die Getreidegasse	der Schinken die Sehenswürdigkeit
das Kaffeehaus	die Semmel
der Krapfen	das Schloss Mirabell
die Landschaft	der Sommer
die Melange	*The Sound of Music*
das Mozarthaus	der Winter
Mozartkugeln	

20 | Was ist passiert?

Arbeiten Sie in Paaren oder Gruppen. Beschreiben Sie die Situation im Bild und verwenden Sie dabei wenigstens zehn der folgenden Wörter. Spielen Sie dann die Szene.

begeistert – beobachten – Besitzer – der/die Einheimische(n) – erstklassig – Gebäck – Kaffee – Kaffeehaus – lächeln – leidenschaftlich – Melange – süchtig – wunderbar

 z.B.   Ein amerikanischer Student ging ins Kaffeehaus und . . .

21 | Rollenspiel

Spielen Sie andere kleine Szenen im Caféhaus. Spielen Sie nicht sich selbst, sondern eine andere Person; zum Beispiel eine schwedische Touristin; einen deutschen Studenten; einen Restaurantkritiker oder eine Reporterin für ein Gourmetmagazin; eine Person, die keinen Kaffee trinken darf; usw.

Redemittel zum Diskutieren

Sagen, was man gerne hat

Mir gefallen / Mir gefällt . . .	**Mir gefällt** an Salzburg besonders die Altstadt.
Ich esse/trinke gern . . .	**Ich esse gern** Salzburger Nockerln.
Ich esse/trinke lieber . . .	**Du isst lieber** Wiener Schnitzel.
Ich finde . . . gut/nicht so gut.	**Ich finde** das Konzept der Kaffeehäuser **gut**.
Ich mag . . .	**Ich mag** die gemütliche Atmosphäre besonders gerne.

Mit dem Verb **gefallen,** sagt man, dass einem die äußere Erscheinung (äußere . . . *outer appearance*) oder eine äußere Charakteristik einer Sache gut gefällt. Das Verb **mögen** verwendet man, wenn man über eine innere Qualität und nicht über das Aussehen spricht.

Ich **mag** Robert. **Mir gefällt** sein neues Auto.

22 | Und du?

Welchen der folgenden Aussagen stimmen Sie (nicht) zu? Wenn Sie nicht zustimmen, sagen Sie was sie mögen oder nicht.

1. Mir gefallen die alten, traditionellen Cafés am besten.
2. Ich trinke Kaffee gerne mit Milch und Zucker.
3. Ich trinke lieber Cola.
4. Ich mag nur Espresso mit viel Zucker.
5. Ich finde den Kaffee in der Cafeteria an der Uni sehr gut.
6. Ich esse gern Kuchen und Gebäck.
7. Mir gefallen die kleinen, engen (*narrow*) Gassen in Salzburg.
8. Ich finde Mozarts Musik fantastisch.
9. Ich gehe gern alleine ins Café und lese ein Buch.

23 | Was magst du? Was gefällt dir? Was machst du gern?

Sagen Sie, was sie mögen, was Sie gerne machen und was Ihnen gefällt.

am Internet surfen und Kaffee trinken – Eis – Filme aus den sechziger Jahren – frisches Gebäck – heiße Schokolade – Kaffee mit Milch – Kuchen mit Sahne – mit Freunden ins Café gehen – Mozartkugeln – Mozarts Sonaten – Ski fahren – traditionelle Restaurants – wandern

24 Fragen zur Diskussion

 Diskutieren oder schreiben Sie über eines der folgenden Themen. Verwenden Sie dabei die Redemittel.

1. Stimmt es, dass Amerikaner nur mit einer Hand essen? Welche anderen Charakteristiken des Essverhaltens (*eating behavior*) kennen Sie?

2. In welche Art Restaurant gehen Sie am liebsten? Warum? Was essen und trinken Sie dort gerne?

3. Welches Restaurant, das Sie kennen, ist besonders traditionell?

STRUKTUREN

Das Subjekt als Objekt: Reflexivpronomen

Reflexive pronouns refer to the subject of the sentence.

nonreflexive: Eine Touristin kauft einen Apfel und wäscht ihn im Mozartbrunnen.

A tourist buys an apple and washes it in the Mozart Fountain.

reflexive: Eine Touristin wäscht sich im Mozartbrunnen.

A tourist washes herself in the Mozart Fountain.

- In the first person (**ich, wir**) and second person informal (**du, ihr**), reflexive pronouns are identical to regular accusative and dative pronouns.

		First Person	Second-Person Informal
Accusative	*Singular*	mich	dich
	Plural	uns	euch
Dative	*Singular*	mir	dir
	Plural	uns	euch

- The reflexive pronoun stands as close as possible to the subject it refers to without affecting the regular placement of verbs.

Heute Nachmittag werde ich **mich** hoffentlich für ein paar Stunden ins Tomaselli setzten können.

Ihr habt **euch** ein schönes Wochenende in Salzburg gemacht.

Ich bestelle **mir** eine Melange im *Tomaselli*.

Wir kauften **uns** eine riesige Packung Mozartkugeln.

- The form of the reflexive pronoun for all second-person formal (**Sie**) and third-person forms is **sich**.

		Personal Pronouns	Reflexive Pronouns
2nd-Person Formal	*Singular and Plural*	Sie	
3rd-Person Accusative	*Singular*	ihn/es/sie	sich
	Plural	sie	
3rd-Person Dative	*Singular*	ihm/ihm/ihr	
	Plural	ihnen	

Ziehen Sie **sich** bequeme Kleidung an, wenn Sie Salzburger Nockerln essen!

Die Stadt Salzburg präsentiert **sich** als Kulturmetropole.

Der Gast kaufte **sich** einen Krapfen.

Unzählige Touristen sehen **sich** jeden Tag das Mozartdenkmal an.

- Certain German verbs always take an accusative reflexive pronoun.

Die Besucher der Salzburger Festspiele **amüsieren sich** bei der Aufführung des „Jedermann".

Nach dem Bummel durch die Salzburger Altstadt **habe ich mich** im Kaffeehaus **ausgeruht**.

Verbs taking an accusative reflexive pronoun include:

sich amüsieren	*to enjoy oneself*
sich ändern	*to change*
sich ausruhen	*to rest*
sich beeilen	*to hurry*
sich benehmen	*to behave*
sich entschuldigen	*to apologize*
sich erholen	*to relax; to recuperate*
sich erkälten	*to catch a cold*
sich (gut, schlecht . . .) fühlen	*to feel (well, bad . . .)*
sich hinlegen	*to lie down*
sich interessieren	*to be interested*
sich irren	*to be wrong*
sich langweilen	*to be bored*
sich setzen	*to sit down*
sich treffen	*to meet*
sich umsehen	*to look around*
sich unterhalten	*to have a conversation*
sich verlaufen / verfahren	*to get lost (on foot / by car)*
sich verspäten	*to be late*
sich (gut) verstehen	*to get along well; to understand each other*
sich (über etwas) wundern	*to be surprised/perplexed (about s.th.)*

• Some verbs always take a dative reflexive pronoun to indicate a particular meaning.

> Ich **habe mir eingebildet**, Salzburger Nockerln essen zu müssen.

> **Stell dir vor**, du könntest einen ganzen Sommer in Salzburg verbringen.

Verbs taking a dative reflexive pronoun include:

sich etwas ansehen	*to take a look at something*
sich etwas aussuchen	*to choose s.th.*
sich etwas bestellen	*to order s.th. for oneself*
sich etwas einbilden	*to imagine something / to think of s.th. as (not) true*
sich etwas leisten	*to afford something*
sich etwas merken	*to take note of something*
sich etwas überlegen	*to think something over*
sich etwas vorstellen	*to imagine something*

25 | Das älteste Kaffeehaus Österreichs

Ergänzen Sie die Sätze mit den folgenden Verben.

sich aussuchen – sich bestellen – sich erholen – sich interessieren – sich treffen – sich unterhalten – sich wundern

Das Café *Tomaselli* in Salzburg wurde schon 1705 gegründet und ist Österreichs ältestes Kaffeehaus. Seit über dreihundert Jahren trinkt man dort die Melange, isst frisches Gebäck und _____ _____[1] über das Neueste in Salzburg. Man _____ _____[2] Kuchen oder Gebäck beim Herrn Ober oder _____ _____ etwas vom Kuchenbuffet _____[3]. Im *Tomaselli* _____ _____[4] leidenschaftliche Salzburger Kaffeehausfrühstücker zum täglichen Frühstück; und viele Touristen _____ _____[5] von einem anstrengenden (*strenuous*) Stadtrundgang. Viele Touristen _____ _____[6] über die vielen verschiedenen Kaffeevarianten, die es im *Tomaselli* gibt. Doch wer _____ für die Kaffeehauskultur _____[7], weiß, dass alle diese Varianten eine lange Geschichte haben und zur Tradition gehören.

26 | Partnerinterview

Fragen Sie Ihren Partner / Ihre Partnerin und berichten Sie dann das Interessanteste im Kurs. Sagen Sie auch etwas über sich selbst und versuchen Sie dabei, möglichst viele Reflexivverben zu verwenden.

 Jennifer fühlt sich bei Starbucks am wohlsten. Sie bestellt sich meistens einen doppelten Espresso. Ich fühle mich in der Cafeteria wohler, weil man sich dort besser unterhalten kann. . . .

1. In welchem Restaurant oder Café fühlst du dich am wohlsten? Was bestellst du dir dort gerne?
2. Wo kannst du dich am besten erholen?
3. Wo triffst du dich am liebsten mit Freunden?
4. Was interessiert dich an Österreich am meisten?
5. Worüber hast du dich in diesem Kapitel am meisten gewundert?

27 | Ketten-Prosa

Arbeiten Sie in Gruppen und schreiben Sie eine Geschichte über zwei Personen, die Salzburg besuchen. Schreiben Sie zuerst jeweils jeder einen Satz und verwenden Sie dabei möglichst viele Reflexivverben. Stellen Sie dann die Sätze im Kurs vor und bringen Sie sie in eine interessante Reihenfolge, sodass eine Geschichte entsteht.

⊕ LEKTÜRE

Vor dem Lesen

■ Wintersport im Salzburgerland

28 | **Fragen zum Thema**

1. Welche Touristenattraktionen kennen Sie in Europa? Was möchten Sie gerne einmal sehen oder machen?

2. Die Alpenregion hat einige Probleme. Welche Probleme könnten das sein? Spekulieren Sie!

3. Stellen Sie sich Stadt und Land in der Alpenregion vor. Wo möchten Sie am liebsten Tourist sein? In einem kleinen Dorf oder in einer größeren Stadt? Was würden Sie gerne dort machen?

🅦 **29** | **Wörterbucharbeit: Sehnen nach den Alpen**

Arbeiten Sie mit dem Wörterbuch, um für die folgenden Formulierungen und Begriffe die richtigen Definitionen oder Beschreibungen zu finden. Arbeiten Sie mit einem Partner.

 z.B.

Technisierung der Gebirge →

Immer mehr Skilifte und Seilbahnen werden gebaut.

Erlebnishunger der Stadtbewohner →

Die Touristen aus der Stadt wollen immer mehr erleben, wenn sie in die Berge fahren.

1. Technisierung der Gebirge

2. Erlebnishunger der Stadtbewohner

3. wachsender Wohlstand und Freizeitbedürfnisse

4. hochgerüstete Freizeit-Infrastruktur

5. überfordertes Gebirge

6. Alpengemeinden

7. Der Tourismus konzentriert sich räumlich.

8. touristische Monostruktur

9. florierendes Geschäft

10. wirtschaftlich wie sozial veröden

11. Grenzen der Belastbarkeit

12. nachhaltige Entwicklung

13. Verkehrsbelastung

a. Die Leute haben mehr und wollen mehr.

b. Immer mehr Skilifte und Seilbahnen werden gebaut.

c. Zu viele Skilifte, Seilbahnen, Skipisten und dergleichen.

d. Die Touristen aus der Stadt wollen immer mehr erleben wenn sie in die Berge fahren.

e. Das Geschäft geht gut.

f. Im Gebirge wird zu viel gebaut und zu viel Natur zerstört.

g. Alles, was für Touristen interessant ist, ist auf bestimmte Orte konzentriert.

h. Man konzentriert sich ökonomisch zu sehr auf den Tourismus.

i. Städte und Dörfer in den Alpen

14. Zusatzeinkommen durch den Tourismus

15. regionsspezifische Strategien

16. Strukturwandel von Verstädterung und Verödung

17. eine ganzheitliche Sichtweise

j. Entwicklung, die das bewahrt (*conserves*), was da ist (z.B. Natur)

k. Die Region wird wirtschaftlich und sozial ruiniert.

l. Limit, bis zu dem man gehen kann, bevor es Probleme gibt.

m. Belastung durch Autoverkehr.

n. Man verdient extra Geld in der Tourismusbranche.

o. Man bewahrt den Blick auf das Ganze und denkt nicht nur an bestimmte Aspekte.

p. Immer mehr Leute ziehen vom Land in die Stadt und das Land verödet.

q. Jede Region hat andere Probleme und braucht eine spezielle Strategie.

Beim Lesen

In diesem Text erfahren Sie, wie die Österreicher über die deutschen Touristen denken (Aktivität 30) und welche Probleme es in den Alpen gibt (Aktivität 31).

30 | Wie sehen die Österreicher die deutschen Touristen?

Am Beginn des Textes zitiert der Autor eine Studie über den Alpentourismus. Wie denken die Österreicher über die Deutschen Touristen?

31 | Die Probleme der Alpenregion

Machen Sie Notizen über die Probleme der Alpenregion und die Vorschläge, die der Autor macht, um sie zu lösen.

Sehnen nach den Alpen

Aus den *Salzburger Nachrichten* 20.07.2002 von Kurt Luger

showed off / beriefen . . . referred to

Zunächst kamen sie nicht für lange Aufenthalte. Sie verbrachten nur einige Nächte in einer der wenigen Herbergen, um einige Alpengipfel zu ersteigen. Aber sie sprachen und erzählten viel. Sie trumpften auf°, beriefen sich auf° das Vorbild ihrer Heimat; sie machten ständig Vorschläge, wie man das Dorf besser organisieren und verändern könnte. Sie flirteten auch mit den Mädchen und gingen sonntags nicht zur Messe.

excerpt

Dieser kleine Ausschnitt°, zitiert aus einer der ersten Studien über den Tourismus in den österreichischen Alpen, stammt aus dem Jahr 1930, aber er spricht ein zentrales Thema an. Noch heute gelten die Deutschen

expectations

in dieser Gegend als ideale Touristen. Da sie keine großen Ansprüche° an Zimmerkomfort und Bewirtung haben, sind sie leicht zufrieden zu

generous

stellen. Sie brauchen nur zwei Dinge: reichliche° Portionen und mehrere Zeitungen. Obwohl der deutsche Tourist also die Freuden der Natur suchte, brachte er eine städtische Atmosphäre mit. Er urbanisierte das Dorf.

creation

Die Alpen bilden den Lebensraum für rund 14 Millionen Menschen, ihre Imagination aber ist eine Schöpfung° der städtischen Bevölkerung,

a place people yearn for

ein Sehnsuchtsraum°, aber auch – teilweise sogar deshalb – eine menschengemachte Problemzone. Die Technisierung der Gebirge, ihre leich-

accessibility

tere Erreichbarkeit°, der Erlebnishunger der Stadtbewohner, wachsender Wohlstand und Freizeitbedürfnisse machten aber den Bergtourismus zu einem unverzichtbaren Wirtschaftsfaktor in den Alpenländern.

*tracks for cross-country skiing / quer ...
all over, throughout*

Trotz der Millionen Alpenbesucher, der Tausenden Kilometer Autobahn, Skipisten und Loipen° quer durch° die Berge, der Seilbahnanlagen und Golfplätze mit ihren zahllosen Löchern, einer enorm hochgerüsteten Freizeit-Infrastruktur, hat das landläufige Bild der

abused, disfigured / limited validity

„zugerichteten"° Alpen nur beschränkte Gültigkeit°.

*quadratkilometer = km² /
strained, overused*

Romantisches Postkartenimage steht der Behauptung gegenüber, es handle sich um 181.000 qkm° überfordertes° Gebirge. Die Alpen – das Turngerät Europas, ein einziger Playground und Entertainmentpark?

rücken ... bring this picture into perspective

Alpengeographische Studien rücken dieses Bild zurecht°: 40% der

communities in the Alps

Alpengemeinden° haben praktisch überhaupt keinen Tourismus, auf 5% der Fläche konzentrieren sich 46% aller touristischen Betten. Die Hälfte der Hotelinfrastruktur entfällt auf nur 300 der Gemeinden. Der Tourismus konzentriert sich räumlich auf wenige Gebiete und das Salzburger Land gehört weitgehend dazu. Echte Tourismusgemeinden, das heißt solche mit touristischer Monostruktur, die sich oft aus hochgelegenen Bauerndörfern entwickelt haben, gibt es etwa 600, das heißt 10% aller Alpengemeinden. Dort leben nur 8% der Bevölkerung und die tatsächlich touristisch genutzte Fläche ist nicht größer als rund 10.000 qkm.

■

Räumlich konzentrierter Tourismus

Trotz dieser Relativierung sind die Alpen eine der größten und wichtigsten Tourismusregionen der Erde. Auf Grund dieses florierenden

disadvantaged

Geschäfts kann man keineswegs von einer benachteiligten° Region sprechen. Aber die Unterschiede sind gravierend. Aus 18% der Alpenfläche ziehen sich die Bewohner zurück.

vielen / *degeneration*   Seit etlichen° Jahren läuft der Prozess der Verwilderung° großer
Teile der Piemontesischen und Ligurischen Alpen, aber auch einzelner
Gebiete in den französischen Südwestalpen. In Slowenien, sogar in der
Schweiz und auch in Österreich gibt es einzelne Gebiete, die weit jenseits

weit… beyond the idyllic fantasy /
Klein… small and medium sized farms
der pastoralen Idylle° für die Klcin- und Mittelbetriebe° keine Über-
lebensmöglichkeit bieten, wirtschaftlich wie sozial veröden und auch

exhausted
ökologisch schon abgewirtschaftet° haben.

densely populated areas
     Heute leben 60% der Alpenbevölkerung in Städten und Ballungsräumen°,
teilweise am Alpenrand, zumeist in begünstigten Tallagen°. Dort befin-

valleys
den sich zwei Drittel der Arbeitsplätze und die Gemeindeentwicklung
seit 1870 zeigt auf, dass die Alpenbewohner immer mehr zu Städtern°

city folks
werden. Sie leben nicht nur in größerer Zahl in Ballungsräumen,
sondern sie werden auch zu Städtern im Kopf.

     Diese Entwicklung ist nicht allein auf den Tourismus zurückzufüh-
ren, sondern auf die gesellschaftliche Modernisierung im allgemeinen,

reduction / chasm, divide
auf die Verringerung° der kulturellen Kluft° zwischen Stadt und Land.
Aber viele Junge wandern ab, weil kaum Arbeitsplätze zur Verfügung
stehen.

Umdenken – nachhaltig° wirtschaften

sustained

reg. dieses Jahr
Nicht nur im heurigen° „Jahr der Berge" wird der Tourismus für die
Überforderung° des Gebirges verantwortlich gemacht. Da und dort

abuse, overwhelming
kommt der Vorwurf sicher auch zu recht, weil man die Grenzen der Be-
lastbarkeit° ignorierte. Aber überall eine sanfte Tour zu verordnen, ohne

limits of what is possible
auf die Kapazitäten der vorhandenen Infrastruktur Bedacht zu nehmen,
führt eher zu wirtschaftlichen Problemen, als dass ökologische
Abhilfen geschaffen werden. Vielmehr ist ein Umdenken in Richtung
nachhaltige Entwicklung erforderlich und die Alternativen müssen

realistisch
auch umsetzbar° sein.

     Ein besonders akutes Problem für viele Alpenbewohner bildet die
Verkehrsbelastung. Aber ein erheblicher Anteil des Verkehrs in den
Alpen ist hausgemacht, also lokaler Berufs- und Ausflugsverkehr.

cargo traffic across the Alps
Natürlich erzeugt der Alpenquerende Güterverkehr° absurde Ausmaße,

sunworshippers, summer tourists
from northern Europe driving to the
Mediterranean
natürlich ist der Alpentransit der Sonnenanbeter° im Sommer für die
Menschen an den großen Nord-Süd-Verbindungen der pure Horror. Es
bedarf also alpenweiter wie lokaler Maßnahmen, um den Umweltver-
brauch substanziell zu vermindern.

output, production
     Ein anderes Problem ist die Ertragslage° der lokalen Landwirtschaft.

Alpine dairy farming
Dass die Almwirtschaft° immer unbedeutender wird und täglich
Bauern ihre Höfe aufgeben, ist eine Konsequenz des von Europa
geförderten Agrobusiness, das zu großen Feldern° und vollen Ställen°

fields / barns

slopes

property

zwingt. Der Bergbauer ist chancenlos, seine Hänge° sind zu steil, die Kühe zu sportlich für große Milchleistungen, sein Ertrag reicht nicht zum Überleben. Hat der Bauer nicht etliche Parzellen Baugrund° oder große Waldreserven, die ihn wirtschaftlich absichern, bleibt ihm nur die Hoffnung auf ein Zusatzeinkommen durch den Tourismus. Zusammenschlüsse wie die preisgekrönte *Käsestraße Bregenzer Wald* sind Vorzeigebeispiele für regionale Gemeinschaftsprojekte in den Alpen. Sie bestätigen, dass es regionsspezifischer Strategien bedarf, um den Strukturwandel von Verstädterung und Verödung zu bremsen.

■

Bewahrender Fortschritt als Strategie

Der Tourismus hat in den Alpen eine zentrale Funktion, weil er praktisch die einzige wirtschaftliche Aktivität ist, die im eigentlichen Gebirgsraum dezentrale Arbeitsplätze schafft. Er kann Motor einer integrativen Strategie sein, wenn er die Verbindung mit lokalen und regionalen Ressourcen wie Handel, Gewerbe, Landwirtschaft herstellt. Die Alpen sind kein alpines Fitnesszentrum. Anstelle großräumiger Funktionsteilungen° in Europa wäre vielmehr die Leitidee der ausgewogenen Doppelnutzung° zu verfolgen.

division of functions
ausgewogenen... balanced multiple use

■

Bollwerke und Symbole der Festigkeit

descent

Symbolen... symbols of firmness and solidity

anchor, solidify

Respekt

conquest / subjugation

Oben auf dem Berg angekommen – bleib nicht stehen! Der sichere Abstieg° ins Tal gehört zur geglückten Bergtour wie zum Verständnis des Tourismus. Eine ganzheitliche Sichtweise, zumindest aber Kostenwahrheit, ist gefragt. In den Bergen der Welt, diesen Jahrtausende alten Bollwerken und Symbolen der Festigkeit und Solidität°, geht es nicht um kurzfristigen Shareholder Value. Vielmehr sind alle Stakeholder, diejenigen, denen die Berge Lebensraum sind, in die Entscheidungen einzubeziehen. Nur so lässt sich der Gedanke der nachhaltigen Entwicklung auch verankern°.

Unsere Vorfahren dachten, dass der Berg, indem er über die Wolken hinausragt und den Himmel berührt, eine Kommunikation mit der Welt über uns ermögliche. Professionelles Management und Demut° zusammen müssen heute eine neue Qualität der Beziehung zu den Elementen, zwischen Mensch und Natur herstellen, die nicht von Eroberung° und Unterwerfung° geprägt wird. In einer „Strategie des bewahrenden Fortschritts" wird die Natur wieder auf Grund ihres direkten Nutzwertes für ein örtliches Überlebenssystem definiert, und *revive* nicht ausschließlich nach ihrem ästhetischen Wert für die Gäste. Diese Strategie muss die regionalen Kreisläufe wiederbeleben°, weil eine ökologische Zukunft eine ökonomische Grundlage braucht.

■ ■ ■

Wortschatz

sich **absichern** (sichert ab, hat abgesichert) to secure one's livelihood

abwandern (wandert ab, ist abgewandert) to leave an area

etwas **aufgeben** (gibt auf, gab auf, hat aufgegeben) to give s.th. up

der **Berg, -e** mountain, hill

der **Bergbauer, -n** Alpine dairy farmer

die **Bergtour, -en** mountain hike

die **Bewirtung** service

das **Erlebnis, -se** experience

das **Gebirge, -** mountains, mountain range

die **Gemeinde, -n** community

der **Gipfel, -** mountain top

die **Herberge, -n** hostel, simple hotel

der **Hof, ⸚e** *here*: farm

räumlich (geographisch) geographic; geographically

die **Skipiste, -n** ski slope

die **Seilbahn, -en** lift, gondola

teilweise partial(ly)

überleben (hat überlebt) to survive

umdenken (denkt um, dachte um, hat umgedacht) to think differently

zur **Verfügung** stehen to be at one's disposal, be available

die **Verringerung** reduction

der **Vorschlag, ⸚e** suggestion

der **Vorwurf, ⸚e** accusation

wirtschaftlich economically

sich **zurückziehen** (zieht zurück, zog zurück, hat zurückgezogen) to withdraw

das **Zusatzeinkommen, -** side income

Nach dem Lesen

32 | Fragen zum Text

1. Wie charakterisiert eine Studie von 1930 die deutschen Touristen, die damals in die österreichischen Alpen kamen?

2. Was sagt Kurt Luger, der Autor des Artikels, über die deutschen Touristen?

3. Warum nennt Luger die Alpen eine „menschengemachte Problemzone"?

4. Hat der Tourismus die Alpen ruiniert? Erklären Sie.

5. Wie viele Alpengemeinden haben keinen Tourismus?

6. Wie viele Gemeinden haben eine touristische Monostruktur?

7. Warum verwildern und veröden einzelne Gebiete in den Alpen?

8. Woher kommt die Verkehrsbelastung in den Alpen?

9. Warum müssen viele Bergbauern ihre Höfe aufgeben?

10. Wofür ist die *Käsestraße Bregenzer Wald* ein gutes Beispiel?

33 | Relativsätze

Arbeiten Sie mit einem Partner / einer Partnerin. Formulieren Sie die Satzteile in Klammern als Relativsätze und setzen Sie sie in die Sätze ein.

> **z.B.**   **Die deutschen Touristen, _____, sind leicht zufrieden zu stellen. (sie kommen nach Österreich) →**
>
> Die deutschen Touristen, *die nach Österreich kommen,* sind leicht zufrieden zu stellen.

1. Die Touristen, _____, machten den Bergtourismus zu einem wichtigsten Wirtschaftsfaktor in den Alpen. (ihr Erlebnishunger wurde immer größer)

2. Das Bild der Alpen, _____, ist nur teilweise korrekt. (in diesem Bild werden die Berge als Turngerät Europas dargestellt)

3. Es gibt viele Gemeinden in den Alpen, _____. (sie haben keinen Tourismus)

4. Tourismusgemeinden, _____, gibt es etwa 600. (sie haben sich oft aus hochgelegenen Bergdörfern entwickelt)

5. Einige Gebiete in den Alpen, _____, verwildern und veröden. (aus diesen Gebieten wandern immer mehr Leute ab)

6. Die Touristen, _____, sind eine große Verkehrsbelastung. (sie fahren jedes Jahr im Sommer über die Alpen ans Mittelmeer)

7. Der kleine Bergbauer, _____, hat im europäischen Markt keine Chance. (seine Hänge sind zu steil und seine Kühe zu sportlich)

8. Der Tourismus, _____, kann Motor einer integrativen Strategie sein. (der Tourismus kann im Gebirge dezentrale Arbeitsplätze schaffen)

9. Eine regionale Strategie, _____, kann für viele Gebiete eine gute Lösung sein. (die Käsestraße Bregenzer Wald ist für die regionale Strategie ein gutes Beispiel)

10. Die Berge, _____, müssen auch für ihre Bewohner ein akzeptabler Lebensraum bleiben. (für unsere Vorfahren waren die Berge Symbole der Festigkeit und der Solidität)

34 | Rollenspiel

In einem kleinen Gasthaus irgendwo im Pinzgau im Salzburgerland treffen sich ein älterer Bergbauer aus dem Pinzgau, ein Tourist aus Köln (mit seiner Familie) und der Gastwirt des kleinen Gasthauses. Sie sprechen über das Dorf, wie es einmal war und wie es jetzt ist. Bilden Sie Gruppen und schreiben Sie Dialoge und spielen Sie die Szenen im Kurs vor. Erfinden Sie andere Personen oder Orte, wenn Sie möchten.

35 | Fragen zum Nachdenken und Diskutieren

1. Viele Leute glauben, die Probleme in den Alpen haben mit dem Tourismus zu tun. Haben sie damit Recht?

2. Kurt Luger spricht in seinem Artikel von einer Strategie des bewahrenden Fortschritts. In welchen Situationen ist diese Strategie realistisch?

3. Kurt Luger sagt in seinem Artikel, wie die Österreicher über die deutschen Touristen denken. Wie denken wohl die deutschen Touristen über die Österreicher? Spekulieren Sie!

36 | Schreibübung – Ein Brief

1. Wählen Sie eine Person aus dem Rollenspiel in Aktivität 34 und schreiben Sie einen Brief aus der Perspektive dieser Person an einen Freund oder Verwandten.

> Lieber Oskar,
>
> Gestern haben wir uns mit ein paar Leuten im Gasthaus unterhalten …
>
> […]
>
> Viele Grüße,
>
> Dein(e) _____

2. Kurt Lugers Artikel *Sehnen nach den Alpen* ist in relativ komplexer Sprache geschrieben. Zur Vorbereitung auf das Lesen haben Sie mit Hilfe des Wörterbuchs (Aktivität 29) einfachere Definitionen für Lugers Formulierungen gefunden. Schreiben Sie, ausgehend von den Definitionen in Aktivität 29, eine einfachere Version von Lugers Artikel.

ZUM SCHLUSS

37 | Deutsche und Österreicher

Diskutieren Sie noch einmal über das Verhältnis (*relationship*) der Deutschen und der Österreicher allgemein. Mögen sie sich? Respektieren sie sich? Denken Sie dabei an die folgenden Aspekte.

- Bevölkerung
- Geschichte
- Größe des Landes
- Kultur
- Tourismus

Das letzte Wort: *Piefke*

Das österreichische Wort **Piefke** für die Preußen (*Prussians*) geht auf den deutschen Militärmusiker Gottfried Piefke (1817–1884) zurück. Am 31. Juli 1866 fand am Ende des preußisch-österreichischen Krieges in der Nähe von Wien eine große Parade vor König Wilhelm I. (*Prussian King Wilhelm the First*) statt. Neben Gottfried Piefke dirigierte sein Bruder Rudolf (1835–1900) ein Musikkorps. Die Wiener riefen damals „Die Piefkes kommen!" Dieser Ruf wurde zum Synonym für die 50.000 paradierenden Preußen. Bis heute nennt man in Österreich die Deutschen die „Piefke".

Warum erfindet man solche Spitznamen für andere Nationalitäten? Was sagt der Spitzname „Piefke" über das Verhältnis der Österreicher und der Deutschen? Kennen Sie andere solche Spitznamen? Was bedeutet es, solche Spitznamen zu verwenden?

KULTURELLE PERSPEKTIVEN

Station Wien: Informationen und
Aktivitäten

EIN WELTBERÜHMTER WIENER
Sigmund Freud

Kulturnotiz
Opernball mit tausend Polizisten

VIDEO
Wien

STRUKTUREN
Sätze ergänzen: Infinitivkonstruktionen
Genauer beschreiben: Adverbien

LEKTÜRE
Wittgensteins Neffe Thomas Bernhard

Arbeitsbuch
pp. 105–114

Audioprogramm
www.thomsonedu.com/german/stationen

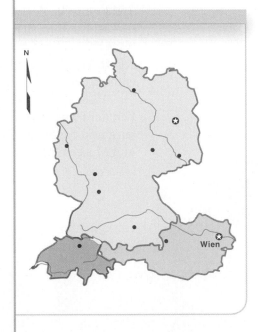

■ In der Innenstadt
von Wien geht man
viel zu Fuß. Wohin
gehen Sie zu Fuß?

Station: Wien

Wien ist die große Hauptstadt eines kleinen Landes. Fast jeder fünfte Österreicher lebt in Wien. Die Stadt ist das politische, wirtschaftliche und kulturelle Zentrum Österreichs und gleichzeitig ein sehr beliebtes Ziel für Touristen. Wien ist von einer wunderschönen Landschaft umgeben; eigentlich ist der Rest des Landes eine einzige Naturlandschaft. Westlich von Wien sind die Alpen, im Osten die Ebenen° entlang der Donau.

Wien gilt als Weltstadt der Musik, Kunst und Kultur. Aus der Zeit der Habsburger° gibt es viele Schlösser und Paläste, wie die Hofburg und das Schloss Schönbrunn, sowie prächtige Opern, Theater und Museen. Als alte Kaiserstadt° und moderne Metropole hat Wien ein besonderes Flair. Die Hotels, Restaurants und Kaffeehäuser erinnern an die Kaiserzeit; und weil dieses goldene Zeitalter schon lange vergangen ist, spürt man in Wien überall eine gewisse Nostalgie.

Der Wiener, so sagt man, ist in erster Linie Wiener, und in zweiter Linie Österreicher. Das ist wohl fast natürlich in einer so traditionsreichen Stadt wie Wien.

■ Die Innenstadt von Wien mit Stephansdom

Ebenen *flat lands*   Habsburger *Austrian emperors from 1765–1918*   Kaiserstadt *imperial city*

Statistik	
Einwohnerzahl:	1,6 Millionen (von 8,2 Millionen Einwohnern in Österreich)
Fläche:	415 km²
Preis einer Eintrittskarte zum Wiener Opernball:	215 Euro

Geschichte

100	1365	1679 & 1713	1700	1814–1915	1900
Das römische Reiterlager *Vindobona* („White Fort") wird zum Kastell befestigt.	Gründung der Universität Wien	Große Pestepidemien (*plague epidemics*)	Nach den Türkenkriegen (*Turkish Wars*) Aufstieg zur Kaiserstadt	Wiener Kongress – Wien ist Mittelpunkt der Neuordnung Europas.	Wien wird zum Zentrum des Jugendstils (Künstlervereinigung *Secession*).

1 Fragen zur Station

1. Was liegt westlich von Wien? Was liegt im Osten?
2. Wann wurde die Stadt gegründet?
3. Wie viele Einwohner hat Wien? Wie groß ist die Fläche?
4. Wie viele Einwohner hat Österreich?
5. Welche berühmten Schlösser gibt es in Wien?
6. Wann waren die großen Pestepidemien?
7. Seit wann gibt es die Republik Österreich?
8. Wann war die Zeit des Jugendstils?

EIN WELTBERÜHMTER WIENER
Sigmund Freud (1856–1939)

Sigmund Freud, 1931

Sigmund Freud wurde 1856 in Freiberg (Mähren) als Sohn eines Wollhändlers° geboren. 1859 zogen seine Eltern nach Wien in die Berggasse 19. 1873 begann Freud das Studium der Medizin an der Universität Wien; er promovierte 1881 zum Doktor der Medizin. Nach einem Studienaufenthalt in Frankreich wird Freud 1885 Professor für Neuropathologie an der Uni Wien. Er experimentierte mit „Sprechtherapie" und Hypnose und im Jahr 1896 benutzte er zum ersten Mal den Begriff *Psychoanalyse*. Nach vielen Beiträgen° zur Psychoanalyse schrieb Freud in späteren Jahren auch über Kultur und Religion. Nach dem Einmarsch° deutscher Truppen in Österreich 1938 emigrierte Freud, der Jude war, mit seiner Familie nach London, wo er 1939 starb. Nach seinem Tod eröffnete seine Tochter Anna ein Freud-Museum in London. Das 1971 eröffnete Freud-Museum in Wien befindet sich in der Berggasse 19, wo Freud 47 Jahre lang lebte.

Wollhändlers *wool merchant*   Beiträgen *contributions*
Einmarsch *invasion*

2 Wörterbucharbeit: Freuds wichtigste Werke

Arbeiten Sie mit dem Wörterbuch und finden Sie gute Übersetzungen für die deutschen Titel der folgenden Werke Sigmund Freuds.

1. *Die Traumdeutung* (1900)
2. *Totem und Tabu: Einige Übereinstimmungen im Seelenleben der Wilden und der Neurotiker* (1912–1913)

1910	1918	1938	1955	1973–1979	2005
Wien hat mehr als 2.000.000 Einwohner.	Die Republik "Deutsch-Österreich" wird ausgerufen, mit Wien als Hauptstadt.	Anschluss an das Deutsche Reich (*event making Austria part of the Third Reich*)	Die Republik Österreich entsteht.	Wien ist die dritte UNO-Stadt (*city with a „permanent mission" to the United Nations*).	Auf dem Wiener Opernball wird das Rauchverbot eingeführt. Für Raucher gibt es Nikotininhalatoren an der Garderobe.

3. *Das Unbewusste* (1915)
4. *Das Unbehagen in der Kultur* (1915)
5. *Zeitgemäßes über Krieg und Tod* (1915)
6. *Das Unheimliche* (1919)
7. *Jenseits des Lustprinzips* (1923)

Der Traum

. . . Es gibt Träume, die so deutlich sind wie das Erleben°, so deutlich, daß wir sie eine Zeitlang nach dem Erwachen noch nicht als Träume erkennen; andere, die unsäglich schwach sind, schattenhaft° und verschwommen°. . . . Träume können ganz sinnvoll sein oder wenigstens kohärent, ja sogar geistreich°, phantastisch schön; andere wiederum sind verworren°, wie schwachsinnig, absurd, oft geradezu toll. Es gibt Träume, die uns ganz kaltlassen, andere, in denen alle Affekte laut werden, ein Schmerz bis zum Weinen, eine Angst bis zum Erwachen, Verwunderung, Entzücken° usw. Träume werden meist nach dem Erwachen rasch vergessen, oder sie halten sich einen Tag lang in der Weise, daß sie bis zum Abend immer mehr blaß und lückenhaft° erinnert werden; andere erhalten sich so gut, zum Beispiel Kindheitsträume, daß sie 30 Jahre später wie frisches Erleben vor dem Gedächtnis stehen. . . . Kurz, dies bißchen nächtliche Seelentätigkeit° verfügt über ein riesiges Repertoire, kann eigentlich noch alles, was die Seele bei Tag schafft, aber es ist doch nie dasselbe. . . . (aus Sigmund Freud, *Vorlesungen zur Einführung in die Psychoanalyse*)

Erleben *experiencing*   schattenhaft *shadow-like*   verschwommen *fuzzy*   geistreich *inspiring, meaningful*   verworren *convoluted*   Entzücken *delight*   lückenhaft *fragmented*   Seelentätigkeit *mental activity*

3 | Partnerinterview: Träume

Was war Ihr interessantester Traum? Seien Sie kreativ! Erfinden (*Invent*) Sie Träume, falls Sie sich nicht an Ihre Träume erinnern können. Nun fragen Sie Ihren Partner / Ihre Partnerin und berichten Sie den interessantesten Traum Ihres Interviewpartners im Kurs. Vielleicht können Sie den Traum auch analysieren?

1. Was war dein schönster Traum?
2. Was war dein absurdester Traum?
3. Kannst du dich an etwas erinnern, das du als Kind oft geträumt hast?
4. Hast du schon einmal geträumt, dass du fliegen kannst?
5. Was ist der letzte Traum, an den du dich erinnern kannst?

4 | Traumdeutung

Berichten Sie über einen interessanten Traum, den Sie oder eine andere Person einmal gehabt haben, und versuchen Sie, den Traum zu analysieren. Tauschen Sie ihren Traumbericht mit einem Partner zum Vergleich.

5 Andere berühmte Wiener

 Suchen Sie Informationen über die folgenden Personen. Wer sind sie? Was haben sie gemacht?

Falco (Johann Hölzel)	Arthur Schnitzler
Gustav Klimt	Franz Schubert
Niki Lauda	Johann Strauß
Egon Schiele	Friedensreich Hundertwasser

Aufgaben im Internet

6 Suchbegriffe

Forschen Sie mit den folgenden Suchbegriffen im Internet. Links zu den Webseiten finden Sie unter www.thomsonedu.com/german/stationen.

Stadt Wien
1. Wie heißt das Motto der Stadt Wien?
2. Was gibt es unter der Rubrik „Aktuelles aus der Stadt"?

Wien Info
3. Welche Vorschläge gibt es hier für das *Sightseeing* in Wien?
4. Wie viele Opern gibt es in Wien?
5. Was gibt es für Kunstinteressierte?

Wiener Hofburg
6. Was ist in der Hofburg zu sehen?
7. Wer war Sisi?
8. Was gibt es in der Silberkammer?

■ Die Wiener Hofburg

Stephansdom
9. Wo liegt der Stephansdom?
10. Wann begann die Geschichte des Doms?
11. Welche Legenden gibt es um den Dom?

Schönbrunn

12. Welche Farbe hat das Schloss Schönbrunn?

13. Was gibt es in Schönbrunn?

Sigmund Freud Museum

14. Wo ist das Sigmund Freud Museum?

15. Was gibt es zu sehen?

Wiener Staatsoper

16. Was wird diesen Monat in der Staatsoper gespielt?

17. Finden Sie Informationen über den Wiener Opernball. Was ist Ihrer Meinung nach besonders interessant?

 7 Impressionen aus Wien

Arbeiten Sie in Gruppen und (1) forschen Sie im Internet über das Angebot der Wiener Staatsoper, *oder* (2) machen Sie ein Interview mit einer Person, die schon einmal in Wien war. Berichten Sie dann im Kurs!

1. Was wird in der Wiener Staatsoper gespielt? Finden Sie Informationen über eine Oper, die im Moment an der Wiener Staatsoper gespielt wird. Suchen Sie Biographien der Komponisten, Librettisten, Sänger und Sängerinnen, die Sie interessant finden. Geben Sie eine Zusammenfassung (*summary*) der Handlung (*plot*) und Informationen über den Hintergrund der Oper. Berichten Sie im Kurs auch, wie und wo Sie die Informationen gefunden haben.

2. Finden Sie eine Person, die schon einmal in Wien war und machen Sie ein Interview. Fragen Sie die Person, was sie/er in Wien gemacht hat und was ihr/ihm am besten gefallen hat. Vielleicht können Sie das Interview mit einer Kamera aufnehmen (*record*). Wenn nicht, machen Sie Notizen, suchen Sie Bilder und Informationen am Internet, die zum Interview passen, und berichten Sie im Kurs.

8 Richtig oder falsch?

Forschen Sie weiter in diesen Seiten und entscheiden Sie, ob die folgenden Aussagen korrekt sind. Wenn sie falsch sind, korrigieren Sie sie.

1. Die Hofburg ist ein Schloss am Stadtrand von Wien.

2. Sisis richtiger Name war Elisabeth.

3. In Wien gibt es viele traditionsreiche Kaffeehäuser.

4. Unter dem Stephansdom ist ein Weinkeller.

5. In Schönbrunn gibt es einen großen Tierpark.

6. Das Sigmund Freud Museum in Wien ist genau so, wie es war, als Freud dort gelebt hat.

7. Beim Wiener Opernball müssen alle Damen weiße Ballkleider tragen.

8. Der Opernball findet alle vier Jahre statt.

■ Die Wiener Staatsoper wurde 1869 im Renaissancestil gebaut.

9 | Lokale Presse

Gehen Sie zu den folgenden Webseiten im Internet. Links finden Sie unter www.thomsonedu.com/german/stationen. Was sind die Schlagzeilen? Wie wirken diese Zeitungen auf Sie? Wie sind Sprache und Präsentation? Was ist besonders interessant?

Der Standard   *City Manager*

Kurier   *Wien Live*

Wiener Zeitung

Listen to this chapter's audio segments on www.thomsonedu.com/german/stationen.

10 | Nachrichtenrunde

Arbeiten Sie in Gruppen oder Paaren. Berichten Sie über einen Aspekt, den Sie beim Surfen im Internet gefunden haben.

11 | Fragen zum Nachdenken und Diskutieren

Bearbeiten Sie diese Fragen in Paaren oder kleinen Gruppen. Machen Sie Notizen und geben Sie im Kurs einen kleinen Bericht. Bringen Sie die Resultate Ihrer Internetsuche dabei ein.

1. Welche Aspekte machen Wien nostalgisch? Welche Aspekte machen Wien zur modernen Metropole?

2. Können Sie sich vorstellen, dass es Leute gibt, die *gegen* den Opernball sind? Warum könnte das sein?

STRUKTUREN

Sätze ergänzen: Infinitivkonstruktionen

German infinitive clauses expand and complement main clauses. They are used when the subject of both clauses is identical or when the subject of the main clause is an impersonal **es**. They can follow or precede the main clause.

- Infinitive clauses are formed with **zu** + infinitive, which are always placed at the end of a clause.

  Viele Wiener freuen sich, in einer so schönen Stadt **zu wohnen**.

  Eine gewisse Nostalgie **zu spüren**, ist in Wien typisch.

- If a verbal complement or a modal is part of the infinitive clause, **zu** always precedes the final element.

  Es ist herrlich, in Wien im Volksgarten **spazieren zu gehen**.

  Manche Menschen hoffen, Träume **verstehen zu können**.

- Verbs of perception (**hören, sehen, spüren, fühlen**) and the verb **lassen** do not take **zu** in infinitive constructions.

> An Silvester **hört** man die Glocke im Stephansdom durch die ganze Stadt **klingen**.

> Viele Wiener **lassen** den Tag im Kaffeehaus **ausklingen**.

- The prepositions **um** (*in order to*), **ohne** (*without*), and **anstatt** (*instead of*) introduce infinitive clauses with **zu**.

> Viele Touristen besuchen Wien, **um** die berühmten Lippizaner-Pferde **zu sehen**.

> Viele Touristen verlassen Wien, **ohne** das Sigmund Freud Museum besucht **zu haben**.

> **Anstatt** ein Strauß-Konzert **zu hören**, gehen einige Wiener lieber ins Kabarett.

12 │ Ausflug nach Wien

 Stellen Sie sich vor, Sie haben eine Reise nach Wien gewonnen. Was werden Sie dort versuchen zu machen? Vervollständigen Sie die Sätze mit einer Infinitivkonstruktion, interviewen Sie dann einen Partner / eine Partnerin und berichten Sie den anderen Kursteilnehmern.

> S1: Was hast du in Wien vor?
>
> S2: Ich habe vor, in Wien den Vergnügungspark im Prater zu besuchen. Und du, was hast du vor?
>
> S1: Ich habe vor, Schönbrunn zu besichtigen.

1. Ich habe vor, in Wien . . .
2. Ich werde versuchen, in Wien . . .
3. Es würde mir Spaß machen, in Wien . . .
4. Es würde mir keinen Spaß machen, in Wien . . .
5. In Wien wird es leicht sein, . . .
6. In Wien wird es schwer sein, . . .

13 │ Ein klassischer Wien-Film: *Der dritte Mann*

 Der Regisseur Carol Reed machte aus einer Erzählung von Graham Greene einen spannenden Thriller, der im Wien der Nachkriegszeit spielt und heute zu einem der großen Filmklassiker zählt. Verbinden Sie mit einem Partner / einer Partnerin die Sätze zu einer Infinitivkonstruktion und benutzen Sie dabei **anstatt . . . zu, ohne . . . zu** oder **um . . . zu**. Variieren Sie dabei auch die Wortstellung.

z.B.

> **Der Regisseur Carol Reed brauchte nur fünf Wochen. Er drehte *Der dritte Mann* im Nachkriegs-Wien.** →
>
> Der Regisseur Carol Reed brauchte nur fünf Wochen, um *Der dritte Mann* im Nachkriegs-Wien zu drehen. (*oder* Um *Der dritte Mann* im Nachkriegs-Wien zu drehen, brauchte der Regisseur Carol Reed nur fünf Wochen.)

1. Der Schriftsteller Holly Martins (Joseph Cotten) kommt nach Wien. Er will seinen Freund Harry Lime (Orson Welles) besuchen.

2. Bei seiner Ankunft in Wien erfährt Martins vom Tod seines Freundes Lime bei einem Unfall. Er trifft Lime am Bahnhof nicht.

3. Mehrere Zeugen (*witnesses*) berichten, sie hätten am Unfallort einen dritten Mann gesehen. Sie haben sein Gesicht nicht erkannt.

4. Ein Hausmeister verabredet sich mit Martins in einer Bar. Er will ihm über den Unfall erzählen.

5. Harry Limes Geliebte, Anna, arbeitet als Schauspielerin in Wien. Sie hat keinen gültigen Pass.

6. Martins untersucht den mysteriösen Tod seines Freundes. Er glaubt nicht, dass Lime wirklich gestorben ist.

Kulturnotiz

14 | Fragen zum Thema

1. Tanzen Sie gerne? Haben Sie schon einmal einen Tanzkurs gemacht?

2. Haben Sie schon einmal auf einem Ball getanzt? Wo und wann war das?

3. Was wissen Sie über den Wiener Opernball? Wo findet er statt?

4. Wer geht wohl auf den Wiener Opernball?

Opernball mit tausend Polizisten

Schon zu Mozarts Zeiten trafen sich die Schönen und Reichen in Wien auf Bällen und Tanzfesten. In seiner heutigen Form geht der Wiener Opernball auf die Festlichkeiten des Wiener Kongresses[1] (1814–1815) zurück. Seit 1935 gibt es jedes Jahr den Wiener Opernball im angeblich° schönsten Ballsaal der Welt in der Wiener Staatsoper. Jedes Jahr bewerben sich° junge Wiener als Debutanten und Debutantinnen, um den Ball zu eröffnen. Das Vortanzen° und die Proben° nehmen sie gerne auf sich, um sich einen Abend lang wie Prinzen und Prinzessinnen zu fühlen.

supposedly
bewerben ... apply
dancing in front of an audience / rehearsals

Seit den frühen 90er Jahren macht der Wiener Bauunternehmer° Richard Lugner viel Aufsehen° um seine prominenten Gäste. Meistens lädt er amerikanische Schauspielerinnen ein wie Paris Hilton und Carmen Electra. Die Boulevardpresse ist jedes Jahr gespannt, wen Lugner als nächstes einladen wird.

entrepreneur in the construction industry / Aufsehen machen: attract attention

Schon seit den 80er Jahren finden Demonstrationen *gegen* den Opernball statt. Die Demonstranten protestieren gegen den Luxus der Reichen und lenken° die Aufmerksamkeit stattdessen auf Wirtschaftskrise° und Arbeitslosigkeit in Europa, Hungerkatastrophen in der dritten Welt, Kriege oder Umweltprobleme.

direct
economic crisis

Bis vor einigen Jahren sind die Demonstrationen ruhig und friedlich abgelaufen, aber in letzter Zeit gab es immer wieder Krawalle°, verletzte

riots

■ **Auf dem Opernball**

[1] Der Wiener Kongress (18. September 1814 – 9. Juni 1815) war eine Konferenz aller europäischen Mächte zur Neuordnung Europas nach der Niederlage Napoleons.

damaged

eingeworfene ... smashed shop windows

dark side

Polizisten, brennende Müllcontainer, beschädigte° Autos und einge-worfene Schaufensterscheiben°. Neben den friedlichen Demonstranten protestieren nun auch andere Gruppen, die den Opernball als Symbol des Kapitalismus und Imperialismus sehen. Das große High-Society-Ereignis in Österreichs Hauptstadt hat nun auch seine Schattenseite°.

Einige prominente Gäste sind wegen der Demonstrationen in den letzten Jahren nicht mehr gekommen, aber der Ballsaal in der Oper ist trotzdem immer ausverkauft. Es wird Walzer getanzt und Roulette gespielt; in den Nebensälen der Oper gibt es auch Barockmusik und Dixie und im Keller gibt es eine Disko. Und draußen vor der Tür halten tausend Polizisten die Demonstranten unter Kontrolle.

15 | Fragen zum Text

1. Wo ist der angeblich schönste Ballsaal der Welt?
2. Was machen die Debutantinnen und Debutanten auf dem Opernball?
3. Wer ist Richard Lugner?
4. Warum gibt es Demonstrationen gegen den Opernball?
5. Warum sind viele Prominente in den letzten Jahren nicht mehr zum Opernball gegangen?

16 | Fragen zum Nachdenken und Diskutieren

1. Ist der Wiener Opernball Ihrer Meinung nach ein Symbol des Kapitalismus?
2. Ist der Opernball Ihrer Meinung nach ein Symbol des Imperialismus?
3. Warum geht Richard Lugner mit prominenten Gästen zum Opernball? Was will er damit erreichen?

VIDEOBLOG: WIEN

Vor dem Sehen

A | Getränke

Fragen Sie Ihren Partner / Ihre Partnerin, machen Sie sich Notizen und berichten Sie dann im Kurs.

Was trinkst du gerne? Trinkst du auch Kaffee oder Tee? Wann? Wie oft? Wie? Wo? Was für einen Effekt hat das auf dich?

Beim Sehen

B | Im Kaffeehaus

Kreuzen Sie an, ob die folgenden Aussagen mit dem übereinstimmen, was Simon erzählt. Berichtigen Sie die falschen Aussagen.

● „Das Wiener Kaffeehaus ist ideal für Leute, die nichts tun wollen, aber doch viel dabei machen können."

		STIMMT	STIMMT NICHT
1.	Im Wiener Kaffehaus kann man nur einen Kaffee bestellen und den ganzen Tag sitzen.	❏	❏
2.	Es gibt einen „Refill".	❏	❏
3.	Im Kaffeehaus kann man Zeitungen lesen.	❏	❏
4.	Es gibt Kaffee nur mit Sahne.	❏	❏
5.	Die Kellner im Café Bräunerhof sind sehr freundlich.	❏	❏
6.	Das Café Bräunerhof war das Lieblingscafé von Sigmund Freud.	❏	❏

C | Kleine Wiener Kaffeekunde

Welche Beschreibung passt zu welchem Kaffeegetränk?

1. kleiner und großer Schwarzer
2. kleiner und großer Brauner
3. Verlängerter
4. Melange
5. Wiener Eiskaffee
6. Einspänner

a. kleiner Schwarzer, aber mit Sahne – Ein großer Brauner ist die doppelte Menge.

b. ein Verlängerter mit heißer Milch und Schaum – ähnlich wie ein Cappuccino

c. ein eisgekühlter, flüssiger Kaffee mit einer oder mehreren Kugeln Vanille-Eis

d. schwarzer Kaffee, der wie ein Espresso gemacht wird – Der große ist die doppelte Menge.

e. ein großer Schwarzer im Glas mit sehr viel Sahne, benannt nach den Kutschen, die nur mit einem Pferd fahren

f. ein kleiner Brauner, Mokka bzw. Schwarzer, mit der doppelten Menge Wasser

D | Sigmund Freud

Ergänzen Sie, was Simon über Sigmund Freud erzählt.

Der Begründer der _____[1] Psychoanalyse ist natürlich undenkbar wegzudenken von Wien, kann man sagen. Eine . . . eine der großen _____[2] von Freud war natürlich die Untersuchung des Unbewussten und dessen Wirkung (*effect*) auf den _____[3], und was in Wien alles unbewusst vorhanden (*present*) ist, das könnte _____[4] füllen. Darauf kann man jetzt nicht eingehen. Auf jeden Fall ist die Adresse Bergstraße 17 oder 18, sehen Sie, ich weiß es selber nicht so genau, ich glaube 17, eine _____[5] Adresse, zu der eigentlich jeder Wienbesucher auch hinpilgern sollte. Die berühmte Couch, auf der Freud seine Patienten therapiert hat und _____[6], ist allerdings nicht zu sehen. Da ist nur eine kleine Replik vorhanden. Diese _____[7] sich in London. Warum in London? Weil natürlich Freud, wie viele Menschen, wie viele jüdische Mitbürger in Wien eigentlich in den 30er Jahren, _____[8] musste.

Nach dem Sehen

E | Was für ein Typ ist Simon?

Haben Sie Momente gefunden, in denen man etwas über Simons Charakter erfahren kann? Ist er immer ernst, oder gibt es auch ironische, zynische oder lustige Bemerkungen in Simons Vlog? Welche Dialekt-wörter verwendet Simon? Welche Interessen hat Simon wohl? Speku-lieren Sie!

F | Mein Lieblingsort

Machen Sie ihr eigenes Vlog oder schreiben Sie eine E-mail an einen Partner / eine Partnerin und berichten Sie über einen Ort oder ein Café, an dem/in dem Sie sich besonders gerne aufhalten und Ihre Zeit verbringen.

Wortschatz

ablaufen (läuft ab, lief ab, ist abgelaufen)   to run

angeblich   supposedly

die **Aufmerksamkeit**   attention

Aufsehen machen (hat Aufsehen gemacht)   to attract interest, show off

ausverkauft   sold out

der **Ball, ¨e**   ball, dance

der **Ballsaal** (*pl.* **Ballsäle**)   ballroom

beschädigt   damaged

der **Demonstrant, -en** / die **Demonstrantin, -nen**   demonstrator

die **Demonstration**   demonstration

demonstrieren (hat demonstriert)   to demonstrate, protest

emigrieren (ist emigriert)   to emigrate

eröffnen (hat eröffnet)   to open

das **Gedächtnis**   memory

gespannt sein (war gespannt)   to be curious

die **Habsburger**   the Habsburg Dynasty (Austrian emperors from 1765–1918)

die **Hypnose**   hypnosis

der **Kaiser, -** / **Kaiserin, -nen**   Emperor, Empress

der **Krawall, -e**   riot

die **Landschaft, -en**   landscape, scenery

die **Nostalgie**   nostalgia

nostalgisch   nostalgic

der **Österreicher, -** / die **Österreicherin, -nen**   Austrian

der **Palast, ¨e**   palace

prominent   illustrious, famous

promovieren (hat promoviert)   to earn a doctorate

protestieren (hat protestiert)   to protest

die **Psychoanalyse**   psychoanalysis

der **Studienaufenthalt, -e**   study-abroad stay

der **Traum, ¨e**   dream

vortanzen (tanzt vor, hat vorgetanzt)   to dance (in front of an audience)

WORTSCHATZÜBUNGEN

17 | Ergänzen Sie die Sätze

Finden Sie die richtigen Begriffe für die folgenden Sätze.

1. _____ darf seit 2005 nicht mehr geraucht werden.

2. _____ findet jedes Jahr der Opernball statt.

3. _____ kann man Kaffee trinken und Zeitung lesen.

4. _____ haben die Habsburger gelebt.

5. _____ gibt es häufiger (*frequent*) Probleme mit Krawallen.

a. Auf dem Opernball

b. Bei der Demonstration

c. In der Hofburg

d. Im Kaffeehaus

e. In der Wiener Staatsoper

18 | Sigmund Freud

Ergänzen Sie die Sätze mit den folgenden Wörtern.

emigrierte – eröffnete – promovierte – Psychoanalyse –
Studienaufenthalt – Träumen (*dat. pl.*)

1. Sigmund Freud, der Erfinder der _____, wohnte 47 Jahre lang in der Berggasse 19 in Wien.
2. Freud studierte an der Universtät Wien Medizin und _____ 1881 mit dem Doktortitel.
3. Bei einem _____ in Frankreich lernte er viel über Hypnose.
4. Er beschäftigte sich viel mit der Analyse von _____ und veröffentlichte im Jahr 1900 ein Buch mit dem Titel *Die Traumdeutung*.
5. 1939 _____ Freud mit seiner Familie nach London.
6. Nach seinem Tod _____ seine Tochter Anna in London ein Museum.

Wann sagt man was? – *heute Abend, heute Nacht*

Im Deutschen muss man zwischen **heute Abend** und **heute Nacht** unterscheiden. Mit **heute Nacht** meint man wirklich nur die Nacht (die Zeit, in der man normalerweise schläft). Wenn man **gestern Abend** sagt, spricht man vom Abend des Vortages; mit **gestern Nacht** meint man nur die Nacht des Vortages. Ergänzen Sie die Sätze.

1. _____ um zehn Uhr sind wir in Wien angekommen. Wir sind gleich zu unserer Pension gefahren und auf unser Zimmer gegangen.
2. Ich bin heute sehr früh aufgewacht, weil ich _____ nicht besonders gut schlafen konnte. Das Bett war viel zu weich (*soft*).
3. Nach dem Frühstück in der Pension sind wir gleich in die Stadt gegangen. Wir sind im Museum gewesen und in zwei verschiedenen Kaffeehäusern. _____ um acht gehen wir in die Oper.
4. Hoffentlich können wir _____ besser schlafen, damit wir morgen wieder viel unternehmen können.
5. Vielleicht können wir _____ nach der Oper noch in den berühmten Weinkeller gehen, der hier gleich um die Ecke liegt.
6. Vielleicht ist es gut, wenn wir _____ etwas später schlafen gehen. Dann werden wir _____ auch in einem weichen Bett gut schlafen.

19 | Was ist passiert?

Beschreiben Sie die Situation im Bild. Erzählen Sie, wie es zu dieser Szene gekommen ist und verwenden Sie dabei wenigstens zehn der folgenden Wörter.

Aufmerksamkeit – Aufsehen machen – ausverkauft – Ballsaal – Demonstrant/Demonstrantin – Demonstrationen – demonstrieren – Ereignis – Imperialismus – jedes Jahr – Kapitalismus – Krawall – Nostalgie – nostalgisch – Opernball – Presse – prominente Gäste – protestieren – Tradition – vortanzen – Wiener Staatsoper

z.B. Ein Mann und eine Frau sind zum Wiener Opernball gegangen . . .

20 | Rollenspiele

Schreiben Sie kleine Szenen und spielen Sie sie im Kurs vor. Arbeiten Sie in Gruppen und geben Sie jedem Teilnehmer eine Rolle

1. Herr und Frau Winkelhuber sind zum ersten Mal auf dem Opernball. Vor der Staatsoper werden sie mit Tomaten und faulen Eiern beworfen. Der Abend ist ruiniert.

2. Bei einer Talkshow im österreichischen Fernsehen diskutieren die folgenden Personen über den Opernball und die Demonstrationen: der Direktor der Wiener Staatsoper, der Wiener Bürgermeister, einige Mitglieder der antikapitalistischen Organisation SCHLUSS MIT LUXUS, ein Fernsehmoderator.

Redemittel zum Diskutieren

Sagen, dass etwas egal ist

Es ist mir egal, . . .	**Es ist mir egal**, dass Geld die Welt regiert (*rules*).
Es ist mir gleich, . . .	**Es ist mir gleich**, ob ich reich oder arm bin.
Es macht mir nichts aus, . . .	**Es macht mir nichts aus**, jeden Tag das Gleiche zu essen.
Mir ist es nicht wichtig, . . .	**Mir ist es nicht wichtig**, teure Kleider zu tragen.
Mich stört es nicht, . . .	**Mich stört es nicht**, wenig Geld zu haben.
Es ist mir gleichgültig, ob . . .	**Es ist mir gleichgültig**, ob ich auf den Opernball oder in die Disko gehe.

21 | Mir egal

Welchen der folgenden Aussagen stimmen Sie (nicht) zu?

1. Es ist mir egal, ob andere Leute Geld und Luxus haben. Ich bin zufrieden.

2. Es ist mir gleich, ob ich bei einem Fest Champagner oder Mineralwasser trinke. Wichtig ist, dass man mit netten Leuten zusammen ist.

3. Es macht mir nichts aus, wenn andere mehr haben als ich. Gesundheit ist wichtiger als Reichtum (*wealth*).

4. Mir ist es nicht wichtig, ein teures Auto zu haben. Ich fahre sowieso lieber mit dem Bus oder der Bahn.

5. Mich stört es nicht, wenn andere neue Kleider haben und ich nicht. Ich ziehe am liebsten meine alten Sachen an.

6. Es ist mir gleichgültig, ob ich in einem feinen Restaurant esse oder zu Hause. Ich kann sehr gut kochen.

7. Mir ist es egal, was ich esse. Ich kann mich auch nur von Fastfood ernähren.

8. Mir ist es gleich, was ich trage. Ein altes T-Shirt kann genauso gut aussehen wie ein Designer-Hemd.

22 | Fragen zur Diskussion

Diskutieren oder schreiben Sie über eines der folgenden Themen. Verwenden Sie dabei die Redemittel.

1. Gibt es in Ihrer Stadt oder in Ihrem Land auch Demonstrationen gegen die Schönen und Reichen? Wie denken Sie über diese Ereignisse?

2. Gibt es Veranstaltungen, die vielleicht bessere Symbole des Kapitalismus sind als der Opernball? Wie denken Sie darüber?

3. Was bedeutet der Opernball für Wien? Traditionsreiches Fest oder veraltete (*archaic, outdated*) Veranstaltung, die man abschaffen (*discontinue*) sollte?

Genauer beschreiben: Adverbien

Adverbs are used to describe verbs, adjectives, or other adverbs. They often have the same form as their corresponding adjective, but they do not take endings.

> Die Proteste gegen den Opernball werden **immer** mehr.
>
> Bis vor ein paar Jahren sind die Demonstrationen gegen den Opernball **ruhig** und **friedlich** abgelaufen.
>
> **Oft** protestieren in den letzten Jahren Demonstranten gegen den Luxus der Reichen.

STRUKTUREN

- A number of adverbs are used to link sentences or clauses. They do not affect word order.

außerdem	*moreover, furthermore*
daher	
darum	
deshalb	*therefore, thus, for this reason*
deswegen	
aus diesem Grund	
dennoch	*nevertheless*
stattdessen	*instead of this*
trotzdem	*in spite of this, nevertheless*

Einige Gäste kommen wegen der Demonstrationen nicht mehr zum Opernball, **trotzdem** ist er jedes Jahr ausverkauft.

Beim Opernball wird Walzer getanzt und Roulette gespielt. **Außerdem** gibt es im Keller eine Disko.

- Adverbs of time describe when or how quickly an action takes place.

auf einmal	
plötzlich	*suddenly*
bald	*soon*
damals	*(back) then*
eines Morgens/Abends/Tages	*one morning/evening/day*
inzwischen	*in the meantime*
jetzt	
nun	*now*
langsam	*slowly*
neulich	
gerade	*recently, just*
schon	*already*
wieder	*again*

- Adverbs of frequency describe how often an action takes place.

nie	*never*
einst	*once*
einmal	*now and then*
ab und zu	*sometimes*
manchmal	*often*
oft	*always*
immer	

- Adverbs of sequence describe in what order a series of events takes place.

anfangs	*in the beginning*
zuerst	*(at) first*
bald darauf	*soon thereafter*
dann	*then*
danach nachher	*afterward*
später	*later*
schließlich zuletzt	*at last, finally*
vorher	*before*
zum Schluss	*in the end, in conclusion*

- Adverbs of place describe where an action takes place.

anderswo	*elsewhere*
außen	*on the outside*
da dort	*there*
drüben	*over there*
hier	*here*
hinten	*behind*
innen	*on the inside*
irgendwo	*somewhere*
links	*(on the) left*
nirgendwo	*nowhere*
oben	*above*
rechts	*(on the) right*
unten	*below*
überall	*everywhere*
vorn	*in front*

> **lichtung**
> manche meinen
> lechts und rinks
> kann man nicht velwechsern
> werch ein illtum
>
> Ernst Jandl

■ Ernst Jandl[2] war ein Dichter und Schriftsteller, der durch seine humoristische Sprachkunst und experimentelle Lyrik bekannt geworden ist und als einer der Hauptvertreter der „konkreten Poesie" gilt.

---

[2] 1. August 1925 in Wien geboren; 9. Juni 2000 in Wien gestorben

23 Gegenteile

Gruppieren Sie gemeinsam mit Ihrem Partner / Ihrer Partnerin die Adverbien aus den Listen nach Gegenteilen und schreiben Sie Beispielsätze zum Thema Wien oder Menschen in Wien.

ADVERB	BEISPIEL	GEGENTEIL	BEISPIEL
anfangs	Anfangs lebte Sigmund Freud in Wien.	zum Schluss (also zuletzt, schließlich)	Zum Schluss lebte Freud im Exil in London.

24 Helmut Qualtinger: „Bin i a Mensch oder a Wiener?"

Die folgenden Informationen über das Leben des berühmten Wiener Schriftstellers, Kabarettisten und Schauspielers Helmut Qualtinger sind etwas chaotisch und isoliert. Verbinden Sie mit Ihrem Partner / Ihrer Partnerin die Elemente zu einem zusammenhängenden Text und benutzen Sie dabei möglichst viele der folgenden Adverbien:

anfangs – bald darauf – daher – danach – dann – darum – deshalb – deswegen – aus diesem Grund – schließlich – später – zuerst– zuletzt

■ Helmut Qualtinger – Schauspieler, Schriftsteller und Kabarettist

1928 wird Helmut Qualtinger in Wien geboren. Nach dem Krieg arbeitet er als Journalist. Ab 1947 tritt er als Kabarettist auf. 1949 hat sein erstes Theaterstück Premiere. Im deutschen Sprachraum wird Qualtinger als Herr Karl berühmt. Mit dieser Figur kritisiert Qualtinger den „normalen" Wiener. Herr Karl ist eine erfundene° Person, die im Keller eines Lebensmittelgeschäfts arbeitet. Er erzählt über sein Leben und scheint ein netter Mensch zu sein. In Wirklichkeit ist er jedoch ein Nazi-Sympathisant und Mitläufer.

Qualtinger ist berühmt und berüchtigt° für seine Streiche°. 1951 verbreitet° er unter Zeitungsreportern, dass der berühmte Eskimodichter Kobuk Wien besuchen werde. Zahlreiche Reporter versammeln sich am Wiener Westbahnhof. Aus dem Zug steigt Qualtinger mit Pelzmantel° und Pelzmütze°. Ein Radioreporter fragt ihn nach seinen ersten Eindrücken° von Wien. Qualtinger antwortet: „Haaß is"°.

Bis 1960 arbeitet er an Kabarettstücken mit dem *namenlosen Ensemble*. In den 70er Jahren spielt Qualtinger in mehreren Filmen mit. Sein letzter Film ist *Der Name der Rose* mit Sean Connery. Qualtinger ist in dieser Zeit sehr krank und leidet unter starken Schmerzen°. Mit 57 Jahren stirbt Qualtinger in seiner Geburtsstadt Wien.

---

erfundene *imaginary, invented*   berüchtigt *notorious*   Streiche *pranks*
verbreitet *spreads*   Pelzmantel *fur coat*   Pelzmütze *fur hat*
Eindrücken *impressions*   „Haaß is" heiß ist es, *Viennese*
leidet . . . *suffers from great pain*

LEKTÜRE

Thomas Bernhard

Thomas Bernhard wurde am 9. Februar 1931 in Holland geboren. Seine Mutter hatte im Sommer 1930 Österreich verlassen. Schon im Herbst 1931 kam er zu den Großeltern nach Wien, die später mit ihm nach Seekirchen im Salzburgerland zogen. 1945 besuchte Bernhard ein humanistisches Gymnasium in Salzburg, brach aber mit 15 Jahren vorzeitig ab und begann eine Lehre in einem Lebensmittelgeschäft. Aufgrund einer Lungentuberkulose kam er ins Krankenhaus. In den anschliessenden Aufenthalten in Sanatorien und Lungenkrankenhäusern begann Thomas Bernhard intensiv zu lesen und zu schreiben. 1951 begann Bernhard ein Musikstudium am Mozarteum in Salzburg und nahm an einem Schauspielseminar teil. Gleichzeitig arbeitete er als Journalist bei verschiedenen Zeitungen. Danach lebte er bis zu seinem Tod 1989 als freier Schriftsteller in Österreich.

Thomas Bernhard erhielt viele literarische Auszeichnungen in Deutschland und Österreich. In seinem Testament° verbot er alle Publikationen und Aufführungen° seiner Werke in Österreich. Dieses Verbot wurde im Juli 1998 durch eine Privatstiftung wieder aufgehoben°.

Testament *will*   Aufführungen *performances*   aufgehoben *rescinded, nullified*

Vor dem Lesen

25 | Fragen zum Thema

1. Leben Sie auf dem Land oder in der Stadt?
2. Welche Vorteile hat man auf dem Land? Welche in der Stadt?
3. Was hat die Stadt Wien ihren Einwohnern zu bieten?
4. Was ist besonders schön an Österreich?

26 | Satzstruktur

 Formulieren Sie die folgenden Sätze aus Bernhards Text in einer anderen Form. Sie können komplexe Sätze auch als mehrere kürzere Sätze umformulieren.

Der Mittelpunkt dieser Notizen ist mein damals mit mir auf dem Wilhelminenberg (*hospital complex in Vienna*) **stationierter Freund Paul.** →

Der Mittelpunkt dieser Notizen ist mein Freund Paul, der damals mit mir auf dem Wilhelminenberg stationiert war. (*oder* Der Mittelpunkt dieser Notizen ist mein Freund Paul. Paul war damals mit mir auf dem Wilhelminenberg stationiert.)

1. Wie der Paul war auch ich damals in einem Krankenbett aufgewacht, und vollkommen logisch der Paul in der Irrenanstalt (*mental hospital*) und ich in der Lungenanstalt (*lung disease hospital*), also der Paul auf dem Pavillion Ludwig und ich auf dem Pavillion Hermann.

2. Der Paul ist verrückt geworden, weil er sich gegen alles gestellt hat und naturgemäß (natürlich) dadurch umgeworfen worden ist, wie ich umgeworfen worden bin, weil ich mich gegen alles gestellt habe, nur ist er *verrückt* geworden aus demselben Grund aus dem ich *lungenkrank* geworden bin.

3. Nachdem er abgemagert (*emaciated*) aus dem Pavillion Ludwig entlassen wurde, fuhr er im Auto eines seiner Brüder oder im Taxi an den Traunsee, wo seine Familie in einem Hochtal zwischen Altmünster und Traunkirchen ein zweihundert Jahre altes Bauernhaus hatte und verkroch sich (*hid, hybernated*) ein paar Tage oder Wochen.

4. Wenn das Wetter gut war, hörte er sich im Hof sitzend eine von mir im ersten Stock abgespielte Schallplatte an, die bei geöffneten Fenstern vom Hof unten vorzüglich (*excellent*) anzuhören war.

5. Einmal wollte ich die *Neue Zürcher Zeitung* haben, ich wollte einen Aufsatz (*article*) über Mozarts *Zaide* lesen, der in der *Neuen Zürcher Zeitung* angekündigt (*announced*) war; und da ich die *Neue Zürcher Zeitung*, wie ich glaubte nur in Salzburg bekommen kann, bin ich die achtzig Kilometer im Auto einer Freundin mit dieser und mit dem Paul in die *weltberühmte* Festspielstadt gefahren.

Beim Lesen

Thomas Bernhard schreibt über seine Freundschaft mit Paul Wittgenstein. In Aktivität 27 konzentrieren Sie sich darauf, was Bernhard über Paul schreibt; in Aktivität 28 sammeln Sie Informationen zu Bernhards Leben auf dem Land und in der Stadt. In Aktivität 29 verfolgen Sie, wie Bernhard eine Anekdote über einen wichtigen Literaturpreis erzählt.

27 Paul

Bernhards Buch *Wittgensteins Neffe* beschreibt die Freundschaft zwischen Thomas Bernhard und Paul Wittgenstein, dem Neffen des Philosophen Ludwig Wittgenstein. Was sagt Bernhard in diesem Text über Paul? Wie war Paul? Was hat er gerne gemacht? Wie war ihre Freundschaft? Machen Sie Notizen!

28 Wörterbucharbeit: Stadt und Land

Thomas Bernhard hatte ein kompliziertes Verhältnis zu Österreich. In diesem Textausschnitt nennt er Österreich **rückständig, borniert, hinterwäldlerisch** und **größenwahnsinnig.** Arbeiten Sie mit dem Wörterbuch und finden Sie gute Definitionen für diese Adjektive! Dann suchen Sie im Text positive Aussagen über sein Leben in Wien und auf dem Land in Nathal!

29 Der Grillparzerpreis

Im letzten Teil des Textes beschreibt Bernhard die Episode der Grillparzerpreisverleihung (*award ceremony for the Grillparzer prize*). Der Grillparzerpreis ist einer der wichtigsten Preise für Literatur in Österreich. Was war für Thomas Bernhard an der Preisverleihung problematisch? Machen Sie Notizen!

Wittgensteins Neffe

Thomas Bernhard

Der Mittelpunkt dieser Notizen ist mein damals mit mir auf dem Wilhelminenberg stationierter Freund Paul. Wie der Paul war auch ich damals in einem Krankenbett aufgewacht, und vollkommen logisch der Paul in der Irrenanstalt und ich in der Lungenanstalt, also der Paul auf dem Pavillion Ludwig und ich auf dem Pavillion Hermann. Wie der Weg des Paul immer wieder in einer Irrenanstalt hatte enden müssen, so hat mein Weg immer wieder in einer Lungenanstalt enden müssen. Der Paul ist verrückt geworden, weil er sich gegen alles gestellt hat und naturgemäß dadurch umgeworfen worden ist, wie ich umgeworfen worden bin, weil ich mich gegen alles gestellt habe, nur ist er *verrückt* geworden aus demselben Grund, aus dem ich *lungenkrank* geworden bin.

■

Paul war der leidenschaftlichste° Opernbesucher, den Wien je gehabt hat. Er war der Opernfanatiker, der sich auch noch nach seiner totalen Verarmung° den tagtäglichen Opernbesuch geleistet hat wenigstens auf dem Stehplatz. Er war als Premierenmacher gefürchtet. Er riß mit seiner Begeisterung die ganze Oper mit, er konnte so laut in Bravorufe oder in Pfiffe° ausbrechen wie keiner vor und keiner nach ihm. Ich kann einen Erfolg machen, wenn ich will und wenn die Voraussetzungen° dafür gegeben sind, sagte er, und ich kann einen totalen Mißerfolg genauso machen, wenn die Voraussetzungen dafür gegeben sind; und die Voraussetzungen sind immer gegeben: Wenn ich der erste bin, der Bravo schreit oder der erste, der pfeift. Die Wiener haben Jahrzehnte nicht gemerkt, daß der Urheber° ihrer Operntriumphe letzten Endes der Paul gewesen ist.

- most passionate
- impoverishment
- whistling
- conditions
- originator

■

Nachdem er abgemagert aus dem Pavillion Ludwig entlassen wurde, fuhr er im Auto eines seiner Brüder oder im Taxi an den Traunsee, wo seine Familie in einem Hochtal zwischen Altmünster und Traunkirchen ein zweihundert Jahre altes Bauernhaus hatte und verkroch sich ein paar Tage oder auch Wochen. Wenn er am Traunsee war, besuchte er mich in meinem Haus in Nathal. Wenn das Wetter gut war, hörte er sich im Hof sitzend eine von mir im ersten Stock abgespielte Schallplatte an, die bei geöffneten Fenstern vom Hof unten vorzüglich anzuhören war. *Einen Mozart bitte. Einen Strauss bitte. Einen Beethoven bitte*, sagte er. Wir hörten stundenlang zusammen Musik, ohne auch nur ein Wort zu sprechen. Das liebten wir beide. Ein kleines, von mir bereitetes Abendessen beendete den Tag und ich fuhr ihn in sein Haus zurück. Diese wortlosen Musikabende mit ihm werde ich nie vergessen. Er blieb solange, bis ihm das Land auf die Nerven ging und er nichts als nach Wien zurück wollte.

Waren Freunde bei mir, machte er mit diesen und mir Spaziergänge, widerwillig°, aber er machte sie. Auch ich bin kein Spaziergeher, ich gehe schon lebenslänglich nur widerwillig spazieren, aber mit Freunden gehe ich spazieren. Ich bin absolut kein Spaziergeher und ich bin auch kein Naturfreund und auch kein Naturkenner. Ich kenne die Natur überhaupt nicht und ich hasse sie, denn sie bringt mich um. Ich lebe in der Natur nur, weil mir die Ärzte gesagt haben, dass ich *in der Natur* leben soll, wenn ich überleben will, aus keinem anderen Grund. Ich existiere ganz gegen meinen Willen auf dem Land, das alles in allem immer nur gegen mich ist. Und natürlich war der Paul auch so wie ich durch und durch ein Stadtmensch.

reluctantly

Einmal wollte ich die *Neue Zürcher Zeitung* haben, ich wollte einen Aufsatz über Mozarts *Zaide* lesen, der in der *Neuen Zürcher Zeitung* angekündigt war; und da ich die *Neue Zürcher Zeitung*, wie ich glaubte, nur in Salzburg bekommen kann, bin ich die achtzig Kilometer im Auto einer Freundin mit dieser und dem Paul in die *weltberühmte* Festspielstadt gefahren. Aber in Salzburg habe ich die *Neue Zürcher Zeitung* nicht bekommen. Da hatte ich die Idee, mir die *Neue Zürcher Zeitung* in Bad Reichenhall zu holen und wir sind nach Bad Reichenhall gefahren, in den *weltberühmten* Kurort°. Aber auch in Bad Reichenhall habe ich die *Neue Zürcher Zeitung* nicht bekommen und so fuhren wir alle drei mehr oder weniger enttäuscht° nach Nathal zurück. Als wir aber schon kurz vor Nathal waren, meinte der Paul plötzlich, wir sollten nach Bad Hall fahren, in den *weltberühmten* Kurort, denn dort bekämen wir bestimmt die *Neue Zürcher Zeitung* und den Aufsatz über die *Zaide* und wir sind tatsächlich die achtzig Kilometer nach Bad Hall gefahren. Aber auch in Bad Hall bekamen wir die *Neue Zürcher Zeitung* nicht. Da es von Bad Hall nach Steyr *nur ein Katzensprung* ist, zwanzig Kilometer, fuhren wir auch noch nach Steyr, aber auch in Steyr bekamen wir die *Neue Zürcher Zeitung* nicht. Nun versuchten wir unser Glück in Wels, aber

health resort, spa

disappointed

auch in Wels bekamen wir die *Neue Zürcher Zeitung* nicht. Wir waren insgesamt dreihundertfünfzig Kilometer gefahren nur um die *Neue Zürcher Zeitung* und hatten am Ende kein Glück gehabt. So waren wir dann völlig erschöpft°, wie sich denken läßt, in ein Welser Restaurant gegangen, um etwas zu essen und uns zu beruhigen, denn die Jagd° nach der *Neuen Zürcher Zeitung* hat uns an den Rand unserer physischen Möglichkeiten° gebracht.

exhausted
hunt
Rand... limit of our physical abilities

■

Man denke nur, daß ich die *Neue Zürcher Zeitung* selbst in Spanien und in Portugal und in Marokko in den kleinsten Orten mit nur einem Hotel bekomme. Bei uns nicht! Und an der Tatsache, daß wir in so vielen angeblich so wichtigen Orten die *Neue Zürcher Zeitung* nicht bekommen haben, entzündete sich unser Zorn gegen dieses rückständige, borniertе°, hinterwäldlerische°, gleichzeitig geradezu abstoßend größenwahnsinnige Land. Wir sollten uns nur immer da aufhalten, wo wir wenigstens die *Neue Zürcher Zeitung* bekommen, sagte ich und der Paul war absolut meiner Meinung. Dann bleibt uns aber in Österreich in Wirklichkeit nur Wien, sagte er. Ich bin bis heute nicht zu dem Aufsatz über die *Zaide* gekommen. Aber damals habe ich geglaubt, ihn haben zu müssen. Und der Paul hat mich in meinem unbedingten Verlangen° unterstützt und mich auf die Suche durch halb Oberösterreich und bis nach Bayern getrieben. Und das in einem offenen Auto°.

narrow-minded
provincial

desire

offenen... convertible

■

Meine Beziehung zu Paul war naturgemäß schwierig und sie hat sich im Laufe der Zeit als die anstrengendste erwiesen°; sie war an ihre Höhe- und Tiefpunkte und an ihre *Freundschaftsbeweise*° angeklammert. Welche Rolle beispielsweise der Paul bei der sogenannten Verleihung° des Grillparzerpreises an mich gespielt hat, fällt mir ein. Wie er den Unsinn dieser Preisverleihung durchschaut und sie *eine österreichische Perfidie* genannt hat. Ich erinnere mich, daß ich mir für diese Preisverleihung einen neuen Anzug gekauft habe, weil ich glaubte, nur in einem neuen Anzug in der Akademie der Wissenschaften auftreten zu können. Es war der hundertste Todestag Grillparzers gewesen und gerade an diesem Tag mit dem Grillparzerpreis ausgezeichnet zu werden, empfand ich als außerordentlich°. Jetzt zeichnen mich die Österreicher, meine Landsleute°, die mich bis zu diesem Zeitpunkt immer nur mit Füßen getreten haben, sogar mit dem Grillparzerpreis aus. Nicht ohne Stolz war ich aus dem Kleidergeschäft heraus und auf den Kohlmarkt° getreten, um in die Akademie der Wissenschaften hinüberzugehen.

als... proved to be the most exhausting
affirmations of friendship
awards ceremony

extraordinary
countrymen

place in the center of Vienna

humiliation

uplifting, respectful experience

Ich habe Preisverleihungen immer als Erniedrigung° empfunden, nicht als Erhöhung° und habe immer an das Geld gedacht, das sie einbringen. Der Grillparzerpreis aber ist mit keinerlei Geld verbunden. Ich dachte dieser Preis sei eine Ausnahme. Und ich dachte auf dem Weg in die Akademie, daß ich wahrscheinlich *vor* der Akademie der Wissenschaften empfangen werde. Aber es hatte mich überhaupt niemand empfangen. Wir gingen hinein und setzten uns in die Mitte des Festsaales. Der Präsident der Akademie begann seine Reden über Grillparzer. Während der Reden hat die Ministerin in der ersten Reihe geschlafen

snored

und, wie ich deutlich hören konnte, geschnarcht°. Von mir hatte kein Mensch Notiz genommen. Nach dem Festakt rief die Ministerin: *Wo ist*

little poet

denn der Dichterling°? Ich lief hinaus auf die Straße und ich höre noch, wie

Du ... You let them abuse you!

der Paul in dem Moment zu mir sagt: *Du hast dich mißbrauchen lassen!°*

famous hotel with a restaurant

Bevor ich mit Paul ins Sacher° gegangen bin, habe ich den Anzug in das Kleidergeschäft zurückgebracht. Der Anzug sei mir zu eng und ich wolle einen neuen. Als ich schon wieder auf der Straße war, dachte ich daran, daß bald ein Anderer mit dem Anzug, den ich zu der sogenannten Grillparzerpreisverleihung angehabt habe, durch Wien laufen wird. Das

amused

belustigte° mich.

■

Es war selbstverständlich, daß wir ins Sacher gingen. Ich kenne das Sacher aus einer Zeit vor jetzt schon beinahe dreißig Jahren, in welcher ich beinahe täglich dort war. Im Sacher hatte ich alle Zeitungen, die ich haben mußte, und habe sie stundenlang in Ruhe studieren können. Im

bothered

Sacher bin ich niemals irritiert, deprimiert oder belästigt° worden und ich habe im Sacher oft sogar arbeiten können. Ich bin doch immer ein Stadtmensch gewesen, ein Großstadtmensch. Nicht umsonst atme ich sofort auf, wenn ich in Wien bin. Umgekehrt aber muß ich, wenn ich ein paar Tage in Wien bin, nach Nathal fliehen, wenn ich nicht an der scheußlichen Wiener Luft ersticken will.

■

Drei Tage Wien und ich halte es nicht mehr aus, drei Tage Nathal und ich halte es nicht mehr aus. In seinen letzten Lebensjahren hat Paul sich diesem Hin- und Herreiserythmus angeschlossen und war sehr oft mit mir nach Nathal und wieder zurück und umgekehrt. Ich gehöre wie Paul zu den Menschen, die im Grunde keinen Ort auf der Welt aushalten und die nur glücklich sind *zwischen den Orten*.

■ ■ ■

Wortschatz

anstrengend strenuous

etwas **aushalten** (hält aus, hielt aus, hat ausgehalten) to bear, endure s.th.;
 Ich halt(e) es nicht mehr aus. I can't take it anymore.

die **Ausnahme, -n** exception

außerordentlich extraordinary

die **Begeisterung** excitement, rapture

ersticken (ist erstickt) to suffocate

jemanden **mit Füßen treten** (tritt, trat, hat getreten) to treat s.o. badly, with disrespect

der **Größenwahn** megalomania

größenwahnsinnig megalomaniac

rückständig underdeveloped, behind the times

scheußlich terrible, disgusting; terribly, disgustingly

der **Stehplatz, ̈e** standing ticket (for the opera)

jemanden **umbringen** (bringt um, brachte um, hat umgebracht) to kill s.o.

verarmt impoverished

die **Verarmung** impoverishment

widerwillig unwillingly, unenthusiastically

Nach dem Lesen

30 | Fragen zum Text

1. Warum mussten Paul Wittgenstein und Thomas Bernhard immer wieder ins Krankenhaus?

2. Warum war Paul Wittgenstein der Urheber der Wiener Operntriumphe?

3. Wohin fuhr Paul, nachdem er aus dem Krankenhaus kam?

4. Warum musste Thomas Bernhard auf dem Land leben?

5. Was machten Paul Wittgenstein und Thomas Bernhard oft zusammen in Nathal?

6. Was passierte, als Thomas Bernhard die *Neue Zürcher Zeitung* haben wollte?

7. Warum nannte Bernhard Österreich ein rückständiges, hinterwäldlerisches Land?

8. Warum kaufte sich Bernhard vor der Preisverleihung einen neuen Anzug?

9. Was machte die Ministerin während der Reden über Grillparzer?

10. Wohin sind Paul Wittgenstein und Thomas Bernhard nach der Preisverleihung gegangen?

31 | Sätze verbinden!

Welcher Satz passt zu welcher Infinitivkonstruktion?

1. P. W. fuhr zum alten Bauernhaus seiner Familie, . . .
2. T. B. und P. W. hörten gerne stundenlang Musik, . . .
3. Sie fuhren 350 km in einem offenen Auto, . . .
4. T. B. hat den Aufsatz über Mozarts *Zaide* nie bekommen, . . .
5. T. B. kaufte sich einen Anzug für die Verleihung des Grillparzerpreises, . . .
6. T. B. fand es außerordentlich, . . .
7. Nach drei Tagen in Wien musste T. B. wieder nach Nathal fahren, . . .

a. weil er glaubte nur in einem neuen Anzug in der Akademie der Wissenschaften auftreten zu können.

b. aber damals hat er geglaubt, ihn haben zu müssen.

c. ohne auch nur ein Wort zu sprechen.

d. um sich dort für ein paar Tage zu verkriechen.

e. um die *Neue Zürcher Zeitung* zu finden.

f. um nicht an der schrecklichen Wiener Luft zu ersticken.

g. gerade am 100. Todestag Grillparzers mit dem Preis ausgezeichnet zu werden.

32 | Auf der Suche nach der *Neuen Zürcher Zeitung*

Verfolgen Sie die Fahrtroute auf der Landkarte und beschreiben Sie die Stationen der Suche nach der *Neuen Zürcher Zeitung*. Benutzen Sie dabei das folgende Gerüst (*framework*) mit Zeitadverbien.

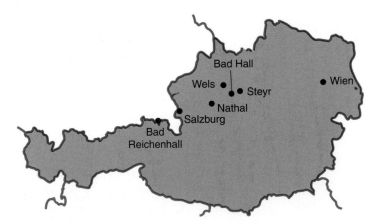

1. Zuerst . . .
2. Dann . . .
3. Danach . . .
4. Schließlich . . .
5. Zuletzt . . .

33 Fragen zum Nachdenken und Diskutieren

1. Inwiefern ist Bernhards Erzählung *Wittgensteins Neffe* autobiographisch?

2. Wie spricht Bernhard in *Wittgensteins Neffe* über seine Beziehung zu Österreich?

3. Wird Thomas Bernhard in Österreich und Deutschland gleich respektiert und geliebt? Spekulieren Sie.

34 Schreibübungen

Bilden Sie kleine Gruppen und schreiben Sie Rollenspiele über die folgenden Szenen oder andere Szenen, die Sie sich mit Thomas Bernhard und Paul Wittgenstein vorstellen können. Geben Sie jeder Person in der Gruppe eine Rolle. Spielen Sie die Szenen im Kurs vor.

1. Die Jagd nach der *Neuen Zürcher Zeitung* (Aufsatz über Mozarts *Zaide*, 350 km fahren, offenes Auto, Welser Restaurant)

2. Die Grillparzerpreisverleihung (neuer Anzug, Akademie der Wissenschaften, Hotel Sacher)

3. Thomas Bernhard und Paul Wittgenstein auf dem Land (Spaziergang, Musik hören, Abendessen)

 ZUM SCHLUSS

35 Wien ist . . .

Woran denken Sie jetzt, wenn Sie *Wien* hören? Diskutieren Sie, welche Begriffe Wien am besten charakterisieren. Erklären Sie Ihre Wahl.

- Kaffeehauskultur und Nostalgie
- Festliche Bälle und Operntriumphe
- Tourismus, Schlösser und Paläste
- Metropole zwischen Ost und West
- Großstadt im idyllischen Österreich

Das letzte Wort: *Weltschmerz*

Der **Weltschmerz** ist eine Art Pessimismus und Resignation gegenüber der Welt und dem Leben. Vielleicht war es vor allem der Weltschmerz, den Thomas Bernhard mit Paul Wittgenstein gemeinsam hatte.

Wie könnte man den Begriff Weltschmerz vielleicht übersetzen? Kennen Sie andere Begriffe, die für eine Kultur spezifisch sind und die man nur schwer übersetzen kann?

Station

ZÜRICH 11

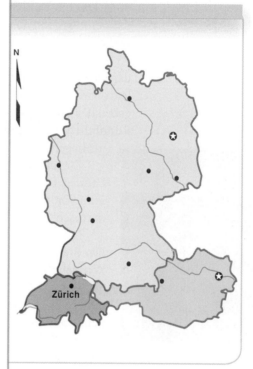

■ Der Ütliberg bietet einen prachtvollen Rundblick über die Stadt Zürich. Was war Ihr schönstes Panorama oder der schönste Rundblick über eine Stadt?

Station: Zürich

Zürich ist eines der größten Finanzzentren Europas. Nach New York, London und Tokyo ist Zürich der viertwichtigste Börsenplatz° der Welt. Das hat wohl auch mit dem schweizer Bankgeheimnis° zu tun, das dem Kunden absolute Verschwiegenheit° über seine Konten° versichert.

Zwar ist Zürich nicht die Hauptstadt der Schweiz, aber es ist definitiv ihr kulturelles und wirtschaftliches Zentrum. Schöne Villenvororte° und fruchtbare Weinanbaugebiete° um den Zürichsee geben der kleinen aber wichtigen Stadt ein attraktives Umland. Bei Rundfahrten° entlang der Limmat° und auf dem See kann man das umliegende Alpenpanorama genießen°.

Zürich liegt in der deutschsprachigen Schweiz im Norden des Landes. In der Westschweiz, auch Normandie genannt, spricht man vor allem Französich. Man spricht Italienisch und Rätoromanisch° im Südosten der Schweiz.

Die Schweiz ist nicht Mitglied der Europäischen Union. Der Staatenbund° entschied 1992, nicht am Europäischen Wirtschaftsraum° mitzuwirken, und deshalb bezahlt man in der Schweiz immer noch mit dem Schweizer Franken und nicht mit dem Euro. Vielleicht muss man die Geschichte der Schweiz kennen, um diese Entscheidung zu verstehen. Bis ins 14. Jahrhundert wurden Teile der Schweiz von den Habsburgern besetzt°. Um sich gegen die Zentralisierung zu wehren°, schlossen die Regionen Uri, Schwyz und Unterwalden 1291 einen Bund.

■ Am Limmatufer in Zürich

Börsenplatz *stock exchange market*   Bankgeheimnis *law that protects all financial and personal information of bank customers*   Verschwiegenheit *privacy*   Konten *accounts*   Villenvororte *upscale suburbs*   Weinanbaugebiete *vinyards*   Rundfahrten *boat tours*   Limmat *Zürich's river*   genießen *enjoy*   Rätoromanisch *Romansh*   Staatenbund *federation*   Wirtschaftsraum *business market*   besetzt *occupied*   wehren *defend oneself*

Schweizer Geschichte

100 v. Chr.	58 v. Chr.	15 v. Chr.	536	13. Jh.	1291	1351	1499
Kelten wandern in das Gebiet der heutigen Schweiz ein.	Das Römische Reich erobert das Gebiet der Schweiz.	Die römische Zollstation *Turicum* (= Zürich) wird gegründet.	Die Franken erobern den größten Teil des Landes.	Habsburger und Savoyer herrschen über das Schweizer Gebiet.	Schwyz, Unterwalden und Uri schließen den *Bund der Eidgenossen* (CH = *Confoederatio Helvetica*).	Zürich tritt dem Bund der Eidgenossen bei.	Loslösung (*secession*) vom Deutschen Reich durch den Schwabenkrieg

Immer mehr Orte traten im Laufe des 14. Jahrhunderts dem Bündnis bei; nachdem die Föderation Ende des 15. Jahrhunderts unabhängig wurde, erklärte die Schweiz im Jahr 1515 ihre Neutralität. Dieser historische Hintergrund ist wichtig, um die Struktur, die Mehrsprachigkeit° und die Kultur dieses kleinen Landes zu verstehen.

Zudem° ist die Schweiz als Alpenland ein besonderes Land. Auch die Sprache, das Schweizerdeutsch, ist in vielen Aspekten anders als das Deutsch in Deutschland oder Österreich. Aber erklärt all das, warum die Schweizer nicht Teil eines vereinten Europa sein wollen?

Mehrsprachigkeit *multilingualism*   Zudem *Moreover*

Statistik	
Einwohnerzahl:	365.000 (von 7,5 Millionen Schweizern)
Fläche:	88 km²
Hauptsprache in Zürich:	Deutsch 77% der Bevölkerung von Zürich sprechen vorwiegend (*primarily*) Deutsch

1 Fragen zur Station

1. Wo liegt die Schweiz?
2. Wie alt ist Zürich? Woher kommt der Name der Stadt?
3. Wo liegt Zürich? Was liegt in der Nähe?
4. Wie viele Einwohner hat Zürich? Wie groß ist die Fläche? Kennen Sie eine Stadt, die ungefähr so groß ist wie Zürich?
5. Was gibt es im Umland von Zürich?
6. Seit wann dürfen Frauen in der Schweiz wählen (*vote in elections*)?
7. Wie verhielt sich (*acted*) die Schweiz in den beiden Weltkriegen?

1798	19. Jh.	1815	1848	1914–1945	1971	1986	1991	2002
Die Helvetische Republik wird gegründet.	Zürich wird zum Finanz- und Wirtschaftszentrum der Schweiz.	Auf dem Wiener Kongress wird die ständige Neutralität der Schweiz anerkannt.	Die Schweiz erhält eine neue Verfassung (*constitution*) (parlamentarische Republik).	Während der beiden Weltkriege bleibt die Schweiz neutral.	Einführung des Wahlrechts (*right to vote*) für Frauen	Ablehnung (*rejection*) des Beitritts zur UNO	Einführung des Rechts (*right*) auf Wehrdienstverweigerung (*military service conscientious objector status*)	Die Schweiz wird 190. Mitglied der UNO.

EIN BERÜHMTER ZÜRCHER
Max Frisch (1911–1991)

Max Frisch wurde am 15. Mai 1911 in Zürich als Sohn eines Architekten geboren. 1930 begann er an der Universität Zürich mit dem Studium der Germanistik. Doch nach dem Tod seines Vaters musste er das Studium aus finanziellen Gründen abbrechen und arbeitete stattdessen als freier Mitarbeiter° für die *Neue Zürcher Zeitung* und andere Zeitungen. 1934 schrieb Frisch seinen ersten Roman, doch bald darauf verbrannte er alle Manuskripte und beschloss, mit dem Schreiben aufzuhören. 1936 begann er deshalb mit dem Studium der Architektur und schloss es 1941 als Diplom-Architekt ab. Aber bald fing Frisch wieder an zu schreiben. Er schrieb vor allem Dramen, die sich mit dem Krieg und der Nachkriegszeit beschäftigen. Wie sein Zeitgenosse° Friedrich Dürrenmatt, kritisierte Frisch die Neutraliät der Schweiz während des Zweiten Weltkrieges. Obwohl Frisch und Dürrenmatt viel gemeinsam hatten (sie waren beide Gegner° der Schweizer Armee, arbeiteten zusammen am Zürcher Schauspielhaus) war ihr Verhältnis nur fast eine Freundschaft°.

Max Frisch

1951 verbrachte Frisch durch ein Rockefeller-Stipendium ein Jahr in den USA. Nachdem sein Roman *Stiller* 1954 ein großer Erfolg wurde, löste er 1957 sein Architekturbüro auf. Auch seine späteren Romane wie *Homo Faber* (1957) und *Mein Name sei Gantenbein* (1964) beschäftigen sich mit Problemen der Identität. Max Frisch starb 1991 in Zürich, kurz nach der Verfilmung seines Romans *Homo Faber*.

freier ... *freelance writer*   Zeitgenosse *contemporary*
Gegner *opponents*   fast ... *almost a friendship*

Filmtipp: *Homo Faber* (Volker Schlöndorff, 1991)

Verfilmung von Max Frischs Roman *Homo Faber* mit Sam Neill und Julie Delpy.

Max Frisch an Friedrich Dürrenmatt

In diesem Brief schreibt Max Frisch, der damals schon ein erfolgreicher Autor war, an den jungen Friedrich Dürrenmatt.

22.1.1947
Zolligkerstrasse 265
Zürich

Verehrter° Herr Fritz Dürrenmatt!
Herr Reiss hat mir neulich Ihren Namen und Ihr Stück° erwähnt°, ich bat ihn um das Manuskript, das ich nun ein erstes mal gelesen habe, und ich bin begeistert davon°. Ich weiss, dass ich nicht der erste bin, der Ihnen das sagt. Das Ganze hinterlässt mir einen tiefen Eindruck°, eine Vision, die anhält, einzelne Szenen sind besonders stark, weil sie, wie mir scheint, gross gesehen sind [. . .]. Da ist sovieles, worum ich Sie aufrichtig beneide, und ich hoffe, dass Sie meinen Brief nicht als väterlichen Zuspruch° empfinden, als ein Klopfen auf die Schultern; ich möchte Sie nur wissen lassen, wie sehr ich begeistert bin und überzeugt, dass in Ihnen ein wirklicher Dichter angetreten ist, und ich beglückwünsche Sie zu Ihrem ersten Stück.
  Mit herzlichem Gruss

Max Frisch

Verehrter *Dear*   Stück *theater play*   erwähnt *mentioned*
begeistert . . . *fascinated with it*   hinterlässt . . . *leaves a deep impression*
väterlichen . . . *patronizing affirmation*

2 | Fragen zu Max Frisch

1. Warum musste Max Frisch sein Germanistikstudium abbrechen?
2. Womit beschäftigen sich Max Frischs Romane?
3. Warum schrieb Frisch 1947 an Dürrenmatt?
4. Wie klingt Max Frischs Brief an Dürrenmatt? Ist er freundlich, arrogant, kritisch?

3 | Frisch und Dürrenmatt

Das Verhältnis zwischen den bekanntesten Schweizer Autoren, Max Frisch und Friedrich Dürrenmatt, beruhte (*rested, was based on*) auf vielen Gemeinsamkeiten (*things they had in common*), aber es gab auch Aspekte, in denen sich die beiden Schriftsteller unterschieden. Verwenden Sie die folgenden Wörter, um Frisch und Dürrenmatt zu vergleichen.

 z.B.   Frisch ist 1911 geboren. Dürrenmatt ist 1921 geboren. (älter) →
Frisch war zehn Jahre älter als Dürrenmatt.

1. Frisch hatte als junger Architekt und Schriftsteller viel Erfolg. Dürrenmatt konnte als junger Mann seine Frau und seinen Sohn kaum ernähren, weil er wenig Geld hatte. (ärmer)

2. Frisch machte viele Reisen ins Ausland. Dürrenmatt reiste nicht gern. (weniger)

3. Frisch absolvierte 650 Tage Militärdienst. Dürrenmatt wurde wegen seiner Kurzsichtigkeit (*near-sightedness*) nach wenigen Wochen vom Militärdienst befreit. (länger)

4. Frisch war Agnostiker. Dürrenmatt hat sich als Sohn eines Pfarrers immer mit Religion beschäftigt. (religiöser)

5. Frisch war immer sehr sportlich und fit. Dürrenmatt war Diabetiker. (gesünder)

 ## 4 | Brief an Max Frisch

 Schreiben Sie Friedrich Dürrenmatts Brief an Max Frisch als Antwort auf seinen Brief vom Januar 1947.

 z.B.   *Sehr geehrter Herr Frisch,*
Vielen Dank für Ihren Brief . . .
          Mit freundlichen Grüssen,
            Ihr Friedrich Dürrenmatt

5 | Rollenspiel

Frisch und Dürrenmatt trafen sich oft in der *Kronenhalle* (*restaurant*) in Zürich. Schreiben Sie ein Gespräch zwischen Frisch und Dürrenmatt (z.B. als sie sich zum ersten Mal treffen) und spielen Sie es im Kurs vor.

6 | Andere berühmte Zürcher

 Suchen Sie Informationen über die folgenden Personen. Wer sind sie? Was haben sie gemacht? Was haben sie mit Zürich zu tun?

Max Bill	Thomas Mann
James Joyce	Johanna Spyri
Gottfried Keller	Huldrych Zwingli

■ Die Bahnhofstraße in Zürich

Aufgaben im Internet

7 Suchbegriffe

Forschen Sie mit den folgenden Suchbegriffen im Internet. Links zu den Webseiten finden Sie unter www.thomsonedu.com/german/stationen.

Stadt Zürich

1. Welche *Zürcher Highlights* finden Sie besonders interessant?
2. Welche Museen gibt es in Zürich?

Informationen zur Schweiz

3. Wie heißen die drei wichtigen geografischen Regionen der Schweiz?
4. Wie viele Ausländer leben in der Schweiz?
5. Suchen Sie Informationen über die vier offiziellen Sprachen der Schweiz. Was ist das *Rumantsch Grischun*?
6. Was ist über die Außenpolitik (*foreign policy*) der Schweiz nach dem Zweiten Weltkrieg zu erfahren.

Max Frisch Archiv

7. Was ist die ETH Zürich?
8. Was sind die Bestände (*collections, contents*) des *Max Frisch Archivs*?
9. Gibt es in Max Frischs Biographie Informationen, die Sie überraschen?

Centre Dürrenmatt

10. Was gibt es im *Centre Dürrenmatt*?
11. Suchen Sie Informationen über die Geschichte des *Centre Dürrenmatt*!
12. Suchen Sie Malereien und Zeichnungen (*drawings*) von Dürrenmatt! Was für ein Künstler war er?

8 Brief an einen Schweizer

Arbeiten Sie in Gruppen oder Paaren. Schreiben Sie einen Brief an einen Schweizer / eine Schweizerin und fragen Sie ihn/sie alles, was Sie schon immer über die Schweiz wissen wollten. Stellen Sie Fragen über das Leben in der Schweiz, das Essen, die Medien, die Politik, die Kunst und die Kultur; was immer Sie interessiert. Tauschen (*Exchange*) Sie dann Ihren Brief mit anderen Studenten im Kurs. Forschen Sie im Internet, um die Fragen im Brief Ihres Mitstudenten so gut wie möglich zu beantworten.

9 Richtig oder falsch?

Forschen Sie weiter in diesen Seiten und entscheiden Sie, ob die folgenden Aussagen korrekt sind. Wenn sie falsch sind, korrigieren Sie sie.

1. Deutsch ist die wichtigste Sprache der Schweiz.
2. Das Jura liegt im Osten der Schweiz.
3. Außer den vier Nationalsprachen werden in der Schweiz auch noch andere Sprachen gesprochen.

4. Die ETH ist eine Bibliothek in Zürich.

5. Im *Max Frisch Archiv* gibt es nur Manuskripte von Frischs Romanen und Theaterstücken.

6. Als junger Mann hat Frisch sogar einmal als Sportreporter gearbeitet.

7. Das *Centre Dürrenmatt* ist ein Museum, in dem Dürrenmatts Malereien und Zeichnungen ausgestellt werden.

■ Der Zürichsee liegt südwestlich von Zürich und ist eine beliebte Ferienregion.

10 Lokale Presse

Gehen Sie zu den folgenden Webseiten im Internet. Links finden Sie unter www.thomsonedu.com/german/stationen. Was sind die Schlagzeilen? Wie wirken diese Zeitungen auf Sie? Wie sind Sprache und Präsentation? Was ist besonders interessant?

Neue Zürcher Zeitung

Der Tagesanzeiger

Tagblatt der Stadt Zürich

Listen to this chapter's audio segments on www.thomsonedu.com/german/stationen.

11 Nachrichtenrunde

 Arbeiten Sie in Gruppen oder Paaren. Berichten Sie über einen Aspekt, den Sie beim Surfen im Internet gefunden haben.

12 Fragen zum Nachdenken und Diskutieren

 Bearbeiten Sie diese Fragen in Paaren oder kleinen Gruppen. Machen Sie Notizen und geben Sie im Kurs einen kleinen Bericht. Bringen Sie die Resultate Ihrer Internetsuche dabei ein.

1. Welche Gründe gibt es wohl dafür, dass die Schweiz nicht der Europäischen Union beitreten will? Spekulieren Sie!

2. Inwiefern ist Zürich eine kleine Stadt? In welchen Aspekten ist Zürich eine wichtige Stadt?

Beschreiben: Attributive Adjektive

Adjectives are used to describe a noun or a pronoun. Attributive adjectives precede and describe a noun. They take weak or strong endings, depending on the situation, as you will see below.

STRUKTUREN

Rule	Endings	Example
Weak endings are used when the information about gender, number and case of a noun is provided by a preceding definite article, indefinite article, or pronoun (**all-, dies-, jed-, jen-, manch-, solch-, welch-**).	There are only two weak adjective endings: 1. **-e** for the nominative singular of all three genders and for the accusative singular of the neuter and feminine genders 2. **-en** for all other forms.	**Der** schön**e** See liegt in den Schweizer Bergen. Nicht **jeder** schön**e** See liegt in der Schweiz. Note: In the two examples above, the definite article **der** and the word **jeder** provide the information that **See** is masculine, nominative, and singular. Therefore, the ending on the following adjective, **schön**, is weak.

	Mas	Neu	Fem	Plu
Nom		-e		
Akk				
Dat				
Gen			-en	

Rule	Endings	Example
Strong endings are used to provide the information about gender, number, and case of the following noun. They are used if there is no preceding article or pronoun or if the form of the preceding article doesn't give clear gender information (for example, the indefinite article **ein**.)	Strong adjective endings are very similar to the endings of the definite articles.	Oh, schön**er** See! Ein klein**er** See liegt in den Bergen. Note: In the first example above, no information about gender, number, or case precedes the adjective **schön**. In the second example, **ein** provides number but not gender and case. Therefore, the ending on the adjective in each example must be strong in order to provide the information that **See** is masculine, nominative, and singular.

	Mas	Neu	Fem	Plu
Nom	-er	-es	-e	-e
Akk	-en	-es	-e	-e
Dat	-em	-em	-er	-en
Gen	-en	-en	-er	-er

- Here is a comparative list of all adjective endings:

	Masculine	Neuter	Feminine	Plural
Nom.	der kleine See ein kleiner See kleiner See	das schöne Land ein schönes Land schönes Land	die große Stadt eine große Stadt große Stadt	die grünen Wälder keine grünen Wälder grüne Wälder
Acc.	den kleinen See einen kleinen See kleinen See	das schöne Land ein schönes Land schönes Land	die große Stadt eine große Stadt große Stadt	die grünen Wälder keine grünen Wälder grüne Wälder
Dat.	dem kleinen See einem kleinen See kleinem See	dem schönen Land einem schönen Land schönem Land	der großen Stadt einer großen Stadt großer Stadt	den grünen Wäldern keinen grünen Wäldern grünen Wäldern
Gen.	des kleinen Sees eines kleinen Sees kleinen Sees	des schönen Landes eines schönen Landes schönen Landes	der großen Stadt einer großen Stadt großer Stadt	der grünen Wälder keiner grünen Wälder grüner Wälder

- Adjectives in a series take the same endings:

> Viele Touristen machen eine Bootsfahrt auf dem schönen, tiefblauen Zürichsee.

- Pronouns that function like attributive adjectives take specific endings:

Limiting Adjectives / Pronouns	Rule	Example
etwas genug wenig viel	• singular only • take no endings • other adjectives that follow have strong endings	In der Schweiz gibt es **viel** guten Wein.
andere einige mehrere	• plural only • take weak or strong endings, depending on use • other adjectives that follow take the same ending	In der Schweiz gibt es **mehrere** große Seen.
wenige viele	• plural only • other adjectives that follow take the same ending	In der Schweiz gibt es **viele** kleine Seen.
ein paar	• plural only • no ending • other adjectives that follow have strong endings	Kennst du auch **ein paar** kleine Seen in der Schweiz?
alle	• strong endings • other adjectives that follow have ~~strong~~ *weak* endings	Ich kenne nicht **alle** kleinen Seen in der Schweiz.

- Adjectives referring to nationality are not capitalized and take either weak or strong endings. Adjectives referring to the name of a city are capitalized and take an **-er** ending.

> Zürch**er** Geschnetzeltes ist eine weltberühmte schweizerisch**e**[1] Spezialität. Viele Menschen schätzen (*value*) auch die deutsch**e** und die österreichisch**e** Küche.

■ Zürcher Geschnetzeltes, eine schweizerische Spezialität mit Kalbfleisch, Champignons und Sahnesauce. Dazu serviert man „Rösti" aus geriebenen (*grated*) und gebratenen rohen Kartoffeln.

13 | Paul Klee

Geben Sie die richtigen Endungen für die Adjektive an!

Paul Klee war wohl der berühmtest _____[1] Schweizer Künstler. Im Juni 2005 wurde das international _____[2] Zentrum Paul Klee in Bern eröffnet. Paul Klee (1879–1940) zählt heute zu den bedeutendst _____[3] Künstlern des 20. Jahrhunderts. Neben 4000 Gemälden, Aquarellen und Zeichnungen sind dort auch biografisch _____[4] Materialien zu sehen. Die Bestände des Zentrums gelten als die größt _____[5] Sammlung eines einzigen Künstlers. Das Zentrum Paul Klee ist nicht nur ein innovativ _____[6] Kunstmuseum, sondern auch ein führend _____[7] Forschungszentrum für das Leben und Werk Paul Klees. Der berühmt _____[8] italienisch _____[9] Architekt Renzo Piano hat kein traditionell _____[10] Museum gebaut, sondern eine grün _____[11] Insel, aus der sich die Architektur in Form von drei Wellen erhebt (*rises in the form of three waves*). Diese außergewöhnlich _____[12] (*exceptional*) Architektur des Zentrums ist gleichzeitig eine einmalig _____[13] Landschaftsskulptur.

---

[1] Some use the form "Schweizer," which is an exception to the stated rules.

14 | Zürich für Besucher

Ein Reporter hat einen Artikel über Zürich geschrieben, aber sein Stil ist ziemlich farblos, weil er keinerlei attributive Adjektive benützt hat. Machen Sie den Text interessanter, indem Sie die passenden Adjektive aus der Liste in die Lücken setzen. Achten Sie auch auf die Endungen, die Ihnen Hinweise auf das Genus (*gender*) der passenden Nomen geben können.

atemberaubendem (*breathtaking*) – beeindruckenden (*impressive*) – gemütlichen lokalen – gute – herrlicher – historische – interessanter – kleinen – schöner – tiefblauen – weltbekannte – weltberühmten

Zürich ist eine _____[1] Stadt, die Mitten im Herzen Europas liegt. Sie liegt am _____[2] Zürichsee mit _____[3] Blick auf die _____[4] Schweizer Alpen. Aber außer _____[5] Natur findet man in Zürich auch das Kunstzentrum der Schweiz mit _____[6] Museen und _____[7] Stadtarchitektur. Wer sich fürs Shopping interessiert, findet Mitbringsel (*souvenirs*) auf dem Flohmarkt am Bürkliplatz oder bei einem Einkaufsbummel durch die _____[8] Altstadt. Am Abend kann man _____[9] Küche und die _____[10] Weine in _____[11] Gasthäusern genießen, oder den Tag in einem der _____[12] Straßencafés ausklingen lassen.

15 | „Denk' ich an die Schweiz . . ."

Machen Sie gemeinsam mit Ihrem Partner / Ihrer Partnerin eine Liste von sechs Assoziationen, die Sie mit Zürich und/oder der Schweiz verbinden. Jede Assoziation soll mindestens ein attributives Adjektiv beinhalten. Vergleichen Sie dann Ihre Listen. Gibt es Assoziationen, die besonders häufig vorkommen? Diskutieren Sie, ob es sich hier möglicherweise um Stereotypen oder Vorurteile (*prejudices*) handeln könnte.

z.B.   Wenn ich an die Schweiz denke, denke ich an den berühmten Käse.

16 | Wörterbucharbeit: Kunst von Paul Klee beschreiben

Suchen Sie in der Bibliothek oder am Internet ein Kunstwerk von Paul Klee und beschreiben Sie es, indem Sie passende Adjektive finden. Arbeiten Sie dabei mit dem Wörterbuch!

■ *Die Zwitschermaschine* von Paul Klee

→ Müesli!

Das **Müesli** (Deutsch **Müsli**) ist ein Gericht (*dish*) aus rohen Haferflocken (*oats*), das man in der Schweiz nicht nur zum Frühstück isst. Das Wort **Müesli** ist die schweizerdeutsche Verkleinerungsform von **Mues** (Deutsch **Mus** [*gruel, mush*]). Das Müesli wurde um 1900 von dem schweizer Arzt Maximilian Oskar Bircher-Benner erfunden, der damit seinen Patienten die Rohkost (*raw foods*) näher bringen wollte. Das sogenannte **Birchermüesli** ist somit das Vorbild der heutigen Frühstückskultur.

Was essen Sie am liebsten zum Frühstück?

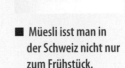

■ Müesli isst man in der Schweiz nicht nur zum Frühstück.

---

17 | Rezept: Original Müesli nach Dr. Bircher-Benner

Geben Sie die Adjektivendungen an.

Zuerst muss man einen Esslöffel roh _____[1] Haferflocken 12 Stunden lang in drei Esslöffel kalt _____[2] Wasser einweichen (*soak*). Dann gibt man einen Esslöffel (*tablespoon*) frische _____[3] Zitronensaft und einen Esslöffel gesüßt _____[4] Kondensmilch (*evaporated milk*) dazu. Direkt vor dem Servieren gibt man einen geriebenen sauer _____[5] Apfel direkt in das Mus und mischt alles gut, damit das Apfelfleisch nicht braun _____[6] wird. Zum Schluss streut (*sprinkles*) man einen Esslöffel gerieben _____[7] Haselnüsse oder Mandeln darüber.

Kulturnotiz

18 | Fragen zum Thema

1. Die Autoren Frisch und Dürrenmatt haben die Neutralität der Schweiz jeweils auf ihre Art kritisiert. Warum kann es problematisch sein, sich neutral zu verhalten?

2. Frisch und Dürrenmatt waren beide dafür, die Schweizer Armee abzuschaffen (*to terminate completely*). Was spricht für die Schweizer Armee? Was spricht gegen sie?

Ja zur Armee – aber ohne mich!

Im Zweiten Weltkrieg hat die Schweiz sich neutral verhalten. Das wurde nicht immer als positiv bewertet. Kann ein Land, so klein es auch sei, sich aus der Weltpolitik heraushalten? Und welche Rolle spielt dabei die Schweizer Armee[2]?

Berühmte Schweizer Schriftsteller wie Max Frisch und Friedrich Dürrenmatt haben sich nach dem Zweiten Weltkrieg mit diesen Fragen beschäftigt. Dürrenmatt hat schon in den 60er Jahren gesagt, dass die Schweiz ihre Neutralität neu definieren muss; und wie Max Frisch war auch Dürrenmatt für die Abschaffung der Schweizer Armee.

■ Soldaten der Schweizer Armee

Im Mai 2003 entschieden die Schweizer sich mit 76 Prozent Ja-Stimmen und 24 Prozent Nein-Stimmen für das Gesetz° *Armee XXI*. Nach diesem Gesetz wurde die allgemeine Wehrpflicht° für Männer und die generelle Struktur der schweizer Armee als Milizarmee° beibehalten°. Das bedeutet, dass weiterhin° alle Schweizer Männer Militärdienst leisten° müssen. Die obligatorische Grundausbildung° dauert ungefähr fünf Monate. Danach müssen die Schweizer jedes Jahr dreiwöchige Wiederholungskurse° machen bis sie 30 Jahre alt sind. Der gesamte Militärdienst für normale Soldaten dauert 280 Tage. Erst seit 1991 kann in der Schweiz statt Wehrdienst auch Zivildienst° geleistet werden, der eineinhalb mal so lange dauert wie der Militärdienst. Immer mehr Schweizer entscheiden sich für den Zivildienst. Auch die Zahl der Männer, die den Militärdienst aus medizinischen Gründen vermeiden, wächst ständig°. Die Schweizer Armee wird immer kleiner. Führende Schweizer Offiziere befürchten, das Motto der meisten jungen Schweizer heißt „*Ja zur Armee – aber ohne mich!*"

law
mandatory military service
militia army
retained / as always
do / Rekrutenschule

refresher courses

alternative service, e.g., in hospitals

wächst … is steadily increasing

19 | Fragen zum Text

1. Mit welcher Frage haben sich Max Frisch und Friedrich Dürrenmatt nach dem Zweiten Weltkrieg beschäftigt?
2. Was hat Dürrenmatt schon in den 60er Jahren gesagt?
3. Was entschieden die Schweizer im Mai 2003?
4. Was befürchten führende Schweizer Offiziere? Warum?

---

[2] The Swiss Army is a militia (with mandatory military service) and not a professional army.

20 | Die Schweizer Armee

Vervollständigen Sie die Tabelle mit den Informationen aus der Kulturnotiz. Was ist in der Schweiz genauso wie in Deutschland oder Österreich? Was ist anders?

Militärdienst im Vergleich		
Deutschland	**Österreich**	**Schweiz**
1. Alle deutschen Männer sind wehrpflichtig (*obligated to military service*).	1. Auch in Österreich gibt es die allgemeine Wehrpflicht.	1.
2. Der allgemeine Wehrdienst (*military service*) dauert in Deutschland zur Zeit neun Monate.	2. In Österreich heißt der Grundwehrdienst „Präsenzdienst". Die Dauer wurde zum 1. Januar 2006 von acht auf sechs Monate verkürzt.	2.
3. Nach dem Grundgesetz (*constitution*) darf niemand gegen sein Gewissen (*conscience*) zum Kriegsdienst mit der Waffe (*weapon*) gezwungen (*forced*) werden. Wer den Kriegsdienst verweigert (*objects to*) muss Zivildienst leisten.	3. Wer lieber Zivildienst leisten möchte, muss zwölf Monate dabei bleiben. Es wird neuerdings öfter diskutiert, auch den Zivildienst in Österreich zu verkürzen.	3.
4. Nach dem Ende des kalten Krieges wurde die Bundeswehr (*German army*) immer kleiner. Immer öfter wird diskutiert, ob die Bundeswehr in eine reine Berufsarmee (*professional military*) umgewandelt werden soll.		4.
	5. Das Leisten des Kriegsdienstes für ein fremdes Land steht nach dem österreichischen Gesetz unter Strafe (*is considered a crime under Austrian law*).	

21 | Vergleichen Sie!

Vergleichen Sie den Militärdienst in Ihrem Land (oder einem anderen Land, das Sie gut kennen) mit dem Militärdienst in der Schweiz, in Deutschland oder in Österreich! Wiederholen Sie dabei die Redemittel *Vergleichen und Bewerten* aus Station 3.

Im Vergleich zu . . . – Verglichen mit . . . – Im Gegensatz zu . . . – Im Unterschied zu . . .

> **z.B.** **Gibt es in Ihrem Land die allgemeine Wehrpflicht?** →
>
> Nein, im Gegensatz zu Deutschland, Österreich und der Schweiz gibt es bei uns keine allgemeine Wehrpflicht.

1. Gibt es in Ihrem Land die allgemeine Wehrpflicht?
2. Gibt es die Möglichkeit, Zivildienst zu leisten?
3. Wie lange dauert die Grundausbildung?
4. Hat Ihr Land eine Berufsarmee?
5. Wird die Armee in Ihrem Land größer oder kleiner?

Wo sagt man was? – Schweizer Hochdeutsch und Schweizerdeutsch

Der Schweizer Sprachgebrauch (*language use*) unterscheidet sich (*differs*) deutlich vom deutschen oder österreichischen, indem klar zwischen Dialekt und Standardsprache unterschieden wird. Dialekt (Schweizerdeutsch) und Standardsprache (Schweizer Hochddeutsch) bilden also nicht ein Kontinuum, sondern man spricht entweder Dialekt oder Standardsprache und wechselt zwischen beiden. Insofern sind Schweizerdeutsch und Standarddeutsch tatsächlich wie zwei verschiedene Sprachen.

Viele Nichtschweizer halten das Schweizer Hochdeutsch oft für Dialekt, weil die Schweizer auch das Hochdeutsch mit hörbarem Akzent, speziellen Wörtern und Satzkonstruktionen sprechen. Schweizerdeutsch wird in der Schweiz von allen sozialen Schichten (*backgrounds*) als normale Umgangssprache (*colloquial language*) verwendet; Dialekt zu sprechen ist also kein soziales Stigma. Auch im Umgang mit Behörden (*government offices*) spricht man Dialekt. Schweizer Hochdeutsch wird hauptsächlich schriftlich verwendet und wird deshalb auch oft *Schriftdeutsch* genannt.

Bei der Volkszählung (*census*) von 2000 betrug der Anteil der deutschsprachigen Schweizer 64% der Bevölkerung. Von diesen gaben

93% an, im Alltag Dialekt zu sprechen. 66% davon gaben an, *nur* Dialekt und kein Hochdeutsch zu sprechen.

Obwohl das Schweizer Hochdeutsch eine offizielle Nationalsprache ist, ist sie für die meisten Schweizer eigentlich eine Fremdsprache (*foreign language*). Ein Aussterben (*extinction*) des Dialekts (Schweizerdeutsch) ist nicht zu befürchten.

Kennen Sie andere Länder, in denen es Dialekt und Standardsprache gibt? Kann man sie mit der Schweiz vergleichen?

22 | Richtig oder falsch?

Sagen Sie, ob die folgenden Aussagen richtig oder falsch sind! Wenn sie falsch sind, korrigieren Sie sie.

1. Man spricht entweder Dialekt oder Standardsprache.
2. Wenn die Schweizer Hochdeutsch sprechen, sprechen sie mit Akzent, speziellen Wörtern und Satzkonstruktionen.
3. Im Umgang mit Behörden spricht man in der Schweiz immer Hochddeutsch.
4. Die deutschsprachigen Schweizer sprechen meistens Dialekt.
5. Hochdeutsch ist für die meisten Schweizer eine Fremdsprache.

STRUKTUREN

Ergänzungen: Adjektive mit Präpositionen

Some predicate adjectives are frequently extended by a preposition and a prepositional object in the required case, creating a prepositional phrase.

- Adjectives with prepositions followed by the accusative case include the following:

Adjektiv + Präposition (+ Akkusasativ)	English equivalent
böse auf	angry at
gespannt auf	in suspense about
gewöhnt an	accustomed to
neidisch auf	envious of
neugierig auf	curious about
stolz auf	proud of
wütend auf	furious at

Viele Besucher sind **neugierig auf** die kulturellen Sehenswürdigkeiten der Schweiz.

Die Bewohner Zürichs sind längst **an** die vielen Touristen **gewöhnt**.

- Adjectives with prepositions followed by the dative case include the following:

Adjective + Preposition (+ Dative)	English equivalent
abhängig von	dependent on
arm an	poor in
beeindruckt von	impressed by
begeistert von	enthusiastic about
bereit zu	ready to
fähig zu	able to
interessiert an	interested in
reich an	rich in
überzeugt von	convinced of
verrückt auf (etwas/jemandem)	crazy about, crazy for
verrückt nach (etwas/jemandem)	(something/someone)

Die Schweiz ist **reich an** Naturschönheiten.

Durch ihre Neutralität ist die Schweiz nicht politisch **abhängig von** anderen Ländern.

- If the object of a prepositional phrase is an entire clause including a verb, German uses a special construction with an anticipatory **da**-compound. These will be covered in more detail in Station 12.

23 | In Zürich

 Kombinieren Sie gemeinsam mit Ihrem Partner / Ihrer Partnerin die folgenden Elemente. Vielleicht können Sie die Liste auch noch erweitern?

 Ich bin begeistert von den Zürcher Museen.

		die Architektur
	begeistert von	die vielen Einkaufsmöglichkeiten
	beeindruckt von	die herrliche Natur
Ich bin . . .	verrückt nach	Käsefondue und Raclette
Wir sind . . .	stolz auf	der Schweizer Dialekt
Die Zürcher sind . . .	gewöhnt an	der Blick auf die Alpen
	interessiert an	der gute Schweizer Käse
	ein bisschen neidisch auf	die feine Schokolade
	???	die teuren Preise
		die Zürcher Museen

24 | Und Sie persönlich?

 Interviewen Sie Ihren Partner / Ihre Partnerin, machen Sie sich Notizen und berichten Sie dann den anderen Kursteilnehmern.

1. Wovon bist du überzeugt?
2. Worauf bist du neugierig?
3. Worauf bist du ab und zu böse?
4. Wonach bist du verrückt?
5. Wozu bist du fähig?
6. Worauf bist du gespannt?
7. Woran könntest du dich nie gewöhnen?
8. Worauf bist du stolz?

VIDEOBLOG: ZÜRICH

Vor dem Sehen

A | Literarisches

Fragen Sie Ihren Partner / Ihre Partnerin, machen Sie Notizen und berichten Sie dann im Kurs.

Was liest du gerne? Wer ist dein Lieblingsschriftsteller? Warum? Was ist dein Lieblingsbuch? Warum? Was passiert in dem Buch?

B | Assoziationen

Was assoziieren Sie mit den folgenden Begriffen? Machen Sie Assoziogramme und vergleichen Sie Ihre Assoziationen im Kurs.

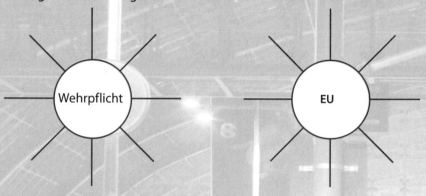

Wehrpflicht

EU

● „Weil die Schweiz nicht zur EU gehört, haben wir auch noch unseren schönen Schweizer Franken."

Beim Sehen

C | Über die Schweiz

Solveig spricht über verschiedene Themen. Bringen Sie die Aussagen in die richtige Reihenfolge.

_____ In der Schweiz gibt es den Schweizer Franken.

___1___ Die Schweiz gehört nicht zur EU.

_____ Es gibt vier Landessprachen.

_____ Ein bekannter Schweizer Schriftsteller ist Max Frisch.

_____ Die Schweiz hat eine Armee.

_____ Die Schweiz ist ein Binnenland.

D | Die Schweizer Armee

Ergänzen Sie die folgenden Aussagen.

1. Es sind etwa 115.000 Männer und Frauen, die in der Armee _____ sind.

2. Die Aufgaben der Schweizer Armee _____ darin, in Krisengebieten zu helfen und das Land zu verteidigen (defend).

3. Wenn es keine Armee geben würde, _____ kein Land sich verteidigen,

4. Die Schweiz ist so klein – kann sie sich denn gegen andere Länder _____ verteidigen?

E | Nachbarländer

Welche Nachbarländer der Schweiz nennt Solveig?

F | Sprachen in der Schweiz

Kreuzen Sie an, ob die folgenden Aussagen mit dem übereinstimmen, was Solveig erzählt. Berichtigen Sie die falschen Aussagen.

	STIMMT	STIMMT NICHT
1. Rätoromanisch ist am Aussterben.	❏	❏
2. Rätoromanisch ist dem Englischen sehr ähnlich.	❏	❏
3. Das Tessin liegt nahe an Italien.	❏	❏
4. Italienisch wird in der Westschweiz gesprochen.	❏	❏
5. Die wenigsten Schweizer sprechen Deutsch.	❏	❏
6. Im Fürstentum Liechtenstein spricht man Italienisch.	❏	❏

G | Max Frischs „Andorra"

Verbinden Sie die Elemente zu vollständigen Sätzen.

1. Solveig hat gerade
2. Es ist ein Stück,
3. Es handelt von einem Jungen,
4. Es geht darum, dass die Menschen
5. Manchmal glauben wir dann selber, wir sind so,
6. Am Ende wird der Junge

a. oft so sind, wie andere sie sehen.
b. geholt und getötet.
c. „Andorra" von Max Frisch gelesen.
d. dem alle einreden, dass er Jude ist.
e. das sehr gut auch in die heutige Zeit passt.
f. obwohl wir gar nicht so sind und sein möchten.

Nach dem Sehen

H | Wie denkt Solveig?

Kann man aus Solveigs Vlog erfahren, wie sie über die folgenden Aspekte denkt? Erkären Sie Ihre Antwort.

	JA	NEIN
die Schweizer Armee	❏	❏
den Status der Schweiz in Europa	❏	❏
die vier Landessprachen	❏	❏
Max Frisch	❏	❏

I | Literarisches

Machen Sie Ihr eigenes Vlog oder schreiben Sie eine E-mail an einen Partner / eine Partnerin, in dem Sie von Ihrem Lieblingsschriftsteller und/oder Buch erzählen, so wie Solveig von Max Frisch und „Andorra" erzählt.

Wortschatz

abbrechen (bricht ab, brach ab, hat abgebrochen)   to interrupt, discontinue

abschaffen (schafft ab, schuf ab, hat abgeschafft)   to do away with, abolish

abschließen (schließt ab, schloss ab, hat abgeschlossen) to finish, complete

der **Akzent, -e**   accent (pronunciation)

die **Armee, -n**   army, military

befürchten (hat befürchtet)   to fear

beitreten (tritt bei, trat bei, ist beigetreten)   to join

sich **beschäftigen** mit (hat sich beschäftigt)   to be concerned with

bewerten (hat bewertet)   to judge, consider

einen **Bund schließen** (schließt einen Bund, schloss einen Bund, hat einen Bund geschlossen)   to form a federation

der **Dialekt, -e**   dialect

sich **drehen** um (hat gedreht)   to revolve around

die **Eidgenossenschaft**   Swiss federation

einführen (führt ein, hat eingeführt)   to introduce

festhalten an (hält fest, hielt fest, hat fest gehalten)   to hold on to (s.th.)

der **Franken, -**   Swiss currency

die **Fremdsprache, -n**   foreign language

gemeinsam haben   to have (s.th.) in common

genießen (genoss, hat genossen)   to enjoy

halten für (hält, hielt, hat gehalten)   to take (s.th.) for (s.th else)

sich **heraushalten** (hält sich heraus, hielt sich heraus, hat sich herausgehalten)   to keep out of (s.th.)

der **Hintergrund, ⸚e** background

mitwirken (wirkt mit, hat mitgewirkt) to participate

die **Mundart, -en (der Dialekt, -e)** dialect

der **Offizier, -e**   title of high military rank, officer

der **Rundblick, -e**   panorama, view

das **Schweizerdeutsch**   dialects of Switzerland

das **Schweizer Hochdeutsch** variant of Standard German spoken in Switzerland

der **Soldat, -en**   soldier

umliegend   surrounding

unabhängig   independent; independently

verbrennen (verbrannte, hat
   verbrannt)   to burn
vermeiden (vermied, hat
   vermieden)   to avoid
das **Wahlrecht**   right to vote
wählen (hat gewählt)   to elect
wechseln (hat gewechselt)
   to change, switch

der **Wehrdienst (Militärdienst)**
   military service
der **Zivildienst**   alternative
   to military service, e.g., in
   hospitals

 # WORTSCHATZÜBUNGEN

25 | Ergänzen Sie die Sätze

 Finden Sie die richtigen Begriffe für die folgenden Sätze.

1. _____ nennt man alle alemannischen Dialekte der Schweiz.

2. Schweizer sprechen Hochdeutsch mit starkem _____.

3. Ein _____ unterscheidet sich von der Standard-sprache nicht nur in der Aussprache, sondern auch in der Grammatik und im Wortschatz.

4. Hochdeutsch ist für die meisten Schweizer eine _____.

5. Das _____ ist Hochdeutsch mit Schweizer Akzent.

a. Fremdsprache

b. Dialekt

c. Akzent

d. Schweizerdeutsch

e. Schweizer Hochdeutsch

26 | Die Schweiz

Ein Freund möchte etwas über die multilinguale Schweiz erfahren. Erklären Sie ihm, was Sie darüber wissen. Verwenden Sie dabei die folgenden Wörter.

Akzent – Deutsch – Dialekt – Europäische Union – Fernsehen – festhalten – Franken – Französisch – Fremdsprache – gemeinsam haben – Geschichte – Italienisch – Mundart – Osten – Radio – Rätoromanisch – Schule – Schweizer Hochdeutsch – Schweizerdeutsch – sprechen

27 Die Schweiz und das Militär

 Vervollständigen Sie die Sätze, indem Sie die folgenden Wörter in die richtige Lücke einsetzen.

abzuschaffen – befürchten – beschäftigt – festhalten – vermeiden – Wehrdienst – Weltkrieg – Zivildienst

Frisch und Dürrenmatt haben sich mit der Frage _____[1], ob die Schweiz noch eine Armee braucht oder nicht. Beide Autoren waren dafür, die Armee ganz _____[2]. Doch die Schweizer wollen an ihrer Armee _____[3]. Die meisten Schweizer glauben, dass man eine Armee braucht, um Krieg zu _____[4]. Die politischen Probleme haben sich seit dem Zweiten _____[5] verändert. Statt einem Krieg _____[6] die meisten Schweizer, dass sich die Armee auf Terrorismus und Probleme der inneren Sicherheit konzentrieren muss. Obwohl immer mehr junge Männer den _____[7] vermeiden wollen und sich für den _____[8] entscheiden, sind die meisten Schweizer dafür, die Armee in ihrer alten Form zu behalten.

28 Beschreiben Sie die Situation

 Welchen Weg würden Sie gehen? Warum? Verwenden Sie dabei wenigstens acht der folgenden Wörter.

abschließen – Armee – befürchten – beitreten – bewerten – sich entscheiden – Erfolg halten für – sich heraushalten – Militärdienst – mitwirken – Offizier – Soldat – vermeiden – Wehrdienst – Zivildienst

z.B.   Ich würde zum Militär gehen, weil ...

Ich würde Zivildienst machen, weil ...

29 | Wehrdienstverweigerer

Wenn man in der Schweiz den Wehrdienst verweigert (*is a conscientous objector*) und lieber Zivildienst leisten möchte, muss man schriftlich und mündlich begründen (*give reasons*), warum man den Militärdienst nicht leisten kann. Schreiben Sie einen Brief an die *Zürcher Beratungsstelle für Militärverweigerung und Zivildienst*[3] und erklären Sie, warum Sie lieber Zivildienst leisten wollen.

Sehr geehrte Damen und Herren,

ich möchte hiermit erklären, warum ich nicht zum Wehrdienst antreten werde:

. . .

Hochachtungsvoll,

[Ihr Name]

30 | Rollenspiel

Nach der schriftlichen Bewerbung für den Zivildienst folgt in der Schweiz eine Anhörung (*interview*) vor einer Kommission. Arbeiten Sie in Gruppen. Geben Sie jeder Person eine Rolle (als Wehrdienstverweigerer oder Mitglieder der Kommission), schreiben Sie Dialoge und spielen Sie diese im Kurs vor.

Redemittel zum Diskutieren

Betonen was wichtig ist

Mit den folgenden Redemitteln kann man betonen (*emphasize*), was man für besonders richtig hält.

Vor allem . . .	**Vor allem** sollte jeder eine Fremdsprache lernen.
Auf jeden Fall / Auf alle Fälle . . .	**Auf jeden Fall** lernen sie Hochdeutsch erst in der Schule.
Jedenfalls . . .	**Jedenfalls** ist Hochdeutsch für die meisten Schweizer eine Fremdsprache.
(Die) Hauptsache ist . . . Das Wichtigste ist . . .	**(Die) Hauptsache ist**, dass geschriebene Texte auf Hochdeutsch sind.

---

[3] This is a counseling service for conscientious objectors.

31 | Was ist wichtig?

Welchen der folgenden Aussagen stimmen Sie (nicht) zu?

1. Vor allem sollte jeder Mensch mindestens eine Fremdsprache lernen.
2. Auf jeden Fall lernt man mit einer anderen Sprache auch eine andere Kultur.
3. Das Wichtigste dabei ist, dass man seine eigene Kultur aus einer anderen Perspektive sieht.
4. Vor allem sollte jeder Englisch können.
5. Hauptsache ist, es gibt eine Sprache, die die meisten Leute verstehen.
6. Jedenfalls ist es nicht wichtig, in einem Land mehrere Sprachen zu sprechen.
7. Vor allem kostet es sehr viel, wenn alles in mehreren Sprachen gedruckt werden muss.
8. Das Wichtigste beim Lernen einer Fremdsprache ist, dass man eine absolut korrekte Aussprache (*pronunciation*) hat.

32 | Anders formuliert

Formulieren Sie die folgenden Sätze um, indem Sie die Redemittel verwenden.

 Vor allem sollte jeder eine andere Sprache lernen.

1. Jeder sollte eine andere Sprache lernen.
2. Wer eine andere Sprache lernt, versteht seine Muttersprache besser.
3. Man muss offen für neue Dinge sein.
4. Man sollte wissen, wie man ein Wörterbuch benutzt.
5. Es ist gut, wenn man viel in der Fremdsprache liest.

33 | Partnerinterview: Sprachen

 Fragen Sie Ihren Partner / Ihre Partnerin. Berichten Sie das Interessanteste im Kurs.

1. Welche Sprachen sprichst du? Wie hast du sie gelernt?
2. Warum lernst du Deutsch?
3. Welche anderen Sprachen interessieren dich? Warum?

34 | Fragen zur Diskussion

 Diskutieren oder schreiben Sie über eines der folgenden Themen. Verwenden Sie dabei die Redemittel.

1. Was sind die Vorteile einer multilingualen Gesellschaft wie der Schweiz?
2. Die Schweiz ist nicht nur ein Land, in dem Käse und Uhren hergestellt werden. Was sind die wichtigsten Aspekte, die uns helfen, die Schweiz besser zu verstehen?
3. Wie ist wohl das Verhältnis zwischen Schweizern und Deutschen? Spekulieren Sie!

Vergleichen: Komparativ und Superlativ

Comparisons in German can be made using the expressions **so . . . wie** (*as . . . as*) and **nicht so . . . wie** (*not as . . . as*) or a comparative (oftentimes with **als**) or superlative construction.

> Basel ist **nicht so** groß **wie** Zürich.
>
> Basel ist **kleiner** als Zürich.
>
> Zürich ist die **größte** Stadt der Schweiz.

- The comparative and superlative of attributive adjectives used before a noun are formed in the following ways:

	Attributive Adjective	Rule
Positive	schön-	adjective stem + adjective ending
Comparative	schöner-	adjective stem + **er** + adjective ending
Superlative	schönst-	adjective stem + **st** + adjective ending

> Viele halten Bern für eine schön**e** Stadt.
>
> Andere meinen, Basel sei eine schön**ere** Stadt als Bern.
>
> Manche denken, Zürich sei die schön**ste** Stadt der Schweiz.

- The comparative and superlative of adverbs and predicate adjectives (those that follow a noun) are formed in the following ways:

	Adverbs & Predicate Adjective	Rule
Positive	friedlich	adjective stem
Comparative	friedlich**er**	adjective stem + **er**
Superlative	**am** friedlich**sten**	**am** + adjective stem + **sten**[4]

> Zürich ist ziemlich **klein**.
>
> Basel ist klein**er** als Zürich.
>
> Bern ist **am** kleinst**en**.

---

[4] This is the weak adjective ending following the contracted preposition and definite article **an** + **dem** = **am**.

- Adjectives and adverbs that end in **-e** add only **-r** in the comparative.

    leis**e** → leise**r**

- Adjectives and adverbs ending in **-el** or **-er** drop the -e in the comparative.

    dunk**el** → dunkl**er**

    teu**er** → teur**er**

- Adjectives and adverbs of one syllable ending in **-d, -t, -s, -ß, -z,** or **-sch** add an **e** in the superlative.

    laut → am laut**est**en

    heiß → am heiß**est**en

    stolz → am stolz**est**en

    hübsch → am hübsch**est**en

- Note, however, that adjectives and adverbs of more than one syllable and ending in **-d, -t,** or **-sch** do not add **e** in the superlative.

    spannend → am spannend**st**en

    komisch → am komisch**st**en

- The following adjectives or adverbs have irregular comparative and superlative forms.

Adjective	Comparative	Superlative
bald	eher	am ehesten
groß	größer	am größten
gut	besser	am besten
hoch	höher	am höchsten
nahe	näher	am nächsten
viel	mehr	am meisten

- A number of short adjectives and adverbs take an umlaut in the comparative.

Adjective	Comparative	Superlative
alt	älter	am ältesten
arm	ärmer	am ärmsten
dumm	dümmer	am dümmsten
gesund	gesünder	am gesündesten

grob	gröber	am gröbsten
hart	härter	am härtesten
jung	jünger	am jüngsten
kalt	kälter	am kältesten
klug	klüger	am klügsten
krank	kränker	am kränksten
kurz	kürzer	am kürzesten
lang	länger	am längsten
oft	öfter	am öftesten
scharf	schärfer	am schärfsten
schwach	schwächer	am schwächsten
stark	stärker	am stärksten

35 | Entscheidungsfragen

Bilden Sie gemeinsam mit Ihrem Partner / Ihrer Partnerin Entscheidungsfragen und interviewen Sie sich dann gegenseitig. Berichten Sie den anderen Kursteilnehmern.

oft – Was würdest du in der Schweiz _____ machen? (Bergsteigen / Skifahren) →

Was würdest du in der Schweiz öfter machen: Bergsteigen oder Skifahren?

1. oft   Was würdest du in der Schweiz _____ machen? (Bergsteigen / Skifahren)

2. interessant   Was fändest du _____? (das Opernhaus / das Kunsthaus Zürich)

3. wichtig   Was wäre dir _____? (viel Geld / viel Zeit für einen Besuch in Zürich)

4. gern   Was würdest du _____ essen? (Käsefondue / Zürcher Geschnetzeltes)

5. gut   Was würde dir _____ gefallen? (eine Fahrt mit der Ütlibergbahn / ein modernes Theaterstück in einem Zürcher Theater)

6. viel   Was würde dir _____ Spaß machen? (ein Shopping-Bummel auf der Bahnhofstraße / eine Bootsfahrt auf dem Zürichsee)

36 | Kleine Schweizer Landeskunde

Ergänzen Sie gemeinsam mit einem Partner / einer Partnerin die Lücken mit den Superlativformen eines passenden Adjektivs aus der Liste. Achten Sie dabei auch auf die richtige Adjektivendung!

bedeutend – bekannt – dicht – groß – hoch – lang – reich – viel

1. Zürich ist die _____ Stadt der Schweiz; hier leben die _____ Schweizer.

2. Der _____ Berg der Schweiz ist mit 4643 Metern die Dufourspitze. Der _____ Berg der Schweiz ist jedoch das Matterhorn.

3. Mit 365 Kilometern ist der Rhein der _____ Fluß der Schweiz.

4. Die Schweiz hat das _____ Autobahnnetz der Welt.

5. Paul Klee gilt als der _____ Maler der Schweiz.

6. Die Schweiz gilt als eines der _____ Länder der Welt.

Die Sprachen der Schweiz

37 | Sprachen in der Schweiz

 Machen Sie gemeinsam mit Ihrem Partner / Ihrer Partnerin möglichst viele Aussagen über die Sprachen in der Schweiz und benutzen Sie dabei Komparative und Superlative.

z.B. Rätoromanisch wird vonden wenigsten Schweizern gesprochen.

→ Sprachenvielfalt in der Schweiz

63,7 %   Deutsch (Landessprache)

20,4 %   Französisch (Landessprache)

6,5 %   Italienisch (Landessprache)

0,5 %   Rätoromanisch (Landessprache)

6,6 %   Andere Sprachen

Sprache	1990	2000	Zunahme in Prozent
Deutsch	4,64 Mio.	4,64 Mio.	+0
Französisch	1,4 Mio.	1,48 Mio.	+6
Italienisch	475000	470000	−1.1
Rätoromanisch	35000	35000	−0.1
Russisch			+198
Albanisch			+165
Afrikanische Sprachen			+150

Sources: Bundesamt für statistik (www.swissworld.org); www.ForumS9.ch.

 Filmtipp: *Das Boot ist voll* (Markus Imhoof, 1981)

Eine Gruppe jüdischer Flüchtlinge sucht während des zweiten Weltkrieges in der Schweiz Asyl, aber die Schweizer Behörden machen es den Flüchtlingen nicht leicht.

LEKTÜRE

Friedrich Dürrenmatt

■ Friedrich Dürrenmatt und Max Frisch in der Kronenhalle in Zürich

Friedrich Dürrenmatt wurde am 5. Januar 1921 in einem kleinen Ort im Emmental geboren. Sein Vater, ein protestantischer Pfarrer°, zog 1935 mit seiner Familie nach Bern, wo Friedrich zunächst Literatur und Kunstgeschichte und später Philosophie studierte. 1946 heiratete Dürrenmatt die Schauspielerin Lotti Geissler, mit der er drei Kinder hatte. Dürrenmatts Dramen, Kriminalromane und Hörspiele° beschäftigen sich vor allem mit der Nachkriegszeit, mit der Neutralität der Schweiz, und der Frage, wie man richtig leben soll.

Pfarrer *minister*   Hörspiele *radio plays*

Vor dem Lesen

38 | Fragen zum Thema

1. Was wissen Sie schon über Friedrich Dürrenmatt?
2. Womit hat sich Dürrenmatt beschäftigt? Worüber hat er geschrieben?
3. Dürrenmatt nannte die Schweiz *Don Quijote der Völker*. Warum? Spekulieren Sie.

39 | Wörterbucharbeit: Dürrenmatt und seine Werke

Die folgenden Adjektive aus dem Text beschreiben Dürrenmatt und seine Werke. Arbeiten Sie mit dem Wörterbuch und schreiben Sie gute Definitionen auf Deutsch.

z.B.
kritisch →
Definition: akzeptiert nicht alles, so wie es ist, fragt nach Gründen, sagt seine Meinung

Dürrenmatt war

1. ein exorbitanter Leser
2. gelassen
3. nicht ideologisch
4. kritisch
5. ständig lernend
6. nicht moralistisch
7. nüchtern
8. sicher
9. nie verbissen
10. ein wacher Beobachter
11. nicht zynisch

Jetzt entscheiden Sie, welche Adjektive auf Sie oder Ihren Partner / Ihre Partnerin passen und welche nicht passen. Erklären Sie warum.

z.B.   Ich bin kein exorbitanter Leser, weil ich nicht genug Zeit habe.

Beim Lesen

In diesem Text erfahren Sie viel über Friedrich Dürrenmatt. In Aktivität 41 arbeiten Sie mit dem Wörterbuch, um Dürrenmatt besser zu beschreiben; in Aktivität 42 bringen Sie die Informationen über sein Leben in die richtige Ordnung.

40 Wörterbucharbeit: Die Person Dürrenmatt

 Der Text beschreibt Dürrenmatts Leben, seine Haltung (*attitude*) zu verschiedenen Themen und zitiert einige Bemerkungen über die Schweiz. Finden Sie Adjektive, mit denen man Dürrenmatt beschreiben kann. Arbeiten Sie mit dem Wörterbuch.

> **z.B.**
>
> **„Dürrenmatt war seiner Schweiz heimatlich verbunden, ohne an sie gebunden zu sein."** →
>
> patriotisch, nicht nationalistisch

41 Chronologische Ordnung

 Ordnen Sie die im Text genannten Ereignisse (*events*) in Dürrenmatts Leben chronologisch. Machen Sie Notizen.

> **z.B.**
>
> 1921 Dürrenmatt wird im Emmental geboren.
>
> 1935 Er zieht mit seinen Eltern nach Bern.
>
> …

Don Quijote der Völker: Friedrich Dürrenmatt und die Schweiz

nach einem Sendemanuskript von Heinz Ludwig Arnold[5]

Friedrich Dürrenmatt war einer der bekanntesten Schriftsteller der Schweiz und über die Schweiz. Dürrenmatt kritisierte immer wieder die bequeme Neutralität der Schweiz, vor allem während und nach dem zweiten Weltkrieg. Er nannte die Neutralität ein zynisches Mittel der Politik. Die Neutralität, die Kleinheit und die Mehrsprachigkeit der Schweiz, die Mystifikation ihrer Geschichte und die Formen ihrer Demokratie – das alles hat Dürrenmatt immer wieder zu Aufsätzen und kritischen Gesprächen provoziert.

---

[5] Heinz Ludwig Arnold, geboren 1940 in Essen, ist international als Kenner der deutschen Gegenwartsliteratur (*contemporary literature*) bekannt. Er ist Herausgeber (*publisher*) der Zeitschrift *Text + Kritik*, des *Kritischen Lexikons zur deutschsprachigen Gegenwartsliteratur* (KLG), des *Kritischen Lexikons zur fremdsprachigen Gegenwartsliteratur* (KLfG) und der 3. Auflage von *Kindlers Literatur Lexikon*. Er hat zahlreiche Bücher zur deutschen Literatur geschrieben und herausgegeben, darunter mehrere Werke über Friedrich Dürrenmatt.

Nach seinem Tod fand man ein Manuskript mit dem Titel „Vom Ende der Schweiz", das er wahrscheinlich 1950 geschrieben hat. Darin sagte Dürrenmatt, es genüge für die Schweiz nicht, Kurort° zu sein, Uhren und Käse zu exportieren.

recreational region

In einem Interview sagte Dürrenmatt einmal: „Die Schweiz ist heute in einer ganz anderen politischen Landschaft als zu der Zeit, als sie entstand. Das ist natürlich. Und wo liegt nun der Sinn, der die Schweiz zusammenfügte? Die Schweiz ist geworden – aber was ist sie geworden? Welche Aufgabe hat heute die Schweiz zu erfüllen? Wo liegt der Sinn? Das ist das, was ich die politische Frage nenne, die politische Aufgabe, vor der wir stehen."

Dürrenmatt wollte, daß die Neutralität der Schweiz eine aktive Neutralität sein soll, zum Beispiel indem sie Flüchtlingen° Schutz und Hilfe gibt. Dürrenmatts Kritik war nie verbissen, sondern gelassen und voll Humor. Er wollte nicht ideologisch argumentieren oder sich politisch als links oder rechts einordnen lassen. Er war weder Moralist noch Zyniker. Eher ein kritischer Beobachter einer Welt, der seine Beobachtungen° auf die Theaterbühne brachte.

refugees

observations

In seinem Manuskript über das Ende der Schweiz schrieb Dürrenmatt: „Ich bin ein Bürger der Schweiz. Aber in dem Moment, wo ich für das Theater schreibe, da stelle ich nicht nur die Schweiz hin, sondern da versuche ich, eine Welt zu bauen. Man sollte so fragen: Was in der Schweiz gibt Welttheater? Und ich glaube, nicht das Besondere an der Schweiz gibt Welttheater, nicht unsere besonderen Verhältnisse, sondern Welttheater gibt immer das Alltagsleben, das gibt die menschlichen Probleme. Die menschlichen Probleme, die hinter jeder Politik stecken."

Dürrenmatt war seiner Schweiz heimatlich verbunden, ohne an sie gebunden zu sein. Er belächelte° den Feiertagspatriotismus° und feierte trotzdem mit Freunden den ersten August als Nationalfeiertag. Er wohnte zwar in der Schweiz, aber außerhalb seiner Heimatregion. Als Deutschschweizer aus dem Emmental lebte er in der französischsprachigen Schweiz, in Neuchâtel. Dort hatte er seine Ruhe, residierte in seiner eigenen Welt und baute sich ein immer größeres Anwesen°. Er reiste nicht gern – vielleicht hatte das auch damit zu tun, daß er sein Leben lang Diabetiker war. Aber er mußte die Welt nicht erfahren, um sie zu verstehen. Er war ein wacher Beobachter, ein exorbitanter Leser und ein ständig Lernender. Er hatte die Welt im Kopf.

was amused by / holiday patriotism

property

Dürrenmatt schrieb 1966: „Ich bin gern Schweizer. Die Möglichkeit in einem Staat zu leben, der, wenn etwas schiefgeht°, nicht gerade unbedingt eine Weltkatastrophe auslöst°, ist eine Chance. Die Schweiz macht den Menschen bis zu einem gewissen Grade frei, weil sie in

goes awry

causes

seinem Kopf nicht zum unlösbaren Problem wird. Der Schweizer braucht nicht immer an die Schweiz zu denken."

In den sechziger Jahren, als der Dramatiker auf dem Höhepunkt seines Erfolges stand, beschrieb Dürrenmatt sein Verhältnis zur Schweiz nüchtern und gelassen.

Doch das war nicht immer so. Seine frühen Texte waren eine Reaktion auf den Krieg und Dürrenmatt, Sohn eines Pfarrers und Student der Philosophie, war hin- und hergerissen° zwischen einer theologischen und einer philosophischen Interpretation der Welt, zwischen Zuneigung und Zorn gegenüber der Schweiz: „O Schweiz! Don Quijote der Völker! Warum muß ich Dich lieben!"

torn

Er kritisierte die Haltung der Schweiz im zweiten Weltkrieg, die Existenz einer Armee die keinen einzigen Schuß° in Richtung Deutschland abgegeben hat; dafür haben die Deutschen die Schweiz verschont°, weil sie sie wirtschaftlich brauchten. Dürrenmatt war gegen diese Armee und den Militärdienst.

shot

spared

Seine späteren Texte sind gelassen und sicher; sie handeln von Treue° und Verrat°, von Gerechtigkeit und Recht, von Individuum und Gemeinschaft und von der Möglichkeit, richtig zu leben.

loyalty / betrayal

1950 schrieb Dürrenmatt diesen kurzen Text mit dem Titel „Protest!":

Ich protestiere als Mensch! Mein Recht? Ich bin geboren.
Ich protestiere als Europäer! Mein Recht? Ich will leben.
Ich protestiere für die Deutschen! Mein Recht? Ich bin Schweizer.
Ich klage die Großmächte an°! Mein Recht? Ich hasse den Krieg.
Ich klage die Mächtigen an! Mein Recht? Ich habe keine Kanonen.
Ich klage die Politiker an! Mein Recht? Ich bin keiner.

anklagen: to accuse

Für Dürrenmatt war der Einzelne° immer mehr als der Staat, aber ein Mensch ist immer die ganze Menschheit. Ein Text über das Verhältnis des Individuums zur Gesellschaft endet mit der Forderung: „Was wir brauchen ist nicht eine Zukunft°, wir brauchen eine Gegenwart°. Wir dürfen nicht alles auf die ungeborenen Enkel schieben°."

individual

future / present

Wir… We can't always push everything off onto our unborn grandchildren

Die späten sechziger Jahre waren für Dürrenmatt eine Zeit des Experimentierens. 1968 wurde er Kodirektor der Basler Theater. Es war kein Erfolg. Ein Jahr später, nach einem Herzinfarkt°, wurde er Mitherausgeber° einer neuen Zürcher Wochenzeitung – ohne Resonanz°. Auf der Bühne experimentierte er mit Shakespeare, Goethe, Lessing und Büchner. Mit seinem Stück „Porträt eines Planeten" versuchte er neue Formen des Theaters zu entwickeln. Die Erfolge blieben aus°. Als 1973 sein Stück „Der Mitmacher" miserable Kritiken bekam, schien Dürrenmatt am Ende. Er begann seinen langen Abschied vom Theater.

heart attack

copublisher / ohne… without success

blieben… never came

Dürrenmatt konzentrierte sich auf das Schreiben seiner literarischen Memoiren mit dem Titel „Stoffe – Zur Geschichte meiner Schriftstellerei", die er nach seinem Herzinfarkt 1969 begann. Er erhielt im selben Jahr den Großen Literaturpreis der Stadt Bern. Den Preis und das Preisgeld gab er an drei andere Personen weiter: An den Anti-Militärdienst Aktivisten Arthur Villard; an den linken Journalisten Paul Ignaz Vogel, der sich für den Zivildienst einsetzte; und an den Sozialkritiker Sergius Golowin. Dürrenmatt erinnerte die Stadt Bern daran, daß er gegen die Schweizer Berufsarmee und für das Frauenstimmrecht in allen Kantonen war. Er wollte damit sagen, daß der Staat immer weniger mit Kultur, und immer mehr mit technischen und sozialen Aufgaben zu tun hat.

Dürrenmatt hat oft von der Schweiz als Chance gesprochen. Die Chance sah er im Föderalismus, und im Kleinstaat. Für einen Schweizer, so argumentierte Dürrenmatt, ist seine Heimatregion noch wichtiger als der föderale Bund der Schweiz.

Er sagte 1979 in einem Interview: „Die Schweiz ist nicht ein Kleinstaat, sondern ein Bund von Kleinstaaten. Es gibt ja auch nicht Schweizer, das heißt es gibt nicht eine schweizerische Nation, sondern es gibt Deutschschweizer, Welschschweizer, Tessiner, Reste von Rätoromanen, etwas künstlich gepflegt, es gibt jüdische Schweizer, es gibt sogar einige mohammedanische Schweizer. Alle diese Schweizer sind aus sehr verschiedenen Gründen Schweizer geworden. Die Schweiz ist etwas, das historisch aus ganz bestimmten Gründen entstanden ist. Man könnte vielleicht etwas zusammengezogen sagen, Grenzbevölkerungen haben sich, um sich vor der Zentralisation durch eine entfernte Hauptstadt zu retten, zu einer Nation zusammengefunden. Die Schweiz ist ein *artificial state* Staatenbund und vor allem ein Kunststaat°. Und wenn man das einmal begriffen hat, muß man sagen, ist die Schweiz etwas sehr Modernes und könnte etwas sehr Modernes sein. Wenn Sie zum Beispiel die heutige Europa-Frage nehmen: Europa kann ja nicht zu einer Nation gemacht werden, es müßte also irgendwie zu einer Art Schweiz gemacht werden."

Wortschatz

ausbleiben (bleibt aus, blieb aus, ist ausgeblieben)   to not come, not happen

begreifen (begriff, hat begriffen)   to comprehend, grasp

beruhigend   calming

einordnen (ordnet ein, ordnete ein, hat eingeordnet)   to categorize

der **Einzelne** (das **Individuum, -en**)   individual

erfahren (erfährt, erfuhr, hat erfahren)   to experience, encounter

jemanden **erinnern** an (hat erinnert)   to remind s.o. of (s.th.)

fordern (hat gefordert)   to demand

genügen (hat genügt)   to suffice

die **Großmacht, ¨-e**   superpower

sich **konzentrieren auf** (hat sich konzentriert)   to focus on, concentrate on

das **Mittel, -**   means

provozieren (hat provoziert)   to provoke

sich **retten** (hat sich gerettet)   to save oneself

Ruhe haben (hat Ruhe, hatte Ruhe, hat Ruhe gehabt)   to have peace, be undisturbed

sich **zusammenschließen** (schließt zusammen, schloss zusammen, hat zusammengeschlossen)   to unite, form a union

Nach dem Lesen

42 | Fragen zum Text

1. Was liebte Dürrenmatt an der Schweiz?
2. Was kritisierte er an der Schweiz?
3. Wie sah Dürrenmatt die Rolle der Schweiz im Zweiten Weltkrieg?
4. Wie dachte Dürrenmatt über die Schweizer Armee?
5. Wie dachte Dürrenmatt über Europa?

43 | Fragen zum Nachdenken und Diskutieren

1. War Dürrenmatt ein politischer Aktivist? Wie hat er seine Meinung geäußert?
2. Diskutieren Sie, ob die Schweiz wirklich eine Armee braucht oder nicht.

44 | Schreibübungen

1. Schreiben Sie einen ähnlichen (*similar*) Text über einen Autor, den sie besonders gerne mögen. Suchen Sie Zitate und Informationen, wie Heinz Ludwig Arnold sie über Dürrenmatt gesammelt hat, und schreiben Sie, wie Arnold, ein Autorenportrait.

2. **Dürrenmatt Zitate.** Die folgenden Zitate stammen von Interviews mit Friedrich Dürrenmatt. Kommentieren Sie eines der Zitate schriftlich. Erklären Sie, was das Zitat für Friedrich Dürrenmatt bedeutet oder geben Sie Ihre eigene Meinung.

   „Wir könnten wahrscheinlich nicht leben, wenn wir wüssten, welche Faktoren den Verlauf (*course*) der Politik bestimmen."

   „Lesen ist eine ebenso große Kunst wie Schreiben."

   „Eine Veränderung der Gesellschaft ohne eine Veränderung des Menschen gibt es nicht."

   „Politisch halte ich den Kleinstaat für eine weitaus klügere Erfindung als einen Großstaat oder gar eine Supermacht."

3. Suchen Sie weitere Zitate im Text und schreiben Sie darüber.

 ZUM SCHLUSS

45 | Die Schweiz als Modell für Europa?

Dürrenmatt schrieb „Europa kann nicht zu einer Nation gemacht werden, es müsste also irgendwie zu einer Art Schweiz gemacht werden." Diskutieren Sie noch einmal, inwiefern die Schweiz ein Vorbild für Europa sein kann.

Das letzte Wort: Europäische Union

Nach dem Ende des Zweiten Weltkrieges, wurde 1951 die **Europäische Gemeinschaft für Kohle und Stahl** (*coal and steel*) (EGKS) gegründet. Die EGKS bestand aus Belgien, Bundesrepublik Deutschland, Frankreich, Italien, Luxemburg und den Niederlanden. Nachdem der Plan einer Europäischen Verteidigungsgemeinschaft (*defense community*) 1954 in der französischen Nationalversammlung scheiterte (*failed*), konzentrierte man sich zunächst auf die Wirtschaft. 1957 wurden die **Europäische Wirtschaftsgemeinschaft** (*economic union*) (EWG) und die **Europäische Atomgemeinschaft** (EAG) gegründet. Aus diesen drei Institutionen (EGKS, EWG und EAG) wurde die **Europäische Gemeinschaft** (EG), die im Laufe der Zeit immer größer wurde. Der Vertrag von Maastricht 1992 beschloss die Gründung der **Europäischen Union** (EU) und die

Einführung des Euro im Jahr 2002. Im Jahr 2004 wurde die EU von 15 auf 25 Mitglieder erweitert. Im Moment sind die wichtigsten Debatten innerhalb der Europäischen Union die Europäische Verfassung (*constitution*), die Erweiterung nach Süden und Osten, und die Beziehungen zu den Vereinigten Staaten.

Glauben Sie, die EU wird die Beziehungen der EU-Länder zueinander verbessern?

Europäische Union Quiz. Finden Sie die Länder, die nicht Mitglied der EU sind!

Belgien	Irland	Österreich	Slowenien
Dänemark	Italien	Polen	Spanien
Deutschland	Lettland	Portugal	Tschechien
Estland	Litauen	Russland	Türkei
Finnland	Luxemburg	Schweden	Ungarn
Frankreich	Malta	Schweiz	Vereinigtes Königreich
Griechenland	Niederlande	Slowakei	Zypern

DIE DEUTSCHEN IM AUSLAND

Grenada, Spanien: Die meisten Deutschen fahren jedes Jahr in Urlaub. Fahren Sie auch jedes Jahr in Urlaub?

Die Reisen der Deutschen

Mehr als 80% der Deutschen fahren jedes Jahr in Urlaub. Viele fahren gerne mit dem eigenen Auto; andere fliegen lieber in ferne Länder. Nach der ADAC Verlag Studie *Reisemonitor 2004* erklärten 60,1% der Deutschen den Bade- und Sonnenurlaub° zu ihrem Lieblingsurlaub. An der Spitze der Reiseziele liegt deshalb schon seit 30 Jahren Spanien (2005:10%), dann Italien (2005:7%), die Türkei (2005:6%) und dann erst das Nachbarland Österreich (2005:5%).

Wenn man Feiertage und bezahlten Urlaub° in Deutschland zusammenzählt, hat man im Jahr ungefähr sechs Wochen frei. Das ist mehr als genug, um mindestens einen großen Jahresurlaub zu planen. Ein altes Sprichwort heißt »Wenn einer eine Reise macht, dann kann er was erzählen.« Dieser Satz lässt leicht erkennen, dass Reisen auch in gewisser Weise Statussymbole sind. Wer die entferntesten Orte besucht und die exotischsten Speisen probiert hat, kann andere damit beeindrucken°.

Doch es gibt verschiedene Motivationen zum Reisen. Der eine möchte sich von seinem hektischen Alltag erholen, der andere möchte etwas Interessantes erleben. Man kann reisen, um aus der engen Stadt herauszukommen, oder um seinen Horizont zu erweitern. Was machen Sie am liebsten, wenn Sie reisen?

■ Der Strandurlaub ist bei deutschen Touristen am beliebtesten.

Sonnenurlaub *beach holidays*   bezahlten ... *paid vacation*   beeindrucken *impress*

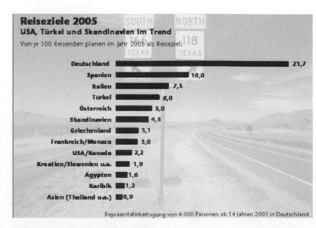

Reiseziele 2005
USA, Türkei und Skandinavien im Trend
Von je 100 Reisenden planen im Jahr 2005 als Reiseziel:

Deutschland	23,7
Spanien	10,0
Italien	7,3
Türkei	6,0
Österreich	5,0
Skandinavien	4,5
Griechenland	3,1
Frankreich/Monaco	3,0
USA/Kanada	2,2
Kroatien/Slowenien u.a.	1,9
Ägypten	1,6
Karibik	1,2
Asien (Thailand u.a.)	0,9

Repräsentativbefragung von 4.000 Personen ab 14 Jahren 2005 in Deutschland

■ Reiseziele der deutschen 2005

1 Partnerinterview

Befragen Sie Ihren Partner / Ihre Partnerin über seine/ihre Urlaubserlebnisse (*holiday experiences*) und berichten Sie im Kurs über die interessantesten Aspekte Ihres Interviews.

1. Was war dein schönster Urlaub? Wie lange warst du dort? Wie bist du gereist? Wo hast du übernachtet? Was hast du dort gemacht?
2. Mit wem machst du am liebsten Urlaub? Mit wem machst du nicht gern Urlaub?
3. Was war dein schönstes Erlebnis im Urlaub? Und dein schrecklichstes (*most horrible*)?
4. Wo würdest du gerne einmal Urlaub machen? Warum?

Reisen

2 Fragen zum Thema

1. Sind Sie ein „guter" Tourist?
2. Wie sollten Touristen sich verhalten? Was sollten sie im Ausland (nicht) tun?
3. Haben Sie schon einmal deutsche Touristen getroffen? Waren sie höflich, respektvoll und großzügig (*generous*)?

Filmtipp: *Man spricht Deutsh* (Gerhard Polt, 1987)

Komödie über eine deutsche Familie im Urlaub am Mittelmeer (*Mediterranean*)

■ Gehrhard Polt in seinem Film
Man spricht Deutsh

■ Homepage von Flugboerse.de

Die Deutschen sind die beliebtesten Touristen?

study Jürgen Seiler (34) ist Marketingmanager bei expedia.de. Eine Umfrage° des Online-Reisebüros hat die Deutschen als die beliebtesten Touristen ermittelt.

astonishing / pleasant *DIE ZEIT:* Wie sind Sie denn zu dem so erstaunlichen° wie erfreulichen°
appreciated Ergebnis gekommen, dass die Deutschen im Ausland sehr geschätzt° sind?

questionnaire SEILER: Wir haben einen Fragebogen° entworfen und an 17 Fremden-verkehrsämter in beliebten internationalen Ferienregionen geschickt. Darunter waren die Côte d'Azur, London, Mallorca, New York, Paris, Rom. Wir haben gebeten: Nennt doch für jede unserer Kategorien die beiden besten und die beiden schlechtesten Nationalitäten.

ZEIT: Nach welchen Kriterien haben Sie gefragt, und wo haben die
am … scored highest Deutschen am besten abgeschnitten°?

manners / willingness SEILER: Es ging um Benehmen° allgemein, Höflichkeit, die Bereitschaft°, eine fremde Sprache zu lernen und zu sprechen, die Aufgeschlossenheit der
expenditures einheimischen Küche gegenüber und die Ausgaben°. Die Deutschen sind
behave die Besten, was das Benehmen betrifft, also wie man sich im Land verhält°,
customs, mores auf Gepflogenheiten° Rücksicht nimmt. Auch bei der Rubrik fremde Sprachen haben die Deutschen sehr gut abgeschnitten. Egal, wo sie sind, die Deutschen versuchen, im Gegensatz zu Briten, Russen oder Spaniern, die Sprache des Landes zu sprechen. Es geht gar nicht darum, perfekt zu sein,
phrases der gute Wille kommt offensichtlich sehr an, auch wenn es nur Floskeln° sind. Bei Höflichkeit lagen allerdings die Amerikaner vor uns, während zum Beispiel die Russen da ziemlich weit unten landeten.

ZEIT: Und in welcher Disziplin lagen die Deutschen nicht so gut?

SEILER: Beim Geldausgeben. Da haben die Amerikaner gewonnen und
service / reward die Japaner. Gute Leistung° mit hohem Trinkgeld zu belohnen° ist in der
anchored amerikanischen Kultur verankert°.

ZEIT: Wie sind Sie auf die Idee gekommen, diese Umfrage zu starten? War das eine reine PR-Aktion?

SEILER: Klar hat das einen PR-Hintergrund. Aber es hat uns einfach interessiert, welchen Ruf die deutschen Touristen im Ausland eigentlich genießen. Wenn das Ergebnis nicht so schön ausgefallen wäre, hätte man sich vielleicht Gedanken darüber machen müssen. Die Briten ka-men ja nicht so gut weg, sie liegen mit Abstand an letzter Stelle, das wird jetzt auch in der Presse diskutiert.

fam. the press *ZEIT:* Was stand denn so in den britischen Blättern°?

SEILER: Eine Schlagzeile lautete *Brits suck abroad*. Ich möchte das jetzt nicht übersetzen. Die Briten hat es genervt, dass gerade die Deutschen die Besten sind.

nach ... slid down   ZEIT: Warum sind denn die Engländer so weit nach unten gerutscht°?

durch ... across the board   SEILER: Die Engländer haben durch die Bank° schlecht abgeschnitten, außer was das Geldausgeben betrifft. Und es liegen Welten zwischen den Letzten, den Briten, und den Vorletzten, den Iren. Die Briten haben 44 Minuspunkte, die Iren 6. Bei den oberen Plätzen ist der Unterschied nicht so gravierend. Die Deutschen führen mit 41 Pluspunkten vor den Amerikanern mit 32 und den Japanern mit 24.

ZEIT: Auf welchen Sieger hätten Sie gesetzt?

SEILER: Ich hätte die Deutschen genommen. Es überrascht mich eigentlich nicht. Ich glaube, der Fremdsprachenunterricht in den Schulen spielt eine große Rolle, hier findet eine Sensibilisierung auch für die Kultur anderer Länder statt. Gleichzeitig kommen die Deutschen einfach viel in der Welt rum und haben gelernt, dass es im Ausland andere

rules of conduct   Verhaltensregeln° gibt. Bei der fremden Küche sind zum Beispiel die
bravest   Italiener am mutigsten°, aber auch die Spanier und die Deutschen zeigen
keine ... no fear   keine Scheu°. Während die Briten *fish and chips* brauchen und auch die Inder und Amerikaner keine Experimente mögen.

ZEIT: Was hat Sie am meisten überrascht?

SEILER: Das schlechte Abschneiden der Briten, die doch als
sophisticated   höflich und vornehm° gelten.

Filmtipp: *Erleuchtung garantiert* (Doris Dörrie, 2000)

Zwei deutsche Brüder reisen nach Japan, um in einem buddhistischen Kloster die Erleuchtung zu finden. Es wird abenteuerlich, als sie in Tokyo plötzlich ohne Pässe und Kreditkarten dastehen.

---

3   Fragen zum Text

1. Warum sind die Deutschen beliebte Touristen?
2. In welchen Aspekten haben die deutschen Touristen besonders viele Punkte bekommen? Wo haben sie schlecht abgeschnitten?
3. Welche Nationalität hat am schlechtesten abgeschnitten?
4. Haben Sie persönliche Erfahrungen (*experiences*) mit Touristen aus verschiedenen Ländern? Sind die Resultate der Studie Ihrer Meinung nach korrekt?

EIN BERÜHMTER DEUTSCHER IM AUSLAND
Bertolt Brecht (1898–1956)

Bertolt Brecht in Paris, 1854

Bertholt Brecht wurde am 10. Februar 1898 in Augsburg (Bayern) geboren. Nach dem Abitur 1917 immatrikulierte sich Brecht an der Universität München für Medizin, obwohl er lieber schreiben wollte. Schon 1922 wurde sein erstes Theaterstück in München aufgeführt. 1924 zog er nach Berlin, um für Max Reinhart als Dramaturg am Deutschen Theater zu arbeiten. 1928 wurde mit großem Erfolg seine *Dreigroschenoper* aufgeführt, die 1931 auch verfilmt wurde. Die *Dreigroschenoper* gilt als Beginn des sogenannten epischen Theaters, mit dem Brecht nicht Identifikation beim Publikum erreichen wollte, sondern kritische Distanz. Er wollte, dass die Zuschauer über die Themen seiner Stücke nachdenken. Brechts folgende Theaterstücke führten zu Skandalen oder wurden sogar wegen „kommunistischer Agitation" verboten. 1933 verließ Brecht Deutschland und floh mit seiner Familie über Prag nach Wien, in die Schweiz und schließlich nach Dänemark. Während des Exils entstanden viele seiner Gedichte. 1939 zog Brecht weiter nach Schweden, dann Finnland und 1941 in die USA. 1943 traf Brecht mit anderen Intellektuellen in New York zusammen. Nachdem sein Stück *Galileo Galilei*, das 1947 in Beverly Hills aufgeführt wurde, die Atombomben über Hiroshima und Nagasaki kommentierte, musste sich Brecht vor dem Komitee für unamerikanische Tätigkeiten° rechtfertigen°. Daraufhin reiste er in die Schweiz; 1949 zog er wieder nach Ostberlin und gründete bald das berühmte *Berliner Ensemble*. 1951 bekam er den Nationalpreis der DDR. Er starb 1956 nach einem Herzinfarkt.

Gedanken über die Dauer des Exils

1

Schlage keinen Nagel° in die Wand
Wirf den Rock° auf den Stuhl!
Warum für vier Tage vorsorgen?
Du kehrst morgen zurück!

Laß den kleinen Baum ohne Wasser!
Wozu einen Baum pflanzen?
Bevor er so hoch wie eine Stufe° ist
Gehst du froh weg von hier!

Komitee . . . *House Un-American Activities Committee (HUAC)*   sich rechtfertigen
justify himself   Nagel *nail*   Rock *coat*   Stufe *step*

Ziehe die Mütze° ins Gesicht, wenn die Leute vorbeikommen!
Wozu in einer fremden Grammatik blättern°?
Die Nachricht, die dich heimruft
Ist in bekannter Sprache geschrieben.

So wie der Kalk° vom Gebälk° blättert°
(Tue nichts dagegen!)
Wird der Zaun° der Gewalt zermorschen°
Der an der Grenze° aufgerichtet ist
Gegen die Gerechtigkeit°.

2

Sieh den Nagel in der Wand, den du eingeschlagen hast!
Wann, glaubst du, wirst du zurückkehren?
Willst du wissen, was du im Innersten glaubst?

Tag um Tag
Arbeitest du an der Befreiung°
Sitzend in der Kammer schreibst du
Willst du wissen, was du von deiner Arbeit hältst?
Sieh den kleinen Kastanienbaum im Eck des Hofes
Zu dem du die Kanne voll Wasser schlepptest!

Mütze *cap*   blättern *leaf through*   Kalk *plaster*   Gebälk *wall*   blättert
flakes off   Zaun *fence*   zermorschen *rot*   Grenze *border*   Gerechtigkeit
justice   Befreiung *liberation*

4   Fragen zum Text

1. Mit wem spricht Brecht in diesem Gedicht?

2. Was sagt das Gedicht über Brechts Leben?

3. Ist das Gedicht pessimistisch oder optimistisch? Welche Wendung
   (*change*) kann man in Teil 1 und Teil 2 erkennen?

4. Warum musste Brecht 1933 ins Exil gehen?

5. Warum ist er 1949 nach Deutschland zurückgekehrt? Warum ist er
   nicht, wie viele andere, in den USA geblieben?

5   Fragen zum Nachdenken und Diskutieren

 Bearbeiten Sie diese Fragen in Paaren oder kleinen Gruppen. Machen
Sie Notizen und geben Sie im Kurs einen kleinen Bericht. Bringen Sie die
Resultate Ihrer Internetsuche dabei ein.

1. Kennen Sie andere deutsche Künstler und Intellektuelle, die in der
   Nazizeit ins Exil gehen mussten? An welche Beispiele erinnern Sie
   sich aus vorhergehenden Kapiteln?

2. Vergleichen Sie Brecht mit anderen Deutschen im Exil. Was
   unterscheidet Brecht von ihnen?

ancestors

■ Deutsche Auswanderer auf dem Weg in die Neue Welt (aus Deutschland nach New York City, 1930s)

Jeder sechste Amerikaner hat deutsche Vorfahren°

Ungefähr 43 Millionen Amerikaner (15,2% der Bevölkerung) gaben in der Volkszählung° 2000 an, deutsche Vorfahren zu haben. Deutschland ist daher die am meisten angegebene Herkunft° der Amerikaner, gefolgt von Irland (10,8% der Bevölkerung) und Afrika (8,8% der Bevölkerung). Bei der Volkszählung 1990 gaben sogar 23% der Amerikaner an, deutscher Herkunft zu sein. Diese Veränderung von 23% 1990 auf 15,2% 2000 kann man dadurch erklären, dass viele Amerikaner bei der Volkszählung 2000 die Kategorien *Nordeuropäisch* oder *Westeuropäisch* wählten, anstatt mit *Deutsch* ihre genaue Herkunft anzugeben.

Die ersten amerikanischen Einwanderer aus Deutschland folgten 1683 einer Einladung von William Penn. Sie kamen aus Krefeld im Rheinland und nahmen eine 73 Tage lange Reise auf sich, um die Stadt Germantown zu gründen (heute ein Stadtteil von Philadelphia). Zwischen 1850 und 1934 kamen 5 Millionen Menschen über Hamburg in die USA, darunter viele Deutsche. Mithilfe der Hamburger Internet-Initiative *Link to your roots* können die Nachkommen vieler Auswanderer Informationen über die Emigration ihrer Vorfahren erhalten.

Volkszählung *census*   Herkunft *origin, descent*

---

6 Partnerinterview

Fragen Sie Ihren Partner / Ihre Partnerin über seine/ihre Vorfahren und berichten Sie dann im Kurs.

1. Woher kommen deine Vorfahren?
2. Wann sind sie hierher gekommen und warum?
3. Was haben deine Vorfahren gemacht? Welche Berufe hatten sie?
4. Wie hast du über deine Vorfahren erfahren? Wer sind die Ahnenforscher (*genealogists*) in deiner Familie?
5. Was bedeutet es für dich, dass deine Vorfahren aus _____ kommen?
6. Bist du schon einmal in _____ gewesen? Möchtest du gerne einmal hinfahren?

7 Fragen zum Nachdenken und Diskutieren

1. Was bedeutet es für Amerikaner, welche Vorfahren sie haben?
2. Welchen Ruf (*reputation*) haben Deutsche in Amerika oder anderen Ländern?
3. Bei der Volkszählung 1990 gaben 23% der Amerikaner an, deutsche Vorfahren zu haben. Im Jahr 2000 waren es nur 15,2%. Wie kann man die Resultate der Volkszählungen 1990 und 2000 mit dem Thema Patriotismus und Nationalstolz aus Station 7 in Verbindung bringen?

Aufgaben im Internet

8   Reise planen am Internet

Forschen Sie in den Webseiten die Sie unter www.thomsonedu.com/german/stationen finden. Suchen Sie eine Reise, die Ihnen gefällt! Welche Angebote gibt es? Welche interessanten Kategorien sind zu finden? Wohin würden Sie gerne fahren? Warum? Wieviel kostet die Reise?

9   Das Auswärtige Amt *(ministry of foreign affairs)*

Das Auswärtige Amt in Berlin vertritt die Interessen Deutschlands im Ausland. Suchen Sie Informationen zu den folgenden Fragen.

1. Wie heißt der Bundesaußenminister (*foreign secretary*)? In welcher Partei ist er?
2. Welche Informationen gibt es über Europa?
3. Unter Länder- und Reiseinformationen gibt es Informationen über die Beziehungen (*relations*) zwischen Deutschland und anderen Ländern. Suchen Sie Interessantes über ihr Reiseland aus Aufgabe 4.

Listen to this chapter's audio segments on www.thomsonedu.com/german/stationen.

10   Fragen zum Nachdenken und Diskutieren

1. Welche Stereotypen gibt es über die Deutschen und andere Nationalitäten? Wie denkt man über die Deutschen in Ihrem Land?
2. Was haben Sie bei den *Stationen* in diesem Buch über die Deutschen, Schweizer und Österreicher gelernt, das Sie überrascht hat?
3. Wie denken die Deutschen wohl über andere Nationalitäten? Spekulieren Sie.

STRUKTUREN

Nähere Informationen geben: Präpositionen

Prepositional phrases give information about persons and things in relation to where (space), when (time), how (modality), and why (reason) something happens. Many prepositions have multiple meanings, and their use is often highly idiomatic. Each preposition requires the prepositional object (noun or pronoun) to be in a specific case, which depends on the meaning of the sentence and the use of the preposition.

> Im Sommer kann man viele Urlauber **mit großen Rucksäcken** sehen.
>
> Italien ist ein beliebtes Urlaubsland **mit südlichem Flair**.
>
> Viele umweltbewusste Urlauber reisen **mit dem Zug**.
>
> Es passiert, dass Menschen enttäuscht **aus dem Urlaub** zurückkommen.

Some prepositions require a specific case, either the accusative, dative, or genitive. Certain other prepositions sometimes require the accusative case (to refer to direction from or toward a place) and sometimes the dative case (to refer to location).

> Beim Urlaub zu Hause kann man auch **an einen See** fahren.
>
> Im Sommer verbringen viele Menschen ihre Urlaubstage **an einem See**.

- Describing Space with Prepositions

Preposition	Case	General meaning	Examples
an	Akk.[1]	direction: near something or someone	**an** den Tisch kommen
	Dat.[2]	location: near something or someone	**am** Tisch stehen; Frankfurt **an** der Oder
auf	Akk.	direction: on top of something or someone	den Reiseführer **auf** den Tisch legen
	Dat.	location: on top of something or someone	Das Glück liegt **auf** der Straße.
aus	Dat.	direction: outside of something or someone	**aus** dem Zug steigen; ein Buch **aus** der Tasche nehmen
		origin: being from a place	**aus** den USA kommen
außerhalb/ innerhalb oberhalb/ unterhalb	Gen.	location: outside/inside/on top of/below something	die kleine Pension **außerhalb** der Stadt
bei	Dat.[3]	location: working at/for a company	**bei** einer Firma arbeiten
		location: being available at a place	Fahrkarten gibt's **bei** der Bahn.
		location: being near a person or place or at a person's place	**bei** dir sein; Gauting liegt **bei** München; **bei** Freunden bleiben
bis	Akk.	direction: as far as a place	**bis** Frankfurt fahren
durch	Akk.	direction: through something	**durch** die Stadt bummeln; **durch** den Regen laufen
gegen	Akk.	direction: against something or someone	**gegen** den Wind segeln; einer **gegen** alle

---

[1] an + das = ans
[2] an + dem = am
[3] bei + dem = beim

gegenüber	Dat.	location: across from something or someone	die Kirche **gegenüber** der Post
hinter	Akk.	direction: behind something or someone	**hinter** den Schreibtisch gehen
	Dat.	location: behind something or someone	**hinter** dem Schreibtisch sitzen
in	Akk.[4]	direction: into something or someone	**in** ein Restaurant gehen
	Dat.[5]	location: in something or someone	**im** Restaurant essen
nach	~~Akk.~~ Dat.	direction: to a city or country, or to home	**nach** München fahren; **nach** Hause gehen
neben	Akk.	direction: beside/next to something or someone	Ich stelle den Koffer **neben** das Bett.
	Dat.	location: beside/next to something or someone	**Neben** dem Schloss liegt ein Park.
um (... **herum**)	Akk.	direction/location around something or someone	**um** einen See (**herum**) wandern
unter	Akk.	direction: under something or someone	sich **unter** den Sonnenschirm legen
	Dat.	location: under something or someone	**unter** freiem Himmel schlafen
über	Akk.	direction: above or over something or someone	**über** die Alpen fahren
	Dat.	location: above or over something or someone	Das Schloss liegt **über** der Stadt.
vor	Akk.	direction: in front of / ahead of something or someone	**vor** den Bahnhof fahren
	Dat.	location: in front of / ahead of something or someone	**vor** dem Bahnhof halten

[4] in + das = ins
[5] in + dem = im

von	Dat.[6]	direction: from somewhere	**von** den Bergen ans Meer fahren
zu	Dat.[7]	direction: to somewhere or someone	**zur** Uni fahren
zwischen	Akk.	direction: between something or someone	sich **zwischen** zwei Leute setzen
	Dat.	location: between something or someone	**zwischen** den Zeilen lesen

11   Urlaubsgrüße vom Bahnhof

Dieter und Sieglinde, zwei deutsche Touristen, wollen eine Reise machen. Am Bahnhof lassen sie sich fotografieren. Zeichnen Sie das Bild gemeinsam mit Ihrem Partner / Ihrer Partnerin nach dieser Beschreibung:

In der Mitte stehen Dieter und Sieglinde. Zwischen ihnen steht ein Koffer. Vor dem Koffer liegt ein Rucksack. Auf der rechten Seite sieht man ein Kiosk mit einem großen Fenster. Über dem Fenster hängt ein Schild. Auf dem Schild steht *Andenken und Souvenirs*. Im Fenster des Kiosks liegen Bücher und Souvenirs und die dicke Verkäuferin schaut heraus. Neben dem Kiosk rechts sitzt ein Hund. Gegenüber des Kiosks, auf der linken Seite des Bildes, steht der Zug, mit dem Dieter und Sieglinde gleich abfahren werden. Vor dem Zug stehen einige Touristen und hinter dem Zug sieht man eine Landschaft mit Bergen.

12   Am Bahnhof

Schreiben Sie gemeinsam mit Ihrem Partner / Ihrer Partnerin einen kleinen Text zu Dieter und Sieglindes Reise. Benutzen Sie dabei die Präpositionalphrasen aus der Liste.

nach Italien – zu ihren Freunden – am Bahnhof – an den Fahrkartenschalter – hinter dem Fahrkartenschalter – ins Bahnhofsrestaurant – neben den Stuhl – unter dem Nachbartisch – auf den Tisch – aus dem Bahnhofsrestaurant – auf den Bahnsteig – auf dem Gleis – in den Zug – im Zugabteil – über den Sitzplatz

---

[6] **von + dem = vom**

[7] **zu + die = zur; zu + dem = zum.** Also, the expression **zu Hause** means *at home*.

- Describing Time with Prepositions

Preposition	Case	General meaning	Examples
ab	Dat.	from	**Ab** 18 Uhr kommen die Gäste; **ab** Montag sind Ferien.
an	Dat.[8]	in/on (the) . . .	**am** Morgen; **am** Montag
bis + other preposition	Akk./Dat.	until	**bis** in die tiefe Nacht; **bis** zum späten Abend
gegen	Akk.	around	**gegen** Morgen; **gegen** 8 Uhr
für	Akk.	for	**für** eine Viertelstunde
in	Dat.[9]	in	**in** einer Minute; **im** nächsten Jahrhundert
seit	Dat.	since; for	**seit** einem Jahr; **seit** kurzem
um	Akk.	at	**um** 8 Uhr
vor	Dat.	before; ago	**vor** einem Jahr; **vor** wenigen Minuten
während	Gen.	during	**während** der Mittagspause; **während** des Sommers
zwischen	Akk.	between	**zwischen** den Feiertagen

13 | Silvester im Hotel „Tempus"

Als Dieter und Sieglinde in ihrem Hotel ankommen, finden sie folgende Broschüre. Ergänzen Sie die Lücken mit den passenden Präpositionen.

Schon _____ vielen Jahren
feiern unsere Besucher gemeinsam Silvester.
_____ 18 Uhr sind Sie in unserer Hotelbar willkommen.
_____ dem Galadinner servieren wir Ihnen einen Aperitif.
Das Dinner selbst beginnt _____ 20 Uhr und wird _____
23 Uhr zu Ende sein. _____ den einzelnen Gängen werden Sie von
unserer Hausband mit swingenden Jazz-Klassikern unterhalten.
Und _____ dem Dinner wartet DJ Gerd
auf Sie und spielt Musik zum Tanz _____ in den frühen Morgen.

---

[8] an + dem = am
[9] in + dem = im

• Describing Modality with Prepositions

Preposition	Case	General meaning	Examples
auf	Akk.	in this way	**auf** diese Art; **auf** Deutsch
aus	Dat.	out of	**aus** reiner Baumwolle
außer	Dat.	except	alle **außer** mir; alles **außer** Fleisch
für	Akk.	for	**Für** meinen Urlaub brauche ich noch Geld.
mit	Dat.	with	Mineralwasser **mit** Kohlensäure
		by (means of)	**mit** dem Auto; **mit** dem Zug; **mit** dem Rad
ohne	Akk.	without	**ohne** Grund; nicht **ohne** meinen Reisepass
(an)statt	Gen.	instead of	**Statt** des Zugs nehmen wir das Auto.
von	Dat.[10]	by	Das Buch ist **von** Goethe.
		of	Der Vater **von** Sieglinde heißt nicht Siegfried.

14 | Ein Picknick im Zugabteil

Dieter und Sieglinde machen während ihrer Reise ein Picknick. Schreiben Sie gemeinsam mit Ihrem Partner / Ihrer Partnerin jeweils einen Satz über die beiden und benützen Sie dabei die angegebene Präpositionalphrase.

1. auf Italienisch
2. alle außer Sieglinde
3. für Dieter
4. mit Messer und Gabel
5. von bester Qualität
6. ohne Rucksack
7. statt der guten Oliven

---

[10] von + dem = vom

- Expressing Circumstance with Prepositions

Preposition	Case	General meaning	Examples
anlässlich	Gen.	on the occasion of	**anlässlich** des schönen Wetters
bezüglich	Gen.	in reference to	**bezüglich** meines Urlaubs
trotz	Gen.	instead of	**trotz** des schlechten Wetters
wegen	Gen.	because of	**wegen** des schönen Wetters; **wegen** dir

15 | Mehr Urlaub, bitte

Vor seinem Urlaub in Italien, hat Dieter ein E-Mail an seinen Chef geschrieben. Formulieren Sie die folgenden Sätze um und benutzen Sie dabei jeweils eine kausale Präposition.

 z.B.

Sieglinde und ich möchten nach Italien fahren, weil wir silberne Hochzeit feiern. →

Anlässlich unserer silbernen Hochzeit möchten Sieglinde und ich nach Italien fahren.

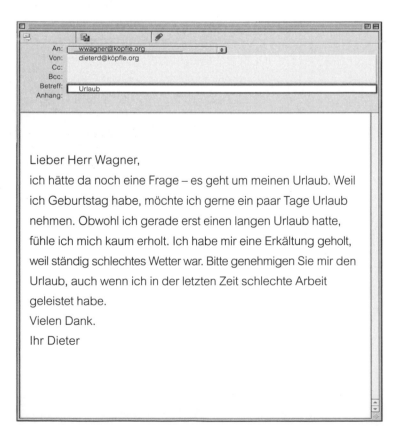

An: wwagner@köpfle.org
Von: dieterd@köpfle.org
Cc:
Bcc:
Betreff: Urlaub
Anhang:

Lieber Herr Wagner,

ich hätte da noch eine Frage – es geht um meinen Urlaub. Weil ich Geburtstag habe, möchte ich gerne ein paar Tage Urlaub nehmen. Obwohl ich gerade erst einen langen Urlaub hatte, fühle ich mich kaum erholt. Ich habe mir eine Erkältung geholt, weil ständig schlechtes Wetter war. Bitte genehmigen Sie mir den Urlaub, auch wenn ich in der letzten Zeit schlechte Arbeit geleistet habe.

Vielen Dank.

Ihr Dieter

16 | **Partnerinterview: Berühmte Deutsche, Schweizer, und Österreicher im Ausland**

Fragen Sie Ihren Partner / Ihre Partnerin. Berichten Sie das Interessanteste in der Klasse.

1. Welche berühmten Deutschen, Schweizer oder Österreicher kennst du?

2. Woher kommen Sie genau? Wo leben Sie jetzt?

17 | **Berühmte Deutsche in der amerikanischen Geschichte**

Setzen Sie die folgenden Präpositionen ein, damit sich sinnvolle Sätze ergeben!

auf – aus – bis – für – gegen – in (3) – nach – von (2)

1. 1688 schrieb Franz Daniel Pastorius, der Bürgermeister _____ Germantown (Philadelphia), das erste amerikanische Manifest _____ den Sklavenhandel.

2. 1743 druckte Christopher Saur die erste amerikanische Bibel _____ deutscher Sprache (die erste englische Bibel wurde erst 40 Jahre später gedruckt).

3. 1777 trainierte der preussische Baron Friedrich Wilhelm von Steuben amerikanische Truppen _____ Benjamin Franklin.

4. Margarethe Meyer Schurz gründete 1856 den ersten *Kindergarten* _____ Amerika.

5. Der deutsche Revolutionär Carl Schurz ging 1861 als amerikanischer Botschafter _____ Spanien.

6. Der Ingenieur John August Roebling kam _____ Thüringen. Er und sein Sohn bauten 1869–1883 die Brooklyn Bridge.

7. Levi Strauss wurde _____ Bayern geboren. Er erfand 1829 die Blue Jeans.

8. Dank der Arbeit des deutschen Weltraumforschers Wernher von Braun landete 1969 der erste Amerikaner _____ dem Mond.

9. Der in Fürth (Bayern) geborene Henry Kissinger war 1973 Außenminister unter Präsident Richard Nixon und _____ 1974 _____ 1977 Außenminister unter Präsident Gerald Ford.

Kennen Sie andere Deutsche, Schweizer oder Österreicher, die im Ausland Geschichte gemacht haben?

18 | Wörterbucharbeit: Verhältniswörter

Lesen Sie das folgende Gedicht. Diskutieren Sie im Kurs, was Ihnen an diesem Gedicht besonders auffällt. Wie spielt die Autorin mit der Sprache? Benutzen Sie Ihr Wörterbuch und versuchen Sie zu erklären, welche verschiedenen Bedeutungen die einzelnen Zeilen wohl haben könnten.

Verhältniswörter

Ich	stehe nicht	an
Du	stehst nicht	auf
Er	steht nicht	hinter
Sie	steht nicht	neben
Es	steht nicht	in
Wir	gehen nicht	über
Ihr	geht nicht	unter
Sie	gehen nicht	vor und zwischen

Es geht nichts über die Gemütlichkeit.

Hildegard Wohlgemut

Wie ist der letzte Satz im Bezug auf das Thema „Reisen" zu sehen?

Schreiben Sie jetzt Ihre eigenen Variationen des Gedichts.

Präpositionen ersetzen: Da- und Wo-Komposita

In German, only those pronouns that refer to living beings can be the object of a preposition. If a pronoun refers to a nonliving object or an idea, a **da**-compound is used.

LIVING BEING	
preposition + noun	Im Exil dachten viele deutsche Künstier **an die Verwandten zu Hause.**
preposition + pronoun	Im Exil dachten viele deutsche Künstier **an sie.**

IDEA/NON-LIVING BEING	
preposition + noun	Die meisten deutschen Künstier im Exil waren **gegen den Nationalsozialismus.**
da-compound	Die meisten deutschen Künstier im Exil waren **dagegen.**

- **Da**-compounds are formed by attaching the prefix **da** to a preposition. If the preposition starts with a vowel, an **r** is added between the prefix and the preposition.

  > Viele Künstler im Exil beschäftigten sich **mit Deutschland**.
  > Viele Künstler im Exil beschäftigten sich **damit**.
  > Viele Exilkünstler dachten **an Deutschland**.
  > Viele Exilkünstler dachten **daran**.

- There are no **da**-compounds for the genitive prepositions and **außer**, **bis**, **entlang**, **gegenüber**, **ohne**, and **seit**.

- If the object of a prepositional phrase is an entire clause including a verb, German uses a construction with an anticipatory **da**-compound. At the end of a main clause, the **da**-compound signals that the information pertinent to the preposition will follow.

  > Viele Exilkünstler waren **damit** beschäftigt, ihre Isolation zu bekämpfen.
  >
  > *Many exiled artists were busy fighting their isolation.*
  >
  > Viele Exilkünstler interessierten sich **dafür**, was in Deutschland während ihrer Abwesenheit geschah.
  >
  > *Many exiled artists were interested in what was happening in Germany during their absence.*

- As the examples above show, anticipatory **da**-compounds can be followed by either an infinitive clause or a subordinated clause. In cases where the subject of the verb in the main clause is different from the subject of the other verb or infinitive, a subordinate clause is required and an infinitive construction cannot be used.

Rule	Example	English equivalent
Identical Subjects (main clause can be followed by infinitive clause or subordinate clause)	**Viele Deutsche** freuen sich darüber, im Süden Urlaub machen zu können. *Or:* **Viele Deutsche** freuen sich darüber, dass sie im Süden Urlaub machen können.	*Many Germans are happy to be able to go on vacation to the South.* *Or:* *Many Germans are happy that they are able to go on vacation to the South.*
Different Subjects (subordinate clause has to follow main clause)	**Viele Deutsche** freuen sich darüber, dass im Süden **das Wetter** besser ist.	*Many Germans are happy about the weather being better in the South.*

- A **wo**-compound is used as a question word to ask for the object of a prepositional phrase referring to a nonliving object or an idea. Like **da**-compounds, **wo**-compounds are formed by attaching the prefix **wo** to a preposition; if the preposition starts with a vowel, an **r** is added between the prefix and the preposition.

> **Worauf** freuen sich alle Schüler? —Auf die Sommerferien.
>
> **Womit** beschäftigt man sich in den Sommerferien? —Wahrscheinlich nicht mit der Schule!

19 Nützliche Reisebegleiter

 Wozu kann man diese Dinge benutzen? Versuchen Sie, möglichst viele Verwendungszwecke (*uses*) zu finden.

 ein Reiseführer. →

Man kann sich damit über ein Reiseziel informieren.

Man kann darin über Hotels lesen.

Man kann auch einen Reiseführer dazu benutzen, ein gutes Restaurant zu finden.

1. ein Handy
2. eine Reisetasche
3. ein Tagebuch
4. ein Reisepass
5. ein Reisewecker
6. gute Laune
7. Reiseschecks

20 Urlaubsfotos

Bringen Sie ein Foto von Ihrem letzten Urlaub mit und beschreiben Sie es den anderen Kursteilnehmern. Benützen Sie dabei möglichst viele (mindestens fünf) **Da**-Komposita.

 Hier ist der Marktplatz von Heidelberg. Davor sieht man ein kleines Restaurant. Daneben steht das Denkmal von . . .

21 Urlaubsquiz

Ergänzen Sie die Fragen mit dem passenden **Wo**-Kompositum und machen Sie dann ein kleines Interview. Notieren Sie sich die Antworten und berichten Sie anschließend im Kurs.

1. _____ fährst du am liebsten in Urlaub – mit dem Zug, mit dem Auto, mit dem Fahrrad?
2. _____ würdest du lieber übernachten – in einem Iglu, in einem Tipi, in einer Raumstation?
3. _____ denkst du lieber – an die Sommerferien, an die Winterferien?
4. _____ braucht man im Urlaub ein Handy – für Notfälle, für Verabredungen, zum Quatschen?
5. _____ freust du dich im Urlaub am meisten – auf ein neues Land, auf Entspannung, auf Freizeit auf neue Menschen?

Wortschatz

abreisen (reist ab, ist abgereist)   to leave, depart

abschneiden (schneidet ab, schnitt ab, hat abgeschnitten)   to score (in a test or study); **Deutsche Touristen haben gut abgeschnitten.** German tourists scored high.

aufgeschlossen   open, accepting (of new or different things)

die **Aufgeschlossenheit**   openness

auswandern (wandert aus, wanderte aus, ist ausgewandert)   to emigrate

der **Auswanderer, -**   emigrant

buchen (bucht, buchte, hat gebucht)   to book

einwandern (wandert ein, wanderte ein, ist eingewandert)   to immigrate

der **Einwanderer, -**   immigrant

das **Ergebnis, -se**   result

etwas **erleben** (hat erlebt)   to experience s.th.

die **Fahrkarte, -n**   ticket

der **Feiertag, -e**   holiday (e.g., national holiday)

fliehen (floh, ist geflohen)   to flee

fremd   foreign

der **Fremdenverkehr**   tourism

die **Herkunft**   origin, decent

reisen (ist gereist)   to travel

das **Reiseziel, -e**   travel destination

die **Rücksicht**   consideration; **Rücksicht nehmen auf**   to be considerate

der **Ruf**   reputation; **einen guten Ruf haben**   to have a good reputation

die **Speise, -n**   dish

übernachten (hat übernachtet)   to stay (overnight)

die **Umfrage, -n**   study, questionnaire

der **Urlaub, -e**   vacation

verreisen (ist verreist)   to travel

die **Vorfahren**   ancestors

 ## WORTSCHATZÜBUNGEN

 22 | Definitionen

 Finden Sie die richtigen Definitionen für die folgenden Begriffe!

1. fremd
2. Herkunft
3. Vorfahren
4. Auswanderer
5. Einwanderer

a. das Land, aus dem die vorigen Generationen einer Familie kommen

b. die vorigen Generationen einer Familie

c. Person, die ihre Heimat verlässt

d. was man nicht kennt

e. Person, die in einem anderen Land leben will

Filmtipp: *Nirgendwo in Afrika* **(Caroline Link, 2002)**

Dieser Film folgt einer jüdischen Familie, die der Naziherrschaft entkommt. Auf einer Farm in Kenya kommen die Familienmitglieder auf verschiedene Weise damit zurecht, dass sie ihre Heimat verlassen mussten.

23 | Was machen Sie im nächsten Urlaub?

 Vervollständigen Sie die folgenden Sätze, indem Sie Ihre eigenen Erlebnisse und Präferenzen beschreiben.

> Meine letzte große Reise war ein Sommerprogramm in Deutschland. Ich war für sechs Wochen mit einer Studentengruppe in Köln, um Deutsch zu lernen. Es war sehr interessant und hat viel Spaß gemacht.

1. Meine letzte große Reise war . . .
2. Mein schönstes Erlebnis im Urlaub war . . .
3. Die exotischste Speise, die ich im Urlaub gegessen habe, war . . . Es hat _____ geschmeckt.
4. Ich kann mich am besten erholen, wenn ich . . .
5. In meinem nächsten Urlaub möchte ich . . .
6. Ich reise am liebsten mit . . .
7. Ich buche meine Flüge immer . . .
8. Deutsche Touristen sind . . .

24 | Erklären Sie!

 Ein Freund war in Spanien und möchte wissen, warum dort so viele deutsche Touristen waren. Erklären Sie ihm, was Sie darüber wissen und was Sie über deutsche Touristen gehört haben. Verwenden Sie dabei die folgenden Begriffe!

aufgeschlossen – beliebt – bezahlter Urlaub – deutsche Touristen – exotische Speisen – Feiertage – Geld –Höflichkeit – reisen – Reiseziele – Ruf –Spanien – Sprache – Umfrage

25 | Was ist passiert?

Beschreiben Sie die Situation im Bild und verwenden Sie dabei wenigstens zehn der folgenden Wörter.

abreisen – aufgeschlossen – buchen – Ergebnis – etwas erleben – Fahrkarte – fliehen – fremd – reisen – Reiseziel – Speise – übernachten – Urlaub – verreisen –

26 | Reiseberichte

Arbeiten Sie in kleinen Gruppen und schreiben Sie Szenen (zum Beispiel in einer deutschen Familie), die Sie im Kurs vorspielen können. Geben Sie jeder Person in der Gruppe eine Rolle und erzählen Sie in Ihren Szenen über die letzte Reise, die Sie gemacht haben. Seien Sie dabei kreativ!

Wann sagt man was? – *bleiben, übernachten; das Erlebnis, die Erfahrung*

Arbeiten Sie mit dem Wörterbuch und suchen Sie präzise Definitionen für die Verben **bleiben** und **übernachten** und auch für die Begriffe **Erlebnis** und **Erfahrung**. Entscheiden Sie dann, welches Wort am besten in die folgenden Beispiele passt.

1. Unser letzter Urlaub in Spanien war sehr interessant. Wir wollten nur eine Woche in Mallorca _____ , aber dann sind zehn Tage daraus geworden.

2. Wir haben zuerst in einem sehr alten Hotel _____ . Die Zimmer waren gar nicht schön, und wir haben uns beim Fremdenverkehrsamt darüber beschwert (*complained*).

3. Zuerst haben die Leute vom Fremdenverkehrsamt gesagt, sie können uns nicht helfen, und wir müssen in dem alten Hotel _____ , weil alle Hotels auf Mallorca voll sind.

4. Aber dann hat uns ein Taxi abgeholt und uns in ein anderes Hotel gefahren. Die Fahrt war ein interessantes _____ . Der Fahrer war ein ganz junger Mann, der mit dem Autofahren nicht viel _____ hatte. Einmal sind wir fast gegen einen Baum gefahren.

5. Als wir in dem neuen Hotel angekommen sind, sagte uns ein Mann an der Rezeption, dass alle Zimmer schon voll sind. Der junge Taxifahrer hat dann gesagt, wir können bei ihm zu Hause _____ , bis ein Zimmer frei wird. Aber der Mann an der Rezeption sagte uns, wir sollen lieber im Hotel _____ und an der Rezeption einen Moment warten.

6. Der Mann an der Rezeption telefonierte und sagte uns dann, dass er ein Zimmer in einer Pension für uns gefunden hat. Wir sind mit einem anderen Taxi in die Pension gefahren. Die Pension gehörte einem deutschen Mann aus Kassel, und wir haben dort in einem sehr schönen Zimmer _____ . Der Mann in der Pension hat uns viel über seine _____ mit Touristen aus der ganzen Welt erzählt.

7. Er sagte, dass er sich immer freut, wenn Deutsche bei ihm _____ . Es war so schön in Mallorca, dass wir noch drei Tage länger _____ sind.

Redemittel zum Diskutieren

Sagen was man vorhat

Wir wollen . . .	**Wir wollen** dieses Jahr in den Ferien mehr Sport treiben.
Wir haben vor, . . .	**Wir haben vor,** nach Korsika zu fahren und dort viele Wanderungen zu machen.
Ich habe mir vorgenommen, . . .	**Ich habe mir vorgenommen**, dieses Jahr im Urlaub weniger zu Essen.
Wir haben uns überlegt, . . .	**Wir haben uns überlegt**, dieses Jahr nur für 10 Tage in Urlaub zu fahren, um etwas Geld zu sparen.
Ich wollte schon immer (mal) . . .	**Ich wollte schon immer mal** ein Haus direkt am Meer mieten.

Ich habe mir schon lange gewünscht, . . .   **Ich habe mir schon lange gewünscht**, einmal mit Freunden zusammen in Urlaub zu fahren.

Ich bin fest entschlossen, . . .   **Ich bin fest entschlossen**, dieses Jahr allen meinen Kollegen Postkarten zu schreiben.

27 | Traumurlaub

 Welche der folgenden Aktivitäten oder Pläne könnten Ihre sein? Beginnen Sie mit **Ich möchte gerne einmal nach _____ fahren.** Verwenden Sie dann die Redemittel, um ihre Pläne zu beschreiben. Seien Sie kreativ und sagen Sie, was sie sonst noch vorhaben.

auf dem Campingplatz übernachten

das ganze Land sehen

die Eltern oft anrufen

ein Auto mieten

im Urlaub so viel wie möglich lesen

mit dem Auto fahren

morgens immer lange schlafen

nicht so viele Souvenirs kaufen

öffentliche Verkehrsmittel benutzen

oft abends ausgehen

oft ins Restaurant gehen

per Anhalter fahren (*to hitchhike*)

Postkarten schreiben

uns selbst etwas kochen

viel Radfahren

viel über das Land und die Leute lernen

viele Fotos machen

viele Leute kennen lernen

viele Museen besuchen

viele Sehenswürdigkeiten sehen

viele Wanderungen machen

28 | Fragen zur Diskussion

 Diskutieren oder schreiben Sie über eines der folgenden Themen. Verwenden Sie dabei die Redemittel.

1. Warum reisen die Deutschen so viel und so gerne? Spekulieren Sie!

2. Was ist Ihre Motivation zum Reisen?

3. Für viele ist das Reisen zum Statussymbol geworden. Muss man reisen, um viel über die Welt zu wissen?

4. Viele Umweltschützer (*environmentalists*) sind gegen den Massentourismus. Sie nennen den sanften Tourismus (ohne Flug- und Autoreisen) als Alternative. Was spricht für und gegen das Reisen in ferne Länder?

STRUKTUREN

Idiomatisches: Verben mit Präpositionen

Prepositional phrases are frequently combined with certain verbs.

Viele Menschen **freuen sich auf** ihren Urlaub.	*Many people are looking forward to their vacation.*
Viele Menschen **haben Angst vor** dem Fliegen.	*Many people are afraid of flying.*

- An anticipatory **da**-compound is used when the prepositional object is a subordinate clause or an infinitive clause.

Viele Schüler **freuen sich darüber**, dass die Sommerferien so lang sind.	*Many students are happy about the summer vacation being so long.*

- A **wo**-compound is used to ask for the object of the preposition if it is not a living being.

> **Worüber** freuen sich viele Schüler? —Über die Ferien.
>
> *but:* **Über wen** ärgert sich der Kellner? —Über die unfreundlichen Touristen.

- Here are some commonly used verbs with prepositions that take the **accusative case**.

sich ärgern über	*to be annoyed about*
sich beklagen	*to complain about*
sich beschweren über	*to complain about*
sich beziehen auf	*to refer to*
denken an	*to think of*
diskutieren über	*to talk about, discuss*
sich entscheiden für	*to decide on*
sich freuen auf	*to look forward to*
sich freuen über	*to be happy about*
sich gewöhnen an	*to get used to*
glauben an	*to believe in*
hoffen auf	*to hope for*
sich interessieren für	*to be interested in*
sich konzentrieren auf	*to concentrate on*
sich verlassen auf	*to rely on*
sich verlieben in	*to fall in love with*
warten auf	*to wait for*

- Here are some commonly used verbs with prepositions that take the **dative case**.

aufhören mit	*to stop doing*
sich beschäftigen mit	*to occupy o.s. with*
rechnen mit	*to count on*
leiden an	*to suffer from*

29 | Persönliches

 Wählen Sie sechs Verben mit Präpositionen aus der Liste, formulieren Sie Fragen mit **Wo**-Komposita, interviewen Sie einen Partner / eine Partnerin und machen Sie sich Notizen. Berichten Sie dann im Kurs über einige bemerkenswerte Aussagen.

 z.B.

S1: Wofür interessierst du dich besonders?

S2: Ich interessiere mich besonders für das Thema „Reisen". (*oder* Ich interessiere mich besonders dafür, wie die Deutschen ihren Urlaub verbringen.)

30 | Reisetipps

 Was sollte man auf Reisen im Ausland machen oder nicht machen? Schreiben Sie gemeinsam mit Ihrem Partner / Ihrer Partnerin Ratschläge und benutzen Sie dabei die Verben mit Präpositionen und ein vorgestelltes **Da**-Kompositum. Fragen Sie dann die anderen Kursteilnehmer nach ihren Ratschlägen und diskutieren Sie sie.

z.B.

Frage: Wofür sollte man sich interessieren?

Ratschlag: Man sollte sich dafür interessieren, wie die Menschen am Urlaubsort leben und denken. (*oder*: Man sollte sich dafür interessieren, auch etwas Unbekanntes zu essen.)

31 | Die Deutschen im Ausland

 Schreiben Sie gemeinsam mit Ihrem Partner / Ihrer Partnerin Sätze über die Deutschen im Ausland. Welche Stereotypen fallen Ihnen ein? Welche Beobachtungen haben Sie selbst schon gemacht? Benutzen Sie dabei die Verben, die Ihnen zugeteilt werden. Stellen Sie dann Ihre Sätze im Kurs vor.

Judith Hermann

Judith Hermann wurde 1970 in Westberlin geboren. Nach einem relativ schnell abgebrochenen Klavierstudium am Konservatorium experimentierte sie als Schauspielerin und Regieassistentin°. Nach einem journalistischen Studium und einem Praktikum in New York begann Judith Hermann mit ihrem ersten Buch *Sommerhaus, später* (1998), für das sie den Rudolf-Alexander-Schröder Preis bekam. Ihr zweites Buch *Nichts als Gespenster*, aus dem die Erzählung *Aqua Alta* stammt, erschien 2003.

Regieassistentin *assistant director*

Vor dem Lesen

32 | Fragen zum Thema

1. Reisen Sie gern allein? mit Ihrer Familie? mit Freunden?
2. Was war Ihre schönste Reise mit Ihren Eltern?
3. Was machen Ihre Eltern gern, wenn sie reisen? Was machen Sie gern?

33 | Auf Reisen

Diskutieren Sie mit dem Partner oder in einer kleinen Gruppe, ob die folgenden Aussagen der Erzählerin aus dem Text auch auf Sie zutreffen (*are true for you also*) oder nicht.

1. Meine Eltern waren mit uns verreist, als wir Kinder waren. Als wir größer wurden, blieben sie zu Hause. Als wir aus dem Haus waren, begannen sie wieder zu reisen.

2. Wenn sie abreisten, brachten wir sie zur Bahn. Wir freuten uns, weil sie endlich weg sein würden, und wir uns jetzt frei bewegen durften. Aber wenn der Zug abfuhr, waren wir plötzlich sehr traurig.

3. Das Reisen ist für mich sehr anstrengend. Vor dem Beginn einer Reise bin ich immer nervös, alles scheint mir sinnlos, die Ferne, die Fremde, ich frage mich, warum überhaupt wegfahren. Was soll es nützen, als hätte ich alles schon gesehen.

4. Ich fühle mich in fremden Städten nie wohl, bin ängstlich und unsicher. Ich würde am liebsten im Hotelzimmer bleiben und überhaupt nicht hinausgehen.

5. Ich denke immer, wenn meine Eltern alt sind, will ich mit ihnen reisen.

Beim Lesen

In dieser Erzählung beschreibt Judith Hermann die Reise einer jungen Frau, die ihre Eltern in Venedig trifft. Entscheiden Sie in

Aktivität 35, wer am besten dem typischen deutschen Touristen entspricht (*corresponds to*). Sammeln Sie Charakteristiken von Vater, Mutter und Tochter in Aktivität 36.

34 | Deutsche Touristen

In der **Kulturnotiz** wurde gesagt, dass deutsche Touristen sehr beliebt sind, weil sie „sich im Ausland ordentlich benehmen", weil sie „versuchen, die Sprache des Landes zu sprechen", gerne die „Spezialitäten des Landes probieren" und die „Gepflogenheiten des Landes respektieren". Nur im Geldausgeben sind sie nicht die besten Touristen. In diesem Text trifft eine Tochter ihre Eltern in Venedig (*Venice*). Auf wen trifft das Profil des deutschen Touristen am besten, auf den Vater, die Mutter, oder die Tochter? Machen Sie Notizen!

35 | Drei Profile

Die drei Personen im Text haben unterschiedliche Eigenschaften und Präferenzen. Machen Sie für Vater, Mutter und Tochter eine Liste von Charakteristiken, in denen sie sich unterscheiden!

VATER	MUTTER	TOCHTER
reist mit einem Koffer	reist mit einem Koffer	reist mit einem Rucksack

Aqua Alta

Judith Hermann

Als meine Eltern alt wurden, begannen sie wieder zu reisen. Sie waren mit mir und meinen Schwestern verreist, als wir Kinder und sie also jung waren, nach Schweden, Norwegen und an die französische Atlantikküste, aber diese Art von Reisen meine ich nicht. Als wir größer wurden und es vermieden, mit ihnen zusammenzusein, als wir es vermeiden konnten und anfingen, ihnen aus dem Weg zu gehen, blieben sie zu Hause, bepflanzten ihren Balkon und saßen da, den Juni, den Juli, den August über, bis es endlich wieder kühler wurde und dann Herbst und schließlich Winter, und die Erinnerungen an die Strandnachmittage [. . .] verblaßten – wir kamen und gingen und warfen die Haustür hinter uns zu und riefen von der Straße, schon weit, weit weg »Bis heute Abend, es wird sicherlich spät« über die Schulter; daß unsere Mutter vom Balkon aus uns hinterherwinkte, wußten wir, ohne uns umzusehen. Als wir wirklich groß waren, erwachsen, endlich aus dem Haus, und sie also alt wurden, begannen sie wieder zu reisen, zu zweit, ohne uns. Sie kauften sich diese kleinen Koffer, die man auf Rollen hinter sich herziehen kann; bepackten sie aufs unsinnigste und schwerste und zerrten sie

clumsily — auf der ersten Reise noch ungeschickt und nervös hinter sich her, auf der
ersten Reise noch ungeschickt° und nervös, später sehr geübt und gelassen, die Koffer wurden auch leichter, sie nahmen nur noch das Nötigste
mit. Sie reisten durch Italien, Griechenland und Spanien. Sie fuhren
sun tanned — Anfang Juni los und kehrten Ende August zurück, braungebrannt°
zufrieden. [. . .] Sie hatten wenig Geld und reisten mit den Billigtickets
crowded — der Bahn in überfüllten° Zügen, sie schliefen in Jugendherbergen und
Stundenhotels und aßen abends am Rand irgendeines Brunnens sitzend
Heringsfilet aus der Dose und trockenes Brot. Sie besichtigten Kirchen,
Museen und Paläste, Ausgrabungsstätten und sonstige historische
Schauplätze. [. . .] Einen Tag in all den Wochen verbrachten sie meiner
Mutter zuliebe am Meer. Sie ging dann ins Wasser und hüpfte in der
breakers — Brandung° auf und ab wie ein Kind, während mein Vater, ohne sich
nur ein einziges Kleidungsstück auszuziehen, im Schatten ausharrte. Er
hatte den Strand und das Baden noch nie gemocht, aber diesen einen
Tag zumindest gönnte er meiner Mutter. Sie schickten uns Postkarten.
[. . .] Auf den Rückseiten die kurzen Sätze meiner Mutter – »Das
Wetter ist herrlich. Wir haben schon so viel gesehen. Papa hat
immer noch nicht genug. Wir vermissen Euch und wünschten, Ihr wäret
hier.« [. . .] Wenn sie abreisten, brachten wir sie zur Bahn. Wir waren
strangely anxious state — in einem merkwürdig aufgekratzten Zustand°, weil sie endlich weg sein
würden, und uns alleine lassen würden in der Stadt, die uns wie immer
in ihrer Abwesenheit als eine endlich fremde, endlich schöne, herrliche,
unbekannte schien, in der wir uns jetzt frei bewegen durften, frei und
ungebunden und alleine. [. . .]

■

haben . . . our paths crossed / — Ein einziges mal habe ich sie auf einer Reise getroffen, oder besser, hat
accidentally — sich ihre Reise mit meiner Reise gekreuzt°, eher zufällig° und von mir fast
ungewollt. Es war Juli, sie waren schon seit vier Wochen unterwegs, wir
trafen uns in Venedig. [. . .] Ich wurde dreißig Jahre alt, ein Geburtstag,
den ich auf keinen Fall zu Hause oder gar mit Freunden verbringen wollte.
Ich fuhr nach Korsika – ich kann mich nicht mehr erinnern, warum
gerade nach Korsika, es scheint auch nicht wichtig gewesen zu sein – und
mietete ein kleines Zimmer am Hafen eines Fischerdorfes. [. . .]

■

motionless — Ich saß eine Woche lang bewegungslos° am Meer herum, sah auf Brand-
seagulls — ung Möven°, Sonnenuntergänge, ich dachte, ich will überhaupt nichts

mehr denken, und schließlich dachte ich auch nichts mehr, vergrub die Zehen im Sand, trank Wasser, rauchte korsische Zigaretten und sagte nur das Nötigste zu Fremden oder auch gar nichts. [. . .] Ich brauchte

mir . . . convince myself

invincible

adulthood

nicht besonders lange, um mir est genug einzureden°, dass ich unbelastet, also frei und als eine zukünftige Unverwundbare° in das Erwachsensein° gehen würde. An diesem Abend beschloss ich abzureisen und meine Eltern in Venedig zu treffen, ich wußte, dass sie vor drei Tagen von Rom aus dort angekommen waren und schon zum dritten Mal eine Woche lang in der Stadt bleiben würden. Sie hatten mir vorgeschlagen, sie in Venedig zu besuchen, und ich hatte so vage wie möglich zugesagt, ich wollte mich nicht festlegen. Daß sie sich freuen würden. mich dort zu sehen, wußte ich. Am nächsten Morgen packte ich meinen Rucksack, bezahlte ich mein Zimmer, und reiste ab. [. . .] Erst als ich in Venedig ankam, ging es mir besser. [. . .]

■

Meine Mutter, die sich immer bemühte so viele Pensionen, Bahntickets und Besichtigungspakete wie möglich schon vor dem Antritt der Reise gebucht zu haben, hatte mir noch zu Hause ihre Adresse in Venedig aufgeschrieben. Sie hatte »Es ist ganz in der Nähe vom Bahnhof, nicht zu

nicht . . . you can't miss it

verfehlen°, wirklich«, gesagt, als würde mir das die Entscheidung, nach Venedig zu kommen, irgendwie erleichtern. Ich faltete den Stadtplan auseinander, den sie mir fürsorglich mitgegeben hatte, mir wurde sofort heiß dabei, weil ich Stadtpläne noch nie verstanden habe und vor allem niemals wieder richtig zusammenfalten konnte. Meine Mutter hatte ein kleines Kreuz über die Pension gemalt. [. . .] Ich schulterte meinen Rucksack und ging los. [. . .] Ich war jetzt aufgeregt, froh, sie überraschen zu können. Wie würden sie aussehen, meine Eltern in Venedig? [. . .] Die Straße mündete auf einen großen Platz, den Campo San Geremia, irgendwo hier mußte die Pension sein. Billige Pensionen sind nie zu erkennen, im Grunde kaum auffindbar. Ich blieb stehen und stellte meinen Rucksack ab, ich fühlte mich entkräftet. [. . .] »Mädchen « rief meine Mutter über den Platz. Ich sah über die Menschen hinweg, ich konnte sie nicht entdecken, sie rief noch einmal und ihre Stimme kam von hoch oben, und schließlich entdeckte ich sie auf dem einzigen Balkon eines schmalen, kleinen Hauses direkt gegenüber der Kirche. [. . .] Sie rief »Wir wußten, daß du kommst, wir waren uns so sicher, wir warten

to calm her down

schon seit Stunden!« und ich versuchte, sie zu beschwichtigen°. [. . .] Ich rief »Kann ich raufkommen?«, und sie schüttelten den Kopf und zeigten auf das Café am Platz, in dem ich rätselhafte zwanzig Minuten auf sie warten musste. Endlich kamen sie herunter, ich hatte schon zwei Cappuccino getrunken und vier Zigaretten geraucht, meine Freude war fast verflogen. Sie liefen über den Platz und zankten sich° über irgend etwas, meine Mutter redete eindringlich auf meinen Vater ein, der abwehrende Bewegungen machte und entnervt° zum Himmel blickte. Und dann betraten sie das Café, vergaßen worum immer es auch gegangen war, und blieben vor meinem Tisch stehen, fast andächtig und so froh. Sah ich anders aus? Größer, fremd? Ich war braungebrannt und trug meine Haare wie immer, was sahen sie in mir, ihr großes Kind oder noch immer das kleine, das ich für immer bleiben würde, solange sie da waren? Ich stand auf, und wir umarmten uns. [. . .]

argued

annoyed

■

In dem Café auf dem Campo San Geremia bestellte meine Mutter einen Prosecco, mein Vater ein Glas Wein, der Kellner sprach Deutsch, ich empfand das als demütigend°. Wir saßen uns gegenüber, ich weiß nicht mehr, ob wir uns beobachteten, ich glaube eher nicht. Ich sagte »Wie war denn die Reise bisher?«, weil ich es wissen und nicht von meiner Reise erzählen wollte. Meine Mutter antwortete bereitwillig, mein Vater bestellte ein zweites Glas Wein. [. . .] Meine Mutter sagte »In Italien gibt es kein einziges Restaurant, in dem man abends mal einfach ein kleines Glas Wein trinken kann, immer muß man ein Fünf-Gänge-Menü dazubestellen, und außerdem bringen sie Weißwein, wenn man doch Rotwein will«, mein Vater sah sie von der Seite an. Sie sagte verunsichert »Nicht wahr?«, und er faßte ihr gerührt und gereizt° zugleich in den Nacken und schüttelte sie ein bißchen, sie lächelte verlegen. Ich sagte »Es ist schön euch wieder zu sehen.« [. . .]

humilating

annoyed

»Wann willst du denn weiterfahren, nach Hause?« fragte meine Mutter, tatsächlich unverfänglich. Ich hatte von Anfang an gesagt, daß ich wenn überhaupt nur eine Nacht bleiben würde. »Ich muß wirklich nach Hause, ich habe zu tun«, das stimmte und stimmte auch wieder nicht, ich hatte zu tun, aber im Grunde war es völlig gleichgültig, wann und ob ich überhaupt nach Hause zurückkehren würde. Ich sagte »Morgen«, bereute° es sofort und war doch froh, weil ich meiner Neigung° folgte. [. . .]
Wir bezahlten eine aberwitzige° Rechnung, verabredeten uns um acht Uhr abends am Markusplatz. [. . .] Mein Vater erklärte mir auf dem Stadtplan sehr genau den Weg, den ich zum Markusplatz gehen sollte. Ich gab mir Mühe, konzentriert zu erscheinen, mir wurde wieder heiß. Er sagte mißtrauisch »Der Plan ist schon ganz zerknittert, du mußt den mal richtig zusammenfalten«, wand ihn mir aus der Hand und faltete ihn selbst. Dann verabschiedeten wir uns. Ich sah ihnen hinterher wie

regretted
inclination
obscenely high

sie eilig, geschäftig davonliefen und sie wurden schnell von der Menschenmasse auf dem Platz verschluckt. Ich ging ins erstbeste Hotel neben ihrer Pension und mietete ein Zimmer zu einem Preis, den meine

vulgar   Mutter unanständig° gefunden hätte, duschte kurz, legte mich zehn Minnuten aufs Bett [. . .] und rauchte langsam eine Zigarette. [. . .]

Das Reisen fällt mir eigentlich schwer. Zwei oder drei Tage vor dem Beginn einer Reise werde ich ängstlich, ohne Grund, alles scheint mir sinnlos, die Ferne, die Fremde, die Kontinente nicht anders als jeder Blick aus meinem Fenster, vier Wochen in einem unbekannten Land, wozu, denke ich, was soll da anders sein und was soll es mir nützen, unsinnigerweise ist mir, als hätte ich alles schon gesehen. Es ist mir un-

carefree   möglich, mich in fremden Städten sicher und unbeschwert° zu fühlen, ich würde am liebsten im Hotelzimmer sitzen bleiben, die Tür verriegeln, überhaupt nicht hinausgehen. [. . .]

directions   Ich hatte die Wegbeschreibung° meines Vaters sofort wieder vergessen und war, von der Lista di Spagna aus, einfach den Touristen hinterhergelaufen, die um diese Zeit allesamt eine Verabredung auf dem Markusplatz zu haben schienen. [. . .].

Die Touristen liefen schneller und schneller, ich rannte fast, und dann blie-

sighed   ben alle auf einmal stehen und seufzten° – *Rialtobrücke!* Ich blieb ebenfalls stehen, ich konnte nicht anders. [. . .] Ich stand unter all den anderen und dachte unbeholfen und glücklich »Wie schön ist Venedig«. [. . .]

Ich denke immer, wenn meine Eltern alt sind, will ich mit ihnen reisen. Vielleicht denke ich auch, wenn ich alt bin, will ich mit ihnen reisen. Ich vergesse, daß sie jetzt schon alt sind, oder besser, ich verdränge es, ich denke, wir haben noch Zeit, ich verliere mein Zeitgefühl. Jedes Zusammentreffen mit meinen Eltern ist behaftet mit so etwas wie einer Unruhe. Hätte ich nicht Besseres zu tun, als mit meiner Mutter und meinem Vater auf dem Balkon zu sitzen und in dieser verfahrenen, gewohnten, unsinnigen Art und Weise mit ihnen zu sprechen? Sind da nicht andere Menschen, mit denen ich glücklicher wäre? Sitze ich hier

ihnen . . . to please them / remorse   nicht nur ihnen zuliebe°? Und jeder Abschied ist begleitet von Reue° und Traurigkeit. [. . .]

Meine Mutter hatte darauf bestanden, ins Café Florian zu gehen, wo schon ein Mineralwasser 15000 Lire kostete. [. . .] »Alles Gute zum Geburtstag, mein altes Kind«, sagte meine Mutter zärtlich, mehr nicht, dafür war ich ihr dankbar. »Ja«, sagte mein Vater.[. . .] »Manchmal« sagte sie zu mir, »sagt dein Vater stundenlang gar nichts, wenn ich ihn nach diesem oder jenem frage. Aber du mußt mal sehen, wie er die Augen schließt, wenn ich Barock sage, und es ist nicht Barock. Er weiß alles und ich weiß nichts«, ihre Stimme klang fast triumphierend. Ich dachte, »So ist das, wenn meine Eltern reisen«. [. . .]

■

Paßt . . . Take care

Meine Eltern haben mich zum Bahnhof gebracht. Sie haben gewartet, bis der Zug fuhr, wir haben eine Zigarette zusammen geraucht, sie haben nicht »Willst du noch bleiben« gefragt, hätten sie gefragt, ich wäre geblieben. Sie selber wollten noch drei Nächte in Venedig verbringen, dann vielleicht in die Schweiz, vielleicht nach Österreich fahren, mein Vater wollte die Berge sehen, die Alpen. [. . .] »Schreibt Karten! Paßt auf euch auf°! Bis bald«, rief ich aus dem Zugfenster. Als der Zug anfuhr, hatte meine Mutter die Hand meines Vaters ergriffen. Die Türen schlugen zu, sie winkten, ich konnte nicht umhin zu denken, wenn ich sie das letzte Mal gesehen haben sollte, dann so, Hand in Hand auf dem Bahnhof von Venedig.

■ ■ ■

36 | Wörterbucharbeit: Verben des Sehens

Arbeiten Sie mit dem Wörterbuch und finden Sie gute Definitionen für die Verben des Sehens in den folgenden Textstellen. Finden Sie mögliche Synonyme!

1. Sie **besichtigten** Kirchen, Museen und Paläste, sie standen vor zerfallenen Tempeln und Amphitheatern und lasen in Büchern über die Vergangenheit.

2. Ich saß eine Woche lang bewegungslos am Meer herum, **sah** auf die Möven, Wellen, Sonnenuntergänge.

3. Ich fuhr mit der Fähre aufs Festland und nahm den Zug über Verona nach Venedig, ich schlief fast die ganze Zeit oder **starrte** aus dem Fenster.

4. Ich **hielt** nach meinen Eltern **Ausschau**, obwohl ich vermutete, dass sie um diese Zeit im Museum oder in der Academia waren.

5. Sie rief noch einmal, und ich **entdeckte** sie auf dem Balkon eines schmalen Hauses direkt gegenüber der Kirche.

6. Mein Vater **betrachtete** still den Markusdom.

Wortschatz

abfahren (fährt ab, fuhr ab, ist abgefahren)   to leave

ausgebucht   booked, sold out

besichtigen (hat besichtigt)   to visit, look at (e.g., a monument)

die Brücke, -n   bridge

eingreifen (greift ein, griff ein, hat eingegriffen)   to intercept

sich **erinnern** (hat sich erinnert)   to remember

die Erinnerung, -en   memory

die Rückreise, -n   return, trip home

das Schild, -er   sign

der Strand, ⁻e   beach

jemanden **überraschen** (hat überrascht)   to surprise s.o.

unterwegs   on the road, traveling

sich **verabreden** (hat sich verabredet)   to arrange to meet

Nach dem Lesen

37 | Fragen zum Text

1. Warum fährt die Tochter nach Korsika?
2. Warum fahren die Eltern nach Venedig?
3. Warum reist der Vater gern? Warum reist die Mutter gern?
4. Reist die Tochter gern?
5. Was machen Mutter, Vater und Tochter auf Reisen gern?
6. Warum trifft die Tochter ihre Eltern in Venedig?
7. Was denkt die Tochter über ihre Eltern und ihre Reisen?

38 | Fragen zum Nachdenken und Diskutieren

1. Sollten mehrere Generationen einer Familie zusammen auf Reisen gehen? Diskutieren Sie, warum (nicht)?
2. Warum haben wir immer wieder den Wunsch, zu reisen? Wollen wir andere Orte kennen lernen oder vor allem unseren Alltag für eine Zeit hinter uns lassen?

39 | Schreibübungen

1. Schreiben Sie die Geschichte weiter. Was passiert auf der Rückreise? Seien Sie dabei kreativ! Sie können schreiben, was passiert, als die Erzählerin wieder zu Hause ankommt.

2. Schreiben Sie das Treffen in Venedig aus der Perspektive der Mutter oder des Vaters. Vielleicht schreibt der Vater / die Mutter abends in ein Tagebuch.

   Heute ist unsere Tochter nach Venedig gekommen . . .

3. Schreiben Sie eine ähnliche Geschichte über einen Urlaub mit Ihren Eltern (oder anderen Familienmitgliedern). Sie können eine schöne Reise beschreiben oder eine, die vielleicht nicht so angenehm war.

 ZUM SCHLUSS

40 | Reisepläne

Planen Sie eine Reise mit einem Partner / einer Partnerin oder in einer Gruppe im deutschsprachigen Raum. Gehen Sie noch einmal durch die Stationen, die Sie in diesem Buch kennengelernt haben. Wohin würden Sie gerne reisen? Was würden Sie gerne dort sehen? Was würden Sie gerne dort machen? Wie würden Sie reisen? Wo würden Sie übernachten?

Das allerletzte letzte Wort: *Heimweh*

Wenn man von zu Hause weg geht, ob für lange oder kurze Zeit, kann es sein, dass man seine Heimat vermisst und Sehnsucht (*longing*) nach bestimmten Personen oder Dingen hat.

Wonach haben Sie **Heimweh**, wenn Sie ins Ausland fahren? Was vermissen Sie? Was nicht?

Appendix A

USEFUL GERMAN-LANGUAGE WEBSITES

Google Deutschland (www.google.de)
Deutschsprachige Version von www.google.com

Yahoo Deutschland (www.yahoo.de)
Deutschsprachige Version von www.yahoo.com

LEO online Wörterbuch (dict.leo.org)
Das kostenlose LEO Wörterbuch wird am Institut für Informatik der Technischen Universität München bereitgestellt. Im LEO Wörterbuch kann man Deutsch-Englisch und Englisch-Deutsch nachschlagen. Man muss für deutsche Wörter keine Umlaute eingeben (z.B. Bücher = Buecher). Vorsicht: Es gibt kein www im URL.

Wissen (www.wissen.de)
Wissen.de ist ein kostenfreies **Wissensportal,** das aus **Lexika** und **Wörterbüchern** besteht. Darunter ist das *Bertelsmann Wörterbuch* und das große *Wahrig Wörterbuch der Rechtschreibung.* Darüberhinaus kooperiert wissen.de mit anderen Publikationen wie z.B. *Financial Times Deutschland,* mit dem Verlag Langenscheidt und dem Kulturmagazin *Geo.* Wissen.de ist besonders gut, wenn man eine gute **deutsche Definition** für ein schwieriges deutsches Wort oder **Fremdwort** sucht.

Wikipedia (www.wikipedia.de)
Wikipedia ist eine freie **Enzykopädie,** die es in mehr als hundert Sprachen gibt. Jeder, der etwas über ein Thema weiß, kann einen Artikel in Wikipedia.de schreiben. Man muss deshalb etwas vorsichtig sein, denn es ist möglich, dass die Daten nicht immer ganz korrekt sind. Wikipedia.de ist besonders gut, wenn man über einen **Autor** oder **Künstler,** eine literarische oder künstlerische **Epoche** oder **Bewegung** etwas lernen will. Man kann dort auch über **Städte** und **Regionen** oder andere **kulturelle Themen** forschen.

Meine Stadt (www.meinestadt.de)
Meinestadt.de ist eines der populärsten Internetportale in Deutschland. Darin kann man Informationen über **die meisten deutschen Städte und Gemeinden** finden. Meinestadt.de ist besonders hilfreich, wenn man etwas über eine Stadt oder Region erfahren will und **Links zu lokalen Institutionen sucht.**

Deutsches Historisches Museum (www.dhm.de)
Das Deutsche Historische Museum in Berlin bietet auf dieser Webseite ein **lebendiges virtuelles Museum online** an. Klicken Sie von der Startseite auf den LeMO Link. Das LeMO beinhaltet **eine Chronik der deutschen Geschichte** nach Epochen und Jahren. Wenn man auf *Suche* klickt, kann man Suchbegriffe* [*search terms*] eingeben.

Erlanger Liste (www.erlangerliste.uni-erlangen.de)
Die Erlanger Liste ist die größte Sammlung von Informationsmaterialien im Internet zum Thema **Germanistik*** [*German studies*]. Es gibt Archive zu **Literatur, Malerei, Graphik** und **Photographie** und eine große Anzahl von **Lexika.**

Appendix B

GRAMMAR SUMMARY

I. Verbs

A. Active Voice Tenses and Conjugations

1. Indicative Mood

PRESENT

	gehen	sein	haben	sehen	arbeiten	können
ich	gehe	bin	habe	sehe	arbeite	kann
du	gehst	bist	hast	siehst	arbeitest	kannst
er/es/sie	geht	ist	hat	sieht	arbeitet	kann
wir	gehen	sind	haben	sehen	arbeiten	können
ihr	geht	seid	habt	seht	arbeitet	könnt
sie/Sie	gehen	sind	haben	sehen	arbeiten	können

SIMPLE PAST

ich	ging	war	hatte	sah	arbeitete	konnte
du	gingst	warst	hattest	sahst	arbeitetest	konntest
er/es/sie	ging	war	hatte	sah	arbeitete	konnte
wir	gingen	waren	hatten	sahen	arbeiteten	konnten
ihr	gingt	war	hattet	saht	arbeitetet	konntet
sie/Sie	gingen	waren	hatten	sahen	arbeiteten	konnten

PRESENT PERFECT

ich	bin	
du	bist	
er/es/sie	ist	gegangen
wir	sind	gewesen
ihr	seid	
sie/Sie	sind	

PRESENT PERFECT

ich	habe	
du	hast	gehabt
er/es/sie	hat	gesehen
wir	haben	gearbeitet
ihr	habt	gekonnt
sie/Sie	haben	

PAST PERFECT

ich	war	
du	warst	
er/es/sie	war	gegangen
wir	waren	gewesen
ihr	wart	
sie/Sie	waren	

PAST PERFECT

ich	hatte	
du	hattest	gehabt
er/es/sie	hatte	gearbeitet
wir	hatten	gesehen
ihr	hattet	gekonnt
sie/Sie	hatten	

1. Indicative Mood

FUTURE

ich	werde	gehen
du	wirst	sein
er/es/sie	wird	haben
wir	werden	sehen
ihr	werdet	arbeiten
sie/Sie	werden	können

FUTURE PERFECT

ich	werde	gegangen sein
du	wirst	gewesen sein
er/es/sie	wird	gehabt haben
wir	werden	gearbeitet haben
ihr	werdet	gesehen haben
sie/Sie	werden	gekonnt haben

2. Subjunctive Mood

SUBJUNCTIVE II (Hypotheses)

ich	ginge/ würde gehen	wäre	hätte	sähe/ würde sehen	arbeitete/ würde arbeiten	könnte
du	gingest/ würdest gehen	wärest	hättest	sähest/ würdest sehen	arbei- tetest/ würdest arbeiten	könntest
er/es/sie	ginge/ würde gehen	wäre	hätte	sähe/ würde sehen	arbeitete/ würde arbeiten	könnte
wir	gingen/ würden gehen	wäre	hätten	sähen/ würden sehen	arbeiteten/ würden arbeiten	könnten
ihr	ginget/ würdet gehen	wäret	hättet	sähet/ würdet sehen	arbeitetet/ würdet arbeiten	könntet
sie/Sie	gingen/ würden gehen	wären	hätten	sähen/ würden sehen	arbeiteten/ würden arbeiten	könnten

PAST SUBJUNCTIVE

ich	wäre	
du	wärst	
er/es/sie	wäre	gegangen
wir	wären	gewesen
ihr	wärt	
sie/Sie	wären	

PAST SUBJUNCTIVE

ich	hätte	
du	hättest	gehabt
er/es/sie	hätte	gearbeitet
wir	hätten	gesehen
ihr	hättet	gekonnt
sie/Sie	hätten	

2. Subjunctive Mood

SUBJUNCTIVE I (Indirect Discourse)	Forms in color are specific to Subjunctive I. All other forms are identical to those in Subjunctive II.					
ich	ginge/ würde gehen	sei	hätte	sähe/ würde sehen	arbeitete/ würde arbeiten	könnte
du	gingest/ würdest gehen	seist	hättest	sähest / würdest sehen	arbetetest/ würdest arbeiten	könntest
er/es/sie	gehe	sei	habe	sehe	arbeite	könne
wir	gingen/ würden gehen	seien	hätten	sähen/ würden sehen	arbeiteten/ würden arbeiten	könnten
ihr	ginget/ würdet gehen	seiet	hättet	sähet/ würdet sehen	arbeitetet/ würdet arbeiten	könntet
sie/Sie	gingen/ würden gehen	seien	hätten	sähen/ würden sehen	arbeiteten/ würden arbeiten	könnten

3. Imperative Mood

(du)	geh(e)	sieh	arbeite
(ihr)	geht	seht	arbeitet
wir	gehen wir	sehen wir	arbeiten wir
Sie	gehen Sie	sehen Sie	arbeiten Sie

B. Passive Voice Tenses and Conjugations

PRESENT		
ich	werde	
du	wirst	gesehen
er/es/sie	wird	
wir	werden	
ihr	werdet	
sie/Sie	werden	

SIMPLE PAST		
ich	wurde	
du	wurdest	gesehen
er/es/sie	wurde	
wir	wurden	
ihr	wurdet	
sie/Sie	wurden	

PRESENT PERFECT		
ich	bin	
du	bist	
er/es/sie	ist	gesehen worden
wir	sind	
ihr	seid	
sie/Sie	sind	

PAST PERFECT		
ich	war	
du	warst	
er/es/sie	war	gesehen worden
wir	waren	
ihr	wart	
sie/Sie	waren	

FUTURE	ich	werde	
	du	wirst	
	er/es/sie	wird	gesehen werden
	wir	werden	
	ihr	werdet	
	sie/Sie	werden	

FUTURE PERFECT	ich	werde	
	du	wirst	
	er/es/sie	wird	gesehen worden sein
	wir	werden	
	ihr	werdet	
	sie/Sie	werden	

SUBJUNCTIVE II	ich	würde	
	du	würdest	
	er/es/sie	würde	gesehen (werden)
	wir	würden	
	ihr	würdet	
	sie/Sie	würden	

PAST SUBJUNCTIVE	ich	wäre	
	du	wärest	
	er/es/sie	wäre	gesehen worden
	wir	wären	
	ihr	wäret	
	sie/Sie	wären	

SUBJUNCTIVE I	ich	sei	
	du	seist	
	er/es/sie	sei	gesehen worden
	wir	seien	
	ihr	seiet	
	sie/Sie	seien	

C. Principle Parts of German Strong and Mixed Verbs Grouped According to Stem-Vowel Changes

Infinitive	3rd-Person Singular (if irregular)	Simple Past	Past Participle
		a	**a**
brennen		brannte	gebrannt
bringen		brachte	gebracht
denken		dachte	gedacht
kennen		kannte	gekannt
nennen		nannte	genannt
rennen		rannte	ist gerannt
senden		sandte	gesandt
tun		tat	getan
stehen		stand	gestanden
wenden		wandte	gewandt
		a	**e**
bitten		bat	gebeten
essen	er/es/sie isst	aß	gegessen
fressen	er/es/sie frisst	fraß	gefressen
geben	er/es/sie gibt	gab	gegeben
geschehen	er/es/sie geschieht	geschah	ist geschehen
lesen	er/es/sie liest	las	gelesen
liegen		lag	gelegen
messen	er/es/sie misst	maß	gemessen
sehen	er/es/sie sieht	sah	gesehen
sitzen		saß	gesessen
treten	er/es/sie tritt	trat	ist getreten
vergessen	er/es/sie vergisst	vergaß	vergessen
		a	**o**
befehlen	er/es/sie befiehlt	befahl	befohlen
beginnen		begann	begonnen
bergen	er/es/sie birgt	barg	geborgen
brechen	er/es/sie bricht	brach	ist gebrochen
empfehlen	er/es/sie empfiehlt	empfahl	empfohlen
gebären		gebar	ist geboren
gelten	er/es/sie gilt	galt	gegolten
gewinnen		gewann	gewonnen
helfen	er/es/sie hilft	half	geholfen
kommen		kam	ist gekommen

Infinitive	3rd-Person Singular (if irregular)	Simple Past	Past Participle
nehmen	er/es/sie nimmt	nahm	genommen
schwimmen		schwamm	ist geschwommen
spinnen		spann	gesponnen
sprechen	er/es/sie spricht	sprach	gesprochen
stechen	er/es/sie sticht	stach	gestochen
stehlen	er/es/sie stiehlt	stahl	gestohlen
sterben	er/es/sie stirbt	starb	gestorben
treffen	er/es/sie trifft	traf	getroffen
verderben	er/es/sie verdirbt	verdarb	verdorben
werben	er/es/sie wirbt	warb	geworben
werden	er/es/sie wird	wurde	ist geworden
werfen	er/es/sie wirft	warf	geworfen
		a	u
binden		band	gebunden
dringen		drang	gedrungen
finden		fand	gefunden
gelingen		gelang	ist gelungen
klingen		klang	geklungen
ringen		rang	gerungen
schlingen		schlang	geschlungen
schwinden		schwand	ist geschwunden
schwingen		schwang	geschwungen
singen		sang	gesungen
sinken		sank	ist gesunken
springen		sprang	ist gesprungen
stinken		stank	gestunken
trinken		trank	getrunken
winden		wand	gewunden
zwingen		zwang	gezwungen
		i	a
blasen	er/es/sie bläst	blies	geblasen
braten	er/es/sie brät	briet	gebraten
fallen	er/es/sie fällt	fiel	ist gefallen
fangen	er/es/sie fängt	fing	gefangen
gehen		ging	ist gegangen
hängen		hing	gehangen
halten	er/es/sie hält	hielt	gehalten

Infinitive	3rd-Person Singular (if irregular)	Simple Past	Past Participle
lassen	er/es/sie lässt	ließ	gelassen
raten	er/es/sie rät	riet	geraten
schlafen	er/es/sie schläft	schlief	geschlafen
		i	**I**
beißen		biss	gebissen
erbleichen		erblich	ist erblichen
gleichen		glich	geglichen
gleiten		glitt	ist geglitten
greifen		griff	gegriffen
pfeifen		pfiff	gepfiffen
reißen		riss	ist gerissen
reiten		ritt	ist geritten
scheißen		schiss	geschissen
schleichen		schlich	ist geschlichen
schmeißen		schmiss	geschmissen
schreiten		schritt	ist geschritten
streichen		strich	gestrichen
streiten		stritt	gestritten
weichen		wich	ist gewichen
leiden		litt	gelitten
schneiden		schnitt	geschnitten
		ie	**ie**
bleiben		blieb	ist geblieben
leihen		lieh	geliehen
scheiden		schied	geschieden
scheinen		schien	geschienen
schreiben		schrieb	geschrieben
schreien		schrie	geschrieen
schweigen		schwieg	geschwiegen
steigen		stieg	ist gestiegen
weisen		wies	gewiesen
verzeihen		verzieh	verziehen
		ie	***various***
heißen		hieß	geheißen
laufen	er/es/sie läuft	lief	ist gelaufen
rufen		rief	gerufen
stoßen	er/es/sie stößt	stieß	gestoßen

Infinitive	3rd-Person Singular (if irregular)	Simple Past	Past Participle
		o	o
biegen		bog	gebogen
bieten		bot	geboten
erwägen		erwog	erwogen
fliegen		flog	ist geflogen
fliehen		floh	ist geflohen
fließen		floss	ist geflossen
frieren		fror	gefroren
genießen		genoss	genossen
gießen		goss	gegossen
heben		hob	gehoben
kriechen		kroch	ist gekrochen
lügen		log	gelogen
riechen		roch	gerochen
saugen		sog	gesogen
schieben		schob	geschoben
schießen		schoss	geschossen
schließen		schloss	geschlossen
schmelzen	er/es/sie schmilzt	schmolz	ist geschmolzen
schwellen	er/es/sie schwillt	schwoll	ist geschwollen
schwören		schwor	geschworen
trügen		trog	getrogen
verdrießen		verdross	verdrossen
verlieren		verlor	verloren
wiegen		wog	gewogen
ziehen		zog	gezogen
		u	a
fahren	er/es/sie fährt	fuhr	ist gefahren
graben	er/es/sie gräbt	grub	gegraben
schaffen		schaffte/schuf	geschaffen
laden	er/es/sie lädt	lud	geladen
schlagen	er/es/sie schlägt	schlug	geschlagen
tragen	er/es/sie trägt	trug	getragen
wachsen	er/es/sie wächst	wuchs	ist gewachsen
waschen	er/es/sie wäscht	wusch	gewaschen

D. Common German Verbs with Prepositions

Preposition	Verb	Case	English Equivalent
an	arbeiten an	D	to work on (sth)
	denken an	A	to think of (sb/sth)
	jdn erinnern an	A	to remind sb of (sb/sth)
	sich erinnern an	A	to remember (sb/sth)
	sich gewöhnen an	A	to get used to (sb/sth)
	glauben an	A	to believe in (sb/sth)
	jdn hindern an	D	to prevent sb from doing (sth)
	leiden an	D	to suffer from (sth)
	schreiben an	A	to write to sb
	sterben an	D	to die of (sth)
	teil·nehmen an	D	to participate in (sth)
	zweifeln an	D	to doubt (sth)
auf	achten auf	A	to pay attention to (sb/sth)
	antworten auf	A	to reply to (sth)
	auf·passen auf	A	to pay attention to / keep an eye on (sb/sth)
	bestehen auf	A	to insist on (sb/sth)
	beschränken auf	A	to limit to (sb/sth)
	sich beziehen auf	A	to refer to (sb/sth)
	sich freuen auf	A	to look forward to (sb/sth)
	hin·weisen auf	A	to point to (sb/sth)
	hoffen auf	A	to hope for (sb/sth)
	sich konzentrieren auf	A	to concentrate on (sb/sth)
	reagieren auf	A	to react to (sb/sth)
	sich verlassen auf	A	to rely on (sb/sth)
	verzichten auf	A	to do without (sb/sth)
	warten auf	A	to wait for (sb/sth)
	zählen auf	A	to count on (sb/sth)
aus	bestehen aus	D	to consist of (sth)
	entnehmen aus	D	to gather from (sth)
	sich ergeben aus	D	to result from (sth)
	schließen aus	D	to conclude from (sth)

Preposition	Verb	Case	English Equivalent
für	sich begeistern für	A	to be enthusiastic about (sth)
	jdm danken für	A	to thank sb for (sth)
	sich eignen für	A	to be suitable for (sb/sth)
	sich entscheiden für	A	to decide in favor of (sb/sth)
	jdn/etw halten für	A	to consider sb/sth to be (sb/sth)
	sich interessieren für	A	to be interested in (sb/sth)
	sorgen für	A	to take care of (sb/sth)
in	jdn ein·führen in	A	to introduce sb to (sth)
	sich ein·mischen in	A	to intervene in, meddle in (sth)
	ein·willigen in	A	to agree to (sth)
	sich verlieben in	A	to fall in love with (sb/sth)
	sich vertiefen in	A	to become engrossed in (sb/sth)
mit	sich ab·finden mit	D	to be satisfied with (sb/sth)
	an·fangen mit	D	to start with (sb/sth)
	auf·hören mit	D	to stop doing (sth)
	sich befassen mit	D	to deal with (sb/sth)
	sich beschäftigen mit	D	to be busy with (sb/sth)
	rechnen mit	D	to count on (sb/sth)
	sprechen mit	D	to speak with (sb/sth)
	telefonieren mit	D	to talk on the phone with sb
	überein·stimmen mit	D	to agree with (sb/sth)
	sich unterhalten mit	D	to converse with sb
nach	aus·sehen nach	D	to look like (sb/sth)
	sich erkundigen nach	D	to inquire about (sb/sth)
	fragen nach	D	to ask about (sb/sth)
	greifen nach	D	to grab at (sb/sth)
	riechen nach	D	to smell like/of (sb/sth)
	schmecken nach	D	to taste like (sth)
	sich sehnen nach	D	to long for (sb/sth)
	streben nach	D	to strive for (sth)
	suchen nach	D	to search for (sb/sth)

Preposition	Verb	Case	English Equivalent
über	sich ärgern über	A	to be annoyed about (sb/sth)
	sich beschweren über	A	to complain about (sb/sth)
	diskutieren über	A	to discuss (sb/sth)
	sich informieren über	A	to inform oneself about (sb/sth)
	klagen über	A	to complain about (sb/sth)
	lachen über	A	to laugh about (sb/sth)
	nach·denken über	A	to think about (sb/sth)
	spotten über	A	to mock (sb/sth)
	sprechen über	A	to talk about (sb/sth)
	sich streiten über	A	to argue about (sb/sth)
	urteilen über	A	to judge (sb/sth)
	verfügen über etw	A	to have (sth) at one's disposal
	sich wundern über	A	to be surpised at/about (sb/sth)
um	sich bemühen um	A	to try hard / endeavor to do (sth); to look after (sb)
	jdn betrügen um	A	to cheat sb out of (sth)
	bitten um	A	to ask for (sth)
	sich handeln um	A	to be about (sb/sth)
	kämpfen um	A	to fight about (sb/sth)
	konkurrieren um	A	to compete for (sb/sth)
	sich kümmern um	A	to take care of (sb/sth)
von	ab·hängen von	D	to depend on (sb/sth)
	ab·raten von	D	to advise against (sb/sth)
	ab·sehen von	D	to disregard (sb/sth)
	erholen von	D	to recover from (sb/sth)
	erzählen von	D	to tell about (sb/sth)
	etw halten von	D	to think (sth) of (sb/sth)
	sprechen von	D	to speak of (sb/sth)
	träumen von	D	to dream of (sb/sth)
	jdn überzeugen von	D	to convince sb of (sth)
	wissen von	D	to know of (sb/sth)

Preposition	Verb	Case	English Equivalent
vor	Angst haben vor	D	to be afraid of (sb/sth)
	jdn beschützen vor	D	to protect sb from (sb/sth)
	fliehen vor	D	to flee from (sb/sth)
	sich fürchten vor	D	to be afraid of (sb/sth)
	sich hüten vor	D	to be on guard against (sb/sth)
	jdn/etw retten vor	D	to save (sb/sth) from (sb/sth)
	warnen vor	D	to warn against (sb/sth)
zu	bei·tragen zu	D	to contribute to (sth)
	jdn bewegen zu	D	to induce/persuade sb to do (sth)
	dienen zu	D	to serve the purpose of (sth)
	sich eignen zu	D	to be suitable as (sb/sth)
	führen zu	D	to lead to (sth)
	gehören zu	D	to be part of (sb/sth)
	gratulieren zu	D	to congratulate on (sb/sth)
	heraus·fordern zu	D	to challenge to (sth)
	neigen zu	D	to lean toward (sb/sth)
	passen zu	D	to suit (sb/sth)
	rechnen zu	D	to count as one of (sb/sth)
	jdn treiben zu	D	to drive/push sb to (sth)
	jdn überreden zu	D	to talk sb into (sth)
	zählen zu	D	to count as one of (sb/sth)
	zwingen zu	D	to force into (sth)

E. Common German Verbs with Dative Objects

Verb	English Equivalent	Example
antworten	to answer	Ich antworte dir morgen!
befehlen	to order	Ich befehle dir: Hör auf!
begegnen	to encounter	Ich bin dir gestern begegnet.
beistehen	to stand at sb's side	Ich stehe meinen Eltern in schweren Zeiten bei.
danken	to thank	Ich danke dir.
einfallen	to recall	Da fällt mir ein: . . .
erwidern	to respond to	Ich erwidere dem Professor: . . .

Verb	English Equivalent	Example
fehlen	to be missed by	Du fehlst mir!
folgen	to follow	Folgen Sie mir!
gefallen	to be liked by	Du gefällst mir!
gehören	to belong to	Das Buch gehört mir.
gehorchen	to obey	Du musst mir gehorchen, Hund!
gelingen	to succeed	Der Kuchen ist mir gelungen.
genügen	to suffice	Ein Bier genügt mir.
glauben	to believe	Du kannst mir glauben!
gratulieren	to congratulate	Ich gratuliere dir.
helfen	to help	Können Sie mir helfen?
misslingen	to fail	Der Kuchen ist mir misslungen.
sich nähern	to near	Ich nähere mich der Stadt.
nützen	to be useful	Das nützt mir nichts!
raten	to advise	Ich rate dir: Lern Deutsch!
schaden	to do damage	Ein bisschen Regen wird mir nicht schaden.
schmecken	to taste	Der Kuchen schmeckt mir gut.
vertrauen	to trust	Du kannst mir hundertprozentig vertrauen!
verzeihen	to forgive	Ich habe dir schon lange verziehen.
widersprechen	to contradict	Manchmal soll man Professoren widersprechen.
zuhören	to listen	Hören Sie mir doch zu!
zusehen	to watch	Ich kann dir kaum zusehen!
zustimmen	to agree	Da stimme ich dir zu.

II. Nouns, Pronouns, and Adjectives

A. Declension

		Definite Article	Relative & Demonstrative Pronouns	3rd-Person Personal Pronoun	Der-word[1]	Strong Adjective	Indefinite Article	Possessive Adjective & *kein*
Nom. (subject)	**m**	der	der	er	jeder	großer	ein	mein
	n	das	das	es	jedes	großes	ein	mein
	f	die	die	sie	jede	große	eine	meine
	pl	die	die	sie	alle	große	—	meine
Acc. (direct object)	**m**	den	den	ihn	jeden	großen	einen	meinen
	n	das	das	es	jedes	großes	ein	mein
	f	die	die	sie	jede	große	eine	meine
	pl	die	die	sie	alle	große	—	meine
Dat. (indirect object)	**m**	dem	dem	ihm	jedem	großem	einem	meinem
	n	dem	dem	ihm	jedem	großem	einem	meinem
	f	der	der	ihr	jeder	großer	einer	meiner
	pl	den	denen	ihnen	allen	großen	—	meinen
Gen. (possessive)	**m**	des	dessen	meines	jedes	großen	eines	meines
	n	des	dessen	meines	jedes	großen	eines	meines
	f	der	deren	meiner	jeder	großer	einer	meiner
	pl	der	deren	meiner	aller	großer	—	meiner

[1]Other **der**-words are listed in a chart in section G.

B. Noun Declension

	Masculine		Neuter		Feminine	
	Singular	**Plural**	**Singular**	**Plural**	**Singular**	**Plural**
Nom.	der Baum	die Bäume	das Blatt	die Blätter	die Blume	die Blumen
Acc.	den Baum	die Bäume	das Blatt	die Blätter	die Blume	die Blumen
Dat.	dem Baum	den Bäumen	dem Blatt	der Blättern	der Blume	den Blumen
Gen.	des Baum(e)s	der Bäume	des Blatt(e)s	der Blätter	der Blume	der Blumen

C. Weak Masculine Nouns

Weak masculine nouns have an **-n** or **-en** ending in all forms except the nominative singular. They are masculine nouns that end in an unstressed **-e** (e.g., **der Name**, **der Löwe**) or in one of the following suffixes:

Suffix	Nominative	Accusative, Dative, Genitive, Plural
-ant	Praktikant	Praktikanten
-rch	Monarch	Monarchen
-ast	Cineast	Cineasten
-ege	Kollege	Kollegen
-ent	Student	Studenten
-ist	Pianist	Pianisten
-oge	Pädagoge	Pädagogen
-oph	Apostroph	Apostrophen
-ot	Idiot	Idioten

Other weak masculine nouns include **Bauer, Christ, Graf, Held, Herr, Mensch, Nachbar, Narr, Oberst, Prinz.**

D. Noun Suffixes Indicating Noun Gender

Masculine

Suffix	Example
-ig	der König
-ling	der Säugling
-or	der Diktator
-us	der Zirkus

Neuter

Suffix	Example
-chen	das Märchen
-lein (*Dialect versions:* -erl, el, le, li)	das Büchlein
-ment	das Monument
-um	das Studium

Feminine

Suffix	Example
-anz	die Toleranz
-ei	die Bäckerei
-enz	die Ambivalenz
-ie	die Symphonie
-ik	die Grammatik
-ion	die Religion
-heit	die Klugheit
-keit	die Heiterkeit
-schaft	die Feindschaft
-tät	die Majestät
-ung	die Verteilung
-ur	die Kultur

E. Personal Pronouns

	Singular			Plural		
	1st person	**2nd person**	**3rd person**	**1st person**	**2nd person**	**3rd person**
Nom.	ich	du / Sie	er/es/sie	wir	ihr / Sie	sie
Acc.	mich	dich / Sie	ihn/es/sie	uns	euch / Sie	sie
Dat.	mir	dir / Ihnen	ihm/ihm/ihr	uns	euch / Ihnen	ihnen

F. Interrogative Pronouns

Nom.	wer	was
Acc.	wen	was
Dat.	wem	
Gen.	wessen	

G. Reflexive Pronouns

	Singular			Plural		
	1st person	**2nd person**	**3rd person**	**1st person**	**2nd person**	**3rd person**
Acc.	mich	dich / sich	sich	uns	euch / sich	sich
Dat.	mir	dir / sich	sich	uns	euch / sich	sich

H. Der-words

Der-word	English equivalent
all	*all*
dies-	*this / these*
jed-	*each, every*
manch	*many a / some*
solch-	*such*
welch-	*which*

I. Possessive Adjectives and Pronouns

Personal Pronoun	Possessive Adjective	Possessive Pronoun Masculine / Neuter / Feminine
ich	mein	meiner / mein(e)s / meine
du	dein	deiner / dein(e)s / deine
er / es / sie	sein / sein / ihr	sein / sein(e)s / ihre
wir	unser	unser / unseres / unsere
ihr	euer	eu(e)rer / eu(e)res / eu(e)re
sie	ihr	ihrer / ihres / ihre
Sie	Ihr	Ihrer / Ihres / Ihre

J. Attributive Adjectives

		Masculine	Neuter	Feminine	Plural
Nom.	weak	der schöne Schmetterling	das schöne Gras	die schöne Blume	die schönen Bäume
	strong	schöner Schmetterling	schönes Gras	schöne Blume	schöne Bäume
Acc.	weak	den schönen Schmetterling	das schöne Gras	die schöne Blume	die schönen Bäume
	strong	schönen Schmetterling	schönes Gras	schöne Blume	schöne Bäume
Dat.	weak	dem schönen Schmetterling	dem schönen Gras	der schönen Blume	den schönen Bäumen
	strong	schönem Schmetterling	schönem Gras	schöner Blume	schönen Bäumen
Gen.	weak	des schönen Schmetterlings	des schönen Grases	der schönen Blume	der schönen Bäume
	strong	schönen Schmetterling	schönen Gras	schöner Blume	schöner Bäume

Note: If an adjective is preceded by an **ein**-word that indicates gender, number, and case, the adjective takes a weak ending (e.g., **keinen schönen Schmetterling**). If it is preceded by an **ein**-word that doesn't give clear information about gender, number, and/or case, the adjective takes a strong ending (e.g., **ein schöner Schmetterling**).

K. Common Adjective + Preposition Combinations

Adjective + Preposition	Case	English Equivalent
abhängig von	D	dependent on
arm an	D	poor in
begeistert von	D	enthusiastic about
bereit zu	D	ready to
böse auf	A	angry at
fähig zu	D	able to
gespannt auf	A	in suspense about
gewöhnt an	A	accustomed to
interessiert an	D	interested in
neidisch auf	A	envious of
neugierig auf	A	curious about
reich an	D	rich in
stolz auf	A	proud of
überzeugt von	D	convinced of
verrückt auf (etwas/jemandem)	A	crazy about (something/someone)
verrückt nach (etwas/jemandem)	D	

III. Common Prepositions and Their Cases

Case	Preposition	English Equivalent
Accusative	bis	until; to
	durch	through; by
	für	for
	gegen	against; towards
	ohne	without
	um	around; at
	wider	against; contrary to
Dative	aus	out of; from
	außer	out of; apart from; aside from
	bei	near; by; at; with
	entgegen	against
	entsprechend	according to
	gemäß	in accordance with
	mit	with
	nach	to; for; after; according to
	seit	since; for
	von	from; of; by
	zu	to; towards at
Accusative / Dative	an	at; to
	auf	on; in; at; onto
	hinter	behind; after
	in	in; at; into; to
	neben	next to; beside
	über	over; above; across; about; for
	unter	under; below; among; amongst
	vor	in front of; ahead of; before; ago
	zwischen	between; among; amongst
Genitive	abseits	away from
	abzüglich	less
	anlässlich	on the occasion of
	außerhalb	outside of
	betreffs / bezüglich	concerning
	diesseits	on this side of
	einschließlich	including
	innerhalb	within; inside
	jenseits	on the other side of; beyond
	laut	according to

| Genitive (cont.) | | |
Case	Preposition	English Equivalent
	mangels	in the absence of
	oberhalb	above
	statt; anstatt	instead of
	trotz	in spite of; despite
	um … willen	for the sake of
	unterhalb	below
	während	during; for
	wegen	because of

German-English Vocabulary

The German-English Vocabulary includes general active and passive vocabulary used in *Stationen*. Students should use a dictionary to supplement this vocabulary.

NOUNS Nouns are followed by their plural endings unless the plural is rare or nonexistent. In the case of **n**-nouns, the singular genitive ending is also given: **der Herr, -n, -en.** Nouns that require adjective endings appear with two endings: **der Angestellte (ein Angestellter).** Female forms of masculine nouns are usually not listed if only **-in** needs to be added: **der Apotheker.**

VERBS For regular weak verbs only the infinitive is listed. All irregular weak verbs and basic strong verbs are given with their principal parts: **bringen, brachte, gebracht; schreiben, schrieb, geschrieben.** Separable-prefix verbs are identified by a dot between the prefix and the verb: **mit·bringen.** Compound mixed and **n**-verbs are printed with an asterisk to indicate that the principal parts can be found under the listing of the basic verb: **mit·bringen*, beschreiben*.** When **sein** is used as the auxiliary of the perfect tenses, the form **ist** is given: **wandern (ist); kommen, kam, ist gekommen.**

ADJECTIVES AND ADVERBS Adjectives and adverbs that have an umlaut in the comparative and the superlative are identified by an umlauted vowel in parentheses: **arm (ä) = arm, ärmer, am ärmsten.**

Abbreviations

~	repetition of the key word	*conj.*	subordinate conjunction	*o.s.*	oneself
abbrev.	abbreviation	*dat.*	dative	*pl.*	plural
acc.	accusative	*fam.*	familiar	*refl. pron.*	reflexive pronoun
adj.	adjective	*gen.*	genitive	*rel. pron.*	relative pronoun
adv.	adverb	*inf.*	infinitive	*s.o.*	someone
coll.	colloquial	*lit.*	literally	*sg.*	singular
comp.	comparative	*nom.*	nominative	*s.th.*	something

A

ab- away, off

ab starting, as of

ab·bauen to reduce, cut back

ab·brechen* to break off; to interrupt, discontinue

ab·brennen* to burn down

der **Abend, -e** evening; (**Guten**) **~!** (Good) evening; **am ~** in the evening; **gestern ~** yesterday evening; **heute ~** this evening

das **Abendbrot** evening meal

das **Abendessen, -** supper, evening meal; **zum ~** for supper

abends in the evening, every evening

das **Abenteuer, -** adventure

aber but, however; flavoring particle expressing admiration

ab·fahren* (von) to depart, leave (from)

die **Abfahrt, -en** departure; descent

der **Abfall, ⁀e** waste, garbage

ab·fliegen* (von) to take off, fly (from)

die **Abgase** (*pl.*) exhaust fumes

ab·geben* to give away, hand in

abhängig (von) dependent (on)

die **Abhängigkeit** dependence

ab·holen to pick up, get (from somewhere)

das **Abitur, -e = Abi** (*coll.*) final comprehensive exam at the end of the "Gymnasium"

ab·laufen* to run

die **Abmachung, -en** agreement

die **Abmeldung** report that one is leaving or moving

ab·nehmen* to take s.th. from, take away

abonnieren to subscribe

ab·reisen* to leave, depart

ab·reißen* to tear down, demolish

der **Abriss** demolition

der **Absatz, ⁀e** paragraph

ab·schaffen* to do away with, abolish

der **Abschied, -e** good-bye, parting

ab·schließen, schloss ab, abgeschlossen* to conclude, finish, complete; das **Studium / die Ausbildung ~** to graduate, finish one's degree/education

der **Abschluss, ⁀e** degree, diploma, completion of course of study

die **Abschlussparty, -s** graduation party

die **Abschlussprüfung, -en** final exam

ab·schneiden* to cut off; to score (in a test or study); **Deutsche Touristen haben gut abgeschnitten.** German tourists scored high.

der **Absender, -** (*abbrev.* **Abs.**) return address

sich **ab·sichern**   to secure one's livelihood

absichtlich   intentional(ly)

absolut   absolute(ly)

absolvieren   to complete

ab·wandern*   to leave an area

sich **ab·wechseln**   to take turns

die **Abwechslung, -en**   distraction, variety

ach oh; ~ so! Oh, I see!; **~ was!** Oh, come on!

die **Achtung**   respect; **~!** Watch out! Be careful!

der **ADAC** = **Allgemeiner Deutscher Automobil-Club**   a German automobile association

ade (or **adé**)   good-bye, farewell

addieren   to add

das **Adjektiv, -e**   adjective

der **Adler, -**   eagle

die **Adresse, -n**   address

das **Adverb, -ien**   adverb

die **Aerobik**   aerobics

ähnlich   similar(ly); **Das sieht dir ~.** That's typical of you.

die **Ahnung: (Ich habe) keine ~!** (I have) no idea.

der **Akademiker, -**   (university) graduate

der **Akkusativ, -e**   accusative

der **Akt, -e**   act (play)

das **Aktiv**   active voice

die **Aktivität, -en**   activity

aktuell   up-to-date, current

der **Akzent, -e**   accent (pronunciation)

akzeptieren   to accept

all-   all; **vor ~em**   above all, mainly; **~e drei Jahre**   every three years

allein   alone

allerdings   however

die **Allergie, -n**   allergy

allergisch gegen   allergic to

allerlei   all sorts of

alles   everything, all; **Das ist ~.** That's all.

allgemein   general(ly); **im ~en** in general

allmählich   gradual(ly)

der **Alltag**   everyday life

alltäglich   common, everyday

die **Alpen** (*pl.*)   Alps

als   as; (*conj.*) (at the time) when; (after *comp.*) than

also   therefore, thus, so; in other words; well

alt (ä)   old; **stein~** very old; **ur~** ancient

der **Alte** (**ein Alter**)   old man; **die ~, -n, -n** old lady; **das ~** old things

das **Alter**   age

die **Altstadt, ¨e**   old part of town, old city center, historic district

(das) **Amerika**   America

der **Amerikaner, **   American person

amerikanisch   American

die **Ampel, -n**   traffic light

das **Amt, ¨er**   office

an-   to, up to

an   (+ *acc./dat.*) to, at (the side of), on (vertical surface)

die **Analyse, -n**   analysis

analysieren   to analyze

an·bieten*   to offer

ander-   other; **~e** others; **der/die ~e** the other one; **die ~en** the others; **etwas (ganz) ~es** s.th. (quite) different

(sich) **ändern**   to change; to alter

andererseits   on the other hand

ändern   to change

anders   different(ly), in other ways

anerkannt   recognized, accredited

an·erkennen*   to recognize; to acknowledge

die **Anerkennung, -en**   recognition

der **Anfang, ¨e**   beginning, start; **am ~** in the beginning; **~ der Woche** (at the) beginning of the week

an·fangen*   to begin, start

der **Anfänger, -**   beginner

die **Angabe, -n**   information

angeblich   supposedly

das **Angebot, -e**   offering, offer

die **Angelegenheit, -en**   issue, concern, matter

angepasst   geared to, adjusted to

angeschlagen   posted

der **Angestellte** (**ein Angestellter**) / die **Angestellte, -n, -n**   employee, clerk

angewiesen sein* auf (+ *acc.*)   to be dependent on

die **Anglistik**   English studies

der **Angriff, -e**   attack; raid

die **Angst, ¨e**   fear, anxiety; **~ bekommen*** to become afraid, get scared; **~ haben*** (**vor** + *dat.*) to fear, be afraid (of)

an·halten*   to continue

der **Anhang**   appendix

anhänglich   devoted, attached

sich **an·hören**   to listen to; **Hör dir das an!** Listen to that.

an·kommen* (**in** + *dat.*)   to arrive (in); **Das kommt darauf an.** That depends.

an·kreuzen   to mark with an X

die **Ankunft**   arrival

an·machen   to turn on (a radio, etc.)

die **Anmeldung**   reception desk; registration

die **Annahme, -n**   hypothetical statement or question; supposition

an·nehmen*   to accept; to suppose

der **Anorak, -s**   parka

anpassungsfähig   adaptable

die **Anrede**   address, form of address; **~form** form of address

an·reden   to address

an·richten   to do (damage)

der **Anruf, -e**   (phone) call

der **Anrufbeantworter, -**   answering machine

an·rufen*   to call up, phone

an·sagen   to announce

sich **an·schauen**   to look at; to watch

an·schlagen*   to post

sich **an·schließen***   to join a group

der **Anschluss, ¨e**   connection

die **Anschrift, -en**   address

(sich) **an·sehen***   to look at; to watch

die **Ansicht, -en**   opinion, attitude; view

die **Ansichtskarte, -n**   (picture) postcard

an·siedeln   to settle, colonize

an·sprechen*   to address, speak to (s.o.)

(an)statt (+ *gen.*)   instead of

anstrengend   strenuous

der **Anteil, -e**   share; proportion

der **Antrag, ¨e**   application

die **Antwort, -en**   answer

antworten   to answer

an·wachsen*   to increase

die **Anweisung, -en**   order

die **Anwesenheitskontrolle, -n**   attendance list

die **Anzahl**   number, amount

die **Anzeige, -n**   ad

(sich) **an·ziehen***   to put on (clothing), get dressed

der **Anzug, ¨e**   mens suit

an·zünden   to light

der **Apfel, ¨**   apple

der **Apfelstrudel, -** apple strudel

die **Apotheke, -n** pharmacy

der **Apotheker, -** pharmacist

appellieren to appeal

der **Appetit** appetite; **Guten ~!** Enjoy your meal.

die **Aprikose, -n** apricot

der **April** April; **im ~** in April

das **Äquivalent** equivalent

die **Arbeit, -en** work

arbeiten to work

der **Arbeiter, -** (blue-collar) worker; **Vor~** foreman

der **Arbeitgeber, -** employer

der **Arbeitnehmer, -** employee

arbeitsam hard-working

das **Arbeitsangebot, -e** labor market, job offerings

das **Arbeitsbuch, ⸚er** workbook

die **Arbeitserlaubnis** work permit

das **Arbeitsheft, -e** workbook

das **Arbeitsklima** work climate

die **Arbeitskraft, ⸚e** worker

das **Arbeitsleben** work life, career

die **Arbeitsleistung** output; performance

arbeitslos unemployed

der **Arbeitslose (ein Arbeits- loser) / die Arbeitslose, -n, -n** unemployed person

die **Arbeitslosigkeit** unemployment

der **Arbeitsmarkt, ⸚e** job market

der **Arbeitsplatz, ⸚e** job; work place, place of employment

das **Arbeitszimmer, -** study

die **Archäologie** archaeology

der **Architekt, -en, -en** architect

die **Architektur** architecture

das **Archiv, -e** archive

ärgerlich annoying

sich **ärgern über** (+ *acc.*) to get annoyed/upset about; **Das ärgert mich.** That makes me angry/mad.

arm (ä) poor

der **Arm, -e** arm

die **Armbanduhr, -en** wristwatch

die **Armee, -n** army, military

die **Armut** poverty

arrogant arrogant

die **Art, -en (von)** kind, type (of)

der **Artikel, - (von)** article (of)

der **Arzt, ⸚e / die Ärztin, -nen** physician, doctor

die **Asche** ashes

assoziieren to associate

ästhetisch aesthetic

die **Astronomie** astronomy

der **Asylant, -en, -en** asylum seeker

der **Atem** breath

atmen to breathe

die **Atmosphäre** atmosphere

die **Attraktion, -en** attraction

attraktiv attractive

auch also, too; **ich ~** me too

auf (+ *acc./dat.*) on (top of); open

auf- up, open

auf·atmen to breathe a sigh of relief

auf·bauen to build, construct, put up; **wieder ~** to rebuild

aufeinander treffen* (ist) to come together

der **Aufenthalt, -e** stay, stop- over; **Auslands~** stay abroad

die **Aufenthaltserlaubnis** residence permit

auf·essen* to eat up

auffällig striking, obvious

auf·fassen to consider (to be)

auf·führen to perform

die **Aufführung, -en** performance

die **Aufgabe, -n** assignment; task, challenge

auf·geben* to give up

aufgeschlossen open, accept- ing (of new or different things)

die **Aufgeschlossenheit** openness

auf·halten* to hold open; to stay

auf·hören (zu + *inf.*) to stop (doing s.th.)

die **Aufklärung** enlightenment

der **Aufkleber, -** sticker

die **Auflage, -n** edition

sich **auf·lösen** to dissolve, disintegrate

auf·machen to open

die **Aufmerksamkeit** attention

die **Aufnahme** audio record- ing; photograph; acceptance; reception

auf·nehmen* to take (a picture)

auf·passen to pay attention, watch out

das **Aufräumen** clean-up

der **Aufsatz, ⸚e** essay, composi- tion, paper

der **Aufschnitt** (*sg.*) assorted meats, cheeses, cold cuts

auf·schreiben* to write down

Aufsehen machen to attract interest, show off

auf sein* to be/stay up; **lange auf sein** to be/stay up late

auf·stehen* to get up

auf·stellen to put up, set up

auf·wachen (ist) to wake up

auf·wachsen* to grow up

der **Aufzug, ⸚e** elevator

das **Auge, -n** eye

der **Augenblick, -e** moment; (**Einen**) **~!** Just a minute!

der **August** August; **im ~** in August

aus (+ *dat.*) out of, from (a place of origin); **aus sein*** to be over; **Ich bin ~** . . . I'm from . . .

aus- out, out of

aus·arbeiten to work out

aus·(be)zahlen to pay out

aus·bilden to train, educate

die **Ausbildung** training, education

aus·bleiben* to not come, not happen

der **Ausdruck, ⸚e** expression

sich **(mit etwas) auseinander· setzen*** to confront (s.th.)

sich **auseinander entwick- eln** to develop apart

die **Ausfuhr** export

aus·füllen to fill out

der **Ausgang, ⸚e** exit

aus·geben* to spend (money)

aus·bilden to train, educate

ausgebildet (als) trained (as); **gut~** well-trained

ausgebucht booked, sold out

aus·gehen* to go out

ausgezeichnet excellent

aus·halten* to bear, endure (s.th.); **Ich halt(e) es nicht mehr aus.** I can't take it anymore.

aus·helfen* to help out

die **Aushilfskraft, ⸚e** temporary help

das **Ausland** foreign country; **im/ins ~** abroad

der **Ausländer, -** foreigner; **~hass** xenophobia

ausländisch foreign

der **Auslandsaufenthalt, -e** stay abroad

das **Auslandsprogramm, -e** foreign-study program

aus·leihen* to loan, lend out

aus·lesen* to pick out

aus·machen turn off (a radio, etc.)

die **Ausnahme, -n** exception

aus·nutzen to take advantage of

aus·packen to unpack

die **Ausrede, -n** excuse
ausreichend sufficient; approx. grade D
aus·richten to tell; **Kann ich etwas ~?** Can I take a message?
das **Ausrufungszeichen, -** exclamation mark
die **Aussage, -n** statement
aus·sehen* (**wie** + *nom.*) to look (like)
das **Aussehen** looks, appearance
der **Außenbezirk, -e** suburb
außer (+ *dat.*) besides, except for
äußer- outer
außerdem (*adv.*) besides
außerhalb (+ *gen.*) outside (of)
außerordentlich extraordinary
die **Aussicht, -en** (**auf** + *acc.*) prospect (for); view (of)
die **Aussichtsplattform, -en** observation deck
der **Aussiedler, -** emigrant; ethnic immigrant
die **Aussprache** pronunciation
aus·steigen* to get off
aus·stellen to issue; to exhibit
die **Ausstellung, -en** exhibition, (art) show
aus·sterben* to become extinct
der **Austausch** exchange; **das ~programm, -e** exchange program
aus·tauschen to exchange
aus·treten* to leave (a club or association), cancel membership
ausverkauft sold out
die **Auswahl** (**an** + *dat.*) choice, selection (of)
der **Auswanderer, -** emigrant
aus·wandern* to emigrate
der **Ausweis, -e** ID, identification
auswendig by heart
aus·werten to evaluate, assess
sich **aus·wirken auf** (+ *acc.*) to affect
aus·zahlen to pay out
(sich) **aus·ziehen*** to take off (clothing); to get undressed
der **Auszubildende (ein Auszubildender) / die Auszubildende, -n, -n = Azubi, -s** (*coll.*) trainee
authentisch authentic
das **Auto, -s** car
die **Autobahn, -en** freeway
autofrei free of cars
der **Automat, -en, -en** machine

automatisiert automated
der **Autor, -en** author
autoritätsgläubig believing in authority

B

backen (bäckt), backte, gebacken to bake
der **Bäcker, -** baker
die **Bäckerei, -en** bakery
das **Bad, ⸚er** bath(room)
die **Badeanstalt, -en** public pool or spa
der **Badeanzug, ⸚e** swimsuit
die **Badehose, -n** swimming trunks
baden to bathe, swim; **sich ~** to take a bath
die **Badewanne, -n** bathtub
das **Badezimmer, -** bathroom
die **Bahn, -en** railway, train; **~übergang, ⸚e** railroad crossing
der **Bahnhof, ⸚e** train station
der **Bahnsteig, -e** platform
bald soon; **Bis ~!** See you soon!; **so~** (*conj.*) as soon as
baldig soon-to-come
der **Balkon, -s/-e** balcony
der **Ball, ⸚e** ball, dance
der **Ballsaal** (*pl.* **Ballsäle**) ballroom
die **Bank, -en** bank
die **Bank, ⸚e** bench
der **Bann** ban
die **Bar, -s** bar, pub
der **Bär, -en, -en** bear
barfuß barefoot
das **Bargeld** cash
der **Bart, ⸚e** beard
der **Bau** (*no pl.*) construction
der **Bau, -ten** building
der **Bauch, ⸚e** stomach, belly
bauen to build, construct; **~ lassen*** to have (s.th.) built
der **Bauer, -n, -n** farmer
der **Bauernhof, ⸚e** farm
das **Baugesetz, -e** building code
der **Bauingenieur, -e** structural engineer
das **Bauland** building lots
der **Baum, ⸚e** tree
die **Baumwolle** cotton
die **Baustelle, -n** construction site
der **Baustoff, -e** building material
der **Bayer, -n, -n** Bavarian person

(das) **Bayern** Bavaria (in southeast Germany)
bay(e)risch Bavarian
der **Beamte (ein Beamter) / die Beamtin, -nen** civil servant
beantworten to answer
der **Bedarf (für)** need (for)
bedeuten to mean, signify
bedeutend important, meaningful
die **Bedeutung, -en** meaning; significance, importance
bedienen to take care of, serve
die **Bedienung, -en** server, waiter/waitress; service; service charge; **~!** Waiter!/Waitress!
bedingt related to, caused by
bedroht threatened; **sich ~ fühlen** to feel threatened
sich **beeilen** to hurry
beeindrucken to impress
beeinflussen to influence
beenden to finish, complete
der **Befehl, -e** instruction, request, command
befehlen (befiehlt), befahl, befohlen to order, command
die **Befreiung** liberation
befriedigend satisfactory; approx. grade C
befürchten to fear
begegnen (ist) to encounter, meet s.o.
begehrt desired
begeistert excited(ly), enthusiastic(ally)
die **Begeisterung** excitement, rapture
der **Beginn** beginning; **zu ~** in the beginning
beginnen, begann, begonnen to begin
begleiten to accompany, come with s.o.
der **Begleiter, -** companion
die **Begleitung** accompaniment
begreifen* to understand, comprehend, grasp
begrenzt limited
die **Begrenzung, -en** limit(ation), restriction
begrüßen to greet, welcome
die **Begrüßung, -en** greeting; **zur ~** as a greeting
behalten* to keep; **etwas für sich ~** to keep s.th. to oneself; **Das solltest du für dich ~.** You'd better keep that to yourself.
der **Behälter, -** container

behandeln (wie) to treat (like)

die **Behandlung, -en** treatment

beherrschen to dominate, rule

bei (+ *dat.*) at, near, at the home of

beide both

beige beige

bei·legen to enclose

das **Bein, -e** leg; **auf den ~en** on the go

das **Beispiel, -e** example; **zum ~ (z. B.)** for example (e.g.,)

der **Beitrag, ⸚e** contribution

bei·tragen* (zu) to contribute (to)

bei·treten* to join

bekämpfen to combat

bekannt well-known; **Das kommt mir ~ vor.** That seems familiar to me.

der **Bekannte (ein Bekannter) / die Bekannte, -n, -n** acquaintance

bekommen* (hat) to get, receive

bekümmert sad

belasten to burden; pollute

belegen to sign up for, enroll in; take (a course)

die **Beleidigung, -en** offense, insult

belgisch Belgian

beliebt popular

die **Belohnung, -en** reward

belügen (belügt), belog, belogen to lie, prevaricate

bemerken to notice

sich **bemühen** to try (hard)

benennen* nach to name after

benutzen to use

das **Benzin** gas(oline)

beobachten to watch, observe (s.th., s.o.)

die **Beobachtung, -en** observation

bequem comfortable, convenient

der **Berater, -** counselor, adviser, consultant

die **Beratung** counseling

berauben to rob

der **Bereich, -e** area, field

der **Berg, -e** mountain, hill

bergab downhill

bergauf uphill

die **Bergbahn, -en** mountain train

der **Bergbauer, -n** Alpine dairy farmer

bergsteigen gehen* to go mountain climbing

die **Bergtour, -en** mountain hike

der **Bericht, -e** report

berichten to report

der **Beruf, -e** profession

beruflich professional(ly); **~ engagiert** professionally active

das **Berufsleben** professional life

die **Berufsschule, -n** vocational school

der **Berufstätige (ein Berufstätiger) / die Berufstätige, -n, -n** someone working in a profession; employee

die **Berufswahl** choice of profession

beruhigend calming

berühmt famous

beschädigt damaged

sich **beschäftigen mit** to be concerned with

die **Beschäftigung** activity; occupation

beschämend embarrassing

bescheinigen to verify, document

beschließen* to decide, make a decision

beschreiben* to describe

die **Beschreibung, -en** description

beschriftet labeled

beschuldigen to accuse

besetzen to fill, occupy

besetzt occupied, taken

besichtigen to visit, look at (an attraction, a monument), tour

der **Besitz** property, possession

besitzen* to own

der **Besitzer, -** owner

besonders especially; **nichts Besonderes** nothing special

besprechen* to discuss, talk about

besser better

die **Besserung** improvement; **Gute ~!** Get well soon.

best- best; **am ~en** best

bestätigen to confirm

bestehen* to pass (an exam); **~ auf** (+ *dat.*) to insist on; **~ aus** (+ *dat.*) to consist of; **es besteht** there is

besteigen* to climb on

bestellen to order

die **Bestellung, -en** order

bestimmen to determine, characterize

bestimmt surely, for sure, certain(ly)

der **Besuch, -e** visit; visitor(s)

besuchen to visit; attend

der **Besucher, -** visitor

beten to pray

der **Beton** concrete

betonen to stress, emphasize

betreffen* to concern

betreten* to enter, step on

der **Betrieb, -e** workplace, factory

der **Betriebswirt, -e** graduate in business management

die **Betriebswirtschaft** business administration

das **Bett, -en** bed; **ins ~** to bed

sich **beugen über** (+ *acc.*) to bend over

die **Bevölkerung** population

bevor (*conj.*) before

bewachen to guard, watch over

bewältigen to overcome, cope with; finish

sich **bewegen** to move

die **Bewegung, -en** movement

sich **bewerben (um)** to apply (for)

die **Bewerbung, -en** (**um** + *acc.*) application (for)

bewerten to rate, judge, consider (as)

die **Bewertung, -en** evaluation, grading

die **Bewirtung** service

der **Bewohner, -** inhabitant; resident

bewölkt cloudy

bewundern to admire

bewusst conscious(ly)

bezahlen to pay (for)

bezeichnen to call, refer to as, name

sich **beziehen* auf** (+ *acc.*) to refer to

die **Beziehung, -en** relationship

der **Bezirk, -e** district

die **Bibliothek, -en** library

die **Biene, -n** bee

das **Bier, -e** beer; **~ vom Fass** draught beer

der **Biergarten, ⸚** beer garden

der **Bierkrug, ⸚e** stein

das **Bierzelt, -e** beer tent

bieten, bot, geboten to offer

der **Bikini, -s** bikini

die **Bilanz, -en: eine ~ auf·stellen** to make an evaluation

das **Bild, -er** picture

bilden to form; **~ Sie einen Satz!** Make/Form a sentence.

die **Bildung**   education
das **Billard**   billiards
billig   cheap(ly), inexpensive(ly)
binden, band, gebunden   to bind
die **Biochemie**   biochemistry
der **Biochemiker, -**   biochemist
Biographisches   biographical data
der **Bio-Laden, ⸚**   health-food store
der **Biologe, -n, -n** / die **Biologin, -nen**   biologist
die **Biologie**   biology
die **Birne, -n**   pear
bis   to, until; **~ bald!** See you soon!; **~ gleich!** See you in a few minutes; **~ später!** See you later! So long!
bisher   until now
bisherig   previous
bisschen: ein ~   some, a little bit (of)
bitte   please; **~! / ~ bitte!** You're welcome.; **~ schön!** You're welcome.; **~ schön?** May I help you?; **Hier ~!** Here you are.; **Wie ~?** What did you say? Could you say that again?
die **Bitte, -n**   request
bitten, bat, gebeten (um)   to ask (for), request
das **Blatt, ⸚er**   leaf; sheet
blau   blue
das **Blei**   lead
bleiben, blieb, ist geblieben   to stay, remain
der **Bleistift, -e**   pencil
der **Blick (in/auf** + *acc.*)   view (of); glance at
der **Blickpunkt, -e**   focus
blind   blind
der **Blitz, -e**   flash of lightning
blitzen   to sparkle; **es blitzt** there's lightning
der **Block, ⸚e**   block
die **Blockade, -n**   blockade
die **Blockflöte, -n**   recorder (musical instrument)
blockieren   to block
der **Blödsinn**   nonsense; **So ein ~!** What nonsense!
blond   blond
bloß   only
blühen   to flourish; to bloom
die **Blume, -n**   flower
die **Bluse, -n**   blouse
der **Boden**   ground, floor
der **Bogen, ⸚**   bow; arch
die **Bohne, -n**   bean
der **Bomber, -**   bomber

borgen   to borrow
die **Börse, -n**   stock market, stock exchange
der **Börsenmakler, -**   stockbroker
böse   angry, mad, upset
die **Branche, -n**   branch; business sector
die **Bratwurst, ⸚e**   fried sausage
der **Brauch, ⸚e**   custom
brauchen   to need
brauen   to brew
die **Brauerei, -en**   brewery
die **Braut, ⸚e**   bride
der **Bräutigam, -e**   bridegroom
die **BRD (Bundesrepublik Deutschland)**   FRG (Federal Republic of Germany)
brechen (bricht), brach, gebrochen   to break
breit   broad, wide
die **Brezel, -n**   pretzel
der **Brief, -e**   letter
der **Briefkasten, ⸚**   mailbox
brieflich   by letter
die **Briefmarke, -n**   stamp
der **Briefsortierer, -**   mail sorter
der **Briefträger, -**   mailman
die **Brille, -n**   glasses
bringen, brachte, gebracht   to bring
die **Broschüre, -n**   brochure
das **Brot, -e**   bread
das **Brötchen, -**   roll; **belegte ~** sandwich
die **Brücke, -n**   bridge
der **Bruder, ⸚**   brother
brüllen   to scream
brummig   grouchy
der **Brunnen, -**   fountain
die **Brust, ⸚e**   chest, breast
das **Buch, ⸚er**   book; **Arbeits~** workbook
der **Buchdruck**   book printing
buchen   to book
die **Buchführung**   bookkeeping
der **Buchhalter, -**   bookkeeper
der **Buchhandel**   book trade
der **Buchhändler, -**   book trader, book retailer
die **Buchhandlung, -en**   bookstore
die **Buchmesse, -n**   book fair
die **Bude, -n**   booth, stand; **Schieß~** shooting gallery
das **Büfett, -s**   dining room cabinet; buffet
das **Bügeleisen, -**   (clothing) iron
bügeln   to iron

die **Bühne, -n**   stage; **auf der ~** on stage
der **Bummel**   stroll
bummeln (ist)   to stroll
der **Bund, ⸚e**   confederation; federal government; **einen Bund schließen** to form a federation
die **Bundesbank**   central bank
der **Bundesbürger, -**   citizen of the Federal Republic
die **Bundesfeier, -n**   Swiss national holiday
die **Bundeshauptstadt, ⸚e**   federal capital (city)
das **Bundesland, ⸚er**   federal state
die **Bundesregierung**   federal government
die **Bundesrepublik Deutschland (BRD)**   Federal Republic of Germany (FRG); West Germany
der **Bundesstaat, -en**   federal state
der **Bundestag**   German federal parliament
bunt   colorful; multicolored
die **Burg, -en**   castle, fortress
der **Bürger, -**   citizen
die **Bürgerinitiative, -n**   interest group
bürgerlich   bourgeois, middle-class
der **Bürgersteig, -e**   sidewalk
das **Bürgertum**   citizenry
das **Büro, -s**   office
die **Bürokratie**   bureaucracy, red tape
die **Burschenschaft, -en**   fraternity
die **Bürste, -n**   brush
der **Bus, -se**   bus; **mit dem ~ fahren*** to take the bus
der **Busbahnhof, ⸚e**   bus depot
der **Busch, ⸚e**   bush
die **Butter**   butter

C

das **Café, -s**   café
campen   to camp; **~ gehen*** to go camping
der **Campingplatz, ⸚e**   campground
die **CD, -s**   CD, compact disc
CH = Confoederatio Helvetica   Helvetic Confederation (Switzerland)
das **Chaos**   chaos
chaotisch   chaotic

die **Charakterisierung, -en** characterization

charakteristisch characteristic

charmant charming

der **Charme** charm

der **Chauffeur, -e** chauffeur

der **Chef, -s/-en** boss, supervisor

die **Chemie** chemistry

die **Chemikalie, -n** chemical

chemisch chemical(ly)

der **Chinese, -n, -n / die Chinesin, -nen** Chinese person

chinesisch Chinese

der **Chor, ⸚e** choir

chronologisch chronological

der **Clown, -s** clown

die **Cola** cola drink, soft drink

das **College, -s** college

der **Computer, -** computer; **~künstler, -** graphic designer

computerisiert computerized

der **Container, -** container

der **Cousin, -s / Cousine, -n** cousin

cremig creamy, smooth

D

da there; **~ drüben** over there

dabei along; there; yet; **~ haben*** to have with o.s.; **~ sein*** to be there; to participate

das **Dach, ⸚er** roof

dagegen against it; **Hast du etwas ~, wenn . . . ?** Do you mind if . . . ?

daheim at home

daher therefore, hence; from there

dahin: bis ~ until then

das **Da-Kompositum, Komposita** *da-*compound

damalig (*adj.*) then

damals then, in those days

die **Dame, -n** lady; **Sehr geehrte ~n und Herren!** Ladies and gentlemen!

das **Dampfbad, ⸚er** steam bath

danach later, after that

der **Dank: Gott sei ~!** Thank God!; **Vielen / Herzlichen ~!** Thank you very much.

dankbar grateful, thankful

danke thank you; **~ schön!** Thank you very much; **~ gleichfalls!** Thanks, the same to you.

danken (+ *dat.*) to thank; **Nichts zu ~!** You're welcome. My pleasure.

dann then

dar·stellen to portray

der **Darsteller, -** actor

darum therefore; **eben ~** that's why

das that

dass (*conj.*) that; **so~** (*conj.*) so that

der **Dativ, -e** dative

das **Datum, Daten** (calendar) date; **Welches ~ ist heute?** What date is today?

die **Dauer** length, duration

dauern to last (duration); **Wie lange dauert das?** How long does that take?

der **Daumen, -** thumb

dazu: dazu gehören to belong with

die **DDR (Deutsche Demokratische Republik)** (former) German Democratic Republic (GDR); East Germany

die **Decke, -n** blanket; tablecloth

definieren to define

dein (*sg. fam.*) your

die **Dekoration, -en** decoration

dekorieren to decorate

demnächst before long

der **Demokrat, -en, -en** democrat

die **Demokratie** democracy

demokratisch democratic

der **Demonstrant, -en, -en** demonstrator

die **Demonstration, -en** demonstration

demonstrieren to demonstrate; to demonstrate in protest

denken, dachte, gedacht to think; **~ an** (+ *acc.*) to think of/about

der **Denker, -** thinker

das **Denkmal, ⸚er** monument

denn because, for; flavoring particle expressing curiosity, interest

die **Depression, -en** (mental) depression

deshalb therefore

deskriptiv descriptive

deswegen therefore

deutsch German

(das) **Deutsch: auf ~** in German; **Hoch~** (standard) High German; **Platt~** Low German (northern German dialect); **Sprechen Sie ~?** Do you speak German?

der **Deutsche (ein Deutscher) / die Deutsche, -n, -n** German person

die **Deutsche Demokratische Republik (DDR)** German Democratic Republic (GDR)

(das) **Deutschland** Germany

deutschsprachig German-speaking

d. h. (das heißt) that is, (i.e.,)

das **Dia, -s** slide (photograph)

der **Dialekt, -e** dialect

der **Dichter, -** writer, poet

dick thick, fat; **~ machen** to be fattening

die **Diele, -n** foyer

dienen to serve

der **Diener, -** servant

der **Dienst, -e** service; **öffentliche ~** civil service

der **Dienstag** Tuesday; **am ~** on Tuesday

dies- this, these

diesmal this time

das **Diktat, -e** dictation

die **Dimension, -en** dimension

das **Ding, -e** thing

das **Diplom, -e** diploma (e.g., in natural and social sciences, engineering), M.A

der **Diplomat, -en, -en** diplomat

direkt direct(ly)

der **Direktor, -en, -en** (school) principal, manager

der **Dirigent, -en, -en** (orchestra) conductor

dirigieren to conduct (an orchestra)

die **Diskothek, -en = Disko, -s** discotheque

die **Diskussion, -en** discussion

diskutieren to discuss

sich **distanzieren** to keep apart

die **Disziplin** discipline

die **DM (Deutsche Mark)** German currency before the Euro

doch yes (I do), indeed, sure; yet, however, but; on the contrary; flavoring particle expressing concern, impatience, assurance

der **Dokumentar film, -e** documentary

der **Dollar, -(s)** dollar

der **Dolmetscher, -** interpreter

der **Dom, -e** cathedral

dominieren to dominate

donnern to thunder; **es donnert** it's thundering

donnernd rumbling

der **Donnerstag** Thursday; **am ~** on Thursday

donnerstags on Thursdays
der **Doppelpunkt, -e** colon (*punctuation*)
doppelt double
das **Doppelzimmer, -** double room
das **Dorf, ¨er** village
dort (over) there
dorthin to there
die **Dose, -n** can; **~npfand** desposit on a can
der **Drachenflieger, -** hangglider
dran at it; **Jetzt sind Sie ~!** Now it's your turn.
draußen outside, outdoors; **hier ~** out here; **weit ~** far out
drehen to turn; **einen Film drehen** to make a movie; **sich drehen** to turn; **sich drehen um** to revolve around
das **Drittel, -** third
drittgrößte third largest
die **Droge, -n** drug
die **Drogerie, -n** drugstore
drohen to threaten
duften to smell good
dumm (ü) stupid, silly; **Das ist (wirklich) zu ~.** That's (really) too bad.
die **Dummheit, -en** stupidity
der **Dummkopf, ¨e** dummy, dunce, stupid person
die **Düne, -n** dune
das **Düngemittel, -** fertilizer
dunkel dark; **~haarig** dark-haired; **im Dunkeln** in the dark(ness)
die **Dunkelheit** darkness
dünn thin, skinny
durch (+ *acc.*) through; **mitten~** right through; by (agent)
durchbrechen* to break through, penetrate
der **Durchbruch** breakthrough
durchdacht thought through, well-planned
durcheinander mixed up, confused
durch·fallen* to flunk (an exam)
durch·schneiden* to cut through
der **Durchschnitt** average; **im ~** on the average
dürfen (darf), durfte, gedurft to be allowed to, may; **Was darfs sein?** May I help you?
der **Durst** thirst; **Ich habe ~.** I'm thirsty.
die **Dusche, -n** shower
(sich) **duschen** to take a shower

der **Duschvorhang, ¨e** shower curtain
das **Dutzend, -e** dozen
duzen to address (s.o.) with "du"; **sich duzen** to call each other "du"
die **DVD, -s** DVD
die **Dynamik** dynamics
dynamisch dynamic

E

die **Ebbe** ebb tide, low tide
eben after all, just (flavoring particle); **mal ~** just for a minute
die **Ebene, -n** plain, level
ebenfalls also, likewise
ebenso just as, just the same
der **EC, -s** EuroCity (train)
echt real, authentic, genuine; **~?** Really?; **un~** fake
die **Ecke, -n** corner
der **Effekt, -e** effect
egal the same; **Das ist doch ~.** That doesn't matter.; **~ wie/wo** no matter how/where; **Es ist mir ~.** It's all the same to me. I don't care.
die **Ehe, -n** marriage
ehemalig former
das **Ehepaar, -e** married couple
eher rather
die **Ehre, -n** honor
ehrgeizig ambitious
ehrgeizlos without ambition
ehrlich honest
die **Ehrlichkeit** honesty
das **Ei, -er** egg; **ein gekochtes ~** boiled egg; **Rühr~** scrambled egg; **Spiegel~** fried egg; **verlorene ~er** poached eggs
die **Eidgenossenschaft** Swiss Confederation
das **Eigelb** egg yolk
eigen- own
die **Eigenschaft, -en** characteristic
eigentlich actual(ly); **~ schon** actually, yes
der **Eigentümer, -** owner
die **Eigentumswohnung, -en** condo(minium)
eilig hurried; **es ~ haben*** to be in a hurry
ein a, an; **die ~en** the ones
einander each other, one another
die **Einbahnstraße, -n** one-way street
der **Einbau** installation
der **Einblick, -e** insight

die **Einbürgerung** naturalization (of citizens)
der **Eindruck, ¨e** impression
eine(r) von Ihnen one of you
einerlei: Das ist nun ~. That doesn't matter anymore; **Es ist mir ~.** I don't care.
einerseits . . . andererseits on the one hand . . . on the other hand
einfach simple, simply
die **Einfahrt, -en** driveway; **Keine ~!** Do not enter.
einfarbig all one color
der **Einfluss, ¨e** influence
die **Einfuhr** import
ein·führen to introduce
die **Einführung, -en** introduction
der **Eingang, ¨e** entrance
ein·greifen, griff ein, eingegriffen to intercept
der/die **Einheimische, -n (ein Einheimischer)** local person
einheitlich uniform(ly)
einig- (*pl. only*) some, a few; **so ~es** all sorts of things
einigen to unite; **sich ~** (+ *acc.*) to agree (on)
die **Einigkeit** unity
ein·kaufen to shop; **~ gehen*** to go shopping
die **Einkaufsliste, -n** shopping list
die **Einkaufstasche, -n** shopping bag
das **Einkaufszentrum, -zentren** shopping center
das **Einkommen, -** income
ein·laden (lädt ein), lud ein, eingeladen (zu) to invite (to)
die **Einladung, -en** invitation
sich **ein·leben** to settle down
ein·lösen to cash (in); **einen Scheck ~** to cash a check
(ein)mal once, (at) one time/day; **auch ~** for once; **erst ~** first of all; **es war ~** once upon a time; **nicht ~** not even; **noch ~** once more, again; one order of
einmalig unique, incredible
der **Einmarsch, ¨e** entry, invasion
die **Einnahmen** (*pl.*) revenue
ein·ordnen to categorize
ein·packen to pack (in a suitcase)
ein·richten to furnish
die **Einrichtung, -en** furnishings and appliances

einsam lonely

die **Einsamkeit** loneliness

ein·schlafen* (ist) to fall asleep

ein·schließen* to lock up

sich **ein·schreiben*** to register

das **Einschreibungsformular, -e** application for university registration

sich **ein·setzen (für)** to support actively

einst once

ein·steigen* to get on/in

die **Einstellung, -en** attitude

ein·treten* to join (a club or association)

der **Eintritt** entrance (fee), admission (fee)

der **Einwanderer, -** immigrant

ein·wandern* to immigrate

die **Einwanderung** immigration

der **Einwohner, -** inhabitant; resident

das **Einwohnermeldeamt, ⸚er** resident registration office

einzeln individual(ly)

der **Einzelne (ein Einzelner) (das Individuum, -en)** individual

das **Einzelzimmer, -** single room

einzig- only; **ein ~er** just one

das **Eis** ice, ice cream

eitel vain

ekelhaft disgusting

sich **ekeln** to be digusted

elektrisch electric

die **Elektrizität** electricity

die **Eltern** (*pl.*) parents; **Groß~** grandparents; **Schwieger~** parents-in-law; **Stief~** stepparents; **Urgroß~** great-grandparents

die **E-mail, -s** e-mail; **~-Adresse, -n** e-mail address

die **Emanzipation** emancipation

emanzipiert emancipated

emigrieren (ist) to emigrate

emotional emotional(ly)

empfangen* to receive

empfehlen (empfiehlt), empfahl, empfohlen to recommend

die **Empfehlung, -en** recommendation

empfindlich delicate; sensitive

das **Ende** end; **am ~** in the end; **~ der Woche** at the end of the week; **zu ~ sein*** to be finished

enden to end

endlich finally

die **Endung, -en** ending

die **Energie, -n** energy

eng narrow

sich **engagieren (in** + *dat.*) to get involved/engaged (in); to commit o.s. (to)

der **Engel, -** angel

der **Enkel, -** grandchild

das **Enkelkind, -er** grandchild

die **Enkeltochter, ⸚** granddaughter

der **Enkelsohn, ⸚e** grandson

enorm enormous; **~ viel** an awful lot

entdecken to discover

entfernen to remove

entfernt away

entgegen·nehmen* to accept

enthalten* to contain

der **Enthusiasmus** enthusiasm

entlang along

endlich finally

sich **entscheiden, entschied, entschieden** to decide; **~ für/gegen** to decide for/against

die **Entscheidung, -en** decision; **eine ~ treffen*** to make a decision

entschuldigen to excuse; **~ Sie bitte!** Excuse me, please.

die **Entschuldigung, -en** excuse; **~!** Excuse me! Pardon me!

sich **entspannen** to relax

entspannt relaxed

entsprechen* to correspond to; **~d** corresponding

entstehen* (ist) to develop, emerge, come into existence, be built; **neu ~** to reemerge

enttäuscht disappointed

entwerten to cancel (ticket); devalue (currency)

(sich) **entwickeln** to develop; change, transform; **sich auseinander·~** to develop apart

die **Entwicklung, -en** development

entzwei·brechen* to break apart

(sich) **entzwei·reißen*** to tear (o.s.) apart

sich **erbauen an** (+ *dat.*) to be delighted about, enjoy

das **Erdbeben, -** earthquake

die **Erde** earth; **unter der ~** underground; **zur ~ fallen*** to fall down

das **Erdgeschoss, -e** ground level; **im ~** on the ground level

das **Ereignis, -se** event

erfahren* to find out, learn; to experience, encounter

die **Erfahrung, -en** experience; **Lebens~** life experience

erfinden* to invent

der **Erfolg, -e** success

erfolgreich successful

erfrieren* (ist) to freeze to death

erfüllen to fulfill; **sich ~** to be fulfilled, come true

die **Erfüllung** fulfillment

ergänzen to supply, add to

das **Ergebnis, -se** result

ergreifen* to take (hold of)

erhalten* to keep up, preserve, maintain; receive, be given

die **Erhaltung** preservation

die **Erhellung** illumination

sich **erholen** to recuperate

die **Erholung** recuperation; rest, relaxation

erinnern (an + *acc.*) to remind (of); **sich ~ (an** + *acc.*) to remember

die **Erinnerung, -en (an** + *acc.*) reminder, memory (of)

erkalten (ist) to grow cold; (*poetic*) to become insensitive

sich **erkälten** to catch a cold

die **Erkältung, -en** cold

erkennen* to recognize; **zum Erkennen** for recognition

erklären to explain

die **Erklärung, -en** explanation

erlauben to permit, allow

die **Erlaubnis** permit, permission; **Arbeits~** work permit; **Aufenthalts~** residence permit

erleben to experience

das **Erlebnis, -se** experience

erlesen exquisite, high-quality

die **Ermäßigung, -en** discount

die **Ernährung** nutrition

erneuerbar renewable

ernst serious(ly); **(etwas) ernst nehmen*** to take (s.th.) seriously

die **Ernte, -n** harvest

eröffnen to open up, establish

erreichen to reach

erscheinen* (ist) to appear, seem

erschrecken (erschrickt), erschrak, ist erschrocken to be frightened

ersetzen to replace

erst- first

erst only, not until

ersticken (ist) to suffocate

erstklassig first class, excellent(ly)

ertragen* to tolerate, stand

erwachsen grown-up, adult

der **Erwachsene (ein Erwachsener) / die Erwachsene, -n, -n** adult

erwähnen to mention
erwärmen to heat (up)
erwarten to expect
erweitern to expand; erweitert expanded
der/die **Erwerbstätige, -en (ein Erwerbstätiger)** employee
erzählen to tell; **~ von** (+ *dat.*) to tell about; **nach·~** to retell
erziehen* to educate, raise
die **Erziehung** education
der **Espresso, -s** espresso
der **Esprit** esprit; wit
essbar edible
essen (isst), aß, gegessen to eat
das **Essen, -** food, meal; **beim ~** while eating
der **Essig** vinegar
die **Etage, -n** floor
ethnisch ethnic
etliche many
etwa about, approximately
etwas some, a little; something; **noch ~** one more thing, s.th. else; **so ~ wie** s.th. like; **Sonst noch ~?** Anything else?
euer (*pl. fam.*) your
der **Euro, -s** euro; **zehn ~** ten euros
(das) **Europa** Europe
der **Europäer, -** European person
europäisch European
die **Europäische Union (EU)** European Union; **in der ~** in the EU
die **Europäisierung** Europeanization
europaweit all over Europe
der **Evangelist, -en, -en** evangelist
eventuell perhaps, possibly
ewig eternal(ly); **für ~** forever
exakt exact(ly)
das **Examen, -** exam; **Staats~** comprehensive state exam
das **Exemplar, -e** sample, copy
das **Exil, -e** exile
existieren to exist
experimentell experimental(ly)
der **Experte, -n, -n / die Expertin, -nen** expert
exzentrisch excentric

F

die **Fabel, -n** fable
fabelhaft fabulous
die **Fabrik, -en** factory

das **Fach, ̈er** subject (of study); **Haupt~** major (field); **Neben~** minor (field); **Schwerpunkt~** major (field)
das **Fach, ̈er** special field
der **Fachbereich, -e** field (of study)
die **Fachkenntnis, -se** special skill
die **Fach(ober)schule, -n** business or technical school
die **Fachhochschule, -n** university of applied sciences
die **Fachrichtung, -en** field of study, specialization
das **Fachwerkhaus, ̈er** half-timbered house
der **Faden, ̈** thread
die **Fähigkeit, -en** ability
die **Fähre, -n** ferry
fahren (fährt), fuhr, ist gefahren to drive, go (by car, etc.)
die **Fahrerei** (incessant) driving
die **Fahrkarte, -n** ticket
der **Fahrplan, ̈e** schedule (of trains, etc.)
das **(Fahr)rad, ̈er** bicycle; **mit dem ~ fahren*** to bicycle
der **(Fahr)radweg, -e** bike path
der **Fahrstuhl, ̈e** elevator
die **Fahrt, -en** trip, drive
fair fair(ly)
die **Fakultät, -en** college, division (in a university)
der **Fall, ̈e** case; **auf jeden ~** in any case
der **Fall der Mauer** fall of the Berlin Wall
fallen (fällt), fiel, ist gefallen to fall; **~ lassen*** to drop; **jemandem leicht ~** to come easy (to s.o.); **Das fällt mir nicht leicht.** It doesn't come easy to me.
falsch wrong, false
die **Familie, -n** family
der **Familienstand** marital status
fangen (fängt), fing, gefangen to catch
die **Fantasie, -n** fantasy, imagination
fantastisch fantastic(ally)
die **Farbe, -n** color; **Welche ~ hat . . . ?** What color is . . . ?
färben to dye
der **Farbstoff, -e** dye, (artificial) color
der **Fasching** carnival; **zum ~** for carnival (Mardi Gras)

das **Fass, ̈er** barrel; **Bier vom ~** beer on tap
die **Fassade, -n** façade
fast almost
die **Faszination** fascination
faszinieren to fascinate
faul lazy
die **Faulheit** laziness
das **Fax, -e** fax
das **Faxgerät, ̈e** fax machine
der **Februar** February; **im ~** in February
fechten (ficht), focht, gefochten to fence
fehlen to be missing, lacking; **hier fehlt was** s.th. is missing (here); **Was fehlt?** What's missing?
fehlend missing
der **Fehler, -** mistake
die **Feier, -n** celebration, party
feierlich festive
feiern to celebrate
der **Feiertag, -e** holiday (e.g. national holiday)
feige cowardly; **er ist ~** he's a coward
fein fine
die **Feind, -e** enemy
feindlich hostile
das **Feld, -er** field
das **Fenster, -** window
die **Ferien** (*pl.*) vacation
der **Ferienplatz, ̈e** vacation spot
fern far, distant
die **Ferne** distance
der **Fernfahrer, -** truck driver
das **Ferngespräch, -e** long-distance call
fern·sehen* to watch TV
das **Fernsehen** TV (the medium); **im ~** on TV
der **Fernseher, -** TV set
fertig finished, done; **~·machen** to finish
das **Fest, -e** celebration
festgesetzt fixed
fest·halten* an to hold on to (s.th.)
festlich festive(ly)
das **Festspiel, -e** festival
fest·stellen to realize; to notice
die **Festung, -en** castle
die **Fete, -n** (*coll.*) party
das **Feuer, -** fire
das **Feuerwerk, -e** firework(s)
die **Figur, -en** figure
der **Film, -e** film
filmen to shoot a film

die **Finanzen** (*pl.*) finances
finanziell financial(ly)
finanzieren to finance
die **Finanzierung** financing
finden, fand, gefunden to find; **Das finde ich auch.** I think so, too. ; **Ich finde es . . .** I think it's . . .
der **Finger, -** finger; **Zeige~** index finger
der **Fingernagel, ⁝** fingernail
der **Finne, -n, -n / die Finnin, -nen** Finn, Finnish person
finnisch Finnish
(das) **Finnland** Finland
die **Firma, Firmen** company, business
der **Fisch, -e** fish
der **Fischfang** fishing
fit in shape; **sich ~ halten*** to keep in shape
flach flat
die **Fläche, -n** area
der **Flachs** flax
die **Flagge, -n** flag
die **Flamme, -n** flame
die **Flasche, -n** bottle; **eine ~ Wein** a bottle of wine; **Mehrweg~** bottle with a deposit
das **Fleisch** (*sg.*) meat
der **Fleischer, -** butcher
die **Fleischerei, -en** butcher shop
fleißig diligent(ly), conscientious(ly), industrious(ly), hard-working
flexibel flexible, flexibly
die **Flexibilität** flexibility
flieder lavender
die **Fliege, -n** fly
fliegen, flog, ist geflogen to fly; **mit dem Flugzeug ~** to go by plane
fliehen, floh, ist geflohen to flee, escape
die **Fliese, -n** tile
fließen, floss, ist geflossen to flow
fließend fluent(ly)
die **Flitterwochen** (*pl.*) honeymoon
flitzen (ist) to dash
der **Flohmarkt, ⁝e** flea market
das **Floß, ⁝e** raft
die **Flöte, -n** flute; **(Block) ~** recorder, wooden flute
die **Flotte, -n** fleet
die **Flucht** escape
der **Flüchtling, -e** refugee
der **Flug, ⁝e** flight

der **Flügel, -** wing
der **Flughafen, ⁝** airport
die **Flugkarte, -n** plane ticket
der **Flugsteig, -e** gate
das **Flugzeug, -e** airplane
der **Flur** hallway, entrance foyer
der **Fluss, ⁝e** river
die **Flut, -en** flood; high tide
folgen (ist) (+ *dat.*) to follow
folgend following
der **Fokus** focus
der **Fön, -e** hair dryer
das **Fondue, -s** fondue
fordern to demand
fördern to encourage
die **Forelle, -n** trout
die **Form, -en** form, shape
das **Formular, -e** form
formulieren to formulate
die **Forschung, -en** research; **der ~szweig, -e** field of research
der **Förster,-** forest ranger
die **Forstwirtschaft** forestry
fort- away
das **Fortbewegungsmittel, -** means of transportation
fort·fahren* to drive away; to continue
der **Fortschritt, -e** progress
fort·werfen* to throw away
die **Fotografie** photo(graph); photography
fotografieren to take pictures
die **Frage, -n** question; **Ich habe eine ~.** I have a question.; **jemandem eine ~ stellen** to ask s.o. a question
fragen to ask; **sich ~** to wonder
das **Fragezeichen, -** question mark
fraglich questionable
der **(Schweizer) Franken, -** (Swiss) franc
fränkisch Franconian
(das) **Frankreich** France
der **Franzose, -n, -n / die Französin, -nen** French person
französisch French
(das) **Französisch; auf ~** in French; **Ich spreche ~.** I speak French.
die **Frau, -en** Mrs., Ms.; woman; wife
frech impudent(ly), sassy, fresh
die **Frechheit** impertinence
frei free; available
freiberuflich self-employed, freelance

freigiebig generous(ly)
die **Freiheit** freedom; **die akademische ~** academic freedom
das **Freilichtspiel, -e** outdoor performance
frei·nehmen* to take time off
der **Freitag** Friday; **am ~** on Friday; **Kar~** Good Friday
freitags on Fridays
freiwillig voluntary; voluntarily
die **Freizeit** leisure time
die **Freizeitmöglichkeit, -en** recreational activity
die **Freizügigkeit** permissiveness ; forwardness
fremd foreign, strange
der/die **Fremde, -n (ein Fremder)** foreigner
die **Fremde** (*pl.*) foreign countries
der **Fremdenverkehr** tourism
das **Fremdenzimmer, -** guest-room
die **Fremdsprache, -n** foreign language
der **Fremdsprachenkorrespondent, -en, -en** bilingual secretary
fressen (frisst), fraß, gefressen to eat (like a glutton or an animal); **auf·~** to devour
die **Freude, -n** joy; fun
freuen: Das freut mich für dich. I'm happy for you.; **Freut mich.** I'm pleased to meet you.; **(Es) freut mich auch.** Likewise, pleased to meet you, too.
sich **freuen auf** (+ *acc.*) to look forward to; **sich freuen über** (+ *acc.*) to be happy about (s.th.)
der **Freund, -e** (boy)friend
die **Freundin, -nen** (girl)friend
freundlich friendly
die **Freundlichkeit** friendliness
die **Freundschaft, -en** friendship
der **Frieden** peace
das **Friedensgebet, -e** prayer for peace
friedlich peaceful(ly)
frieren, fror, gefroren to freeze, be cold
frisch fresh(ly)
der **Friseur, -e** barber, hair stylist
die **Friseuse, -n = Friseurin, -nen** beautician, hair stylist
friesisch Frisian
früh early, morning
früher earlier, once, former(ly)
der **Frühling, -e** spring

das **Frühjahrssemester, -**   spring semester

das **Frühstück**   breakfast; **Was gibts zum ~?** What's for breakfast?

frühstücken   to eat breakfast

der **Frust**   frustration

frustriert   frustrated

die **Frustrierung**   frustration

der **Fuchs, ̈e**   fox; **schlau wie ein ~** clever as a fox; **ein alter ~** a sly person

sich **fühlen**   to feel (a certain way); **sich wohl ~** to feel good, be comfortable

führen   to lead; **(zu etwas) führen**   to lead (to s.th.)

der **Führerschein, -e**   drivers license

die **Führung, -en**   guided tour

die **Fülle**   abundance

füllen   to fill

die **Funktion, -en**   function

für (+ *acc.*)   for; **was ~ ein ...?** what kind of a ...?

die **Furcht**   fear, awe

furchtbar   terrible, terribly, awful(ly), horrible; horribly

fürchten um   to worry about

sich **fürchten** (**vor** + *dat.*)   to be afraid (of)

fürchterlich   horrible; horribly

der **Fürst, -en, -en**   sovereign, prince

das **Fürstentum, ̈er**   principality

der **Fuß, ̈e**   foot; **mit Füßen treten*** to treat (s.o.) badly, with disrespect; **zu ~ gehen*** to walk

der **Fußball, ̈e**   soccer (ball)

der **Fußgänger, -**   pedestrian; **~überweg, -e** pedestrian crossing; **~weg, -e** pedestrian sidewalk; **~zone, -n** pedestrian area

G

die **Gabe, -n**   gift; **in kleinen ~n** in small doses

die **Gabel, -n**   fork

gähnen   to yawn

die **Galerie, -n**   gallery

ganz   whole, entire(ly), all; very, quite

das **Ganze**   the whole thing; **im Großen und ~n** on the whole

die **Garage, -n**   garage

garantieren   to guarantee

die **Gardine, -n**   curtain

gar nicht   not at all

der **Garten, ̈**   garden; **Bier~** beer garden

das **Gartenstück, -e**   garden plot

die **Gasse, -n**   narrow street

der **Gast, ̈e**   guest

der **Gastarbeiter, -**   foreign (guest) worker

das **Gästezimmer, -**   guest room

das **Gasthaus, ̈er**   restaurant, inn

der **Gasthof, ̈e**   small hotel

die **Gaststätte, -n**   restaurant, inn

die **Gastwirtschaft, -en**   restaurant, inn

die **Gattin, -nen**   wife (*formal*)

das **Gebäck**   pastry; pastries, baked goods

das **Gebäude, -**   building

geben (gibt), gab, gegeben   to give; **Das gibts doch nicht!** I don't believe it! That's impossible!; **es gibt** there is, there are; **Was gibts?** What's up?; **Was gibts im ...?** What's (playing) on ...?; **Was gibts Neues?** What's new?

das **Gebiet, -e**   area, region

gebildet   well-educated

das **Gebirge, -**   mountains, mountain range

geboren: Ich bin ... ~.   I was born ...; **Wann sind Sie ~?** When were you born?; **Wann wurde ... ~?** When was ... born?

die **Geborgenheit**   security

gebrauchen   to use, utilize

die **Gebühr, -en**   fee

gebunden   tied down; **orts~** tied to a certain town or place

die **Geburt, -en**   birth

der **Geburtstag, -e**   birthday; **Alles Gute / Herzlichen Glückwunsch zum ~!** Happy birthday!; **Ich habe am ...-(s)ten ~.** My birthday is on the ... (date); **Ich habe im .. . ~.** My birthday is in ... (month).; **Wann haben Sie ~?** When is your birthday?; **zum ~** at the / for the birthday

der **Geburtsort, -e**   place of birth

das **Gedächtnis**   memory

der **Gedanke, -ns, -n**   thought

das **Gedicht, -e**   poem

die **Geduld**   patience

geduldig   patient; **~ wie ein Lamm** really patient

die **Gefahr, -en**   danger

gefährlich   dangerous

das **Gefälle, -**   decline

gefallen (gefällt), gefiel, gefallen (+ *dat.*)   to like, be pleasing to; **Das gefällt mir aber!** I really like it.; **Es gefällt mir.** I like it.

gefangen halten*   to keep prisoner

das **Gefängnis, -se**   prison

gefettet   greased

der **Gefrierschrank, ̈e**   freezer

das **Gefühl, -e**   feeling; **Mit~** compassion

gegen (+ *acc.*)   against; toward (time), around

die **Gegend, -en**   area, region

der **Gegensatz, ̈e**   contrast, opposite

gegensätzlich   opposing

das **Gegenteil, -e**   opposite; **im ~** on the contrary

gegenüber (**von** + *dat.*)   across (from)

die **Gegenwart**   present (tense)

der **Gegner, -**   opponent

das **Gehalt, ̈er**   salary

gehen, ging, ist gegangen   to go, walk; **Das geht.** That's OK.; **Das geht (heute) nicht.** That won't work (today).; **Es geht mir ...** I am (feeling) ...; **So gehts.** That's the way it goes.; **wenn es darum geht** when it's a matter of; **Wie gehts? Wie geht es Ihnen?** How are you?; **zu Fuß ~** to walk

gehorchen   to obey

gehören (+ *dat.*) / **gehören zu**   to belong to, be a part of; **dazu ~** to belong with

die **Geige, -n**   violin

die **Geisteswissenschaft, -en**   humanities

der **Geisteswissenschaftler, -**   humanities scholar

geistig   mental(ly); intellectual(ly)

das **Geistige**   intellectual work

geizig   stingy

das **Geländer, -**   railing, banister

gelaunt: gut/schlecht ~ in a good/bad mood

gelb   yellow

das **Geld**   money; **Bar~** cash; **Erziehungs~** government stipend for child care; **~ aus·geben*** to spend money; **Klein~** change der **Geldautomat, -en, -en** ATM machine

der **Geldschein, -e** banknote

die **Gelegenheit, -en** opportunity, chance

gelingen, gelang, ist gelungen to succeed; **Es gelingt mir nicht.** I can't.

gelten (gilt), galt, gegolten to apply to, be valid for, be true

das **Gemälde, -** painting

die **Gemeinde, -n** community

gemeinsam together, shared, joint(ly); (in) common; **gemeinsam haben** to have (s.th.) in common

die **Gemeinschaft, -en** community; association

das **Gemisch** mixture

gemischt mixed

das **Gemüse, -** vegetable(s)

gemütlich cozy, pleasant, comfortable, convivial

die **Gemütlichkeit** nice atmosphere, coziness

genau exact(ly); **~!** Exactly! Precisely!; **~so** the same; **~so . . . wie** just as . . . as; **~ wie** (+ *nom.*) just like

die **Generation, -en** generation

sich **genieren** to be embarrassed

genießen, genoss, genossen to enjoy

der **Genitiv, -e** genitive

genug enough; **Jetzt habe ich aber ~.** That's enough. I've had it.

genügen to suffice

geöffnet open

die **Geographie** geography

geologisch geological

die **Geologie** geology

das **Gepäck** baggage, luggage

die **Gepäckaufgabe, -n** checked luggage room

gepflegt well-groomed

gepunktet dotted

gerade just, right now; **~ als** just when; **(immer) ~aus** (keep) straight ahead

die **Gerechtigkeit** justice

das **Gericht, -e** dish (prepared food); **Haupt~** main dish

der **Gerichtshof, ¨e** court

gering little, small; **~er** less

germanisch Germanic

die **Germanistik** study of German language and literature

gern (lieber, liebst-) gladly; **furchtbar ~** very much; **~ geschehen!** Glad to . . . ; **~ haben** to like, be fond of; **Ich hätte ~.** I'd like to have . . .

das **Gerücht, -e** rumor

das **Geschäft, -e** business; store

geschäftlich concerning business

die **Geschäftsfrau, -en** businesswoman / **Geschäftsmann, ¨er** businessman / **Geschäftsleute** (*pl.*) business people

geschehen (geschieht), geschah, ist geschehen to happen; **Das geschieht dir recht.** That serves you right.

das **Geschenk, -e** present

die **Geschichte, -n** history; story

geschickt talented, skillful

geschieden divorced

das **Geschlecht, -er** gender, sex

geschlossen closed

der **Geschmack, ¨er** taste

geschmacklos tacky

das **Geschrei** screaming

die **Geschwindigkeit, -en** speed; **~sbegrenzung** speed limit; **Richt~** recommended speed

die **Geschwister** (*pl.*) brothers and/or sisters, siblings

der **Geselle, -n, -n / die Gesellin, -nen** journeyman/journeywoman

gesellig sociable

die **Gesellschaft, -en** society

gesellschaftlich societal, social(ly)

gesellschaftspolitisch sociopolitical

die **Gesellschaftswissenschaft, -en** social science

das **Gesetz, -e** law

gesetzlich legal(ly)

gesichert secure

das **Gesicht, -er** face

gespannt curious

das **Gespräch, -e** conversation, dialogue

der **Gesprächspartner, -** interlocutor

das **Geständnis, -se** confession

gestern yesterday; **~ Abend** last/yesterday evening; **~ Nacht** last night; **vor~** the day before yesterday

gestreift striped

gesucht wird wanted

gesund (ü) healthy

die **Gesundheit** health

das **Gesundheitsamt** health department

gesundheitsbewusst health conscious

der **Gesundheitsfanatiker, -** health nut

geteilt divided; shared

das **Getränk, -e** beverage

der **Getränkemarkt, ¨e** beverage store

getrennt separated, separate(ly)

die **Gewalt** force; violence

die **Gewaltlosigkeit** nonviolence

die **Gewerkschaft, -en** trade/labor union

der **Gewinn, -e** profit, benefit

gewinnen, gewann, gewonnen to win

gewiss for sure

das **Gewitter, -** thunderstorm

sich **gewöhnen an** (+ *acc.*) to get used to

gewöhnlich usual(ly)

gierig greedy

gießen, goss, gegossen to pour; **es gießt** it's pouring

das **Gift, -e** poison

der **Giftstoff, -e** toxic waste

der **Gipfel, -** mountain top

die **Giraffe, -n** giraffe

die **Gitarre, -n** guitar

der **Glanz** brilliance, splendor

das **Glas, ¨er** glass; **ein ~** a glass of

glauben to believe, think; **~ an** (+ *acc.*) to believe in; **Ich glaube es/ihr.** I believe it/her.

glaubhaft convincing(ly)

gleich equal(ly), same; right away; **Bis ~!** See you in a few minutes!

gleichberechtigt with equal rights

die **Gleichberechtigung** equality, equal rights

gleichfalls: Danke ~! Thank you, the same to you.

gleichgeschlechtlich same-sex

gleichmäßig regularl(ly)

das **Gleichnis, -se** parable

das **Gleis, -e** track

der **Gletscher, -** glacier

die **Glocke, -n** bell

glorreich glorious

das **Glück** luck, happiness; **Du ~spilz!** You lucky thing!; **~ gehabt!** I was (you were, etc.)

lucky!; **~ haben*** to be lucky; **Viel ~!** Good luck!; **zum ~** luckily

glücklich happy, happily

der **Glückwunsch, ¨e** congratulation; **Herzliche Glück wünsche!** Congratulations! Best wishes!; **Herzlichen ~ (zum Geburtstag)!** Congratulations (on your birthday)!

das **Gold** gold

golden golden

der **Gott** God; **~ sei Dank!** Thank God!

der **Grad, -e** degree

die **Grammatik** grammar

grammatisch grammatical(ly)

die **Grapefruit, -s** grapefruit

das **Gras** grass

gratulieren (+ *dat.***)** to congratulate; **Wir ~! / Ich gratuliere!** Congratulations!

grau gray

greifen, griff, gegriffen to grab, seize

die **Grenze, -n** border

grenzen (an + *acc.***)** to border

grenzenlos unlimited, endless(ly)

der **Grieche, -n, -n / die Griechin, -nen** Greek person

(das) **Griechenland** Greece

griechisch Greek

die **Grippe** flu, influenza

groß (größer, größt-) large, big, tall; **im Großen und Ganzen** on the whole, by and large

die **Größe, -n** size, height

die **Großeltern** (*pl.*) grandparents; **Ur~** great-grandparents

der **Größenwahn** megalomania

größenwahnsinnig megalomaniacal

die **Großmacht, ¨e** superpower

das **Großmaul, ¨er** big mouth

die **Großmutter, ¨** grandmother; **Ur~** great-grandmother

die **Großstadt, ¨e** large city

der **Großteil** major part/portion

der **Großvater, ¨** grandfather; **Ur~** great grand father

Grüezi! Hi! (in Switzerland)

grün green; **ins Grüne / im Grünen** out in(to) nature

der **Grund, ¨e** reason; **aus diesem ~** for that reason; **im ~e genommen** basically

gründen to found

die **Gründerzeit** late 1800s (years of rapid industrial expansion in Germany)

das **Grundgesetz** Constitution, Basic Law

die **Grundschule, -n** elementary school, grades 1–4

das **Grundstück, -e** building lot

der **Grundstücksmakler, -** real estate broker

die **Gründung, -en** founding; foundation

der **Grundwert, -e** fundamental value, principle

die **Grünfläche, -n** green area

die **Grünzone, -n** greenbelt

die **Gruppe, -n** group

der **Gruß, ¨e** greeting; **Viele Grüße (an [+** *acc.***] . . .)!** Greetings (to . . .)!

grüßen to greet; **Grüß dich!** Hi!; **Grüß Gott!** Hello! Hi! (in southern Germany)

der **Gummi** rubber

gurgeln to gargle

die **Gurke, -n** cucumber; **saure ~** pickle

der **Gürtel, -** belt

gut (besser, best-) good, fine; well; **Das ist noch mal ~ gegangen.** Things worked out all right (again); **~** approx. grade B; **~ aussehend** good-looking; **~ gelaunt** in a good mood, happy; **Machs ~!** Take care.; **na ~** well, all right; **sehr ~** approx. grade A

das **Gute: Alles ~!** All the best!; **Alles ~ zum Geburtstag!** Happy birthday!

die **Güte** goodness; **Ach du meine ~!** My goodness!

gütig kind(ly)

das **Gymnasium, Gymnasien** academic high school (grades 5–13)

H

das **Haar, -e** hair

haben (hat), hatte, gehabt to have; **gemeinsam ~** to have (s.th.) in common; **gern ~** to like, be fond of; **Ich hätte gern . . .** I'd like (to have) . . .

die **Habsburger** the Habsburg Dynasty (Austrian emperors from 1765–1918)

der **Hafen, ¨** harbor, port

die **Haferflocken** (*pl.*) oatmeal

das **Hähnchen, -** grilled chicken

der **Haken, -** hook

halb half (to the next hour); **~tags** part-time; **in einer ~en Stunde** in half an hour

die **Hälfte, -n** half

die **Halle, -n** large room for work, recreation, or assembly

Hallo! Hello! Hi!

der **Hals, ¨e** neck, throat; **Das hängt mir zum ~ heraus.** I'm fed up (with it).

das **Halsband, ¨er** collar

Halt! Stop!

halten (hält), hielt, gehalten to hold; stop (a vehicle); **~ für** to take (s.th.) for (s.th else), think (s.th) is (s.th. else); **~ von** to think of, be of an opinion about

die **Haltestelle, -n** (bus, etc.) stop

das **Halteverbot, -e** no stopping or parking

die **Hand, ¨e** hand

die **Handarbeit, -en** needle-work

der **Handball, ¨e** handball

der **Handel** commerce, trade

das **Handeln** action

die **Handelsbeziehung, -en** trade relation(s)

die **Handelsnation, -en** trading nation

der **Handelspartner, -** trading partner

der **Händler, -** merchant, dealer

der **Handschuh, -e** glove

das **Handtuch, ¨er** towel

der **Handwerker, -** craftsman

das **Handy, -s** cellular phone

hängen to hang (up)

hängen, hing, gehangen to hang (be hanging)

die **Hanse** Hanseatic League

harmonisch harmonious

hart (ä) hard; tough

das **Häschen, -** rabbit, bunny

der **Hass** hate

hassen to hate

hässlich ugly

die **Haube, -n** hood

das **Hauptfach, ¨er** major (academic field of study)

der **Hauptmann, ¨er** captain

die **Hauptrolle, -n** leading role

die **Hauptsache, -n** main thing

hauptsächlich mainly

die **Hauptsaison** (high) season

die **Hauptschule, -n** basic high school (grades 5–9)

die **Hauptstadt, ¨e** capital city

das **Hauptwort, ̈er** noun
das **Haus, ̈er** house; **nach ~e** (toward) home; **zu ~e** at home
der **Hausbesetzer, -** squatter
das **Häuschen, -** little house
die **Hausfrau, -en** housewife
der **Haushalt, -e** household
der **Haushälter, -** housekeeper
häuslich home-loving, domestic
das **Haustier, -e** pet
die **Hauswirtschaft** home economics
die **Haut** skin
die **Hautpflege** skin care
das **Heft, -e** notebook
heilig holy; **Aller ~en** All Saints Day; **~e Drei Könige** Epiphany
der **Heiligabend** Christmas Eve; **am ~** on Christmas Eve
die **Heimat** homeland, home, place of origin
der **Heimcomputer, -** home computer
heimlich secret(ly), in secret
die **Heimreise, -n** trip home
das **Heimweh** homesickness, nostalgia
Heimweh haben* to be homesick
heiraten to marry, get married
heiratslustig eager to marry
heiß hot(ly)
heißen, hieß, geheißen to be called; **Ich heiße . . .** My name is . . .; **Wie ~ Sie?** What's your name?
die **Heizung** heating (system)
das **Heizmaterial** heating material, fuel
helfen (hilft), half, geholfen (+ *dat.*) to help
hell light, bright; **Sei ~e!** Be smart!
das **Hemd, -en** shirt; **Nacht~** nightgown
die **Henne, -n** hen
her- toward (the speaker)
herab·blicken (auf + *acc.*) to look down (on)
herab·schauen (auf + *acc.*) to look down (on)
heran- up to
heraus·finden* to find out
die **Herausforderung, -en** challenge
sich **heraus·halten*** to keep out of (s.th.)
die **Herberge, -n** hostel, simple hotel

der **Herbst, -e** fall, autumn
der **Herd, -e** (kitchen) range
herein- in(to)
herein·kommen* to come in, enter
herein·lassen* to let in
der **Hering, -e** herring
die **Herkunft** origin, decent
der **Herr, -n, -en** Mr., gentleman; Lord; **Sehr geehrte Damen und ~en!** Ladies and gentlemen!
das **Herrchen, -** (*coll.*) (male) owner of a pet
herrlich wonderful(ly), great(ly), splendid(ly)
her·stellen to manufacture, produce
herum- around
herum·fragen to ask around
herum·laufen* to run around
herum·reisen* to travel around
herum·schnuppern to snoop around
hervor·bringen* to produce
das **Herz, -ens, -en** heart; **mit ~** with feelings
herzförmig heart-shaped
der **Herzog, ̈e** duke
heulen to cry; howl
der **Heurige, -n** (*sg.*) new wine
die **Heurigenschänke, -n** Viennese wine-tasting inn
heute today; **für ~** for today; **~ Abend** this evening; **~ Nacht** tonight
heutig- of today
heutzutage nowadays
hier here
die **Hilfe, -n** help
hilfsbereit helpful
das **Hilfsverb, -en** auxiliary verb
der **Himmel** sky; heaven
himmlisch heavenly
hin- toward (the speaker)
das **Hindernis, -se** obstacle, hurdle, impediment
hin und her back and forth
hinauf·fahren* to go or drive up (to)
hinein·gehen* to go in(to), enter
hinein·passen to fit in
hin·kommen* to get/come to
hin·legen to lay or put down; **sich ~** to lie down
hin·nehmen* to accept
sich **(hin·)setzen** to sit down
hinter (+ *acc./dat.*) behind
hinterlassen* to leave behind
der **Hintergrund, ̈e** background

der **Hintern, -** behind
die **(Hin- und) Rückfahrkarte, -n** round-trip ticket
hinunter·fahren* to drive down
hinzu- added to
hinzu·fügen to add
das **Hirn** brain
der **Hirsch, -e** red deer
historisch historical(ly)
das **Hobby, -s** hobby
hoch (hoh-) (höher, höchst-) high(ly)
das **Hochdeutsch** standard High German
das **Hochhaus, ̈er** high-rise building
hoch·kriechen* (an + *dat.*) to creep up (on)
hoch·legen to put up (high)
die **Hochnäsigkeit** arrogance
die **Hochschule, -n** university, college; institution of higher education; **Fach~** university of applied sciences
die **Hochzeit, -en** wedding; **der ~stag, -e** wedding day / anniversary
(das) **Hockey** hockey
der **Hof, ̈e** court, courtyard; farm
hoffen to hope
hoffentlich hopefully, I hope
die **Hoffnung, -en** hope
höflich polite(ly)
die **Höflichkeitsform, -en** polite form (of address)
die **Höhe, -n** height, altitude; **Das ist doch die ~!** That's the limit!; **in die ~** up high
der **Höhepunkt, -e** climax
hohl hollow
die **Höhle, -n** cave
(sich) **holen** to (go and) get, pick up, fetch
der **Holländer, -** Dutchman, Dutch person
holländisch Dutch
die **Hölle** hell
das **Holz** wood
hölzern wooden
der **Honig** honey
hoppla oops, whoops
hörbar audible, audibly
horchen (nach) to listen (for)
hören to hear
der **Hörer, -** listener; receiver
der **Hörsaal, -säle** lecture hall
das **Hörspiel, -e** radio play
das **Hörverständnis** listening comprehension (activity)

die **Hose, -n** slacks, pants
der **Hosenanzug, -̈e** pant suit
das **Hotel, -s** hotel
hübsch pretty
der **Hügel, -** hill
das **Huhn, -̈er** chicken
das **Hühnchen, -** little chicken
der **Humor** (sense of) humor
der **Hund, -e** dog
hundert hundred; **Hunderte von** hundreds of
der **Hunger** hunger; **Ich habe ~.** I'm hungry.
hungrig hungry, hungrily
hupen to honk (the horn in a car)
hüpfen (ist) to hop
der **Hut, -̈e** hat
hüten to watch (over)
die **Hütte, -n** hut, cottage
die **Hymne, -n** hymn, anthem
die **Hypnose** hypnosis

I

der **ICE, -s** InterCityExpress (train)
ideal ideal(ly)
das **Ideal, -e** ideal
der **Idealismus** idealism
die **Idee, -n** idea; **Gute ~!** That's a good idea!
sich **identifizieren** to identify o.s.
identisch identical(ly)
die **Identität, -en** identity
idyllisch idyllic(ally)
ignorieren to ignore
ihr her; its; their
Ihr (formal) your
imaginär imaginary
die **Imbissbude, -n** snack bar, fast-food stand
die **Immatrikulation** enrollment (at university)
immer always; **~ geradeaus** always straight ahead; **~ länger** longer and longer; **~ noch** still; **~ wieder** again and again
der **Imperativ, -e** imperative
das **Imperfekt** imperfect, simple past
in (+ *acc./dat.*) in, into, inside of; **im Gegenteil** on the contrary; **~ Verbindung bringen** (mit) to associate (with), relate (to)
inbegriffen (in + *dat.*) included (in)
der **Indianer, -** Native American person

der **Indikativ** indicative
indirekt indirect(ly)
die **Individualität** individuality
individuell individual(ly)
das **Individuum, -en** individual
die **Industrie, -n** industry
der **Industriekaufmann** / die **~kauffrau** / die **~leute** industrial manager(s)
industriell industrial
das **Industrieunternehmen, -** large industrial company
der **Infinitiv, -e** infinitive
die **Informatik** computer science
die **Information, -en** information
die **Informationssuche** search for information
informativ informative
informieren (**über** + *acc.*) to inform (about); **sich ~** to inform oneself, find out (about)
der **Ingenieur, -e** engineer
die **Initiative, -n** initiative
inlineskaten to rollerblade; **~ gehen*** to go rollerblading
innen (*adv.*) inside
der **Innenhof, -̈e** inner court
die **Innenstadt, -̈e** center (of town), downtown
der **Innenstädter, -** city dweller
inner- inner
innerhalb within
die **Insel, -n** island
insgesamt altogether
das **Institut, -e** institute
das **Instrument, -e** instrument; **Musik~** musical instrument
die **Inszenierung, -en** production
intellektuell intellectual(ly)
intelligent intelligent(ly)
die **Intelligenz** intelligence
der **Intendant, -en, -en** artistic director
intensiv intensive(ly)
interessant interesting; **etwas Interessantes** s.th. interesting; **unheimlich ~** really interesting
das **Interesse, -n** (**an** + *dat.*) interest (in)
sich **interessieren für** to be interested in
international international(ly)
das **Internet** Internet
interpretieren to interpret
das **Interview, -s** interview
interviewen to interview
intolerant intolerant
das **Inventar, -e** inventory

investieren to invest
der **Investor, Investoren** investor
inzwischen in the meantime
irden (*poet.*) earthen
irgend: ~wie somehow; **~wo** somewhere
(das) **Italien** Italy
der **Italiener, -** Italian person
italienisch Italian

J

die **Jacke, -n** jacket
jagen (ist) to race
der **Jäger, -** hunter
das **Jahr, -e** year; **Ein gutes neues ~!** Have a good New Year!
jahrelang for years
die **Jahreszeit, -en** season
das **Jahrhundert, -e** century
die **Jahrhundertwende** turn of the century
-jährig years old; years long
jährlich yearly
das **Jahrtausend, -e** millennium; **die ~wende** turn of the millennium
jammern to complain, grieve
der **Januar** January; **im ~** in January
der **Japaner, -** Japanese
japanisch Japanese
je (+ *comp.*) **... desto** (+ *comp.*) **...** the ... the ...; **~ nachdem** depending on
jed- (*sg.*) each, every
jedenfalls in any case
jeder each one, everyone, everybody
jederzeit any time
jedoch however
jemand someone, somebody
jetzt now
der **Job, -s** job
jobben to have a job that is not one's career
joggen to jog; **~ gehen*** to go jogging
der **Jog(h)urt** yogurt (frequently also used with **das**)
der **Journalist, -en, -en** journalist
das **Jubiläum, Jubiläen** anniversary; jubilee
der **Jude, -n, -n** / die **Jüdin, -nen** Jewish person, Jew
das **Judentum** Jewry
jüdisch Jewish
die **Jugend** youth

die **Jugendherberge, -n** youth hostel

der **Juli** July; **im ~** in July

jung (ü) young

der **Junge, -n, -n** boy

die **Jungfrau, -en** virgin; Virgo

der **Junggeselle, -n, -n** bachelor

der **Juni** June; **im ~** in June

Jura: Er studiert ~. He's studying law.

juristisch pertaining to (the study of) law

der **Juwelierladen, ̈** jewelry store

K

das **Kabarett, -e** (or **-s**) cabaret

das **Kabelfernsehen** cable TV

der **Kaffee** coffee; **~ mit Schlag** coffee with whipped cream

das **Kaffeehaus, ̈er** traditional Austrian café

der **Kaffeeklatsch** coffee klatsch, chatting over coffee (and cake)

der **Kaiser, -** / **Kaiserin, -nen** Emperor, Empress

der **Kaiserschmarren** pancakes pulled to pieces and sprinkled with powdered sugar and raisins

der **Kakao** hot chocolate

das **Kalb, ̈er** calf; **die ~sleber** calves liver

der **Kalender, -** calendar

kalt (ä) cold; **~ oder warm?** chilled or heated?

die **Kälte** cold(ness)

die **Kamera, -s** camera

der **Kamin, -e** fireplace

der **Kamm, ̈e** comb

(sich) **kämmen** to comb (o.s.)

die **Kammer, -n** chamber

der **Kampf, ̈e (um)** fight, struggle (for)

kämpfen (**um** + *acc.*) to fight, struggle (for)

(das) **Kanada** Canada

der **Kanadier, -** Canadian person

kanadisch Canadian

die **Kantine, -n** cafeteria (at a workplace)

der **Kanton, -e** canton

das **Kanu, -s** canoe

der **Kanzler, -** chancellor

kapitalistisch capitalist

das **Kapitel, -** chapter

kaputt broken

kaputt·gehen* to get broken, break

der **Karfreitag** Good Friday

kariert checkered

der **Karneval** carnival

die **Karotte, -n** carrot

die **Karriere, -n** career

die **Karte, -n** ticket; card; **~n spielen** to play cards

die **Kartoffel, -n** potato; der **~brei** (*sg.*) mashed potatoes; die **~chips** (*pl.*) potato chips; das **~mehl** potato flour, starch; der **~salat** potato salad

das **Karussell, -e** merry-go-round

der **Käse** cheese; **Das ist (doch) ~!** That's nonsense; **Kräuter~** herbed cheese

die **Kasse, -n** cash register, cashier's window

die **Kassette, -n** cassette

die **Kassierer, -** cashier; clerk, teller

der **Kasten, ̈** crate

die **Katastrophe, -n** catastrophe

die **Katze, -n** cat

kauen to chew

der **Kauf** purchase

der **Kaufmann** / die **Kauffrau** / die **Kaufleute** business man/woman/persons

kaufen to buy

der **Käufer, -** buyer

das **Kaufhaus, ̈er** department store

kaum hardly, barely, scarcely

kegeln to bowl

kein no, not a, not any; **(Ich habe) keine Ahnung!** I have no idea!

der **Keller, -** basement, cellar

der **Kellner, -** waiter / die **Kellnerin, -nen** waitress

kennen, kannte, gekannt to know, be acquainted with

kennen lernen to get to know, meet

der **Kenner, -** connoisseur

die **Kenntnis, -se** knowledge, skill

der **Kerl, -e** (*coll.*) guy, chap; **ein guter Kerl** a nice guy

der **Kern, -e** core

die **Kernenergie** nuclear energy

kernlos seedless

die **Kerze, -n** candle

die **Kette, -n** chain, necklace

die **Kettenreaktion, -en** chain reaction

das **Kilo, -s (kg)** kilogram

der **Kilometer, - (km)** kilometer

das **Kind, -er** child

der **Kindergarten, ̈** kindergarten

der **Kindergärtner, -** kindergarten teacher

kinderlieb fond of children; **sie ist ~** she loves children

die **Kindheit** childhood

das **Kinn, -e** chin

das **Kino, -s** movie theater

der **Kiosk, -e** newsstand

die **Kirche, -n** church

die **Kirsche, -n** cherry

kitschig cheesy, kitschy

klagen (**über** + *acc.*) to complain (about)

die **Klammer, -n** parenthesis

klappen to work out

klappern to rattle

klar clear; **eins ist ~** one thing is for sure; **(na) ~!** Sure! Of course!

klasse (*adj.*) great, superb

die **Klasse, -n** class

der **Klassenkamerad, -en, -en** classmate

das **Klassentreffen, -** class reunion

das **Klassenzimmer, -** classroom

klassisch classical(ly)

die **Klausur, -en** written test, midterm, final exam

der **Klatsch** gossip

klatschen to clap; to gossip

das **Klavier, -e** piano

das **Kleid, -er** dress

der **(Kleider)bügel, -** clothes hanger

der **Kleiderschrank, ̈e** closet

die **Kleidung** clothing

der **Kleidungsartikel, -** article of clothing

klein small, little, short

die **Kleinbürgerlichkeit** narrow-mindedness

das **Kleingeld** change

der **Klempner, -** plumber

der **Klient, -en, -en** client

das **Klima, -s** climate

die **Klimaanlage, -n** air conditioning

klingeln to ring a (door) bell

klingen, klang, geklungen to sound; **(Das) klingt gut.** (That) sounds good.

das **Klo, -s** (*coll.*) toilet

klopfen to knock

das **Kloster, ̈** monastery; convent

der **Klub, -s** club

klug (ü) smart, clever(ly)
knabbern to nibble
der **Knabe, -n, -n** boy
die **Knappheit** shortage
die **Kneipe, -n** pub, bar
das **Knie, -** knee
der **Knirps, -e** little fellow, dwarf
der **Knoblauch** garlic
der **Knöd(e)l, -** dumpling (in southern Germany)
der **Knopf, ⁼e** button
der **Knoten, -** knot
knuspern to nibble
der **Koch, ⁼e / die Köchin, -nen** cook
kochen to cook
der **Koffer, -** suitcase
die **Kohle** coal
das **Kohlendioxid, -e** carbon dioxide
die **Kohlensäure, -n** carbonation
der **Kollege, -n, -n / die Kollegin, -nen** colleague, co-worker; **Zimmer~** roommate
die **Kolonialisierung** colonization
kombinieren to combine
der **Komfort** comfort
komisch funny, strange(ly), comical(ly)
das **Komitee, -s** committee
das **Komma, -s** comma
kommen, kam, ist gekommen to come; **Komm rüber!** Come on over!
der **Kommentar, -e** commentary
kommentieren to comment
kommerziell commercial(ly)
die **Kommode, -n** dresser
kommunistisch communist
der **Komparativ, -e** comparative
die **Komplikation, -en** complication
kompliziert complicated
komponieren to compose (music)
der **Komponist, -en, -en** composer
das **Kompott, -e** stewed fruit
der **Kompromiss, -e** compromise
die **Konditorei, -en** pastry shop
die **Konferenz, -en** conference
der **Konflikt, -e** conflict
der **Kongress, -e** conference
der **König, -e** king; **Heilige Drei ~e** Epiphany (Jan. 6)
die **Königin, -nen** queen
das **Königreich, -e** kingdom

konjugieren to conjugate
die **Konjunktion, -en** conjunction
der **Konjunktiv** subjunctive
die **Konkurrenz** competition
konkurrieren to compete
können (kann), konnte, gekonnt to be able to, can
die **Konsequenz, -en** consequence
konservativ conservative
das **Konservierungsmittel, -** preservative
das **Konsulat, -e** consulate
die **Kontaktlinse, -n** contact lense
das **Konto, -s** (or **Konten**) account
der **Kontrast, -e** contrast
die **Kontrolle, -n** control
kontrollieren to control, check
die **Konversation, -en** conversation; **~sstunde, -n** conversation lesson
das **Konzentrationslager, -** concentration camp
sich **konzentrieren (auf + acc.)** to focus (on), concentrate (on)
das **Konzert, -e** concert
die **Kooperation** cooperation
der **Kopf, ⁼e** head; **~ stehen*** to stand on one's head; **pro ~** per person
das **Kopftuch, ⁼er** head scarf
die **Kopie, -n** copy
der **Kopierer, -** copy machine
der **Korb, ⁼e** basket
der **Korbball, ⁼e** basketball
der **Körper, -** body
die **Körperkultur** culture of the body
körperlich physical(ly)
die **Korrektur, -en** correction
der **Korrespondent, -en, -en** correspondent
korrigieren to correct
kosten to cost
die **Kosten** (*pl.*) cost(s)
kostenlos free (of charge)
das **Kostüm, -e** costume; lady's suit
die **Krabbe, -n** crab
der **Kracher, -** firecracker
die **Kraft, ⁼e** strength, power
die **Kralle, -n** claw
der **Kran, ⁼e** crane
krank (ä) sick, ill
der **Kranke (ein Kranker) / die Kranke, -n, -n** sick person

der **Krankenbesuch, -e** sick visit
die **Krankengymnast, -en, -en** physical therapist
das **Krankenhaus, ⁼er** hospital
die **Krankenkasse, -n** health insurance agency
die **Krankenpflege** nursing
der **Krankenpfleger, -** male nurse
die **Krankenschwester, -n** female nurse
die **Krankenversicherung, -en** health insurance
die **Krankheit, -en** sickness, illness, disease
der **Kranz, ⁼e** wreath; **Advents~** Advent wreath
der **Krapfen, -** fried pastry, filled doughnut
der **Kratzer, -** scratch
das **Kraut** cabbage
der **Krawall, -e** riot
die **Krawatte, -n** tie
kreativ creative(ly)
die **Kreativität** creativity
der **Krebs, -e** crab; cancer; Cancer
die **Kreditkarte, -n** credit card
die **Kreide** chalk
der **Kreis, -e** circle; county
das **Kreuz, -e** cross, mark
die **Kreuzung, -en** intersection
das **Kreuzworträtsel, -** crossword puzzle
kriechen, kroch, ist gekrochen to creep, crawl
der **Krieg, -e** war; die **Nach~szeit** postwar period
kriegen (*coll.*) to receive, get
der **Krimi, -s** detective story
die **Kriminalität** crime
das **Kriterium, Kriterien** criterion
die **Kritik** criticism
der **Kritiker, -** critic
kritisch critical(ly)
kritisieren to criticize
die **Krone, -n** crown
krönen to crown
die **Küche, -n** kitchen; cuisine
der **Kuchen, -** cake
der **Küchenschrank, ⁼e** kitchen cabinet
die **Kugel, -n** ball
kühl cool
der **Kühlschrank, ⁼e** refrigerator
der **Kuli, -s** pen
die **Kultur, -en** culture
kulturell cultural(ly)

sich **kümmern (um)**   to take care (of)

der **Kunde, -n / die Kundin, -nen** customer, client

die **Kunst, ¨e**   art

der **Künstler, -**   artist; **Computer~** graphic designer

künstlerisch   artistic; artistically

künstlich   artificial; man-made

die **Kunstmesse, -n**   art fair

das **Kupfer**   copper

kupfern (*adj.*)   (made of) copper

die **Kuppel, -n**   cupola, dome

der **Kurfürst, -en, -en**   elector (prince)

der **Kurort, -e**   health resort, spa

der **Kurs, -e**   course

kurz (ü)   short(ly), brief(ly); **~ vor** shortly before; **vor ~em** recently

die **Kürze**   shortness, brevity; **In der ~ liegt die Würze.** Brevity is the soul of wit. (*lit.*, In brevity lies the seasoning.)

das **Kurzgespräch, -e**   brief conversation

die **Kusine, -n** (*fem.*)   cousin

küssen   to kiss

die **Küste, -n**   coast

L

das **Labor, -s** (or **-e**)   lab(oratory)

der **Laborant, -en, -en**   lab assistant

lachen   to laugh

lächeln   to smile; **~ über** (+ *acc.*) to smile about

lächelnd   smiling

lächerlich   ridiculous

laden (lädt), lud, geladen   to load

der **Laden, ¨**   store, business

die **Lage, -n**   location

lahm   lame; lacking enthusiasm

das **Lamm, ¨er**   lamb

die **Lampe, -n**   lamp

das **Land, ¨er**   country, state; **auf dem ~(e)** in the country; **aufs ~** in(to) the country(side)

landen (ist)   to land

die **Landeskunde**   cultural and geographical study of a country

die **Landkarte, -n**   map

die **Landschaft, -en**   landscape, scenery

die **Landung, -en**   landing

der **Landwirt, -e**   farmer

die **Landwirtschaft**   agriculture

landwirtschaftlich agricultural(ly)

lang (ä) (*adj.*)   long

lange   long, for a long time; **noch ~ nicht** not by far; **schon ~ (nicht mehr)** (not) for a long time; **wie ~?** how long?

langsam   slow(ly)

sich **langweilen**   to get/be bored

langweilig   boring, dull

lassen (lässt), ließ, gelassen   to leave (behind)

lässig   casual(ly)

die **Last, -en**   burden

(das) **Latein**   Latin

die **Laterne, -n**   lantern

laufen (läuft), lief, ist gelaufen   to run, walk

der **Laut, -e**   sound

laut   loud(ly), noisy; **Lesen Sie ~!** Read aloud.; **Sprechen Sie ~er!** Speak up.

läuten   to ring

der **Lautsprecher, -**   loudspeaker

leben   to live

das **Leben**   life; **ums ~ kommen*** to die, perish

lebend   living; **etwas Lebendes** s.th. living

lebendig   alive; lively

der **Lebensabschnitt, -e**   phase of one's life

die **Lebensfreude**   zest for life

lebensfroh   cheerful, full of life

der **Lebenslauf, ¨e**   (course of one's) life; CV, resumé

die **Lebensmittel** (*pl.*)   groceries

der **Lebensstandard**   standard of living

die **Lebensumstände** (*pl.*) living conditions; life circumstances

die **Leber, -n**   liver; **Kalbs~** calves liver

der **Leberkäs(e)**   (Bavarian) meatloaf made from minced pork

die **Leberwurst**   liver sausage

der **Lebkuchen, -**   gingerbread

das **Leder**   leather

die **Lederhose, -n**   leather pants

ledig   single

leer   empty; **leer stehen** to sit vacant

das **Leergut**   empty bottles

legen   to lay, put (flat); **auf etwas Wert ~** to insist on s.th.; **Darauf lege ich viel Wert.** That is very important to me. ; **sich (hin·)~** to lie down

das **Lehrbuch, ¨er**   textbook

die **Lehre, -n**   apprenticeship

lehren   to teach

der **Lehrer, -**   teacher

der **Lehrling, -e**   apprentice

die **Lehrstelle, -n**   apprenticeship (position)

leicht   light; easy, easily; **Das fällt mir nicht ~.** It doesn't come easy to me.; **etwas ~ nehmen** to take s.th. lightly

das **Leid**   misery; **Es tut mir ~.** I'm sorry.

die **Leidenschaft, -en**   passion

leidenschaftlich   passionate

leider   unfortunately

leihen, lieh, geliehen   to lend

die **Leine, -n**   leash

leise   quiet(ly), soft(ly)

leisten   to achieve; **sich etwas ~** to afford s.th. (a purchase)

die **Leistung, -en** accomplishment

leiten   to be in charge; to lead, to direct

der **Leiter, -**   director

die **Leiter, -n**   ladder

die **Leitung**   leadership, direction; organizers, directors

das **Leitungswasser**   tap water

lernen   to learn, study

lesbar   legible, legibly

lesen (liest), las, gelesen   to read; **~ Sie laut! / ~ Sie es vor!** Read it aloud.

der **Leser, -**   reader

die **Leseratte, -n**   bookworm

der **Lesesaal, -säle**   reading room

letzt-   last

(das) **Letzeburgisch** Luxembourg dialect

letztendlich   finally, in the end

leuchtend   bright, vibrant (color)

die **Leute** (*pl.*)   people

licht (*poetic*)   light

das **Licht, -er**   light; **ins ~ treten*** to step out into the light

die **Lichterkette, -n**   candlelight march

der **Lichtschalter, -**   light switch

lieb-   dear

die **Liebe**   love

lieben   to love

lieber   rather; **Es wäre mir ~, wenn . . .** I would prefer it, if . . .

liebevoll   loving

der **Liebhaber, -**   enthusiast

der **Liebling, -e**   darling, favorite; **~sdichter** favorite poet; **~sfach** favorite subject; **~sgetränk, -e** favorite beverage; **~splatz** favorite place

liebst-: am ~en best of all
das **Lied, -er** song
liefern to distribute, deliver; **sich ~ lassen** to have (s.th.) delivered
liegen, lag, gelegen to lie, be (located); be lying (flat)
der **Liegestuhl, ⸚e** lounge chair
lila purple
die **Lilie, -n** lily
die **Limonade, -n = Limo, -s** soft drink; **die Zitronen~** carbonated lemonade
die **Linguistik** linguistics
die **Linie, -n** line
link- left; **auf der ~en Seite** on the left
links left; **erste Straße ~** first street on the left
die **Liste, -n** list; **eine ~ auf·stellen** to make a list
der **Liter, -** liter
die **Literatur** literature
das **Loch, ⸚er** hole
locken to lure, attract
locker relaxed, laid back; **(etwas) ~ sehen** to be casual about (s.th.), make light of (s.th.)
der **Löffel, -** spoon; **Ess~** tablespoon (of); **Tee~** teaspoon (of)
logisch logical(ly)
lokal local(ly)
los: ~·werden* to get rid of; **etwas ~ sein*** to be happening, going on; **Was ist ~?** What's the matter?
lose loose
lösen to solve; **sich ~ von** to free o.s. of
die **Lösung, -en** solution
die **Lotterie, -n** lottery
der **Löwe, -n, -n / die Löwin, -nen** lion; Leo
die **Luft** air
der **Luftangriff, -e** air raid
die **Luftbrücke** airlift
die **Luftpost** airmail; **per ~** by airmail
die **Luftverschmutzung** air pollution
die **Lüge, -n** lie
lügen to lie
die **Lust** inclination, desire, fun; **~ haben auf** to feel like (doing or having) s.th.; **Ich habe (keine) ~ (zu) . . .** I (don't) feel like (doing s.th.) . . .
lustig funny; **reise~ sein*** to love to travel; **sich ~ machen (über** + acc.) to make fun of
luxuriös luxurious(ly)
der **Luxus** luxury

M

machen to make; to do; **Aufsehen ~** to attract interest, show off; **(Das) macht nichts.** (That) doesn't matter. That's okay.; **Das macht zusammen . . .** That comes to . . .; **Machs gut!** Take care!; **Spaß ~** to be fun; **Was machst du Schönes?** What are you doing?
die **Macht, ⸚e** power; die **Westmächte** (pl.) western Allies
das **Mädchen, -** girl
das **Magazin, -e** magazine; feature (e.g., on TV)
die **Magd, ⸚e** (archaic) maid
der **Magen, ⸚ / -** stomach
der **Magister, -** master's degree, M.A.
die **Mahlzeit, -en** meal; **~!** Enjoy your meal (food)!
das **Mahnmal, -e** memorial (of admonishment)
der **Mai** May; **im ~** in May
der **Mais** corn
mal times, multiplied by; **~ sehen!** Let's see.
das **Mal, -e: das erste ~** the first time; **zum ersten ~** for the first time
malen to paint
der **Maler, -** painter (artist); house painter
man one (they, people, you)
man (adv.; north German coll.): **Komm ~!** Come on!; **Lass ~ gut sein!** Forget it!
das **Management** management
manch- many a, several, some
manchmal sometimes
der **Mangel (an** + dat.) lack (of)
mangelhaft poor; approx. grade D
manipuliert manipulated
der **Mann, ⸚er** man; husband
männlich masculine, male
die **Mannschaft, -en** team; military unit
der **Mantel, ⸚** coat
das **Manuskript, -e** manuscript
das **Märchen, -** fairy tale
die **Margarine, -n** margarine
die **Marine, -n** navy
die **Marke, -n** brand
markieren to mark
der **Markt, ⸚e** market; **Super~** supermarket; **Wachstums~** growth market
die **Marmelade, -n** marmalade, jam

der **März** March; **im ~** in March
die **Maschine, -n** machine
der **Maschinenbau** mechanical engineering
die **Maske, -n** mask
die **Massage, -n** massage
die **Maß** large glass holding about 1 liter of beer
die **Masse, -n** mass
die **Massenmedien** (pl.) mass media
die **Maßnahme, -n** step, measure
das **Material** material
die **Mathematik** mathematics
die **Mauer, -n** (thick) wall
das **Maul, ⸚er** big mouth (of animal)
der **Maurer, -** bricklayer
die **Maus, ⸚e** mouse; **~efalle, -n** mousetrap
der **Mechaniker, -** mechanic
die **Medien** (pl.) media
das **Medikament, -e** medicine, medication
die **Medizin** (the field of) medicine
das **Meer, -e** ocean, sea
das **Mehl** flour
mehr more; **immer ~** more and more; **~ als** more than
mehrer- (pl.) several
die **Mehrheit** majority
die **Mehrwertsteuer, -n** value-added tax
meiden, mied, gemieden to avoid
mein my
meinen to mean, think (be of an opinion); **Wenn du meinst.** If you think so.
die **Meinung, -en** opinion; **meiner ~ nach** in my opinion
die **Meinungsumfrage, -n** opinion poll
meist-: am ~en most
meistens mostly, usually, more often than not; for the most part
der **Meister, -** master
die **Melange** coffee with whipped cream
die **Melone, -n** melon
die **Menge, -n** crowd; **jede ~** all sorts of
die **Mensa** (pl. **Mensen**) student cafeteria
der **Mensch, -en, -en** human being, person; people (pl.); **~!** Man! Boy! Hey!; **Mit~** fellow human being

die **Menschheit** humankind

das **Menü, -s** complete meal (usually including soup and dessert); **Tages~** daily special

merken to notice, find out

die **Messe, -n** (trade) fair

das **Messegelände, -** fairgrounds

das **Messer, -** knife; **Taschen~** pocket knife

das **Metall, -e** metal

der **Meter, -** meter

die **Metropole, -n** metropolis

der **Metzger, -** butcher

die **Metzgerei, -en** butcher shop

mies miserable

die **Miete, -n** rent

mieten to rent

der **Mieter, -** renter, tenant

die **Mietwohnung, -en** apartment

der **Mikrowellenherd, -e = die Mikrowelle, -n** microwave oven

die **Milch** milk

das **Militär** military, army

der **Militärdienst** military service

militärisch military

der **Million, -en** million

der **Millionär, -e** millionaire

die **Minderheit** minority

der **Mindestbestellwert** minimum order

mindestens at least

die **Mineralogie** mineralogy

das **Mineralwasser** mineral water

minus minus

die **Minute, -n** minute

mischen to mix; **darunter·~** to blend in

die **Mischform, -en** mixed form, hybrid

die **Mischung, -en** (**aus** + *dat.*) mixture (of)

miserabel miserable, miserably

die **Mission, -en** mission

mit- together, with, along

mit (+ *dat.*) with; along

das **Mitbestimmungsrecht** right to participate in the decision-making process

der **Mitbewohner, -** housemate

mit·bringen* to bring/take along

mit·fahren* to drive along

mit·feiern to join in the celebration

das **Mitgefühl** compassion

mit·gehen* to go along

das **Mitglied, -er** member

mit·kommen* to come along

das **Mitleid** pity

mit·machen to participate

mit·nehmen* to take along

mit·schicken to send along

mit·singen* to sing along

der **Mittag, -e** noon; **heute ~** at noon today

das **Mittagessen, -** lunch, midday meal; **beim ~** at lunch; **zum ~** for lunch

mittags at noon; **dienstag~** Tuesdays at noon

die **Mitte** middle, center; **~ des Monats** in the middle of the month; mid-month

das **Mittel, -** means (of)

das **Mittelalter** Middle Ages; **im ~** in the Middle Ages

mittelalterlich medieval

(das) **Mitteleuropa** Central Europe

mittelgroß average size

mitten: ~drin right in the middle of it; **~durch** right through the middle of

die **Mitternacht: um ~** at midnight

der **Mittwoch** Wednesday; **am ~** on Wednesday; **Ascher~** Ash Wednesday

mittwochs on Wednesdays

mit·wirken to participate

die **Möbel** (*pl.*) furniture

die **Mobilität** mobility

möbliert furnished

möchten (subj. of **mögen**) would like; **Ich möchte . . .** I would like (to have) . . .

das **Modalverb, -en** modal auxiliary

die **Mode, -n** fashion, trend; custom; **in ~** in(to) vogue

der **Moderator, -en** moderator, TV-host

mögen (mag), mochte, gemocht to like; **Ich mag kein(e/en) . . .** I don't like (any) . . . (+ *acc. noun*)

möglich possible; **alle ~en** all sorts of; **Das ist doch nicht ~!** That's impossible!

die **Möglichkeit, -en** possibility

der **Moment, -e** moment; **(Einen) ~!** One moment! Just a minute!

momentan at the moment, right now

der **Monat, -e** month; **im ~** a month, per month; **einen ~** for one month

monatelang for months

monatlich monthly

der **Montag** Monday ; **am ~** on Monday

montags on Mondays

die **Moral** moral

der **Mörder, -** murderer

morgen tomorrow; **Bis ~!** See you tomorrow; **für ~** for tomorrow; **über~** the day after tomorrow

der **Morgen** morning: **Guten ~!** Good morning.; **heute ~** this morning

morgens in the morning, every morning; **montag~** Monday mornings

der **Moslem, -s / die Moslime, -n** Moslem man/woman

moslemisch Moslem

die **Mozartkugel, -n** chocolate candy invented in Salzburg

der **MP3-Spieler,-** MP3 player

müde tired

die **Müdigkeit** fatigue

die **Mühe, -n** effort

mühelos without trouble, easily

mühsam tiresome, strenuous; with difficulty, through hard work

der **Müll** garbage, waste

die **Mülltonne, -n** garbage can

die **Mülltrennung** garbage sorting

der **Mund, ⸚er** mouth

die **Mundart, -en** (**der Dialekt, -e**) dialect

mündlich oral(ly)

die **Münze, -n** coin

die **Muschel, -n** clam; shell

das **Museum, Museen** museum

die **Musik** music

musikalisch musical(ly)

der **Musiker, -** musician

die **Musikwissenschaft** music ology

(der) **Muskat** nutmeg

das **Müsli** (Swiss **Müesli**) cereal (with fruits and nuts)

müssen (muss), musste, gemusst to have to, must

die **Mutter, ⸚** mother; **Groß~** grandmother; **Schwieger~** mother-in-law; **Urgroß~** great-grandmother

mütterlich motherly
die **Muttersprache** mother tongue

N

na well; **~ also** well; **~ gut** well, all right; **~ ja** well; **~ klar** of course; **~ und?** So what?
nach- after, behind
nach (+ *dat.*) after (time), to (cities, countries, continents); **je ~** depending on
der **Nachbar, -n, -n** neighbor
die **Nachbarschaft, -en** neighborhood; neighborly relations
nachdem (*conj.*) after; **je ~** depending on
nach·denken* über to reflect, think about
nacherzählt retold, adapted
die **Nachfrage** demand
nachher afterward
nach·kommen* to follow
die **Nachkriegszeit** period after the war
nach·laufen* to run after
nach·machen to imitate
der **Nachmittag, -e** afternoon; **am ~** in the afternoon; **heute ~** this afternoon
nachmittags in the afternoon, every afternoon
der **Nachname, -ns, -n** last name
die **Nachricht, -en** news (e.g., on TV)
nächst- next
die **Nacht, ̈-e** night; **gestern ~** last night; **Gute ~!** Good night!; **heute ~** tonight
der **Nachteil, -e** disadvantage
das **Nachthemd, -en** nightgown
der **Nachtisch** dessert; **zum ~** for dessert
der **Nachtmensch, -en, -en** night person
nachts during the night, every night; **sonntag~** Sunday nights
der **Nachttisch, -e** nightstand
der **Nachtwächter, -** night watchman
nach·weisen, wies nach, nachgewiesen to prove
nach·werfen* to throw after
nackt naked, nude
die **Nacktheit** nudity, nakedness
die **Nadel, -n** needle
nah (**näher, nächst-**) near

die **Nähe** nearness, vicinity; **in der ~** nearby; **in der ~ von** (+ *dat.*) near (somewhere)
nähen to sew
der **Name, -ns, -n** name; **Mädchen~** maiden name; **Mein ~ ist . . .** My name is . . . ; **Nach~** last name; **Spitz~** nickname; **Vor~** first name
nämlich namely, you know
die **Nase, -n** nose; **Ich habe die ~ voll.** I'm fed up (with it).
nass wet
die **Nation, -en** nation, state
national national(ly)
der **Nationalismus** nationalism
die **Nationalität, -en** nationality
der **Nationalsozialismus** National Socialism (Nazism)
die **Nationalsozialisten** (*pl.*) National Socialists (Nazis)
der **Nationalstolz** nationalism
die **Natur** nature
natürlich natural(ly), of course
das **Naturschutzgebiet, -e** nature preserve
die **Naturwissenschaft, -en** natural science
naturwissenschaftlich scientific(ally)
die **Nazizeit** Nazi period
der **Nebel** fog
neben (+ *acc./dat.*) beside, next to
nebeneinander next to each other
das **Nebenfach, ̈-er** minor (academic field of study)
der **Nebensatz, ̈-e** subordinate clause
neblig foggy
der **Neffe, -n, -n** nephew
negativ negative(ly)
nehmen (nimmt), nahm, genommen to take; to have (food); **etwas leicht ~** to take s.th. lightly
nein no
die **Nelke, -n** carnation
nennen, nannte, genannt to name, call
nett nice
neu new(ly); **Was gibts Neues . . . ?** What's new?
neugierig curious(ly)
der **Neujahrstag** New Year's Day
nicht not; **gar ~** not at all; **~ nur . . . sondern auch** not only . . . but also; **~ wahr?** isn't it?, right?
die **Nichte, -n** niece

nichts nothing; **~ Besonderes/ Neues** nothing special/new
nicken to nod
nie never; **noch ~** never before, not ever
sich **nieder·legen** to lie down
niedrig low
niemand nobody, no one
nirgends nowhere; **ins Nirgends** into nowhere
nobel noble, nobly
noch still; **~ ein** another; **~ (ein)mal** once more, again; **~ etwas** s.th. else; **~ kein(e)** still no; **~ lange nicht** not by far; **~ nicht** not yet; **~ nie** never (before), not ever; **immer ~** still; **Sonst ~ etwas?** Anything else?; **was ~?** what else?; **weder . . . ~** neither . . . nor
der **Nominativ, -e** nominative
die **Nonne, -n** nun
der **Norden: im ~** in the north
nördlich (**von**) to the north, north (of)
normal normal; by regular (surface) mail
die **Nostalgie** nostalgia
nostalgisch nostalgic
die **Note, -n** grade
der **Notendurchschnitt, -e** grade point average
nötig necessary, needed
die **Notiz, -en** note; **~en machen** to take notes
notwendig necessary
der **November** November; **im ~** in November
nüchtern sober
die **Nudel, -n** noodle
null zero
der **Numerus clausus** admissions restriction at a university
die **Nummer, -n** number
nun now; **~, . . .** well, . . .
nur only
die **Nuss, ̈-e** nut
nutzen to use
nutzlos useless

O

ob (*conj.*) if, whether; **Und ~!** You bet. You better believe it.
oben upstairs; up; **~ genannt** above-mentioned
die **Oberstufe, -n** upper level
das **Oberteil, -e** top (e.g., of a bikini)
das **Objekt, -e** object

objektiv objective(ly)

das **Obst** (*sg.*) fruit

obwohl (*conj.*) although

oder or; **~?** Isn't it? Don't you think so?

der **Ofen, ⸚** oven

offen open

die **Offenheit** openness

öffentlich public(ly)

offiziell official(ly)

der **Offizier, -e** title of high military rank, officer

öffnen to open; **~ Sie das Buch auf Seite . . . !** Open the book to page . . . !

oft often

ohne (+ *acc.*) without

das **Ohr, -en** ear

Oje! Oops! Oh no!

der **Ökologe, -n, -n / die Ökologin, -nen** ecologist

die **Ökologie** ecology

ökologisch ecological(ly)

das **Ökosystem, -e** ecological system

der **Oktober** October; **im ~** in October

das **Öl, -e** oil; lotion

oliv olive-colored

der **Ölwechsel** oil change

die **Olympiade, -n** Olympics

die **Oma, -s** grandma, grandmother

der **Onkel, -** uncle

der **Opa, -s** grandpa

die **Oper, -n** opera ; **Seifen~** soap opera

die **Operette, -n** operetta

das **Opfer, -** victim

optimal optimal(ly)

optimistisch optimistic(ally)

orange (color) orange

die **Orange, -n** orange

das **Orchester, -** orchestra

ordentlich orderly; regular(ly)

die **Organisation, -en** organization

der **Organisator, -en** organizer

(sich) **organisieren** to organize

die **Orgel, -n** organ

die **Orientierung** orientation

das **Original, -e** original

der **Ort, -e** place, location; town

der **Ossi, -s** (derogatory nickname) East German person

die Ostalgie nostalgia for the days of the DDR and life in East Germany

der **Osten: im ~** in the east

(das) **Österreich** Austria

der **Österreicher, -** Austrian person

österreichisch Austrian

östlich (von) eastern, in the east; east (of), to the east (of)

der **Ozean, -e** ocean

P

paar: ein ~ a couple of, some

das **Paar, -e** couple, pair

die **Pacht** lease; **der ~vertrag, ⸚e** lease agreement/contract

pachten to lease

packen to pack; to grab

die **Pädagogik** education

das **Paket, -e** package, parcel

die **Paketkarte, -n** parcel form

der **Palast, ⸚e** palace

das **Panorama** panorama

das **Papier, -e** paper

die **Pappe** cardboard

die **Parabel, -n** parable

das **Paradies** paradise

der **Paragraph, -en, -en** paragraph

das **Parfüm, -s** perfume

der **Park, -s** park

die **Parkanlage, -n** public park

parken to park

das **Parkett: im ~** (seating) in the orchestra

der **Parkplatz, ⸚e** parking lot

parlamentarisch parliamentary

die **Partei, -en** (political) party

das **Parterre: im ~** on the first/ground floor

das **Partizip, -ien** participle

der **Partner, -** partner

die **Partnerschaft, -en** partnership

die **Party, -s** party

der **Pass, ⸚e** passport

passen to fit

passend appropriate(ly), suitable, suitably

passieren (ist) to happen

passiv passive(ly)

das **Passiv** passive voice

patriotisch patriotic

der **Patriotismus** patriotism

pauken to cram

die **Pause, -n** intermission, break; **eine ~ machen** to take a break

das **Pech** tough luck; **~ haben*** to be unlucky

pendeln (ist) to commute; **hin- und her·~** to commute back and forth

die **Pension, -en** boarding house; hotel

die **Pensionierung** retirement

das **Perfekt** present perfect

permanent permanent(ly)

perplex baffled

die **Person, -en** person; **pro ~** per person

das **Personal** personnel, staff; **die ~kosten** (*pl.*) staffing cost

persönlich personal(ly)

der **persönliche digitale Assistent, -en, -en (PDA)** personal digital assistant

die **Persönlichkeit, -en** personality

die **Perspektive, -n** perspective

pessimistisch pessimistic(ally)

das **Pfand, ⸚er** deposit; security

das **Pfandflaschensystem, -e** deposit bottle system

der **Pfannkuchen, -** pancake

der **Pfarrer, -** (Protestant) minister; cleric

der **Pfeffer** pepper

die **Pfefferminze** peppermint

die **Pfeife, -n** pipe

pfeifen, pfiff, gepfiffen to whistle; boo

der **Pfeil, -e** arrow

das **Pferd, -e** horse

der **Pferdewagen, -** horse-drawn wagon

die **Pflanze, -n** plant

das **Pflaster, -** adhesive bandage

die **Pflaume, -n** plum

pflegen to maintain, take care of, cultivate; **er pflegt, das zu tun** he usually does that

die **Pflegeversicherung, -en** long-term care insurance

die **Pflicht, -en** duty, obligation

das **Pflichtfach, ⸚er** required subject

das **Pfund, -e** pound; **zwei ~** two pounds (of)

die **Pharmazie** pharmaceutics; pharmacy

die **Philologie** philology

der **Philosoph, -en, -en** philosopher

die **Philosophie** philosophy

die **Physik** physics

der **Physiker, -** physicist

physisch physical(ly)

der **Pianist, -en** pianist

das **Picknick, -s** picnic

picknicken to (have a) picnic; **~ gehen*** to go picnicing

die **Piefke** Austrian slang for German people
der **Pilot, -en, -en** pilot
die **Pille, -n** (birth control) pill
der **Pinsel, -** paintbrush
die **Pizza, -s** pizza
der **Plan, ̈e** plan; **Spiel~** schedule of performances
planen to plan
das **Plastik** plastic
die **Plastiktüte, -n** plastic bag
platschen to patter
das **Plattdeutsch** Low German (dialects spoken in the flatlands of northern Germany)
die **Platte, -n** record; platter
der **Plattenspieler, -** record player
der **Platz, ̈e** (town) square, place; seat; space
die **Platzanweiser, -** usher
das **Plätzchen, -** cookie
plötzlich sudden(ly)
der **Plural, -e** (von) plural (of)
plus plus
der **Plüsch** plush
das **Plusquamperfekt** past perfect
der **Pole, -n, -n / die Polin, -nen** native of Poland
(das) **Polen** Poland
polnisch Polish
die **Politik** politics
der **Politiker, -** politician
die **Politik(wissenschaft)** political science, politics
politisch political(ly)
die **Polizei** (*sg.*) police
der **Polizist, -en, -en** policeman
die **Pommes frites** (*pl.*) French fries
populär popular(ly)
die **Popularität** popularity
das **Portemonnaie, -s** wallet
der **Portier, -s** desk clerk
das **Porto** postage
das **Porträt, -s** portrait
(das) **Portugal** Portugal
der **Portugiese, -n, -n / die Portugiesin, -nen** the Portuguese
portugiesisch Portuguese
das **Porzellan** porcelain
die **Post** post office; mail
der **Postbote, -n, -n / die Postbotin, -nen** mail carrier
der **Postdienst** postal service
der **Posten, -** position
das **Postfach, ̈er** post office (P.O.) box

die **Postkarte, -n** plain postcard
die **Postleitzahl, -en** ZIP code
die **Postwertzeichen** (*pl.*) postage
die **Pracht** splendor
prägen to shape, influence
der **Praktikant, -en** intern
das **Praktikum, Praktika** practical training, internship
praktisch practical(ly)
die **Präposition, -en** preposition
das **Präsens** present time
präsentieren to present
der **Präsident, -en, -en** president
die **Praxis** practical experience; practice
der **Preis, -e** price; prize
die **Preiselbeeren** (*pl.*) type of cranberries
die **Presse** press; **Tages~** daily press
das **Prestige** prestige
prima great, wonderful
primitiv primitive(ly)
der **Prinz, -en, -en** prince
die **Prinzessin, -nen** princess
das **Prinzip, -ien** principle; **im ~** in principle
privat private(ly)
das **Privileg, Privilegien** privilege
pro per
die **Probe, -n** test; **auf die ~ stellen** to test
proben to rehearse
probieren to try
das **Problem, -e** problem; **(Das ist) kein ~.** (That's) no problem.
problematisch problematic
das **Produkt, -e** product
die **Produktion** production; **Buch~** book publishing
der **Produzent, -en, -en** producer
produzieren to produce
der **Professor, -en** professor
das **Profil, -e** profile
profitieren to profit
das **Programm, -e** program, channel
der **Programmierer, -** programmer
das **Projekt, -e** project
prominent illustrious, famous
promovieren to earn a doctorate
das **Pronomen, -** pronoun
proportional proportional(ly)
die **Prosa** prose

Prost! Cheers!
der **Protest, -e** protest
protestieren to protest
protzen to brag
das **Provisorium** provisional state
provozieren to provoke
das **Prozent, -e** percent
die **Prüfung, -en** test, exam; **bei einer ~ durch·fallen*** to flunk an exam; **eine ~ bestehen*** to pass an exam; **eine ~ machen** to take an exam
das **Pseudonym, -e** pseudonym
der **Psychiater, -** psychiatrist
die **Psychoanalyse** psychoanalysis
der **Psychologe, -n, -n / die Psychologin, -nen** psychologist
die **Psychologie** psychology
psychologisch psychological(ly)
das **Publikum** audience
der **Pudel, -** Poodle
die **Puderdose, -n** compact
der **Pudding, -s** pudding
der **Pulli, -s** sweater
der **Pullover, -** pullover, sweater; **Rollkragen~** turtleneck sweater
der **Punkt, -e** point; period
pünktlich on time
die **Puppe, -n** doll
die **Pute, -n** turkey hen
putzen to clean; **sich die Zähne ~** to brush ones teeth
die **Putzfrau, -en** cleaning lady
die **Pyramide, -n** pyramid

Q

der **Quadratkilometer, -** square kilometer
der **Quadratmeter, -** square meter
die **Qual, -en** torment, agony
die **Qualifikation, -en** qualification
qualifiziert qualified
die **Qualität, -en** quality; **Lebens~** quality of life
die **Quantität** quantity
das **Quartal, -e** quarter (university)
das **Quartett, -e** quartet
das **Quartier, -s** (or **-e**) lodging
der **Quatsch** nonsense
die **Quelle, -n** source
quer durch all across
das **Quiz** quiz
die **Quote, -n** quota

R

das **Rad, ̈er** bicycle, bike; **~ fahren*** to bicycle
radeln (ist) (*coll.*) to bike
der **Radiergummi, -s** eraser
das **Radieschen, -** radish
das **Radio, -s** radio
der **Rand, ̈er** edge; **am ~e** (+ *gen.*) at the outskirts
der **Rang, ̈e** theater balcony
der **Rasen, -** lawn
(sich) **rasieren** to shave (o.s.)
der **Rat** advice, counsel
raten (rät), riet, geraten to advise, guess
das **Rathaus, ̈er** city hall
(das) **Rätoromanisch** Romansh
die **Ratte, -n** rat
rauchen to smoke
der **Raum** space
räumen to clear
räumlich (*geographisch*) geographic(ally)
das **Raumschiff, -e** spaceship
reagieren (**auf** + *acc.*) to react (to)
die **Reaktion, -en** reaction
die **Realität** reality
die **Realschule, -n** high school, grades 5–10
rebellieren to rebel
rechnen to calculate
die **Rechnung, -en** check, bill
das **Recht, -e** right; **Du hast ~.** You're right
recht: Das geschieht dir ~. That serves you right.
recht-: auf der ~en Seite on the right side
rechts right; **erste Straße ~** first street to the right
der **Rechtsanwalt, ̈e** / die **Rechtsanwältin, -nen** lawyer
der **Rechtsradikalismus** right-wing radicalism
die **Rechtswissenschaft** study of law
recyceln to recycle
die **Rede, -n** speech; **Indirekte ~** indirect speech
reden (**mit/über**) to talk (to/about)
die **Redewendung, -en** idiom, saying
reduzieren to reduce
das **Referat, -e** oral presentation (in class); **ein ~ halten*** to give an oral presentation
referieren to give a talk, deliver a speech

reflexiv reflexive(ly)
das **Reformhaus, ̈er** health-food store
das **Regal, -e** shelf
regelmäßig regular(ly)
regeln to regulate
der **Regen** rain
der **Regenschirm, -e** umbrella
die **Regierung, -en** government
das **Regime, -s** regime
die **Region, -en** region
regional regional(ly)
der **Regisseur, -e** director (film)
registrieren to register
regnen to rain; **Es regnet.** Its raining.
regulieren to regulate
reiben, rieb, gerieben to rub
reich rich(ly)
das **Reich, -e** empire, kingdom
reichen to suffice, be enough; **~ bis an** (+ *acc.*) to go up to
der **Reichtum, ̈er** wealth
reif ripe; mature
die **Reife** maturity; **Mittlere ~** diploma of a Realschule
die **Reihe, -n** row
die **Reihenfolge, -n** order, sequence
das **Reihenhaus, ̈er** town-house, row house
der **Reim, -e** rhyme
sich **reimen** to rhyme
die **Reinigung, -en** cleaners, dry cleaners
der **Reis** rice
die **Reise, -n** trip; **eine ~ machen** to take a trip, travel
das **Reisebüro, -s** travel agency
der **Reiseführer, -** travel guide; guide book
der **Reiseleiter, -** tour guide
reiselustig sein* to love to travel
reisen (ist) to travel
das **Reiseziel, -e** travel destination
reißen, riss, ist gerissen to tear
reiten, ritt, ist geritten to ride (on horseback)
die **Reitschule, -n** riding academy
der **Rektor, -en** university president
relativ relative(ly)
das **Relativpronomen, -** relative pronoun
der **Relativsatz, ̈e** relative clause

die **Religion, -en** religion
das **Rendezvous, -** date
rennen, rannte, ist gerannt to run
renommiert renowned, well-known
renovieren to renovate
die **Rente, -n** pension
die **Rentenversicherung** social security
das **Rentier, -e** reindeer
die **Reparatur, -en** repair
reparieren to repair
der **Repräsentant, -en, -en** representative
repräsentativ representative
der **Reservat, -e** reservation, preserve
reservieren to reserve
die **Reservierung, -en** reservation
die **Residenz, -en** residence
resignieren to resign, give up
der **Respekt** respect
der **Rest, -e** rest
das **Restaurant, -s** restaurant
restaurieren to restore
die **Restaurierung** restoration
das **Resultat, -e** result
(sich) **retten** to save, rescue (o.s.)
das **Rezept, -e** recipe
die **Rezeption, -en** reception (desk)
die **Richtgeschwindigkeit, -en** recommended speed
richtig right, correct
die **Richtigkeit** correctness
die **Richtung, -en** direction; **in ~** in the direction of
riechen, roch, gerochen to smell
das **Riesenrad, ̈er** ferris wheel
riesig huge, enormous(ly)
der **Ring, -e** ring
rings um (+ *acc.*) all around
das **Risiko, Risiken** risk
der **Ritter, -** knight
der **Rock, ̈e** skirt
der **Rolladen, ̈** (roller) shudder
die **Rolle, -n** role; **Haupt~** leading role
das **Rollo, -s** (roller) shudder
der **Roman, -e** novel
die **Romanistik** study of Romance languages
die **Romantik** romanticism
romantisch romantic(ally)
römisch Roman
rosa pink
die **Rose, -n** rose
die **Rosine, -n** raisin

rot red; bei Rot   at a red light
die Rote Grütze   berry pudding
rötlich   reddish
rot werden*   to blush
die Roulade, -n   stuffed beef roll
die Routine, -n   routine
der Rückblick, -e   review
der Rücken, -   back
die (Hin- und) Rückfahrkarte, -n   round-trip ticket
die Rückreise, -n   return trip
der Rückgang, ⸚e   decline
die Rückreise, -n   return, trip home
der Rucksack, ⸚e   backpack
die Rücksicht   consideration; ~ nehmen auf   to be considerate (of)
rückständig   underdeveloped, behind the times
der Rückweg, -e   return trip, way back
das Ruderboot, -e   rowboat
rudern   to row
der Ruf, -e   call; reputation; einen guten ~ haben   to have a good reputation
rufen, rief, gerufen   to call
die Ruhe   peace and quiet; in ~ quietly, without being rushed; ~ haben   to have peace, be undisturbed
der Ruhetag, -e   holiday, day off
ruhig   quiet
der Ruhm   fame
der Rumäne, -n, -n / die Rumänin, -nen   Rumanian
rumänisch   Rumanian
rühren   to stir; sich ~ to move; Ich kann mich kaum ~. I can hardly move.
der Rum   rum
rund   round
der Rundblick, -e   panorama, view
die Rundfahrt, -en   sightseeing trip
der Rundfunk   radio, broadcasting
der Russe, -n, -n / die Russin, -nen   the Russian
russisch   Russian
(das) Russland   Russia

S

der Saal, Säle   large room, hall
die Sache, -n   thing; matter, issue; Das ist deine ~. That's your business.; Haupt~ main thing

sächsisch   Saxonian
der Saft, ⸚e   juice
sagen   to say, tell; wie gesagt as I (you, etc.) said
die Sahne   cream
die Saison, -s   season
der Salat, -e   salad, lettuce
die Salbe, -n   ointment
das Salz   salt
salzig   salty
sammeln   to collect
die Sammelstelle, -n   collection site
der Sammler, -   collector
der Samstag   Saturday; am ~ on Saturday
samstags   on Saturdays
der Samt   velvet
der Sand   sand
die Sandale, -n   sandal
sanft   soft(ly), gentle(ly)
der Sängerknabe, -n, -n   choir boy
die Sanierung, -en   renovation
der Satellit, -en, -en   satellite
der Satellitenteller, -   satellite dish
satteln   to saddle
der Satz, ⸚e   sentence
die Sau, ⸚e   dirty pig, lit. sow; So ein ~wetter! What nasty weather!
sauber   clean, neat
die Sauberkeit   cleanliness
sauber·machen   to clean
sauer   sour; acid
das Sauerkraut   sauerkraut
die Säule, -n   column
die S-Bahn, -en = Schnellbahn   commuter train
das Schach: ~ spielen   to play chess
schade   too bad
schaden   to hurt, damage
der Schaden, ⸚   damage; Total~ total loss
schädlich   harmful, detrimental
das Schaf, -e   sheep
der Schäferhund, -e   German shepherd
schaffen, schaffte/schuf, geschafft/geschaffen   to work hard, accomplish; Das kann ich nicht ~. I can't do it.
schaffen, schuf, geschaffen   to create; to shape
der Schaffner, -   conductor
die Schale, -n   shell, peel
die (Schall)platte, -n   record

der Schalter, -   ticket window, counter
die Scham   shame
sich schämen   to be embarrassed
scharfsinnig   quick witted, astute(ly)
der Schatten, -   shadow
schätzen   to appreciate
schauen   to look at, watch; to see; Mal ~. I'll have to see. (= I don't know yet.); Schau mal! Look!
das Schaufenster, -   display window
das Schaumbad, ⸚er   bubble bath
der Schauspieler, -   actor
der Scheck, -s   check
die Scheibe, -n   slice; eine ~ Brot a slice of bread
sich scheiden lassen*   to get divorced
die Scheidung, -en   divorce
der Schein, -e   certificate; Geld~ banknote
scheinbar   apparently
scheinen, schien, geschienen   to shine; to seem (like), appear (to be)
schenken   to give (as a present)
die Schere, -n   scissors
scheußlich   terrible, terribly, disgusting(ly)
die Schicht, -en   level; die obere ~ upper level (of society)
schick   chic(ly), neat(ly)
schicken   to send
schief   crooked, not straight; ~ gehen* to go wrong
die Schießbude, -n   shooting gallery
das Schiff, -e   ship, boat; mit dem ~ fahren* to go by boat
das Schild, -er   sign
die Schildkröte, -n   turtle
der Schinken, -   ham
der Schirm, -e   umbrella
der Schlachter, -   butcher
der Schlafanzug, ⸚e   pyjama
schlafen (schläft), schlief, geschlafen   to sleep
schlaflos   sleepless
der Schlafsack, ⸚e   sleeping bag
das Schlafzimmer, -   bedroom
schlagen (schlägt), schlug, geschlagen   to hit, beat
die Schlagsahne   whipped cream, whipping cream
das Schlagzeug   drums
die Schlange, -n   snake
schlank   slim, slender

schlau clever(ly), sly(ly); **~ wie ein Fuchs** clever as a fox

das **Schlauchboot, -e** rubber boat

schlecht bad(ly)

schließen, schloss, geschlossen to lock, close

das **Schließfach, ¨er** locker

schließlich after all, in the end, finally

schlimm bad, awful

der **Schlips, -e** tie

der **Schlitten, -** sled

das **Schloss, ¨er** castle; palace

der **Schlüssel, -** key

schmecken to taste (good); **Das schmeckt (gut).** That tastes good.

schmelzen (schmilzt), schmolz, ist geschmolzen to melt

der **Schmerz, -en** pain, ache; **~en haben** to have pain; **Ich habe (Kopf)-schmerzen.** I have a (head)ache.

der **Schmetterling, -e** butterfly

der **Schmied, -e** blacksmith

der **Schmutz** dirt

schmutzig dirty

das **Schnäppchen, -** bargain

der **Schnee** snow

schneiden, schnitt, geschnitten to cut

schneien to snow; **es schneit** its snowing

schnell quick(ly), fast

der **Schnellweg, -e** express route

das **Schnitzel, -** veal cutlet

der **Schock, -s** shock

die **Schokolade** chocolate

schon already; **das ~** that's true, sure

schön fine, nice(ly), beautiful(ly)

schonen to protect

die **Schönheit** beauty

der **Schrank, ¨e** closet, cupboard

der **Schreck** shock; **Auch du ~!** My goodness!

schrecklich terrible, terribly

schreiben, schrieb, geschrieben to write; **~ Sie bitte!** Please write!; **Wie schreibt man das?** How do you write that?; **~ an** (+ *acc.*) to write to

die **Schreibmaschine, -n** typewriter

der **Schreibtisch, -e** desk

schreien, schrie, geschrien to scream

die **Schrift, -en** script; (hand)writing

schriftlich written; in writing

der **Schriftsteller, -** writer, author

der **Schritt, -e** step; gait; pace (unit of measure)

schrumpfen (ist) to shrink

schubsen to shove

schüchtern shy

der **Schuh, -e** shoe; **Sport~** gym shoe, sneaker

die **Schulden** (*pl.*) debt

die **Schule, -n** school

der **Schüler, -** pupil, student

die **Schulter, -n** shoulder

die **Schüssel, -n** bowl

schütteln to shake

schütten (in + *acc.*) to dump, pour (into), spill

der **Schutz** protection; **Umwelt~** environmental protection

der **Schütze, -n, -n** rifleman, marksman; Sagittarius

schützen to protect

der **Schwabe, -n, -n** / die **Schwäbin, -nen** the Swabian

(das) **Schwaben(land)** Swabia

schwäbisch (*adj.*) Swabian

die **Schwäche, -n** weakness

der **Schwager, -** brother-in-law

die **Schwägerin, -nen** sister-in-law

schwanger pregnant

schwänzen to skip class

schwärmen (von + *dat.*) to rave (about)

schwarz black; **~·fahren*** to ride (a bus, subway, etc.) without paying

das **Schwarzbrot, -e** rye bread

der **Schwede, -n, -n** / die **Schwedin, -nen** the Swede

(das) **Schweden** Sweden

schwedisch Swedish

schweigen, schwieg, geschwiegen to be/remain silent, say nothing

das **Schwein, -e** pig, pork; scoundrel; **~ gehabt!** I was (you were, etc.) lucky!

der **Schweinebraten** pork roast

die **Schweinshaxe, -n** pigs knuckles

der **Schweiß** sweat

die **Schweiz** Switzerland

der **Schweizer, -** the Swiss

Schweizer/schweizerisch Swiss

das **Schweizerdeutsch** dialects of Switzerland

das **Schweizer Hochdeutsch** variant of Standard German, spoken in Switzerland

schwer heavy, heavily, hard, difficult

die **Schwerarbeit** hard / menial work

der **Schwerbehinderte (ein Schwerbehinderter)** / die **Schwerbehinderte, -n, -n** handicapped person

der **Schwerpunkt, -e** emphasis, concentration

die **Schwester, -n** sister

das **Schwesterchen, -** little sister

Schwieger- in-law; **die ~eltern** parents-in-law, in-laws; **die ~mutter** mother-in-law; **der ~vater** father-in-law

schwierig difficult, complicated

die **Schwierigkeit, -en** difficulty

das **Schwimmbad, ¨er** (large) swimming pool

schwimmen, schwamm, ist geschwommen to swim; **~ gehen*** to go swimming

die **Schwimmbekleidung** swim wear

der **Schwimmer, -** swimmer

der **Schwindel** corruption, dishonesty

schwitzen to sweat

schwühl humid

der **Schwund** loss

ein **Sechstel** one sixth

der **See, -n** lake

die **See** sea, ocean

der **Seehund, -e** seal

das **Segelboot, -e** sailboat

segelfliegen gehen* to go gliding

segeln to sail; **~ gehen*** to go sailing

sehen (sieht), sah, gesehen to see, look; **(etwas) locker sehen** to be casual (about s.th.), make light of (s.th.); **Mal ~!** Lets see!

die **Sehenswürdigkeit, -en** sightseeing attraction

sehr very

die **Seide, -n** silk

die **Seife, -n** soap

die **Seilbahn, -en** cable car, lift, gondola

sein his, its

sein (ist), war, ist gewesen to be

seit (+ *dat.*) since, for (time)

seitdem since then

die **Seite, -n**   page
die **Sekretär, -e**   secretary
der **Sekt**   champagne
die **Sekunde, -n**   second
selbst   -self; **~ wenn** even if
selbstbewusst   self-confident, self-assured
das **Selbstbewusstsein**   self-confidence
selbstständig   self-employed, independent
die **Selbstständigkeit**   independence
selbstverständlich   taken for granted; self-evident; **selbstverständlich!** of course!
selten   seldom
seltsam   strange, weird
das **Semester, -**   semester
das **Seminar, -e**   seminar
die **(Seminar)arbeit, -en**   term paper
die **Semmel, -n**   roll (regional term)
der **Sender, -**   (radio or TV) station
die **Sendung, -en**   TV or radio program
der **Senf**   mustard
der **September**   September; **im ~** in September
die **Serie, -n**   series
servieren   to serve (food)
die **Serviette, -n**   napkin
Servus!   Hi!/Bye! (in Bavaria and Austria)
der **Sessel, -**   armchair
der **Sessellift, -e**   chairlift
setzen   to set (down), put; **sich ~** to sit down; **sich dazu ~** to join s.o. at a table
seufzen   to sigh
das **Shampoo, -s**   shampoo
die **Show, -s**   show
sicher   sure, certain; safe, secure; **Es geht ~.** It's probably all right.; **Ja, ~.** Yes, sure.; **sich ~ sein** to be certain
die **Sicherheit**   safety, security; confidence
sicherlich   surely, certainly, undoubtedly
sichern   to secure
sichtbar   visible, visibly
die **Siedlung, -en**   settlement, subdivision
der **Sieg, -e**   victory
der **Sieger, -**   victor
die **Siegermächte** (*pl.*)   (victorious) Allied Forces

siezen   to call each other "Sie"
die **Silbe, -n**   syllable
das **Silber**   silver; **der ~schmied, -e** silver smith
silbern (*adj.*)   silver
(das) **Silvester: zu ~**   at/for New Year's Eve
singen, sang, gesungen   to sing
sinken, sank, ist gesunken   to sink
der **Sinn, -e**   mind, sense, meaning; **in den ~ kommen*** to come to mind
die **Situation, -en**   situation
die **Sitzecke, -n**   corner bench (seating arrangement)
sitzen, saß, gesessen   to sit (be sitting)
der **Ski, -er**   ski; **~ laufen*** to ski; **~laufen gehen*** to go skiing
der **Skilanglauf**   cross-country skiing
der **Skiläufer, -**   skier
der **Skilift, -e**   ski lift
die **Skipiste, -n**   ski slope
der **Skorpion, -e**   scorpion; Scorpio
skrupellos   unscrupulous(ly)
die **Skulptur, -en**   sculpture
die **Slawistik**   study of Slavic language and literature
der **Slowake, -n, -n** / die **Slowakin, -nen**   the Slovak
slowakisch   Slovakian
die **Slowakische Republik = Slowakei**   Slovak Republic = Slovakia
der **Slowene, -n, -n** / die **Slowenin, -nen**   the Slovene
(das) **Slowenien**   Slovenia
slowenisch   Slovenian
sobald   as soon as
die **Socke, -n**   sock
das **Sofa, -s**   sofa, couch
sofort   immediately, right away
sogar   even
sogenannt   so-called
der **Sohn, ̈e**   son
solch-   such
der **Soldat, -en, -en**   soldier
sollen (soll), sollte, gesollt   to be supposed to
der **Sommer, -**   summer; **im ~** in the summer
das **Sonderangebot, -e: im ~**   on sale, special
sonderbar   strange
sondern   but (on the contrary); **nicht nur ... ~ auch** not only ... but also

der **Sonderstatus**   special status
der **Sonnabend**   Saturday (in northern and central Germany)
die **Sonne**   sun
sich **sonnen**   to lie in the sun
der **Sonnenaufgang, ̈e**   sunrise
die **Sonnenblume, -n**   sunflower
die **Sonnenbrille, -n**   sunglasses
die **Sonnencreme, -s**   suntan lotion
das **Sonnenöl**   suntan lotion
der **Sonnenuntergang, ̈e**   sunset
sonnig   sunny
der **Sonntag**   Sunday; **am ~** on Sunday; **Toten~** Memorial Day
sonntags   on Sundays
sonst   otherwise, normally; **~ noch etwas?** Anything else?
die **Sorge, -n**   worry, concern; **sich** (*dat.*) **~en machen (um)** to be concerned (about), be worried (about)
sich **sorgen**   to worry; **sich ~ um** (+ *acc.*) to worry about; to take care of
die **Sorte, -n**   type, variety
sortieren   to sort
die **Soße, -n**   sauce, gravy
die **Souveränität**   sovereignty
soviel   as much as; **~ ich weiß** as much as I know
sowie   as well as
sowieso   anyway, anyhow
sowjetisch   Soviet
sowohl ... als auch   ... as well as
die **Sozialhilfe**   social welfare
der **Sozialismus**   socialism
sozialistisch   socialist
die **Sozialkunde**   social studies
der **Sozialpädagoge, -n, - n** / die **Sozialpädagogin, -nen**   social worker
das **Sozialsystem, -e**   social system
die **Sozialwissenschaft, -en**   social science
die **Soziologie**   social studies, sociology
(das) **Spanien**   Spain
der **Spanier, -**   the Spaniard
spanisch   Spanish
spannend   exciting, suspenseful
sparen   to save (money or time)
der **Spargel**   asparagus
die **Sparkasse, -n**   savings bank
sparsam   thrifty
spartanisch   Spartan, frugal(ly)

der **Spaß** fun; **~ machen** to be fun; **Das macht (mir) ~.** That's fun. I love it.

spät late; **Wie ~ ist es?** What time is it?

später later; **Bis ~!** See you later!

der **Spatz, -en** sparrow

die **Spätzle** (*pl.*) tiny Swabian dumplings

spazieren gehen* to go for a walk

der **Spaziergang, ¨e** walk

der **Speck** bacon

die **Speise, -n** food, dish; **Vor~** appetizer

die **Speisekarte, -n** menu

der **Speisewagen, -** dining car

die **Spekulation, -en** speculation

die **Spezialisierung** specialization

der **Spezialist, -en, -en** specialist

die **Spezialität, -en** specialty

spezifisch specific(ally)

der **Spiegel, -** mirror

das **Spiel, -e** game, play

spielen to play

der **Spielplan, ¨e** program, performance schedule

der **Spielplatz, ¨e** playground

das **Spielzeug** toy(s)

spitze (*adj.*) great, super

die **Spitze, -n** top

der **Spitzname, -ns, -n** nickname

spontan spontaneous(ly)

der **Sport** sport(s); **~ treiben*** to engage in sports

der **Sportler, -** athlete

sportlich athletic(ally), sporty

der **Sportverein, -e** sports club

die **Sprache, -n** language

sprechen (spricht), sprach, gesprochen to speak; **Ist ... zu ~?** May I speak to ...?; **Man spricht ...** They (People) speak ...; **~ Sie langsam bitte!** Speak slowly, please.; **~ Sie lauter!** Speak louder.; **~ von** (+ *dat.*) / **über** (+ *acc.*) to speak of/about

der **Sprecher, -** speaker

die **Sprechsituation, -en** (situation for) communication

das **Sprichwort, ¨er** saying, proverb

springen, sprang, ist gesprungen to jump

das **Spritzgebäck** cookies shaped with a cookie press

der **Spruch, ¨e** saying

der **Sprung, ¨e** jump

spülen to wash dishes

die **Spülmaschine, -n** dishwasher

das **Spülmittel, -** dishwashing liquid; detergent

die **Spur, -en** trace

spüren to feel, sense

der **Staat, -en** state, nation; government

der **Staatenbund** confederation

staatlich public; **~ kontrolliert** state-controlled

die **Staatsangehörigkeit** citizenship

der **Staatsbürger, -** citizen

der **Staatssicherheitsdienst = die Stasi** GDR secret police

das **Stadion, -s** stadium

das **Stadium** Stadien stage

die **Stadt, ¨e** city, town

das **Stadtbild, -er** overall appearance of a city

das **Stadthaus, ¨er** townhouse (3 to 4 stories or more)

die **Stadtmauer, -n** city wall

der **Stadtplan, ¨e** city map

der **Stadtrand** outskirts (of town)

der **Stadtteil, -e** part of a city, neighborhood

das **Stadtviertel, -** city neighborhood, quarter

der **Stall, ¨e** stable

der **Stamm, ¨e** tribe

der **Stammbaum, ¨e** family tree

stammen (aus + *dat.*) to stem (from), originate (in)

stampfen to stomp

der **Standard, -s** standard

das **Standesamt, ¨er** marriage registrar

ständig continuous(ly)

die **Stange, -n** pole

stark strong(ly)

starren to stare

die **Station, -en** (bus) stop

die **Statistik, -en** statistic

statt (+ *gen.*) instead of; **~dessen** instead of that

statt finden* to take place

der **Stau, -s** traffic jam

der **Staub** dust

der **Staubsauger, -** vacuum cleaner

staunen to be amazed

stechen (sticht), stach, gestochen to prick, sting

stecken to stick

stehen, stand, gestanden to stand (or be standing)

stehen bleiben* to come to a stop, remain standing

stehlen (stiehlt), stahl, gestohlen to steal

der **Stehplatz, ¨e** standing ticket (for the Opera)

steif stiff(ly)

steigen, stieg, ist gestiegen to go up, rise, climb

steigern to increase

steil steep(ly)

der **Stein, -e** stone

der **Steinbock, ¨e** ibex; Capricorn

die **Stelle, -n** job, position, place; **an deiner ~** in your shoes, if I were you

stellen to stand (upright), put; **eine Frage ~** to ask a question

das **Stellenangebot, -e** job opening/offer

sterben (stirbt), starb, ist gestorben to die

die **Stereoanlage, -n** stereo system

das **Sternzeichen, -** sign of the zodiac

die **Steuer, -n** tax; **Mehr wert~** value-added tax

der **Steuerberater, -** tax consultant

das **Stichwort, ¨er** key word

Stief-: die ~eltern stepparents; **die ~mutter** stepmother; **der ~vater** stepfather

der **Stiefel, -** boot

der **Stier, -e** bull; Taurus

der **Stil, -e** style

still quiet(ly)

die **Stimme, -n** voice

stimmen to be right/true; **(Das) stimmt.** (That's) true. (That's) right.

die **Stimmung, -en** mood

das **Stipendium, Stipendien** scholarship

die **Stirn** forehead

der **Stock, ¨e** stick, pole

der **Stock, -werke** floor, story (in a building); **im ersten ~** on the second floor

stöhnen to complain, moan

der **Stollen, -** Christmas cake / bread with almonds, raisins, and candied peel

der **Stolz** pride

stolz (auf + *acc.*) proud (of); proudly

der **Stopp, -s** stop

das **Stoppschild, -er** stop sign

der **Storch, ⸚e** stork

stören to bother, disturb; to disrupt

die **Strafe, -n** punishment

der **Strafzettel, -** (traffic violation) ticket

strahlen to shine

der **Strand, ⸚e** beach; **~korb, ⸚e** beach basket (chair)

die **Straße, -n** street

die **Straßenbahn, -en** streetcar

das **Straßenbild** scene

die **Strategie, -n** strategy

strategisch strategic(ally)

der **Strauch, ⸚er** bush

der **Strauß, ⸚e** bouquet (of flowers)

streben (nach) to strive (for)

der **Streber, -** one who studies excessively, grind

strebsam ambitious(ly)

die **Streife, -n** patrol; **~ fahren** to patrol

der **Streifen, -** strip of land

streng strict(ly)

der **Stress** stress; **zu viel ~** too much stress

das **Stroh** straw

der **Strom** electricity

die **Strophe, -n** stanza

die **Struktur, -en** structure; grammar

der **Strumpf, ⸚e** stocking

das **Stück, -e** piece; (theater) play; **ein ~** a piece of; **zwei ~** two pieces of

der **Student, -en, -en** student

das **Studentenwohnheim, -e** student residence, dorm(itory)

der **Studienaufenthalt, -e** study-abroad stay

das **Studienbuch, ⸚er** course record book (kept by students)

der **Studiengang, ⸚e** course of study, major

die **Studiengebühr, -en** tuition

der **Studienplatz, ⸚e** opening to study at the university

studieren to study a particular field, be a student at a university; **~ (an + dat.)** to be a student (at)

der **Studierende (ein Studierender) / die Studierende, -n, -n** student

das **Studio, -s** studio

das **Studium, Studien** course of study, university degree program

der **Stuhl, ⸚e** chair

die **Stunde, -n** hour, class lesson; **in einer Dreiviertel~** in 45 minutes; **in einer halben ~** in half an hour; **in einer Viertel~** in 15 minutes

stundenlang for hours

der **Stundenplan, ⸚e** schedule (of classes)

stur stubborn(ly)

stürmisch stormy

das **Subjekt, -e** subject

subventionieren to subsidize

die **Suche** search; **auf der ~ nach** in search for

suchen to look for; **gesucht wird** wanted

süchtig addicted

der **Süden: im ~** in the south

südlich (von) south (of), to the south (of)

super superb(ly), terrific(ally)

der **Superlativ, -e** superlative

der **Supermarkt, ⸚e** supermarket

supermodern very modern

die **Suppe, -n** soup

surfen to surf; **wind~ gehen** to go windsurfing

süß sweet, cute; **Ach, wie ~!** Oh, how cute!

das **Sweatshirt, -s** sweatshirt

der **Swimmingpool, -s** pool

das **Symbol, -e** symbol

symbolisieren to symbolize

die **Sympathie** congeniality

sympathisch congenial, likable; **sie sind mir ~** I like them

die **Symphonie, -n** symphony

die **Synagoge, -n** synagogue

synchronisiert dubbed

das **System, -e** system

die **Szene, -n** scene

T

die **Tabelle, -n** chart

die **Tablette, -n** pill

die **Tafel, -n** (black)board; **Gehen Sie an die ~!** Go to the (black)board.

der **Tag, -e** day; **am ~** during the day; **eines Tages** one day; **jeden ~** every day; **(Guten) ~!** Hello! Hi! (informal)!; **~ der Arbeit** Labor Day

das **Tagebuch, ⸚er** journal, diary

tagelang for days

-tägig days long

täglich daily

das **Tal, ⸚er** valley

das **Talent, -e** talent

talentiert talented

die **Tankstelle, -n** gas station

die **Tante, -n** aunt

der **Tanz, ⸚e** dance

tanzen to dance

tappen (ist) to tiptoe

die **Tasche, -n** bag, pocket; **Hand~** handbag

die **Taschenlampe, -n** flashlight

das **Taschenmesser, -** pocket knife

die **Tasse, -n** cup; **eine ~** a cup of

die **Tatsache, -n** fact

taub deaf

die **Taube, -n** dove; pigeon

tauchen (in + acc.) to dip (into)

tauschen to trade

das **Taxi, -s** taxi

die **Technik** technic

der **Techniker, -** technician

technisch technical(ly)

die **Technologie, -n** technology

der **Tee, -s** tea

der **Teenager, -** teenager

der **Teil, -e** part

teilen to share, divide

die **Teilnahme** participation

teil·nehmen* (an + dat.) to participate, take part (in)

der **Teilnehmer, -** participant

teils partly

die **Teilung, -en** division

teilweise partly

das **Telefon, -e** telephone

telefonieren to call up, phone

die **Telefonkarte, -n** telephone card

die **Telefonnummer, -n** telephone number

die **Telefonzelle, -n** telephone booth

die **Telekommunikation** telecommunications

der **Teller, -** plate

das **Temperament, -e** temperament

temperamentvoll dynamic

die **Temperatur, -en** temperature

das **Tempo, -s** speed;

das **Tempolimit, -s** speed limit

das **Tennis: ~ spielen** to play tennis

der **Teppich, -e** carpet

die **Terrasse, -n** terrace

der **Terrier, -** Terrier

der **Terrorismus** terrorism
das **Testament, -e** last will and testament
testen to test
teuer expensive
der **Teufel, -** devil
der **Text, -e** text
das **Textilgeschäft, -e** clothing store
das **Theater, -** theater
das **Thema, Themen** topic
der **Theologe, -n, -n / die Theologin, -nen** theologian
die **Theologie** theology
die **Theorie, -n** theory
die **Therapie, -n** therapy
das **Thermalbad, ⸚er** thermal bath/spa
das **Thermometer, -** thermometer
thüringisch Thuringian
tiefgefroren frozen
die **Tiefkühlkost** frozen foods
das **Tier, -e** animal; **Haus~** pet; **Jedem ~chen sein Pläsierchen.** To each his own
die **Tierart, -en** animal species
tierlieb fond of animals
das **Tierkreiszeichen, -** sign of the zodiac
die **Tiermedizin** veterinary science
der **Tiger,-** tiger
die **Tinte** ink
das **Tintenfass, ⸚er** inkwell
der **Tipp, -s** hint
der **Tisch, -e** table; **Nacht~** nightstand
die **Tischdecke, -n** tablecloth
der **Tischler, -** cabinet maker
das **Tischtuch, ⸚er** tablecloth
der **Titel, -** title
tja well
der **Toast, -s** (piece of) toast
das **Toastbrot, -e** (piece of) toast
der **Toaster, -** toaster
die **Tochter, ⸚** daughter
der **Tod** death
todmüde dead-tired
die **Toilette, -n** toilet
tolerant tolerant
die **Toleranz** tolerance
toll great, terrific
die **Tomate, -n** tomato
der **Ton, ⸚e** tone, note, pitch
der **Topf, ⸚e** pot
das **Tor, -e** gate, gateway
die **Torte, -n** (fancy) cake
tot dead
total total(ly)

der **Totalschaden, ⸚** total wreck
der **Tote (ein Toter) / die Tote, -n, -n** dead person
töten to kill
die **Tour, -en** tour
der **Tourismus** tourism
der **Tourist, -en, -en** tourist
das **Tournier, -e** tournament
die **Tracht, -en** traditional folk costume/garb
der **Trachtenzug, ⸚e** parade with people dressed in traditional dress/garb
traditionell tradition al(ly)
tragen (trägt), trug, getragen to carry; to wear
die **Tragetasche, -n** tote bag
der **Trainer, -** coach
das **Training** training
die **Trambahn, -en** streetcar
die **Träne, -n** tear
transportieren to transport
die **Traube, -n** grape
trauen (+ *dat.*) to trust; **ein Paar ~** to marry a couple
der **Traum, ⸚e** dream
träumen (von) to dream (of)
der **Träumer, -** dreamer
traurig sad(ly)
die **Traurigkeit** sadness
die **Trauung, -en** wedding ceremony
(sich) **treffen (trifft), traf, getroffen** to meet (with)
das **Treffen, -** meeting, reunion
der **Treffpunkt, -e** meeting place
treiben, trieb, getrieben to push; **Sport ~** to engage in sports
der **Treibhauseffekt** greenhouse effect
(sich) **trennen** to separate
die **Trennung, -en** separation
die **Treppe, -n** stairs, stairway
das **Treppenhaus, ⸚er** stairwell
treten (tritt), trat, ist getreten to step; **mit Füßen treten** to treat (s.o.) badly, with disrespect
treu faithful(ly), true, loyal(ly)
sich **trimmen** to keep fit
trinken, trank, getrunken to drink
das **Trinkgeld, -er** tip (for service)
der **Trockner, -** dryer
die **Trommel, -n** drum
die **Trompete, -n** trumpet
trotz (+ *gen.*/[+ *dat.*]) in spite of
trotzdem nevertheless, in spite of that

trüb(e) dim(ly)
die **Trümmer** (*pl.*) rubble; ruins
der **Trümmerhaufen, -** pile of rubble
der **Tscheche, -n, -n / die Tschechin, -nen** the Czech
tschechisch Czech
die **Tschechische Republik =** (**das**) **Tschechien** Czech Republic
die **Tschechoslowakei** (former) Czechoslovakia
Tschüs! So long; (Good-)bye!
das **T-Shirt, -s** T-shirt
tüchtig (very) capable
tun (tut), tat, getan to do
die **Tür, -en** door
der **Türke, -n, -n / die Türkin, -nen** the Turk
die **Türkei** Turkey
türkis turquoise
türkisch Turkish
der **Turm, ⸚e** tower; steeple
turnen to do sports or gymnastics
die **Turnhalle, -n** gym;
der **Turnverein, -e** athletic club
die **Tüte, -n** bag
typisch typical(ly)

U

die **U-Bahn, -en = Untergrundbahn** subway
über (+ *acc./dat.*) over, above; about
überall everywhere
der **Überblick** overview
überein·stimmen to agree
überfliegen* (**hat**) to skim
überfüllt (over)crowded
überhaupt at all; **~ kein Problem** no problem at all; **~ nicht** not at all
das **Überholverbot, -e** no passing restriction
überlassen bleiben* to be left up to (s.o.); **Das Studium bleibt den Studenten überlassen.** The course of study is left up to the students.
überleben to survive
überlegen to wonder, ponder
übernehmen* to take over
übermorgen the day after tomorrow
übernachten to stay (overnight); to spend the night
die **Übernachtung, -en** (overnight) accommodations

überprüfen to check

überraschen to surprise

überrascht surprised; with surprise

die **Überraschung, -en** surprise; **So eine ~!** What a surprise!

übersetzen to translate

die **Übersetzung, -en** translation

die **Überstunde, -n** overtime

übertreiben, übertrieb, übertrieben to exaggerate

überzeugen to convince

die **Überzeugung, -en** conviction, opinion

üblich usual, customary

übrig bleiben* to be left, left over, remain

übrigens by the way

die **Übrigen** the rest

die **Übung, -en** exercise, practice

das **Ufer, -** riverbank

die **Uhr, -en** watch, clock; o'clock; **~zeit** time of the day; **Wie viel ~ ist es?** What time is it?

der **Uhrmacher, -** watchmaker

der **Ukrainer, -** Ukrainian

ukrainisch Ukrainian

um- around, over, from one to the other

um (+ *acc.*) around (the circumference); at . . . o'clock; **fast ~** almost over; **~ . . . zu** in order to

um sein* to be over/up; **deine Zeit ist ~** your time is up

sich **um·blicken** to look around

um·bringen* (+ *acc.*) to kill (s.o.)

der **Umbruch, ⸚e** radial change

um·denken to think differently

um·drehen* to turn, turn around, turn over

die **Umfrage, -n** survey, questionnaire; study; **Meinungs~** opinion poll

die **Umgangsform, -en** manners

die **Umgangssprache** colloquial speech

umgeben (von) surrounded by

die **Umgebung** (*sg.*) surroundings

umgekehrt vice versa

umher·sehen* to look around

umkehren to turn around

(um·)kippen (ist) to tip over

das **Umland** surrounding region

um·leiten to detour

umliegend surrounding

ummauern to surround by a wall

der **Umsatz** sales, spending

sich **um·sehen*** to look around

umsonst free, at no cost

der **Umstand, ⸚e** circumstance

um·steigen* (ist) to change (trains, etc.)

der **Umtausch** exchange

um·tauschen to exchange

die **Umwelt** environment; surroundings

umweltbewusst environmentally aware

der **Umweltschützer, -** environmentalist

um·ziehen (zieht um), zog um, ist umgezogen to move; sich **um·ziehen*** to change (clothing), get changed

der **Umzug, ⸚e** parade; move, moving

unabhängig (von) independent (of); independently

unangenehm unpleasant

unattraktiv unattractive(ly)

unbebaut vacant, empty

unbedingt definitely

unbegehrt undesired

unbegrenzt unlimited

unbequem uncomfortable, inconvenient

und and

und so weiter = usw. and so on, etc.

unecht fake

unehrlich dishonest(ly)

unentrinnbar inescapable

unerfahren inexperienced

unerwartet unexpected(ly)

der **Unfall, ⸚e** accident

unflexibel inflexible

unfreiwillig involuntary, involuntarily

unfreundlich unfriendly

der **Ungar, -n, -n** the Hungarian

ungarisch Hungarian

(das) **Ungarn** Hungary

ungebildet uneducated

ungeduldig impatient(ly)

ungefähr about, approximately

ungemütlich unpleasant, uncomfortable

ungenügend insufficient; approx. grade F

ungestört unhindered

ungesund unhealthy

unglaublich unbelievable, unbelievably, incredible, incredibly; **(Das ist doch) ~!** (That's) unbelievable / hard to believe!

das **Unglück** bad luck

unglücklich unhappy, unhappily

unheimlich tremendous(ly), extreme(ly); **(Das ist) ~ interessant.** (That's) really interesting.

unhöflich impolite(ly)

die **Universität, -en = Uni, -s** (*coll.*) university

unkompliziert uncomplicated

unmittelbar right, directly

unmöbliert unfurnished

unmöglich impossible, impossibly

Unrecht haben* to be wrong

uns us, to us; **bei ~** at our place; in our city/country

unselbstständig dependent

unser our

unsicher insecure, unsafe

die **Unsicherheit, -en** insecurity

der **Unsinn** nonsense

unsportlich unathletic

unsympathisch uncongenial, unlikable, unpleasant

untalentiert untalented

unten downstairs

unter (+ *acc./dat.*) under, below; among; **~ einander** among each other / one another

die **Unterdrückung** oppression

der **Untergang** fall, downfall

sich **unterhalten* (mit)** to converse, have a conversation (with)

unterhaltend entertaining

die **Unterhaltung, -en** conversation; entertainment

das **Unternehmen, -** company, business, corporate enterprise

unternehmungslustig enterprising

das **Unterpfand** pledge (for)

der **Unterricht** instruction, lesson, class

unterrichten to teach

unterscheiden, unterschied, unterschieden to differentiate; **sich ~** to differ

der **Unterschied, -e** difference

unterschreiben* to sign

die **Unterschrift, -en** signature

unterstreichen, unterstrich, unterstrichen to underline; to emphasize

unterstützen to support

unterwegs on the road, traveling
untreu unfaithful; **sich ~ sein*** to be unfaithful to oneself
die **Unübersichtlichkeit, -en** confusion, mess
unverheiratet unmarried, single
unverschämt impertinent
unvollständig incomplete, incompletely
die **Unwahrscheinlichkeit** improbability; unlikelyhood; unreal condition
unwillig reluctant(ly)
unzerstört intact
unzufrieden discontent
unzuverlässig unreliable, unreliably
Urgroß-: die ~eltern great-grandparents; **die ~mutter** great-grandmother; **der ~vater** great-grandfather
der **Urlaub** (paid) vacation; **der Mutterschafts~** maternity leave
der **Urlaubstag, -e** (paid) vacation day
die **Ur-Oma, -s** great grandmother
ursprünglich original(ly)
die **USA = Vereinigten Staaten von Amerika** (*pl.*) USA
usw. (und so weiter) etc. (and so on)

V
der **Valentinstag** Valentines Day
die **Vanille** vanilla
die **Variante, -n** variation
die **Variation, -en** variation
variieren to vary
die **Vase, -n** vase
der **Vater, ⸚** father; **Groß~** grandfather; **Stief~** stepfather; **Urgroß~** great-grandfather
das **Vaterland** native country, country of origin, homeland
der **Vati, -s** Dad
der **Vegetarier, -** vegetarian
sich **verabreden** to arrange to meet
verallgemeinern to generalize
die **Verallgemeinerung, -en** generalization
(sich) **verändern** to change
die **Veränderung, -en** change
die **Veranstaltung, -en** event
verantwortlich responsible; **Die Studenten sind für ihren Stundenplan ~.** Students are responsible for their schedule.

die **Verantwortung, -en** responsibility
verantwortungsvoll responsible, responsibly
verarmt impoverished
die **Verarmung** impoverishment
das **Verb, -en** verb; **Hilfs~** auxiliary verb; **Modal~** modal auxiliary; **reflexive ~** reflexive verb
verbannen to ban
sich **verbergen (verbirgt), verbarg, verborgen** to hide
verbessern to improve
sich **verbeugen** to bow
verbieten, verbot, verboten to forbid, prohibit
verbinden, verband, verbunden to connect, tie together, link, make a connection
die **Verbindung, -en** connection, association, relation; fraternity; **in Verbindung bringen (mit)** to associate (with), relate (to)
verbittert bitter
das **Verbot, -e** restriction
verboten prohibited, forbidden
der **Verbrauch** consumption
verbrauchen to consume
der **Verbraucher, -** consumer
verbreiten to distribute, spread
verbreitern to widen
die **Verbreitung, -en** distribution
verbrennen, verbrannte, verbrannt to burn
verbringen* to spend (time)
verbunden in touch, close
die **Verbundenheit** closeness
verdammen to curse; **Verdammt noch mal!** Darn it!
verderben (verdirbt), verdarb, verdorben to spoil
verdienen to earn, make money; to make a profit; to deserve
verdorben rotten
der **Verein, -e** club, association; **Turn~** athletic club
vereinigen to unite; **wieder~** to reunite
die **Vereinigten Staaten (U.S.A.)** (*pl.*) = **die Staaten** (*coll.*) the United States (U.S.)
die **Vereinigung** unification; die **Wieder~** reunification
vereint united
die **Verfassung, -en** constitution; **das ~sgericht** Constitutional Court
Verflixt! Darn it!

die **Verfügung: zur ~ stehen** to be at one's disposal, be available
die **Vergangenheit** past; past tense; simple past
vergeben* to forgive
vergehen* (ist) to pass (time); end
vergessen (vergisst), vergaß, vergessen to forget
der **Vergleich, -e** comparison
vergleichen, verglich, verglichen to compare
das **Vergnügen** pleasure
die **Vergnügung, -en** leisure time, entertainment; little pleasure, pastime
verhaften to arrest
das **Verhalten (gegenüber +** *dat.*) behavior (toward)
das **Verhältnis, -se** relationship, condition
verheiratet married
verhindern to prevent
verhungern (ist) to starve (to death)
die **Verkabelung** connection by cable
verkaufen to sell
der **Verkäufer, -** salesman, sales clerk
der **Verkehr** traffic
das **Verkehrsmittel, -** means of transportation
verklagen to sue
verkrampft tense
verlachen: jemanden ~ to make fun of s.o.
der **Verlag, -e** publishing house/company
das **Verlagswesen, -** publishing business/industry
verlangen to demand
verlassen (verlässt), verließ, verlassen to leave
der **Verlauf, ⸚e** course, development (of s.th.)
sich **verlaufen*** to get lost
verlegen to transfer, relocate; to publish; **einen Termin ~** to reschedule a meeting
verletzen to hurt
sich **verlieben (in +** *acc.*) to fall in love (with)
verliebt (in + *acc.*) in love (with)
verlieren, verlor, verloren to lose
sich **verloben (mit)** to get engaged (to)
verlobt (mit) engaged (to)

der **Verlobte** (**ein Verlobter**) /
  die **Verlobte, -n, -n** fiancé(e)
die **Verlobung, -en** engagement
verlockend tempting
verloren lost; **~ gehen*** to be
  lost
vermeiden, vermied, vermieden
  to avoid
vermieten to rent out
der **Vermieter, -** landlord
vermissen to miss
vermitteln to help find
verneinen to negate
vernachlässigen to neglect
die **Vernichtung** destruction
die **Vernunft** reason; common
  sense
verreisen* to travel
die **Verringerung** reduction
verrückt crazy
verschenken to give away
verschieden various, different
verschlechtern to deteriorate
verschlingen, verschlang,
  verschlungen to gulp down,
  devour
verschlossen closed, locked
verschmelzen, verschmolz, ist
  verschmolzen (mit) to melt
  together (with)
die **Verschmutzung** pollution
verschönern to beautify
verschwiegen discreet
verschwinden, verschwand, ist
  verschwunden to disappear
versichern to insure; **jeman-**
  dem etwas ~ to assure s.o. s.th.
die **Versicherung,**
  -en insurance
der **Versicherungsagent, -en,**
  -en insurance agent
versinken* to sink (in)
die **Version, -en** version
versorgen to take care of
die **Verspätung** delay; **Der Zug**
  hat ~. The train is late.
versprechen* to promise
der **Verstand** reasoning, logic;
  common sense
verständlich understandable,
  comprehensible
verständnislos lacking empathy
verständnisvoll with
  understanding
verstecken to hide
verstehen* to understand; **Das**
  verstehe ich nicht. I don't
  understand (that).
versuchen to try
die **Verteidigung** defense

der **Vertrag, ⸚e** contract
vertragen* to stand, tolerate
das **Vertrauen** trust
vertrauen to trust
vertreiben, vertrieb, ver-
  trieben to chase away
vertreten represented; **~ sein***
  to be represented
der **Vertreter, -** representative
die **Verwaltung, -en**
  administration
verwandeln to change, transform; **sich ~** to change (into
  s.th. else)
verwandt related
der **Verwandte** (**ein Verwandter**)
  / die **Verwandte, -n, -n**
  relative
verweigern to refuse
verwenden to use, utilize
verwitwet widowed
verwöhnen to indulge, spoil;
  sich ~ lassen* to let o.s. be
  spoiled
das **Verzeichnis, -se** index,
  catalog
verzeihen, verzieh, ver-
  ziehen to forgive; **~ Sie (mir)!**
  Forgive me. Pardon (me)!
die **Verzeihung** pardon; **~!**
  Excuse me! Pardon me!
verzichten (**auf** + *acc.*) to do
  without (s.th.)
der **Vetter, -** (alternate form for
  cousin)
das **Video, -s** video
der **Videorecorder, -** VCR
die **Videothek, -en** video store
viel- (mehr, meist-) much,
  many; **ganz schön ~** quite a bit;
  so ~ ich weiß as far as I know
die **Vielfalt** versatility
vielleicht perhaps
vielseitig versatile
vielsprachig multilingual
viereckig square
die **Viersprachigkeit** quadri-
  lingualism, speaking four
  languages
das **Viertel, -** quarter; neighborhood (in a city); **in einer**
  Drei~ stunde in three quarters
  of an hour (45 minutes); **in**
  einer ~stunde in a quarter of
  an hour; **(um) ~ nach** (at) a
  quarter past; **(um) ~ vor** (at) a
  quarter to
die **Vision, -en** vision
vital energetic, vital
das **Vitamin, -e** vitamine

der **Vogel, ⸚** bird
die **Vokabel, -n** (vocabulary)
  word
das **Vokabular** vocabulary
das **Volk, ⸚er** folk; people, nation
die **Völkerkunde** ethnology
die **Volksherrschaft** rule by the
  people
die **Volkskammer** (**GDR**) house
  of representatives
das **Volkslied, -er** folk song
der **Volksmarsch, ⸚e** group
  hiking event
der **Volksmund** vernacular, the
  people's language; **wie es im ~**
  heißt as they say
der **Volkspolizist, -en, -en** =
  Vopo, -s member of the GDR
  militia
der **Volksstamm, ⸚e** ethnic
  group
der **Volkswagen, -** VW
die **Volkswirtschaft** (macro)
  economics
voll full(y); **Ich habe die Nase**
  ~. I'm fed up (with it).
vollenden: etwas ~ to complete
  s.th.
der **Volleyball, ⸚e** volleyball
völlig fully, completely, totally
sich **vollsaufen** (**säuft sich voll**),
  saufte sich voll, sich vollge-
  soffen to get drunk (*vulgar*)
vollständig completely
der **Vollzeitstudent, -en,**
  -en full-time student
von (+ *dat.*) of, from, by;
  ~ . . . bis from . . . until; **vom . . .**
  bis zum from the . . . to the
vor- ahead, before
vor (+ *acc.* / *dat.*) in front of, before; **~ allem** above all, mainly;
  ~ einer Woche a week ago
voran·kommen* to advance
der **Vorarbeiter, -** foreman
vorausgehend preceding
voraus·sehen* to foresee
vorbei- past, by
vorbei·bringen* to bring over
vorbei·fahren* to drive by, pass
vorbei·führen (**an** + *dat.*) to
  pass (by), guide along
vorbei·gehen* (**bei** + *dat.*) to
  pass by
vorbei·kommen* to come by,
  pass by
vorbei sein* to be over,
  finished
(sich) **vor·bereiten** (**auf** + *acc.*)
  to prepare (for)

die **Vorbereitung, -en** preparation

die **Vorbeugung, -en** prevention

das **Vorbild, -er** model

voreilig premature(ly)

die **Vorfahren** ancestors

die **Vorfahrt** right of way

vor·gehen* to proceed; **der Reihe nach ~** to proceed one after the other

der/die **Vorgesetzte, -n (ein Vorgesetzter)** superior, person in authority

vorgestern the day before yesterday

vor·haben* to plan (to), intend (to)

der **Vorhang, ⸚e** curtain

vorher ahead (of time), in advance; before, previously

vorhergehend preceding; **das ~e Wort** antecedent

vor·kommen* (in + *dat.*) to appear (in); **Das kommt mir ... vor.** That seems ... to me.

das **(flache) Vorland** tidal flats

die **Vorlesung, -en** lecture, class (university); **~sverzeichnis** course catalog

die **Vorliebe, -n** liking, enthusiasm (for s.th.)

der **Vormittag, -e** (mid) morning; **heute ~** this (mid)-morning

der **Vorname, -ns, -n** first name

die **Vorschau** preview

der **Vorschlag, ⸚e** suggestion

vorschlagen (schlägt vor), schlug vor, vorgeschlagen to suggest

die **Vorsicht: ~!** Careful!

der/die **Vorsitzende, - (ein Vorsitzender)** leader, head (of an organization)

die **Vorspeise, -n** appetizer, hors d'oeuvre

vor·stellen to introduce; **Darf ich ~?** May I introduce?

sich **vor·stellen** to imagine; **ich stelle mir vor, dass ...** I imagine that ...

die **Vorstellung, -en** performance; idea

vor·tanzen to dance in front of (an audience)

der **Vorteil, -e** advantage

der **Vortrag, ⸚e** talk, speech, lecture

vor·tragen* to recite

vorübergehend temporary, temporarily

das **Vorurteil, -e** prejudice

die **Vorwahl, -en** area code

vor·wärmen to preheat

der **Vorwurf, ⸚e** accusation

vor·ziehen* to prefer

W

die **Waage, -n** scale, Libra

das **Wachs** wax

wachsen (wächst), wuchs, ist gewachsen to grow; **zusammen·wachsen*** to grow together

die **Waffe, -n** weapon

die **Waffel, -n** waffel

wagen to dare

der **Wagen, -** car; railroad car

die **Wahl** choice, selection

wählen to choose; elect; select

das **Wahlfach, ⸚er** elective (subject)

das **Wahlrecht** right to vote

der **Wahnsinn** insanity; **(Das ist ja) ~!** (That's) crazy/awesome/unbelievable!

wahnsinnig crazy, crazily

während (+ *gen.*) during; while (*conj.*)

wahr true; **Das kann doch nicht ~ sein!** That can't be true!; **nicht ~?** isn't it?, doesn't he, etc.

wahrlich (poetic) truly

wahrscheinlich probable, probably

die **Währung, -en** currency; **die ~sunion** currency union

das **Wahrzeichen, -** landmark; symbol

der **Wald, ⸚er** forest, woods

der **Walzer, -** waltz

die **Wand, ⸚e** wall

der **Wanderer, -** hiker

wandern (ist) to hike

der **Wanderweg, -e** (hiking) trail

wann? when?, at what time?

die **Ware, -n** goods, wares, merchandise

warm warm(ly)

die **Wärme** warmth

warnen (vor + *dat.*) to warn (against)

warten to wait; **~ auf** (+ *acc.*) to wait for; **Warten Sie!** Wait!

die **Wartungskosten** (*pl.*) maintenance costs

warum? why?

was? what?; **~ für (ein)?** what kind of (a)?; **~ für ein(e) ...!** What a ...!

das **Waschbecken, -** sink

die **Wäsche** laundry; **~ waschen*** to do the laundry

die **Waschecke, -n** corner reserved for washing

(sich) **waschen (wäscht), wusch, gewaschen** to wash (o.s.)

der **Waschlappen, -** washcloth (*fig., coll.* wimp)

die **Waschmaschine, -n** washing machine

das **Waschmittel, -** (washing) detergent

das **Wasser** water

der **Wassermann, ⸚er** Aquarius

das **Watt(enmeer)** tidal flats

die **Webseite, -n** Web page

die **Website, -s** Web site

der **Wechsel** change

wechseln to change, switch

der **Wechselkurs, -e** exchange rate

wechseln to (ex)change

die **Wechselstube, -n** exchange bureau

weder ... noch neither ... nor

weg away, gone

der **Weg, -e** way, path, trail; route; **nach dem ~ fragen** to ask for directions

wegen (+ *gen.* / [+ *dat.*]) because of

weg·werfen* to throw away

der **Wehrdienst** military service

weh·tun* to hurt; **Mir tut (der Hals) weh.** My (throat) hurts. I have a sore throat.

sich **wehren** to defend oneself

weich soft

weichen, wich, ist gewichen to give way to

die **Weide, -n** willow

(das) **Weihnachten: Frohe/ Fröhliche ~!** Merry Christmas!; **zu ~** at/for Christmas

weil (*conj.*) because

die **Weile: eine ~** for a while

weilen (poetic) to stay, be

der **Wein, -e** wine; **Qualitäts~** quality wine; **Qualitäts~ mit Prädikat** superior wine; **Tafel~** table wine

der **Weinberg, -e** vineyard

weinen to cry, weep

weinrot wine-red

die **Weinstube, -n** wine cellar, tavern

die **Weintraube, -n** grape

weise wise

die **Weise: auf diese ~** (in) this way

der **Weise (ein Weiser) / die Weise, -n, -n** wise man/woman

weiß white

weit far

die **Weite** distance; wide-open space(s)

weiter: und so ~ (usw.) and so on (etc.); **~ draußen** farther out; **Wie gehts ~?** How does it go on? What comes next?

weiter- additional

Weiteres additional words and phrases

weiter·fahren* (ist) to drive on, keep on driving; to continue the trip

weiter·geben* to pass on

weiter·gehen* (ist) to continue, go on

weiterhin still

welch- which; **Welche Farbe hat . . . ?** What color is . . . ?

die **Welle, -n** wave

die **Welt, -en** world; **aus aller ~** from all over the world

der **Weltkrieg, -e** world war

der **Weltschmerz** world-weariness

weltoffen cosmopolitan

wem? (to) whom?

wen? whom?

die **Wende** turn(ing)

wenden to turn

wenig- little (not much), few; **immer ~er** fewer and fewer

wenigstens at least

wenn (conj.) if, (when)ever; **selbst ~** even if

wer? who?; who(so)ever

die **Werbeanzeige, -n** advertisement

die **Werbung** advertisement; advertising, marketing

werden (wird), wurde, ist geworden to become, get; **es wird dunkel** it's getting dark; **Ich will . . . ~.** I want to be a . . . .; **Was willst du ([ein]mal) ~?** What do you want to be (one day)?;

werfen, (wirft), warf, geworfen to throw; **weg·~** to throw away

die **Werft, -en** shipyard

das **Werk, -e** work; piece of music

der **Wert, -e** value; worth; **auf etwas ~ legen** to insist on s.th.; **Darauf lege ich viel ~.** That is very important to me.

wertvoll valuable

das **Wesen** essence; realm (when combined with another noun, e.g., **Verlagswesen**)

wessen? (+ gen.) whose?

der **Wessi, -s** (nickname) West German

die **Weste, -n** vest

der **Westen** West Germany; the West; **im ~** in the west

westlich von west of

die **Westmächte** (pl.) western Allies

der **Wettbewerb, -e** contest

das **Wetter** weather

wichtig important

wickeln (in + acc.**)** to wrap (into)

der **Widder, -** ram; Aries

widerstehen* (+ dat.**)** to withstand

widerwillig unwillingly, unenthusiastically

wie? how?; like, as; **so . . . ~** as . . . as; **~ bitte?** What did you say, please?; **~ gesagt** as I (you, etc.) said; **~ lange?** how long?; **~ sagt man . . . ?** How does one say . . . ?

wieder again; **Da sieht mans mal ~!** That just goes to show you.; **immer ~** again and again, time and again; **schon ~** already again

der **Wiederaufbau** rebuilding, reconstruction

wieder auf·bauen to rebuild

die **Wiedergeburt** rebirth

wiederholen to repeat

die **Wiederholung, -en** repetition, review

wieder·hören to hear again; **Auf Wiederhören!** Good-bye. (on the phone)

wieder·sehen* to see again; **Auf Wiedersehen!** Good-bye

wieder·vereinigen to reunite

die **Wiedervereinigung** reunification

wiegen, wog, gewogen to weigh; **Lass es ~!** Have it weighed.

der **Wiener, -** the Viennese

die **Wiese, -n** meadow

Wieso (denn)? How come? Why?

wie viel? how much?

wie viele? how many?

wild wild(ly)

der **Wille, -ns, -n** will; **Wo ein ~ ist, ist auch ein Weg.** Where there's a will, there's a way.

willkommen sein* to be welcome

willkürlich at random

die **Wimper, -n** eyelash

der **Wind, -e** wind

windig windy

die **Windmühle, -n** wind mill

das **Windrad, ¨er** propellor

windsurfen gehen* to go wind surfing

winken to wave (at s.o.)

der **Winter, -** winter; **im ~** in (the) winter

das **Winzerfest, -e** wine festival

wirken to appear

wirklich real, genuine; really, indeed

die **Wirklichkeit** reality

die **Wirtschaft** economy

wirtschaftlich economical(ly)

die **Wirtschaftswissenschaft** economics; economic science

das **Wirtschaftswunder** economic boom (lit. miracle)

wissen (weiß), wusste, gewusst to know (a fact); **Ich weiß (nicht).** I (don't) know.; **soviel ich weiß** as far as I know

das **Wissen** knowledge

die **Wissenschaft, -en** science, academic discipline; scholarship; **Natur~** natural science(s)

der **Wissenschaftler, -** scientist, scholar

wissenschaftlich scientific(ally), scholarly

der **Witz, -e** joke; **einen ~ reißen** to crack a joke; **Mach (doch) keine ~e!** Stop joking!

witzig witty, funny

wo? where?

woanders somewhere else

wobei where

die **Woche, -n** week; **diese ~** this week; **zwei ~n** for two weeks

das **Wochenende, -n** weekend; **am ~** on the weekend; **(Ein) schönes ~!** Have a nice weekend!

wochenlang for weeks

wöchentlich weekly

-wöchig weeks long

woher? from where?

wohin? where to?

das **wo-Kompositum, Komposita** wo-compound

wohl well; flavoring particle expressing probability; **sich ~ fühlen** to feel good, be comfortable

das **Wohlbefinden** well-being

wohlriechend fragrant
der **Wohlstand** affluence
die **Wohnanlage, -n** housing development
die **Wohngemeinschaft, -en =
WG, -s** group sharing a place to live
wohnen to live, reside
der **Wohnort, -e** place of residence, hometown
das **Wohnsilo, -s** (*coll.*) (highrise) apartment (cluster)
der **Wohnsitz, -e** residence
die **Wohnung, -en** apartment
der **Wohnwagen, -** camper
das **Wohnzimmer, -** living room
der **Wolf, ̈e** wolf
die **Wolke, -n** cloud
der **Wolkenkratzer, -** skyscraper
die **Wolle** wool
wollen (will), wollte, gewollt to want to
das **Wort, -e** (connected) word; **mit anderen ~en** in other words
das **Wort, ̈er** (individual) word; **vorhergehende ~** antecedent; **zusammengesetzte ~** compound noun
das **Wörtchen, -** little word
das **Wörterbuch, ̈er** dictionary
der **Wortschatz** vocabulary
das **Wunder, -** wonder, miracle
wunderbar wonderful(ly)
sich **wundern** to be surprised; **~ Sie sich nicht!** Don't be surprised.
wunderschön very beautiful
der **Wunsch, ̈e** wish; **~traum, ̈e** ideal dream
(sich) **wünschen** to wish
die **Wurst, ̈e** sausage; **Das ist (mir) doch ~!** I don't care.
das **Würstchen, -** wiener, hot dog
würzen to season
wütend furious, enraged; angrily, in a rage

Z
die **Zahl, -en** number
zählen to count
zahlreich numerous
der **Zahn, ̈e** tooth; **sich die Zähne putzen** to brush ones teeth
der **Zahnarzt, ̈e / die Zahnärztin, -nen** dentist
die **Zahnbürste, -n** toothbrush
die **Zahnmedizin** dentistry

die **Zahnpasta, -pasten** tooth paste
die **Zahnradbahn, -en** cog railway
die **Zange, -n** pliers
zart tender
zärtlich affectionate(ly)
die **Zärtlichkeit** affection
der **Zauber** magic (power)
der **Zauberspruch, ̈e** magic spell
der **Zaun, ̈e** fence
z.B. (zum Beispiel) e.g. (for example)
die **Zehe, -n** toe
das **Zeichen, -** signal, sign, indication
der **Zeichentrickfilm, -e** cartoon, animated film
die **Zeichnung, -en** drawing
der **Zeigefinger, -** index finger
zeigen to show; **Zeig mal!** Show me (us, etc.)!
die **Zeile, -n** line
die **Zeit, -en** time; tense; **die gute alte ~** the good old days
die **Zeitform, -en** tense
der **Zeitgenosse, -n / die Zeitgenossin, -nen** contemporary
zeitgenössisch contemporary
zeitlos timeless
die **Zeitschrift, -en** magazine
die **Zeitung, -en** newspaper; **Wochen~** weekly newspaper
die **Zelle, -n** cell, booth
das **Zelt, -e** tent
zensieren to censor
zentral central(ly)
die **Zentralheizung** central heat
das **Zentrum, Zentren** center; **im ~** downtown
zerbomben to destroy by bombing
zerbrechen* to break
zerschlagen* to break, smash
zerstören to destroy
zerstört destroyed
die **Zerstörung** destruction
das **Zeugnis, -se** report card
die **Ziege, -n** goat
ziehen, zog, gezogen to pull; to raise (vegetables, etc.)
ziehen, zog, ist gezogen to move (relocate)
das **Ziel, -e** goal, objective; target; destination
ziemlich quite, fairly
die **Zigeuner, -** gypsy

das **Zimmer, -** room
der **Zimmerkollege, -n, -n / die Zimmerkollegin, -nen** roommate
die **Zimmervermittlung** room-referral agency
das **Zitat, -e** quote
die **Zitrone, -n** lemon
die **Zitronenlimonade** carbonated lemonade
der **Zitronensaft, ̈e** lemonade
zittern to tremble, shake
zittrig shaky
der **Zivildienst** alternative to military service, e.g., in hospitals
der **Zoll** customs; toll
die **Zone, -n** zone, area
der **Zoo, -s** zoo
der **Zorn** anger
zu- closed
zu (+ *dat.*) to, in the direction of, at, for (purpose); too; closed; (+ *inf.*) to; **~ mir** to my place
zu·bleiben* (**ist**) to stay closed
der **Zucker** sugar
zu·decken to cover
zuerst (at) first
der **Zufall, ̈e** coincidence; **So ein ~!** What a coincidence!
zufrieden satisfied, content; with satisfaction
der **Zug, ̈e** train; **mit dem ~ fahren*** to go by train
die **Zugabe, -n** encore
zu·halten* to hold closed
das **Zuhause** home
zu·hören to listen; **Hören Sie gut zu!** Listen well/carefully.
der **Zuhörer, -** listener
die **Zukunft** future
zukunftsorientiert future-oriented
zuletzt last (of all); finally
zu·machen to close
zunehmend increasing(ly)
die **Zunge, -n** tongue
der **Zungenbrecher, -** tongue twister
zurück- back
zurück·bleiben* to stay behind
zurück·bringen* to bring back
zurück·fliegen* to fly back
zurück·geben* to give back, return
zurück·halten* to hold back
zurückhaltend reserved(ly), cautious(ly)
zurück·kommen* to come back, return
zurück·nehmen* to take back

zurück·sehen* to look back
zurück·weichen* to withdraw
sich **zurück·ziehen*** to
  withdraw
zusammen together; **alle ~** all
  together; **~gewürfelt** thrown
  together
zusammen·arbeiten to work
  together, cooperate
der **Zusammenbruch** collapse
zusammen fassen to
  summarize
die **Zusammenfassung,
  -en** summary
die **Zusammengehörigkeit**
  affiliation; solidarity

sich **zusammen·schließen***
  to unite, form a union
zusammen·wachsen* to grow
  together
das **Zusatzeinkommen, -** side
  income
der **Zuschauer, -** viewer, specta-
  tor; (*pl.*) audience
zu·schließen* to lock
zu·sehen* to watch; see to it
der **Zustand, ¨e** conditions
zu·stimmen to agree
zuverlässig reliable, reliably
die **Zuverlässigkeit** reliability
zuvor previously; **wie nie ~** as
  never before

die **Zuwanderung** immigration
der **Zweite Weltkrieg**
  World War II
die **Zwiebel, -n** onion
der **Zwilling, -e** twin; Gemini
zwischen (+ *acc./dat.*) between;
  in~ in the meantime; **~durch** in
  between
die **Zwischenlandung,
  -en** stopover
die **Zwischenzeit** time in
  between; **in der ~** in the meantime, meanwhile

Index

Credits

Text Credits

Station 1   pp. 32–33 "Hier spricht Berlin - Geschichten aus einer barbarischen Stadt", Hrsg. Von Claudius Seidl. © 2003 by Verlag Kiepenheuer & Witsch, Koeln; pp. 36–37 "Hier spricht Berlin - Geschichten aus einer barbarischen Stadt", Hrsg. Von Claudius Seidl. © 2003 by Verlag Kiepenheuer & Witsch, Koeln.

Station 2   pp. 64–70 "Absterndе Gemuetlichkeit. Zwoelf Geschichten aus der Mitte der Welt." von Herbert Rosendorfer. © 1996, 1999 by Verlag Kiepenheuer & Witsch, Koeln.

Station 3   pp. 77–80 Reprinted by permission of the estate of Guenter Gaus; p. 84 Reprinted with the permission of The Gruene Kraft; pp. 99–103 Hesse, Hermann. "Freunde. Die Erzaehlungen" © 1973 by Suhrkamp. Reprinted with permission.

Station 4   pp. 111–112 Christoph Amend and Stephan Lebert. Copyright © 2003 Tagesspiegel, Berlin. Reprinted with permission; pp. 132–134 Florian Illies, Generation Golf. © Argon Verlag GmbH, Berlin, 2000.

Station 5   pp. 159–162 "Schliesst euch an!" by Ulrich Schwarz. Reprinted with the permission of Spiegel-Verlag.

Station 6   pp. 189–191 "Leben in Deutschland", by Theo Sommer, Die Zeit. Reprinted by permission.

Station 7   pp. 200–201 Heinrich Boell. Eine deutsche Erinnerung. Interview mit Rene Wintzen. Aus dem Franz. V. Annette Lallemand-Rietkoetter. © 1979 by Verlag Kiepenheuer & Witsch, Koeln; p. 209 "Stolz" by Wise Guys. Reprinted with the permission of Pavement Records; pp. 221–223 "Endlich locker sehen" by Kerstin

Holzer and Marco Wisniewski, Focus 12/2001. Reprinted with the permission of Focus.

Station 8   pp. 236–237 Reprinted with the permission of the author; p. 247 Reprinted with the permission of the author.

Station 9   pp. 262–263 Reprinted with the permission of Salzburger Nachrichten; pp. 270–271 Reprinted with the permission of Salzburger Fenster.

Station 10   p. 294 Sigmund Freud, Vorlesungen zur Einfuehrung in die Psychoanalyse. © 1940 Imago Publishing, London; pp. 313–316 Bernhard, Thomas. "Wittgensteins Neffe. Eine Freundschaft." © 1987 by Suhrkamp Verlag, Frankfurt.

Station 11   p. 325 from: Max Frisch/Friedrich Duerrenmatt Briefwechsel. Copyright © 1998 Diogenes Verlag AG Zuerich; p. 358 from: Friedrich Duerrenmatt Gespraeche 1961–1990. Herausgegeben von Heinz Ludwig Arnold. Ein Gespraech mit Friedrich Duerrenmatt von Christoph Geiser. Ein Gespraech mit Friedrich Duerrenmatt von Peter Andre Bloch und Rudolf Bussmann. Copyright © 1996 Diogenes Verlag AG Zuerich.

Station 12   pp. 364 "Gedanken über die Dauer des Exils" by Bertolt Brecht. Reprinted by permission of Suhrkamp; pp. 367–369 "Germany 41 points" by Monika Putschoegl, Die Zeit 32, 2002. Reprinted with permission; pp. 389–394 Judith Hermann, "Aqua Alta" aus: Judith Hermann, Nichts als Gespenster. © S. Fischer Verlag Gmbh, Frankfurt am Main, 2003.

Photo Credits

Station 1   p. 1 ©Dieterich, W./Peter Arnold, Inc.; p. 3 ©Travel Ink Photo Library/Index Stock Imagery; p. 4 ©PARAMOUNT/THE KOBAL COLLECTION; p. 8 ©Cro Magnon/Alamy; p. 13 ©Marcel Mettelsiefen/DPA/Landov; p. 23 ©Franz-Peter Tschauner/DPA/Landov.

Station 2   p. 41 ©Dennis C.P. Chang/Photographers Direct; p. 42 ©Ingrid Firmhofer/LOOK/Getty Images; p. 43 ©The Granger Collection, New York; p. 44 ©Robert Fishman/DPA/Landov; p. 46 ©Jens Wolf/DPA/Landov; p. 49 ©DPA/Landov; p. 50 ©imagebroker/Alamy.

Station 3   p. 75: ©DEPLiX/Alamy; p. 76 ©STOCKFOLIO/Alamy; p. 77 ©AP Photo; p. 81 ©Rene Spalek/Bilderberg/Aurora Photos; p. 83 Des Knaben Wunderhorn. Alte deutsche Lieder gesammelt von L. A. v. Arnim u. Clem. Brentano. Neu bearbeitet von Ant. Birlinger u. Wilh. Crecelius Verlag Heinrich Killinger, Wiebaden 1874; p. 86 ©Kiedrowski, R./Peter Arnold, Inc.; p. 98 ©AP Photo/M.Hesse.

Station 4   p. 107 ©Peter Frischmuth/Peter Arnold, Inc.; p. 108 ©Edwin Levick/FPG/Getty Images; p. 110 ©AP Photo/Fritz Reiss; p. 113 ©Thomas Semmler/Alamy; p. 118 ©Philippe Psaila/Photo Researchers, Inc.; p. 130 ©Yavuz Arslan/Peter Arnold, Inc.

Station 5   p. 137 ©U+ HKolley/Mauritius Die Bildagentur Gmbh/Photolibrary; p. 138 ©Peter Hirth/Peter Arnold, Inc.; p. 139 ©Lebrecht Music and Arts Photo Library/Alamy; p. 141 ©AP Photo/Eckehard Schulz; p. 142 ©Jens Wolf/DPA/Landov; p. 146 ©Richard Wareham Fotografie/Alamy; p. 147 ©Wojtek Dziuba/Caro Agency; p. 157 ©Thomas Haertrich/Peter Arnold, Inc.

Station 6   p. 167 ©Arco Images/Alamy; p. 168 ©Peter Adams Photography/Alamy; p. 169 ©Lebrecht Music and Arts Photo Library/Alamy; p. 171 ©Jorg Greuel/Photonica/Getty Images; p. 174 ©AP Photo/Michael Probst; p. 179 ©Langrock/Zenit/Laif/Redux Pictures; p. 192 ©Wolfram Steinberg/Visum/The Image Works.

Station 7   p. 197 ©vario images GmbH & Co.KG/Alamy; p. 198 ©Joern Sackermann/Alamy; p. 200 ©Sahm Doherty/Time Life Pictures/Getty Images; p. 202 ©Werner Dieterich/Alamy; p. 203

©Guido Schiefer/Alamy; p. 211 top left ©Yadid Levy/Alamy; p. 211 top center ©Yadid Levy/Alamy; p. 211 top right ©vario images GmbH & Co.KG/Alamy; p. 211 bottom left ©Vladimir Rys/Getty Images; p. 211 bottom right ©Sabine Lubenow/FAN Travelstock/Jupiter Images.

Station 8   p. 227 ©Tibor Bognar/Alamy; p. 228 ©SPP Images/Alamy; p. 229 Galerie Neue Meister, Staatliche Kunstsammlungen Dresden; Foto: Elke Estel/Hans-Peter Klut; p. 231 Galerie Henze & Ketterer AG; Photo: ©Scala/Art Resource, NY; p. 233 ©SPP Images/Alamy; p. 236 ©Lebrecht Music and Arts Photo Library/Alamy.

Station 9   p. 259 ©Travel Ink Photo Library/Index Stock Imagery; p. 260 top ©Murat Ayranci/SuperStock; p. 260 bottom ©age fotostock/SuperStock; p. 261 ©Lebrecht Music and Arts Photo Library/Alamy; p. 265 ©Lebrecht Music and Arts Photo Library/Alamy; p. 267 ©Ken Welsh/Alamy; p. 270 ©Selbach/Laif/Redux Pictures; p. 271 ©Josef Polleross/The Image Works; p. 282 ©Sime Sas/Photographer's Choice/Getty Images.

Station 10   p. 291 ©age fotostock/SuperStock; p. 292 ©Suzanne Long/Alamy; p. 293 ©AP Photo; p. 295 ©age fotostock/SuperStock; p. 296 ©Barry Winiker/Index Stock Imagery; p. 299 Image supplied by directonlineimageorder.com/Photographers Direct; p. 300 ©Hemis/Alamy; p. 310 ©Imagno/Getty Images.

Station 11   p. 321 ©mediacolor's/Alamy; p. 322 ©INTERFOTO Pressebildagentur/Alamy; p. 324 ©Henri Cartier-Bresson/Magnum Photos; p. 326 ©Sonda Dawes/The Image Works; p. 328 ©Siegfried Eigstler/Stone/Getty Images; p. 331 ©Simon Reddy/Alamy; p. 332 Twittering Machine (Zwitscher-Maschine), 1922, by Paul Klee ©2008 Artists Rights Society (ARS), New York; Photo: ©The Museum of Modern Art/Licensed by SCALA/Art Resource, NY; p. 333 ©Photolibrary.com Pty. Ltd./Index Open; p. 334 ©AP Photo/Martin Ruetschi; p. 352 ©Jack Metzger, Image Archive ETH-Bibliothek Zurich.

Station 12   p. 361 top ©Index Open; p. 361 bottom ©Image Source/Jupiter Images; p. 362 ©Silvio Fiore/SuperStock; p. 363 Image supplied by directonlineimageorder.com/Photographers Direct; p. 366 ©Lipnitzki/Roger Viollet/Getty Images; p. 368 ©Bettmann/CORBIS.